济南统计年鉴

JINAN STATISTICAL YEARBOOK

2014

（总第32期　NO.32）

济　南　市　统　计　局
国家统计局济南调查队　编

中国统计出版社
China Statistics Press

图书在版编目（CIP）数据

济南统计年鉴. 2014/ 济南市统计局，国家统计局济南调查队编.
——北京：中国统计出版社，2014.10
ISBN 978-7-5037-7159-0
Ⅰ.①济…
Ⅱ.①济…②国…
Ⅲ.①统计资料－济南市－2014－年鉴
Ⅳ.①C832.521-54

中国版本图书馆CIP 数据核字（2014）第172125号

济南统计年鉴—2014

作　　者/ 济南市统计局　国家统计局济南调查队
责任编辑/ 陈越月　明磊
出版发行/ 中国统计出版社
地　　址/ 北京市丰台区西三环南路甲6号　邮政编码/ 100073
电　　话/ 邮购（010）63376909 书店（010）68783171
网　　址/ http：//csp.stats.gov.cn
印　　刷/ 济南市政府机关文印中心
经　　销/ 新华书店
开　　本/ 890mm×1240mm　1/16
字　　数/ 818 千字
印　　张/ 25 印张
印　　数/ 1-1500 册
版　　别/ 2014 年10月第1版
版　　次/ 2014 年10月第1次印刷
定　　价/ 280.00 元

如有印装差错，由本社发行部调换。

《济南统计年鉴－2014》编辑委员会

编辑说明

一、《济南统计年鉴－2014》是一部全面反映济南市国民经济和社会发展情况的资料性统计年刊。本书收录了济南市及所辖县（市）、区 2013 年经济和社会发展各方面大量的统计数据，以及历史重要年份的主要统计数据，是认识和研究济南市情，经济和社会发展，制定宏观政策、指导工作的重要工具书。

二、本年鉴以丰富、翔实的统计资料为主，辅以直观的统计图、特载，全面反映了济南市国民经济和社会发展状况。全书统计资料分为二十个部分，即：1. 行政区划；2. 人口；3. 综合；4. 国民经济核算；5. 劳动就业；6. 固定资产投资；7. 城市公用事业和环境保护；8. 财政和金融保险；9. 物价；10. 人民生活；11. 农业；12. 工业；13. 建筑业；14. 运输与邮电；15. 国内贸易；16. 对外贸易与国际旅游；17. 科技；18. 教育与文化；19. 化育与卫生；20. 民政司法和其它。各篇末附有《主要统计指标解释》，对主要统计指标的含义、统计范围，统计方法以及历史变动情况作了简要说明。

三、本年鉴主要经济指标（包括生产总值及三次产业等）总量及增长速度均按全国第二次经济普查结果对历史数据进行了调整。

四、本年鉴中使用的度量衡均采用国际统一标准计量单位，统计口径除特别注明外，均包括济南市区、章丘市、平阴县、济阳县、商河县。资料取自济南市统计局、国家统计局济南调查队及有关部门的统计报表。

五、本年鉴部分数据合计数不等于分项数之和，是由于单位取舍和不同产业的计算误差，部分指标未做机械调整。

六、本年鉴表中的符号使用说明：

"空格"表示该项统计指标数据不详；

"…"表示数据不足本表最小单位数；

"-"表示无此项事实；

"#"表示其中的主要项；

"*"或"①"表示本表下有注解。

《济南统计年鉴》自出版以来，受到了社会各界的关心、支持，在此我们深表感谢。同时，欢迎使用《济南统计年鉴－2014》，敬请广大读者提出宝贵意见。

谢谢!

编　者

2014 年 10 月

目　录

特载

一　行政区划

二　人　口

三　综　合

四　国民经济核算

五 劳动就业

六 固定资产投资

七 城市公用事业和环境保护

八 财政和金融保险

九 物 价

十 人民生活

十一　农　业

十二　工　业

十三 建筑业

十四 运输与邮电

十五 国内贸易

十六 对外贸易与国际旅游

十七　科技

十八　教育与文化

十九　体育与卫生

二十　民政司法和其它

附　录

CONTENTS

Special Report

Chapter 1 DivisiOns Of Administrative Areas

Chapter 2 Population

Chapter 3 General Survey

Chapter 4 National Accounts

Chapter 5 Employment and Wages

Chapter 6 Investment in Fixed Assets

Chapter 7 Urban Public Unilities and Environmental Protection

Chapter 8 Government Finance, Banking and Insurance

Chapter 9 Price

Chapter 10 People's Livelihood

Chapter 11 Agriculture

Chapter 12 Industry

Chapter 13 Construction

Chapter 14 Transportation Post and Telecommunication Services

Chapter 15 Domestic Trade

Chapter 16 Foreign Economy Trade and International Tourism

Chapter 17 Science and Technology

Chapter 18 Education and Culture

Chapter 19 Sports and Public Health

Chapter 20 Social Welfare, Civil Administration and Others

Appendix

特 载

SPECIAL REPORT

济 南 概 况

Introduction of Jinan

济南市位于山东省中部，地理位置介于北纬36°01′至37°32′、东经116°11′至117°44′之间，面积7998平方公里。南部为泰山山地，北部为黄河平原，地势南高北低，地形复杂多样。境内河流较多，主要有黄河、小清河两大水系。还有南北大沙河、玉符河等河流。湖泊有大明湖、白云湖等。济南属于暖温带大陆性气候，春季干燥少雨，多西南风；夏季炎热多雨，秋季天高气爽：冬季严寒干燥，多东北风。年平均气温13.5℃-15.5℃，全年无霜期230天左右，降水量600-900毫米。

济南矿产资源丰富，主要有铁、煤、花岗石、耐火粘土以及铜、钾、铂、钴等多种有色金属、稀有金属和非金属。特别是石灰岩品位高、储量大。花岗石中的黑色花岗石，质地纯正，为国内独有。林木资源分乔木、灌木两大类，共有60多科300多种。南部山区盛产苹果、黄梨、柿子、核桃、山楂、板栗等，并产有远志、丹参，野菊、香附等多种药材。北部沿黄河的平原地带，大枣也有很高的产量。济南种植和养殖资源也相当丰富，有多种粮食作物、经济作物以及家禽、家畜、水产品等。这些资源为济南城乡建设和经济发展储备了一定的物质基础。

济南自然景色秀丽，名胜古迹众多，是中国历史文化名城之一。尤以泉水遍布、清冽甘美而闻名于世，有“济南泉水甲天下”和“泉城”之美誉。主要风景名胜有趵突泉、黑虎泉、珍珠泉、五龙潭、百脉泉五大泉群，大明湖、千佛山，龙洞、灵岩寺、五峰山、华山、城子崖龙山文化遗址，孝堂山汉代郭氏祠、隋代四门塔、唐代龙虎塔、九顶塔以及抢救挖掘的洛庄汉墓，新建的野生动物世界，红叶谷生态旅游区等，供人们观赏游览。

济南现在共辖历下、市中、槐荫、天桥、历城、长清六区和平阴、济阳、商河三县以及章丘市。2013年末，全市户籍总人口613.25万人，人口密度为750人／平方公里。济南又是一个多民族聚居的城市，除汉族外，主要有回、满、苗、蒙古、壮、朝鲜等49个少数民族。

济南是一座有着悠久历史的古城。据史学家考证，早在公元前45世纪之前，已有人类在此繁衍，生息。传说东夷族的首领舜，曾躬耕于济南历山（今千佛山）之下。2600多年前，就建有城廓，最早出现史册上的名称为“泺”《（春秋左传》），系因济南诸泉汇为泺水，故名。春秋战国时代，济南为齐国之泺邑。随后，齐国又把泺邑改为历下。2100多年前的汉代改称济南《（史记）》。因处于济水之南，故名。公元前164年设立济南国。公元前154年又废国改郡。到了宋代至道三年（公元997年），分全国为15路，济南属京东路，为齐州《（宋史）》。徽宋政和六年（公元1116年），齐州升为济南府，辖历城等五县，治所设历城，为府治之始。自明代以来、一直是山东省的省会。1929年7月设济南市至今。1928年4月至1937年底，日本帝国主义先后二次侵占了济南，济南人民深受暴虐的民族压迫和经济掠夺，致使大部分工厂倒闭，无辜同胞惨遭杀戮。1945年8月，日寇投降后，国民党反动派又进行强盗式的劫收，城市又遭到了摧残蹂躏，民生凋敝，物价飞涨，古城一片萧条。1948年9月24日，济南获得解放，这座古城终于回到了人民的怀抱，开始了她新的历史时期。

新中国建立后，济南市始终是中国东部沿海经济大省——山东省省会，是全国副省级城市和特大城市之一，是全省的政治，经济和科技、教育、文化中心。济南是全国区域性金融中心。2013年年末金融机构人民币各项存款余额达10808亿元，各项贷款余额7813亿元。

济南是山东省铁路、公路，航空的交通枢纽，京沪，胶济铁路在市区交汇，北连北京，天津，南接南京、上海、福州，东达港口城市青岛、烟台。济南为京沪高铁沿线5个始发终到站之一。济南机场是经国家批准的国际空港，有通往香港、北京，哈尔滨、上海，广州，深圳、福州、厦门、西安、武汉、珠海、海口等城市的几十余条空中航线，通航城市达到53个，并开通了济南至俄罗斯的国际货运包机。“济青高速”，“济聊高速”与“京福高速”在济南交汇，从而形成了辐射全省、连接全国的高速公路系统省内中心、全国区域性枢纽的格局。济南基本形成了铁路、航空，公路立体构造，联结全省，全国和海外的现代交通网络。

2013年济南市
国民经济和社会发展统计公报[1]

Statistical Communique on National and Social Development of Jinan in 2013

济 南 市 统 计 局
国家统计局济南调查队

2013 年，在市委、市政府的坚强领导下，全市上下认真贯彻落实党的十八大和十八届二中、三中全会精神，坚持以科学发展为主题，以加快转变经济发展方式为主线，紧紧围绕“加快科学发展，建设美丽泉城”中心任务，凝心聚力，攻坚克难，稳增长、调结构、促改革、惠民生各项工作取得积极进展，经济社会发展保持了稳中向好的发展势头。

一、综　合

年末全市常住人口 699.9 万人，增长 0.7%；户籍总人口 613.2 万人，年人口增长率 6.6‰。全年人口自然增长率 4.53‰，上升 0.86 个千分点；人口出生率 11.35‰，下降 0.4 个千分点；人口死亡率 6.82‰，下降 1.26 个千分点。人口机械增长率 2.65‰，提高 0.66 个千分点。城市化率达到 66%，比上年提高 0.29 个百分点。

初步核算，2013 年全市生产总值 5230.2 亿元，比上年增长 9.6%[2]。分产业看：第一产业增加值 284.7 亿元，增长 3.9%；第二产业增加值 2053.2 亿元，增长 10.1%；第三产业增加值 2892.3 亿元，增长 9.7%。三次产业增加值比例为 5.4∶39.3∶55.3。

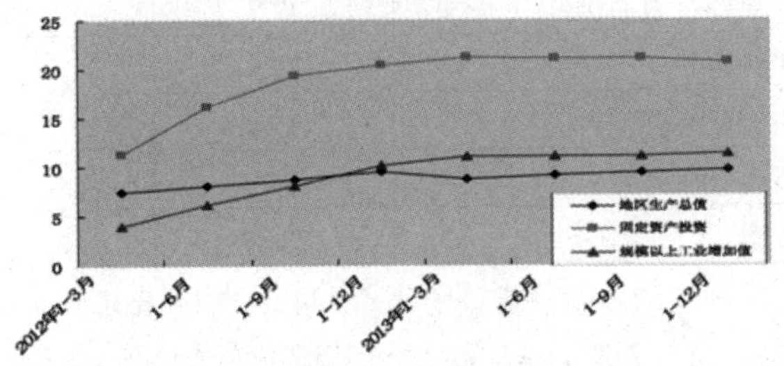

全市全部税收收入 793.0 亿元，增长 11.8%；地方公共财政预算收入 482.1 亿元，增长 13.9%。

全年城市居民人均可支配收入 35648 元，增长 9.5%；城市居民人均消费性支出 21667 元，增长 8.2%。农民人均纯收入 13248 元，增长 12.4%；农民人均生活消费支出 7799 元，增长 12.5%。城市居民恩格尔系数[3] 30.6%，下降 0.2 个百分点；农村居民恩格尔系数 33.9%，下降 1.7 个百分点。

年末全市从业人员 382.3 万人。全年新增城镇就业 18.6 万人，新增农村劳动力转移就业 7.4 万人。年末城镇登记失业率 2.4%，比上年末降低 0.68 个百分点。

全年居民消费价格比上年上涨 2.8%，其中食品价格上涨 4.9%。工业生产者出厂价格下降 1.2%。工业生产者购进价格下降 2.2%。

2013 年 12 月居民消费价格指数

项目名称	月度环比	累计同比
居民消费价格总指数	100.5	102.8
一、食品	101.5	104.9
二、烟酒	100.6	99.1
三、衣着	99.9	106.0
四、家庭设备用品及维修服务	100.3	100.2
五、医疗保健和个人用品	100.0	100.6
六、交通和通信	101.0	97.9
七、娱乐教育文化用品及服务	99.1	104.0
八、居住	100.1	102.0

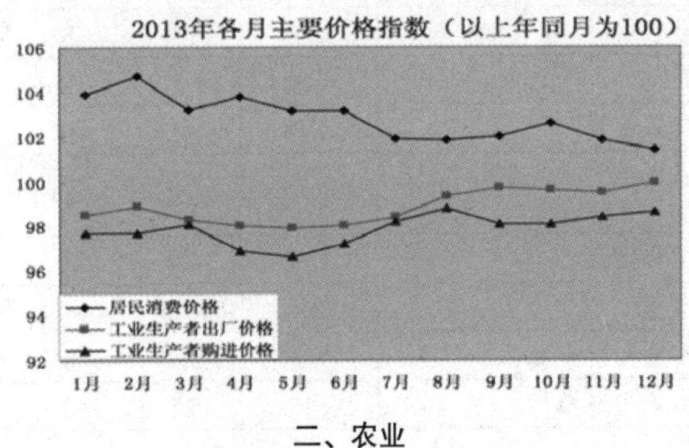

二、农业

全年粮食播种面积 667.0 万亩，粮食总产量 266.6 万吨。棉花播种面积 24.2 万亩，减少 8.8 万亩；棉花产量 2.0 万吨，减产 27.2%。油料播种面积 22.7 万亩，增加 0.3 万亩；油料产量 5.7 万吨，增产 0.3%。蔬菜播种面积 149.8 万亩，增加 0.9 万亩；蔬菜产量 657.1 万吨，增产 3.7%。

全年肉类总产量达到 40.2 万吨，增长 1.1%。其中：猪肉产量 23.0 万吨，增长 2.2%；牛肉产量 6.8 万吨，增长 0.9%；

羊肉产量2.4万吨，增长2.4%；禽肉产量7.6万吨，减少2.8%。禽蛋产量35.6万吨，减少1.5%。牛奶产量达到31.8万吨，减少4.2%。水产品产量4.6万吨，增长1.9%。全年生猪出栏316.1万头，增长4.0%；年末生猪存栏210.0万头，增长2.4%。

全年完成造林20.5万亩，新育苗4.8万亩；有林地面积达到349.4万亩；年末森林覆盖率34.0%。全年新增有效灌溉面积12.7万亩，新增节水灌溉面积29.2万亩。

农业机械总动力552.1万千瓦，农用拖拉机6.2万台。农作物机耕面积、机播面积和机收面积分别达到437.5万亩、651.5万亩和594.0万亩。

年末全市农业园区发展到214个，示范乡镇发展到20个。市级以上农业龙头企业总量达442家，新认定83家；农民专业合作社达4663家，新增690家；发展种植面积300亩以上的种粮大户78户，耕地总面积达4.1万亩；发展家庭农场569家，从业人员达2000人。

三、工业、建筑业

全年实现规模以上工业[4]增加值增长11.3%。按经济类型看，公有制经济增加值增长5.0%，非公有制经济增加值增长18.2%。按轻重工业看，轻工业增加值增长12.6%，重工业增加值增长10.9%。

全市规模以上工业146种大类产品中，82种产品产量增长。

2013年规模以上工业企业主要产品产量

产品名称	单位	产量	比上年±%
原油加工量	万吨	508.3	-5.49
发电量	亿千瓦时	162.6	0.5
饲料	万吨	53.8	1.9
乳制品	万吨	36.5	-1.2
啤酒	万千升	27.1	18.8
软饮料	万吨	130.8	21.4
纱	万吨	11.4	8.1
布	亿米	1.5	25.6
针织服装	万件	4722.4	38.1
农用氮、磷、钾化学肥料总计（折纯）	万吨	33.3	-24.1
塑料制品	万吨	14.9	3.3
水泥	万吨	782.2	-0.8
石墨及炭素制品	万吨	162.5	6.7
初级形态塑料	万吨	45.5	37
粗钢	万吨	711.1	-3.5
钢材	万吨	749.1	-4.6
发动机	万千瓦	1735	27.1
轿车	万辆	5.6	21.9
摩托车整车	万辆	41	-26.6
发电机组（发电设备）	万千瓦	873.5	18.7
变压器	万千伏安	7121.1	8.9

全年规模以上工业主营业务收入[5] 5150.2亿元，增长11.4%；实现利税531.5亿元，增长26.3%；实现利润252.0亿元，增长40.3%。其中：食品制造业利润12.5亿元，增长28.4%；医药制造业利润26.5亿元，增长32.0%；金属制品业利润30.8亿元，增长22.5%；电气机械和器材制造业利润18.8亿元，下降0.5%。

年末高新技术企业累计达488家，规模以上工业高新技术产业产值1930.2亿元，增长14.1%，占规模以上工业总产值的比重为40.56%，比年初提高1个百分点。

全年建筑业增加值362.6亿元，增长7.7%。年末资质内建筑业企业472家，实现总产值1378.1亿元，增长15.6%。其中在省外完成的建筑业产值458.7亿元，增长7.9%。签订合同额3197.5亿元，增长17.3%。其中本年新签合同额1736.4亿元，增长34.8%。

全年淘汰压缩80万吨炼钢产能，淘汰拆除20万吨水泥熟料产能。节能降耗成效明显。初步核算，万元GDP能耗降低率超额完成年度和进度目标任务。

四、国内贸易、对外经济

全年社会消费品零售总额2633.9亿元，增长13.4%。分城乡看，城镇社会消费品零售总额2424.2亿元，增长13.5%；乡村社会消费品零售总额209.7亿元，增长12.2%。

全年限额以上法人企业实现零售额1177.7亿元，增长12.1%。分行业看，批发零售业实现零售额1141.3亿元，增长13.4%；住宿餐饮业实现零售额36.4亿元，下降18.1%。

2013年限额以上批发和零售业法人企业主要商品零售额

商品类别	零售额（亿元）	增幅（%）
粮油、食品、饮料、烟酒类	139.8	10.5
服装、鞋帽、针纺织品类	92.5	11.1
化妆品类	15.6	13.6
金银珠宝类	35.1	49.2
日用品类	41.6	13.3
家用电器和音像器材类	73.8	8.5
文化办公用品类	32.8	-1.5
家具类	28.9	31.8
通讯器材类	35.4	21.5
石油及制品类	197.3	15
汽车类	284.7	12

全年新签外商投资项目86个，实现合同外资额16.5亿美元，增长2.0%；实际到账外资13.2亿美元，增长8.2%。

全年货物进出口总额95.7亿美元，增长4.7%。其中：进口40.9亿美元，增长19.5%；出口54.8亿美元，下降4.1%。在出口产品中，机电产品出口36.7亿美元，下降6.9%；高新技术产品出口7.0亿美元，增长8.9%。

全年对外承包工程完成营业额19.7亿美元，增长4.8%；新设境外企业48家，中方协议投资额5.4亿美元，增长23.6%；外派劳务人员8339人，增长34.8%。

五、交通、通讯

年末公路通车里程 12696.7 公里，增长 3.3%。其中有铺装、简易铺装路面 12422.3 公里，增长 3.5%。境内高速公路 354.7 公里，增长 2.3%。年末拥有民用机动车 141.9 万辆，增长 1.7%。其中民用汽车 121.4 万辆，增长 14.6%。年末公交线路 247 条，线路长度 4310.6 公里；公交营运车辆 4820 辆，全年旅客运输量 8.5 亿人次，下降 2.3 %。执行航线 150 条，全年航空旅客吞吐量 813.9 万人次，增长 6.2%；货邮吞吐量 7.3 万吨，下降 2.0%。

2013 年主要运输工具运输量[6]

	指　标	单位	运输量	比上年±%
铁路	铁路客运量	万人	8483.5	10.9
	铁路客运周转量	亿人公里	549.9	7.9
	铁路货运量	万吨	19042.7	-3.9
	铁路货运周转量	亿吨公里	1389.1	-7.0
公路	公路客运量	万人	12262	-6.3
	公路旅客周转量	亿人公里	141.2	0.7
	公路货运量	万吨	17570	10.4
	公路货物周转量	亿吨公里	305.8	11.0
民航	民航客运量	万人	452.8	6.3
	民航客运周转量	亿人公里	176.2	11.4
	民航货运量	万吨	3.83	-0.5
	民航货运周转量	亿吨公里	1.95	4.6

全年邮电通信业营业收入 75.8 亿元，增长 7.5%。年末邮政局所 215 处；固定电话用户 180.0 万户，下降 6.8%；移动电话用户 1243.6 万户，增长 27.2%；宽带网用户 175.9 万户，增长 1.3%。

六、现代服务业[7]

全年现代服务业实现增加值 1429.8 亿元，增长 10.9 %；占全市服务业的比重为 49.4%。

年末全市本外币各项存款余额 10925.8 亿元，比上年末增长 10.4%。其中人民币各项存款余额 10808.1 亿元，增长 10.3 %，人民币储蓄存款余额 3267.8 亿元，增长 13.1 %。本外币各项贷款余额 9211.2 亿元，增长 6.7%。其中人民币各项贷款余额 7812.5 亿元，增长 5.5 %。全年保险业保费收入 141.5 亿元，增长 15.5%；累计赔款与给付 47.3 亿元，增长 34.3%。有价证券交易成交总量 8861.6 亿元，增长 65.7%。

全年房地产业增加值 320.6 亿元，增长 14.8%。全年房地产开发房屋施工面积 4807.0 万平方米，增长 26.0%。其中住宅施工面积 3245.5 万平方米，增长 20.6%。房屋新开工面积 1386.7 万平方米，增长 11.6 %。商品房销售面积 820.2 万平方米，增长 24.6%。其中住宅销售面积 702.8 万平方米，增长 25.9%。

全年接待国内外游客 5126.5 万人次，增长 9.8%。其中，接待国内游客 5095.8 万人次，增长 9.9%；接待入境游客 30.7 万人次，下降 2.8%。实现旅游总收入 528.9 亿元，增长 14.5%。其中，国内旅游收入 519.5 亿元，增长 15.0%；入境旅游收入 1.5 亿美元，下降 5.7%。

全年举办会展 156 场，与上年基本持平；直接营业收入 4.1 亿元，增长 10.8%；参观人数 911 万人次，增长 9.4%；展会交易额 1320 亿元，增长 7.9%。

七、教育和科学技术

年末各类学校在校学生 148.2 万人，下降 1.9%。学龄儿童入学率 100%，小学毕业生升学率 99.1%。

教育事业基本情况

	单位	2012 年	2013 年
学校所数	所	996	984
#普通高校	所	40	41
中等职业学校	所	67	67
技工学校	所	28	28
普通中学	所	206	204
小学	所	613	602
特殊教育	所	12	12
在校生	万人	151	148.2
#普通高校	万人	50.5	49.9
中等职业学校	万人	9.1	7.5
技工学校	万人	5.8	5.4
普通中学	万人	30.9	30.8
小学	万人	39	39.4
特殊教育	人	1805	1297
专任教师	人	86359	85828
#普通高校	人	29649	29491
中等职业学校	人	3965	3516
技工学校	人	2781	2823
普通中学	人	22280	22742
小学	人	24678	25209
特殊教育	人	402	395

年末创新型（试点）企业国家级 2 家，省级 48 家，市级 218 家；新认定国家级企业技术中心 3 家，总数达到 21 家。新增省级工程实验室（工程研究中心）3 家，总数达到 12 家。全市获得国家科技进步二等奖 1 项，省科技进步一等奖 4 项，二等奖 21 项，三等奖 12 项。全市获得省技术发明一等奖 1 项。全年专利申请量 22525 件，下降 2.5%。其中发明专利申请量 11328 件，增长 31.7%。专利授权量 12389 件，下降 13.8 %。其中发明专利授权量 2168 件，增长 2.1%。

高新技术产业开发区实现生产总值 485 亿元，增长 10.1%。其中：第二产业增加值 285 亿元，增长 10.9%；第三产业增加值 270 亿元，增长 9.1%。新签合同利用外资项目 35 个，实际使用外资 2.6 亿美元，增长 8.3%。实施科技计划项目 148 项，其中国家级火炬项目 5 项。

综合保税区通过封关验收。年末全市九家省级及以上经济（技术）开发区、保税区规模以上工业企业840家；全年实现规模以上工业增加值487.8亿元，增长10.7%；实现利税214.7亿元，增长25.6%。

八、文化、卫生和体育事业

成功举办第十届中国艺术节，文化设施建设实现历史性突破，“一院三馆”[8]如期完成并投入使用。市图书馆被评为国家一级馆，9个县（市）区两馆[9]建成达到国家二级馆以上标准，各县（市）区均建成一处标准化电子阅览室。745个规范化综合文化站、社区文化中心和农村文化大院全部建成。市属艺术院团演出1846场，收入1405.6万元。举办“喜迎十艺节·全民共欢乐”广场文化活动500余场，观众达600余万人次。举办公益演出336场，组织公益艺术培训、基层文化辅导班700余次。放映农村（社区）公益电影5.7万场次，为900个农家书屋更新了图书、200个农家书屋进行了数字化升级。“喜迎十艺节·全民共欢乐”全国群众文化优秀节目惠民展演96场，观众66万余人次。

年末各种艺术表演团体15个；文化馆（站）及群众艺术馆154个；城市电影院25家，全年放映26.3万场，增长16.4%，观众592.3万人次，增长22.8%，票房收入1.8亿元，增长28.6%；博物馆11个；档案馆14个；公共图书馆12个；市级以上文物保护单位362处，其中，国家级21处。年末广播人口混合覆盖率和电视人口混合覆盖率均为100%。有线电视用户163.2万户，其中有线数字电视用户146.5万户。

年末拥有卫生机构5369个。其中，医院、卫生院255个。卫生机构床位4.5万张，增长17%。各类卫生技术人员5.8万人，增长30%；执业（助理）医师2.3万人，增长16.8%。按常住人口计算，每千人拥有病床6.5张，增长10.9%；每千人拥有医生3.3人，增长17.9%。

济南运动员在省级比赛中获得金牌177枚，银牌141.5枚，铜牌124.5枚；在全国比赛中获金牌72枚，银牌31枚，铜牌34枚；在国际比赛中获金牌24枚，银牌10枚，铜牌3枚。举办较大规模全民健身活动29次，参与人数100万人次；共培训社会体育指导员1743人，其中，一级23人，二级581人，三级1139人。

九、固定资产投资

全年固定资产投资2638.3亿元，增长20.7%。分产业看：第一产业投资98.2亿元，增长57.4%；第二产业投资907.9亿元，增长23.7%；第三产业投资1632.2亿元，增长19.3%。全市民间投资1641.1亿元，增长27.2%。

年末全市固定资产投资项目3216个，增加129个。其中亿元及以上投资项目851个，增加188个。

全年基础设施投资279.2亿元，增长31.0%。其中：市政道路投资64.9亿元，增长5.1%；公共设施投资87.5亿元，增长85.6%。省会大剧院、场站一体化、腊山河整治、景观绿化等工程全部实现了进度目标，二环西路道路工程如期建成实现全线通车，确保了“十艺节”的圆满举办和参演节目的顺利展演。

全年工业投资806.0亿元，增长24.5%。其中工业技术改造投资548.2亿元，增长22.3%。在建亿元及以上工业投资项目232个，增加71个。

全年房地产开发投资721.2亿元，增长8.7%。其中住宅投资513.5亿元，增长15.5%。

十、城市建设、环境保护

年末城市建成区[10]面积470.6平方公里，增加12.6平方公里。建成区新建绿地705万平方米。年末绿地覆盖率39%，人均公园绿地面积11.3平方米。液化石油气供气量5.2万吨，下降12.2%；天然气供气量5.5亿立方米，增长24.1%；管道煤气供气量3000万立方米，下降30.2%。集中供热面积10132万平方米，增长8.1%。自来水供水量3.0亿吨，与上年持平。

2013年，城区环境空气中可吸入颗粒物（PM10）、二氧化硫、二氧化氮、细颗粒物（PM2.5）年均浓度分别为191微克/立方米、93微克/立方米、59微克/立方米、108微克/立方米。每月对地下水监测的24项指标中，总硬度为331毫克/升，下降0.3%；硝酸盐氮年均浓度为6.75毫克/升，上升1.4%；氨氮年均浓度为0.052毫克/升，上升10.6%。小清河出境断面辛丰庄化学需氧量年均浓度为23.5毫克/升，下降12.3%；氨氮年均浓度为4.16毫克/升，上升15.9%。区域环境噪声昼间平均等效声级为52.5分贝，上升0.5分贝；市区道路交通噪声平均等效声级为69.3分贝，上升0.2分贝。

十一、社会保障

全年教育、社会保障和就业、医疗卫生、农林水事务、住房保障等民生和社会重点事业支出合计304.3亿元，增长13.5%，占公共财政预算支出的比重为58.6%，提高1个百分点。

年末城镇职工基本养老保险参保人数190.2万人，增加15.2万人；职工医疗保险参保人数183.2万人，增加9.6万人；城镇居民医疗保险参保人数111.1万人，增加0.9万人；失业保险参保人数120万人，增加8.9万人；工伤保险参保人数135.7万人，增加1.8万人；生育保险参保人数107.8万人，增加4.8万人。

城市最低生活保障标准由上年人均每月450元提高到480元；享受城镇最低生活保障的城镇居民1.8万户、3.3万人，发放最低生活保障金及各类补贴1.4亿元。农村最低生活保障标准由年人均不低于2300元提高到2500元，享受农村最低生活保障的农村居民4.6万户、7.6万人，发放最低生活保障金及各类补贴1.2亿元。农村五保集中供养标准由每人每年不低于4200元提高到4700元，分散供养标准由每人每年2600元提高到2900元。新型农村合作医疗参加人数325.1万人，受益816.9万人次。

全年开工建设各类保障性安居工程住房16370套。其中，公共租赁住房3078套；经济适用住房（企业集资建房）1811套。保障性安居工程住房竣工29383套。

注释：

[1] 2013年统计数据为统计快报数或初步核算数，正式数据以出版的《济南统计年鉴－2014》为准。

[2] 全市生产总值、各产业增加值绝对数按现价计算，增长速度按不变价格计算。

[3] 恩格尔系数是指食品支出在消费支出中的比重。

[4] 规模以上工业企业指年主营业务收入2000万元及以上的工业法人企业。

[5] 主营业务收入、利税、利润总量数据含山东电力、山东中烟省反馈部分。

[6] 2013年3月铁路系统改革，铁路系统统计数据按新口径执行。

[7] 现代服务业包括：信息传输、计算机服务业和软件业，金融业，房地产业，商务服务业，研究与试验发展，专业技术服务，科技交流与技术推广服务业，教育，卫生，体育，娱乐业。

[8]一院三馆包括：山东省会大剧院、图书馆、美术馆和群众艺术馆。

[9]两馆包括：文化馆、图书馆。

[10] 城市建设指标为全市口径。

资料来源：本公报中户籍人口数据、民用机动车数据来自公安部门；财政数据来自财政部门；城镇新增就业、新增农村劳动力转移就业、登记失业率、城镇职工各类保险参保数据来自人力资源和社会保障部门；水产品产量、农业数据来自农业部门；林业数据来自林业部门；灌溉面积数据来自水利部门；淘汰落后产能相关数据来自经信部门；外资、进出口、对外承包工程、新设境外企业、外派劳务人员、会展数据来自商务部门；公路里程、公交数据、公路运输数据来自交通部门；铁路运输数据为省统计局反馈；本外币存贷款数据来自人民银行济南分行营业管理部；保险、证券数据来自金融部门；旅游数据来自旅游部门；教育数据来自教育部门；科技数据来自科技部门；新认定国家级企业技术中心数据、新增省级工程实验室（工程研究中心）数据来自发改部门；高新技术产业开发区数据来自高新技术开发区；第十届中国艺术节相关数据、文化数据来自文化部门；卫生数据、新型农村合作医疗相关数据来自卫生部门；体育数据来自体育部门；城市建设相关数据来自城乡建设部门；环境保护相关数据来自环保部门；城乡最低生活保障、农村五保相关数据来自民政部门；居民收入与支出数据、恩格尔系数、价格指数、粮食播种面积、产量来自国家统计局济南调查队；其他数据均来自市统计局。

生产总值（亿元）

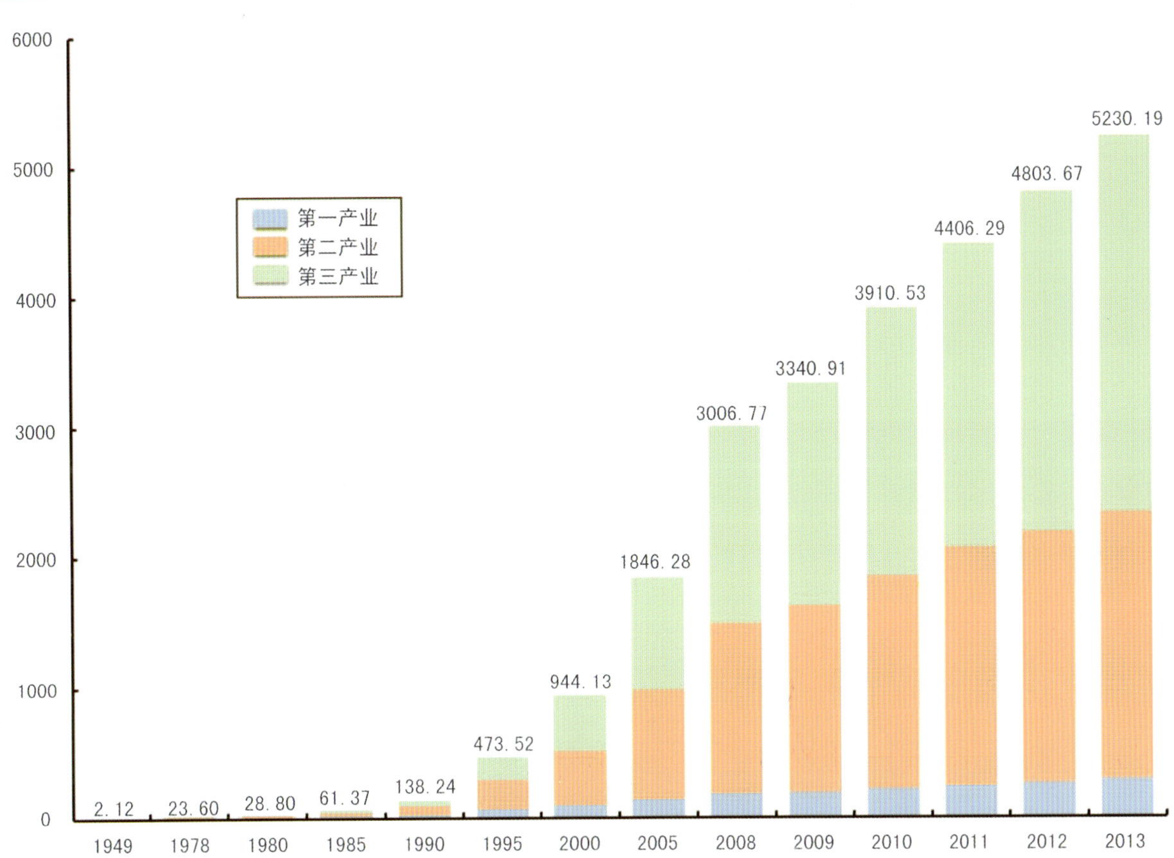

人均生产总值（元）

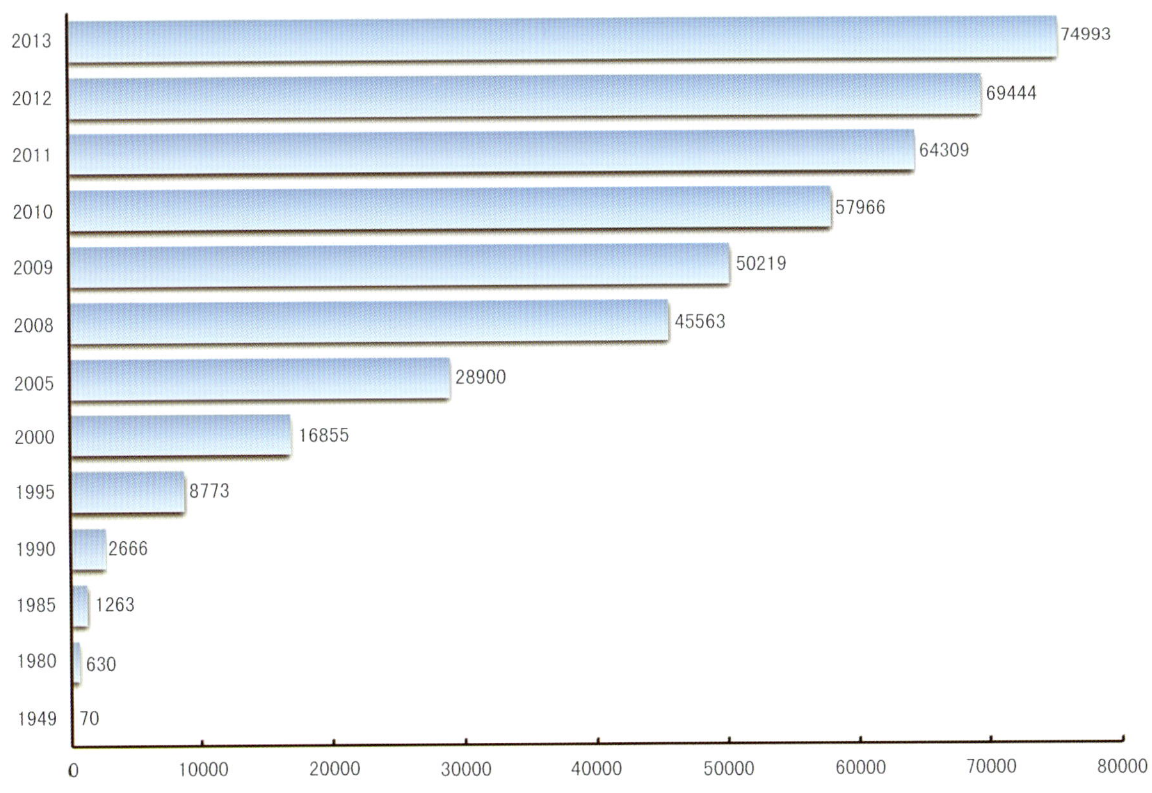

特载—3　就业

全社会从业人员（万人）

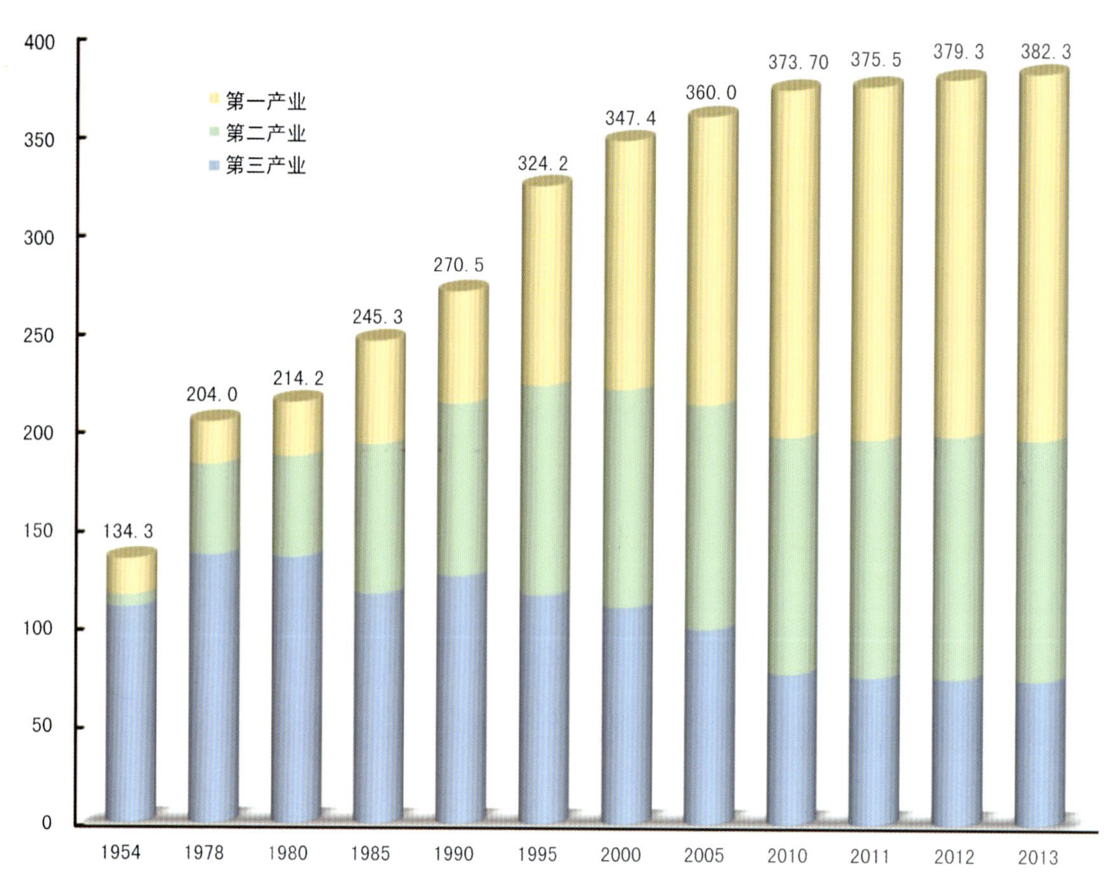

在岗职工平均工资（元）

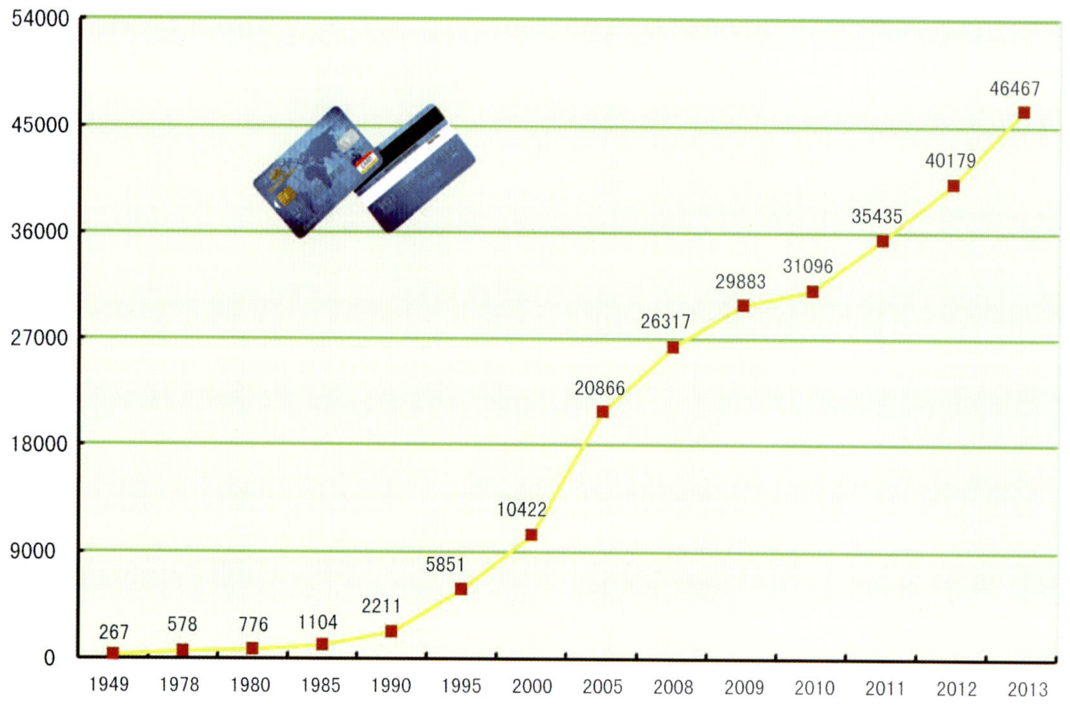

注：2006年后数据为法人单位在岗职工口径

年末户籍总人数（万人）

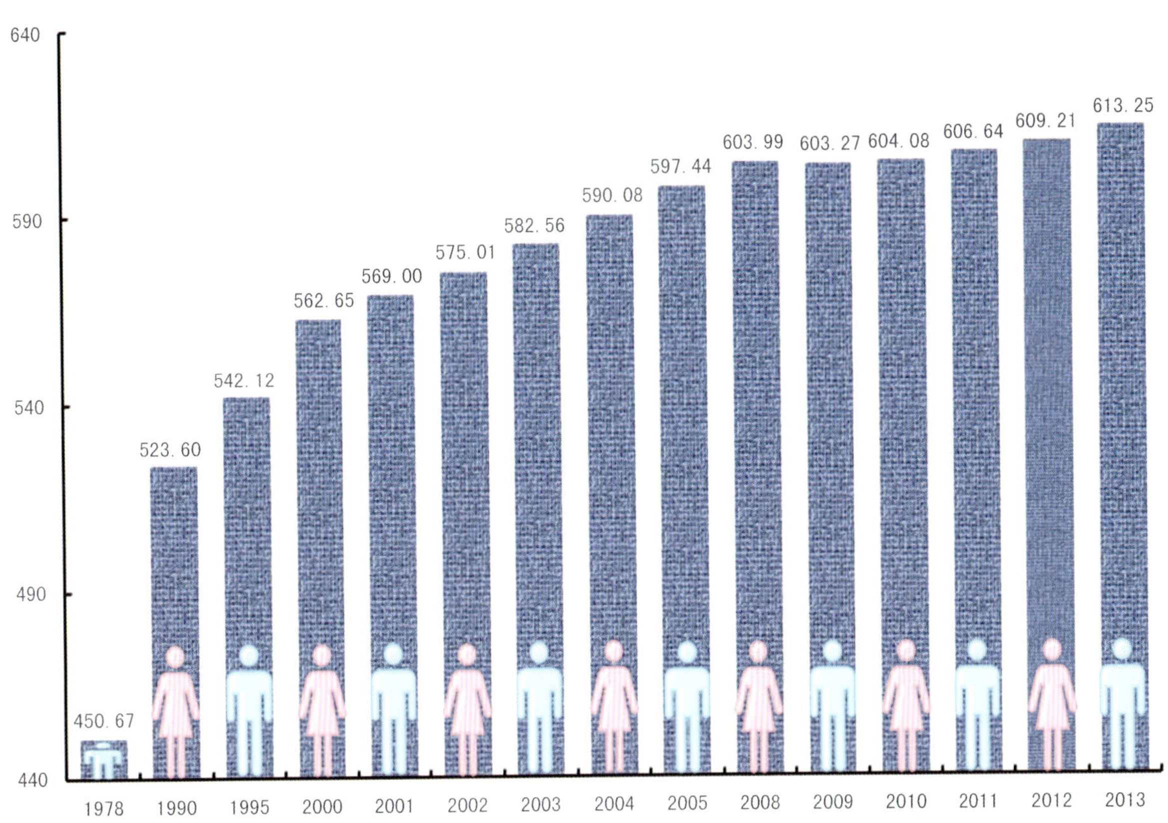

人口自然变动情况（‰）

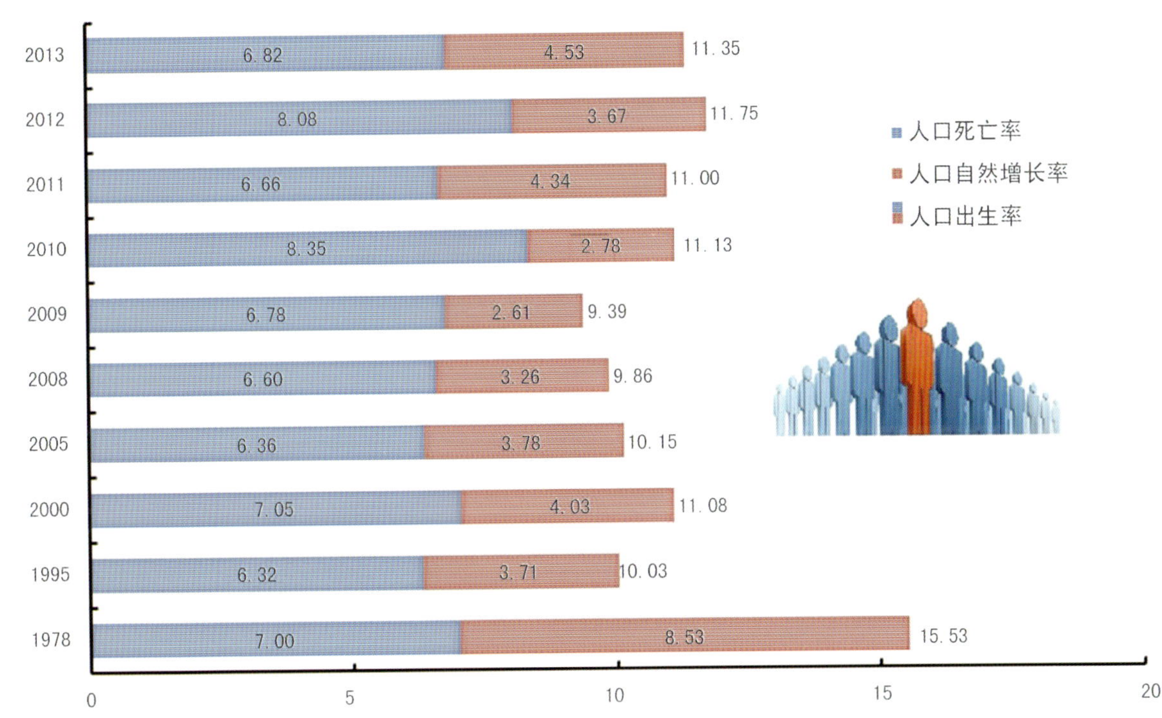

地方公共财政预算收支（亿元）

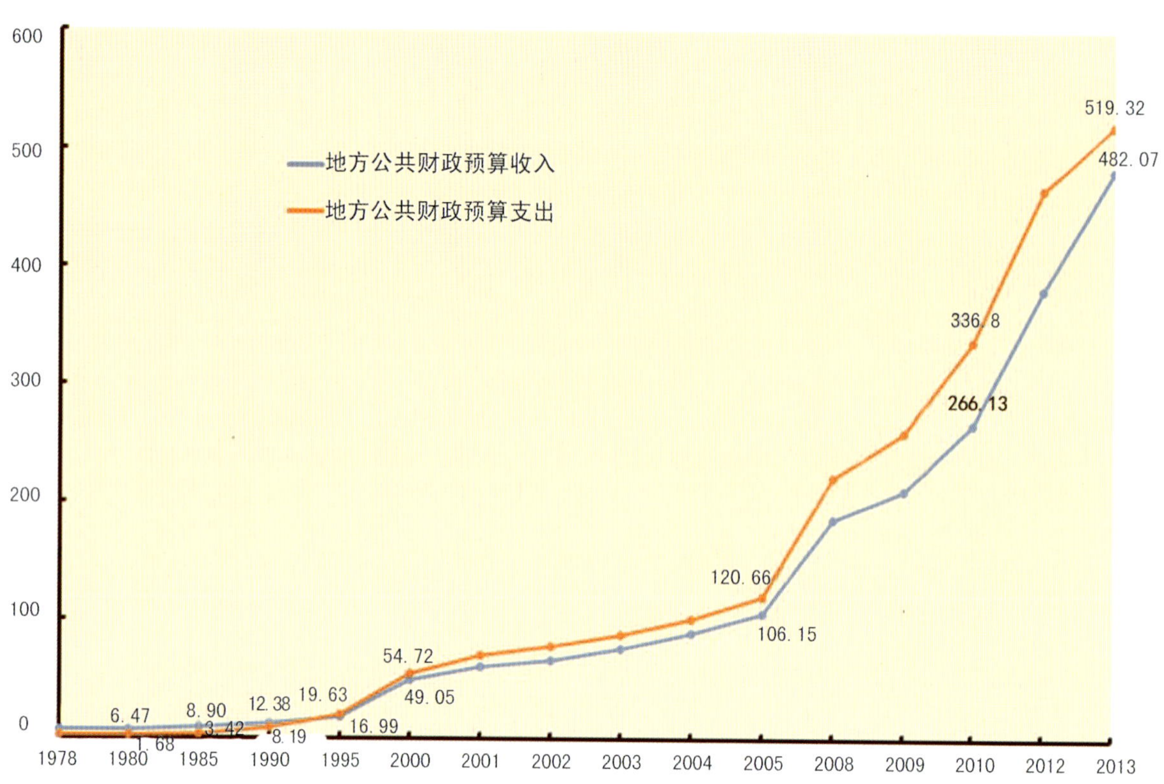

金融机构人民币存、贷款余额（亿元）

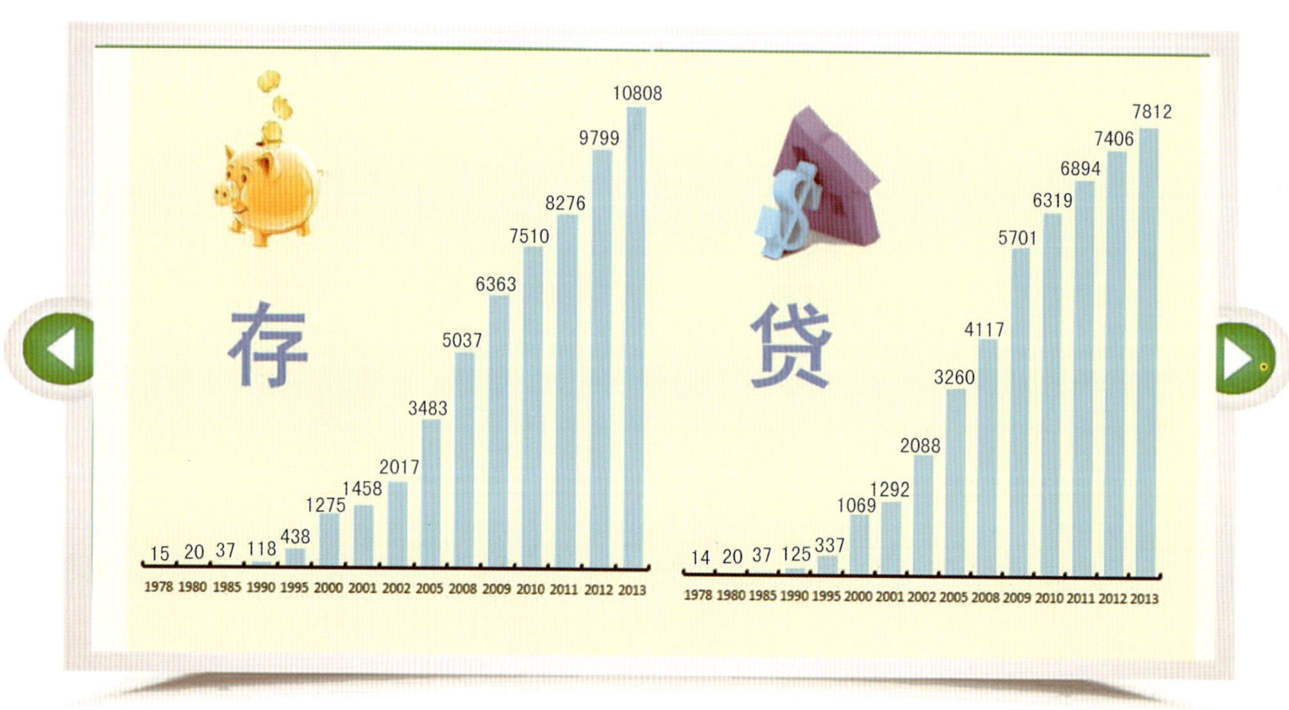

城市居民人均可支配收入和农民人均纯收入（元）

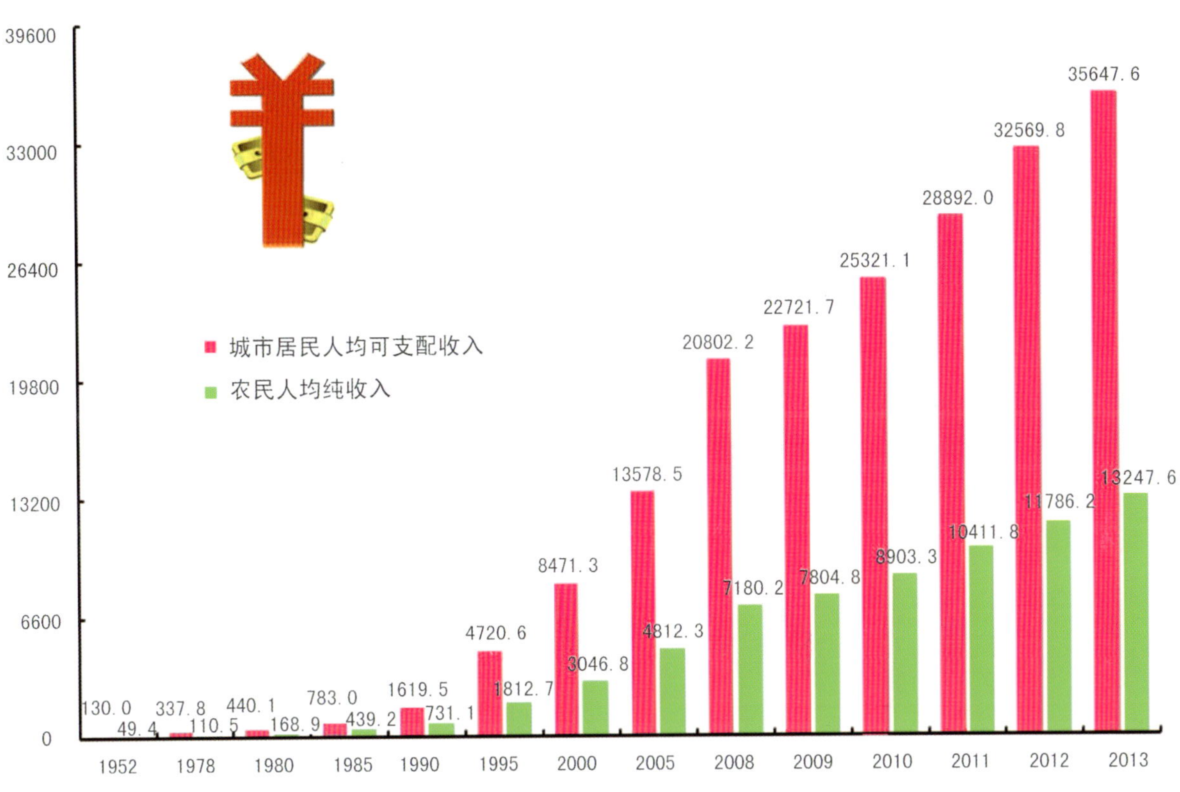

城市居民人均消费性支出和农民人均生活费支出（元）

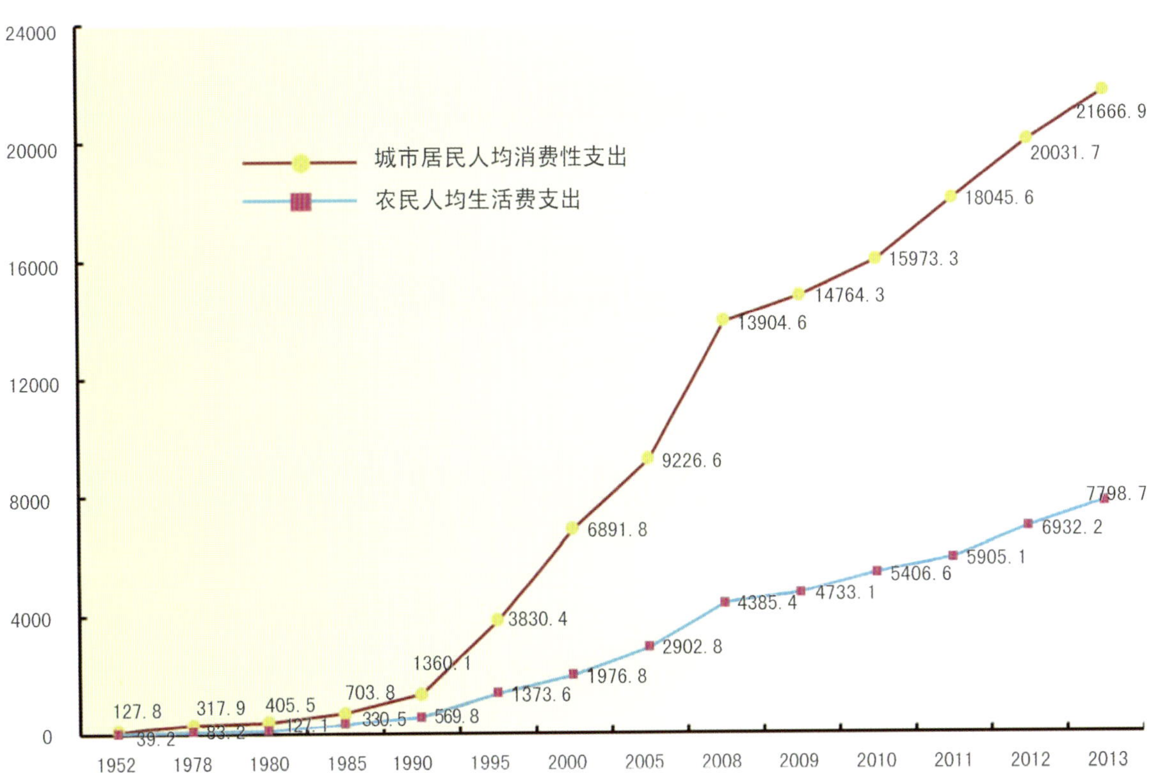

城市居民与农村居民恩格尔系数（%）

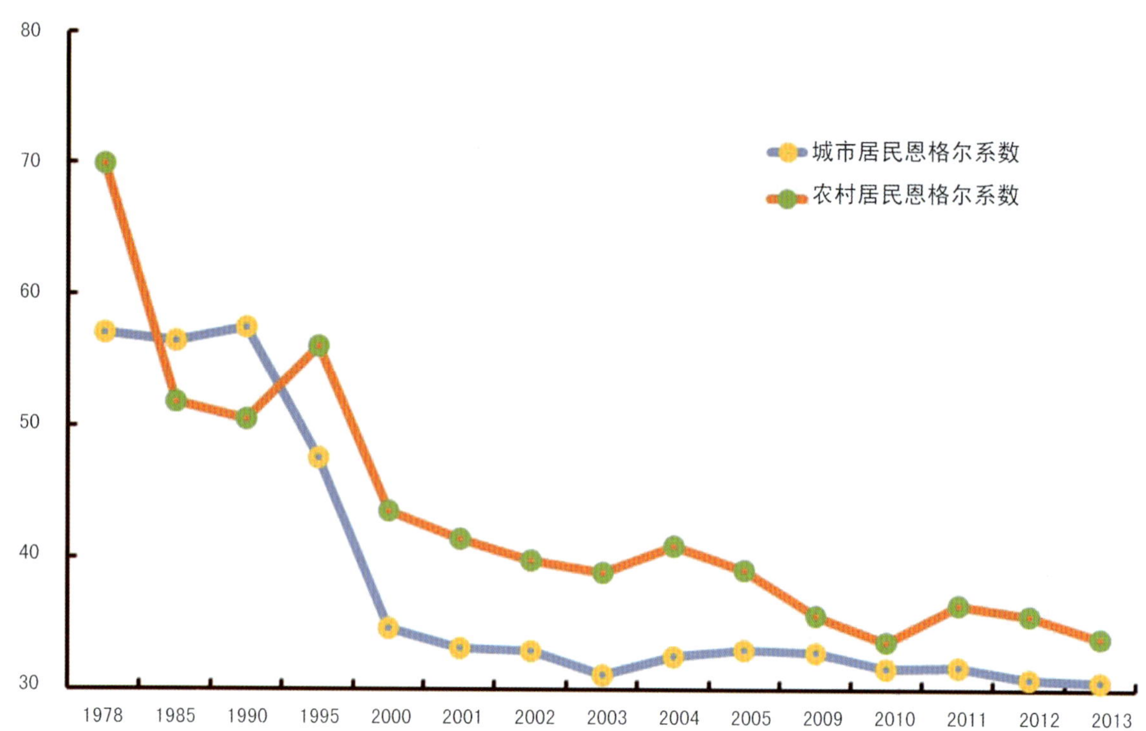

城乡居民人民币储蓄存款余额（亿元）

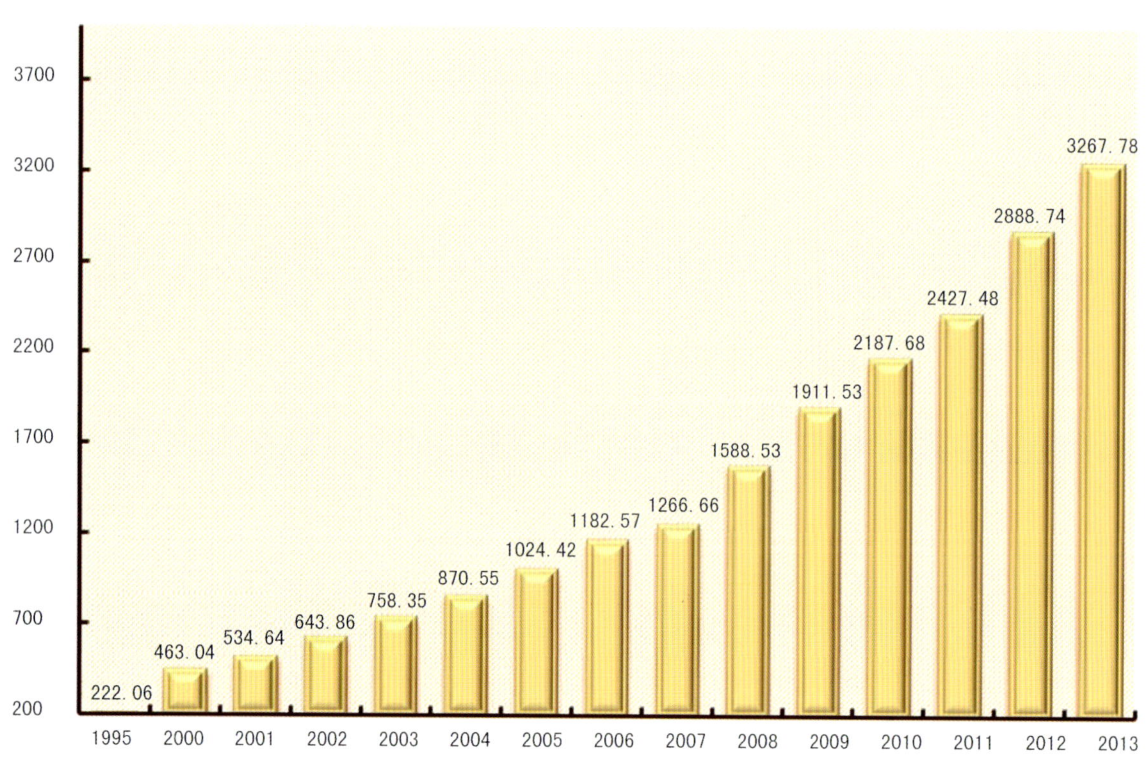

居民消费价格指数与商品零售价格指数（以上年为 100/%）

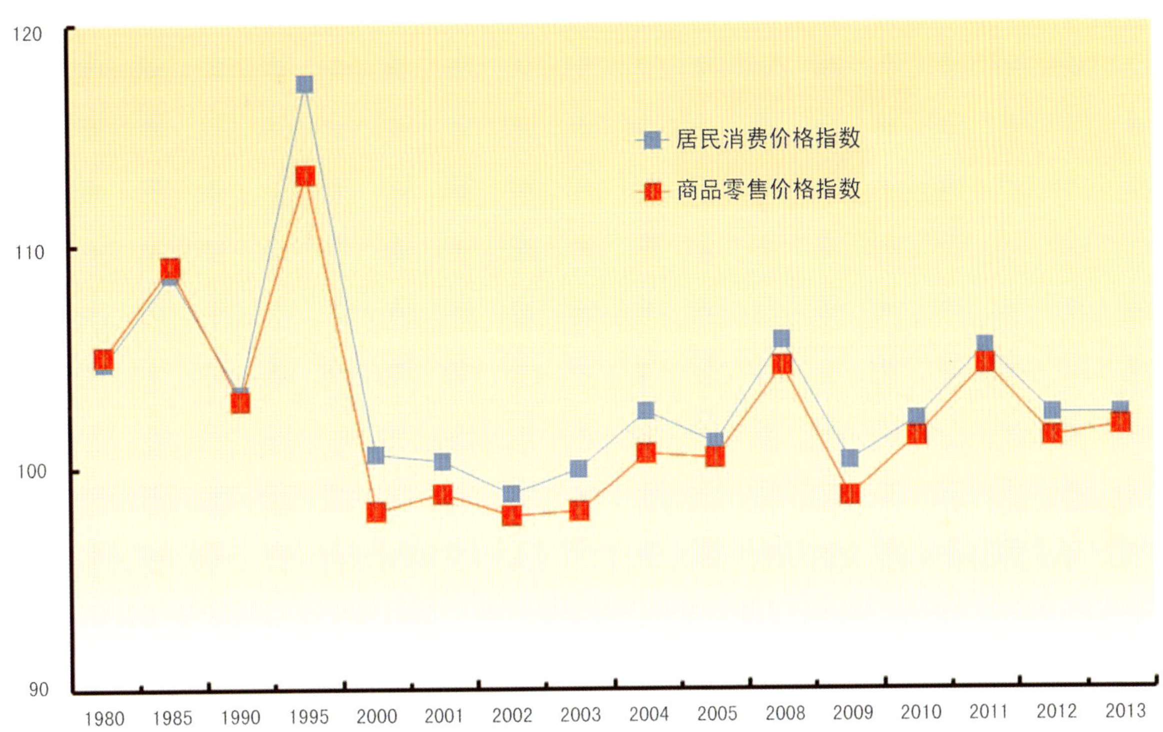

工业生产者出厂价格指数与工业生产者购进价格指数（以上年为 100/%）

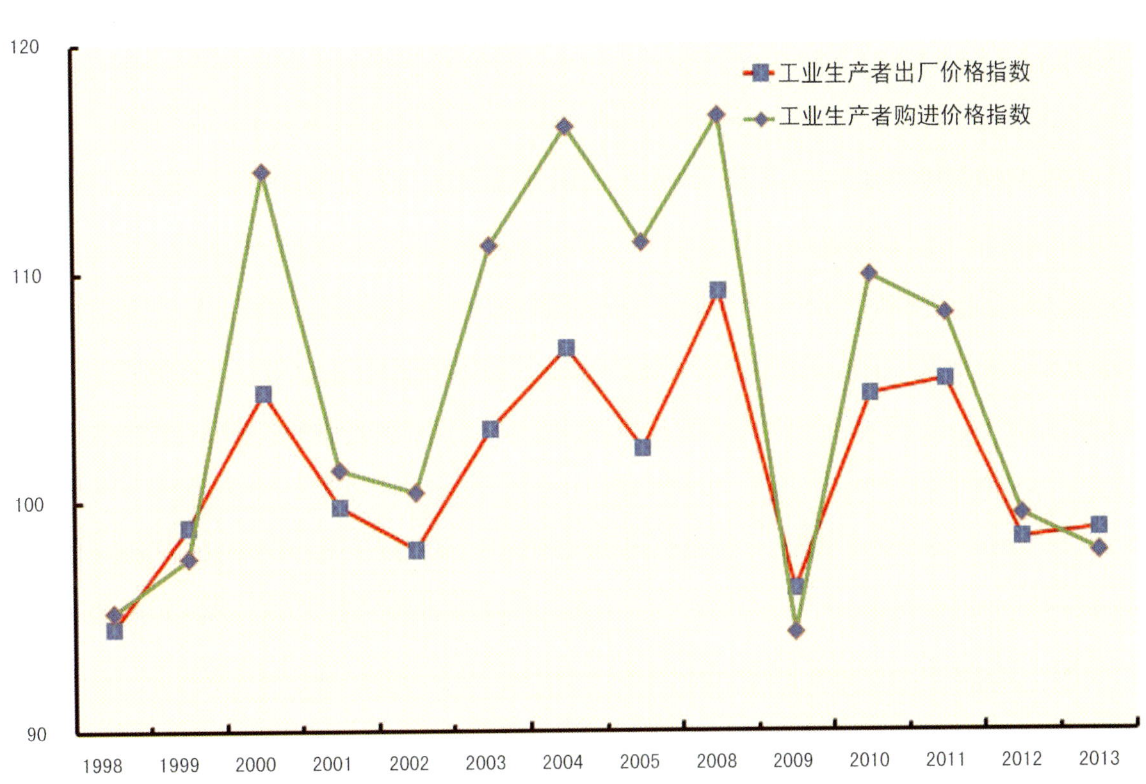

实际使用外资金额（万美元）

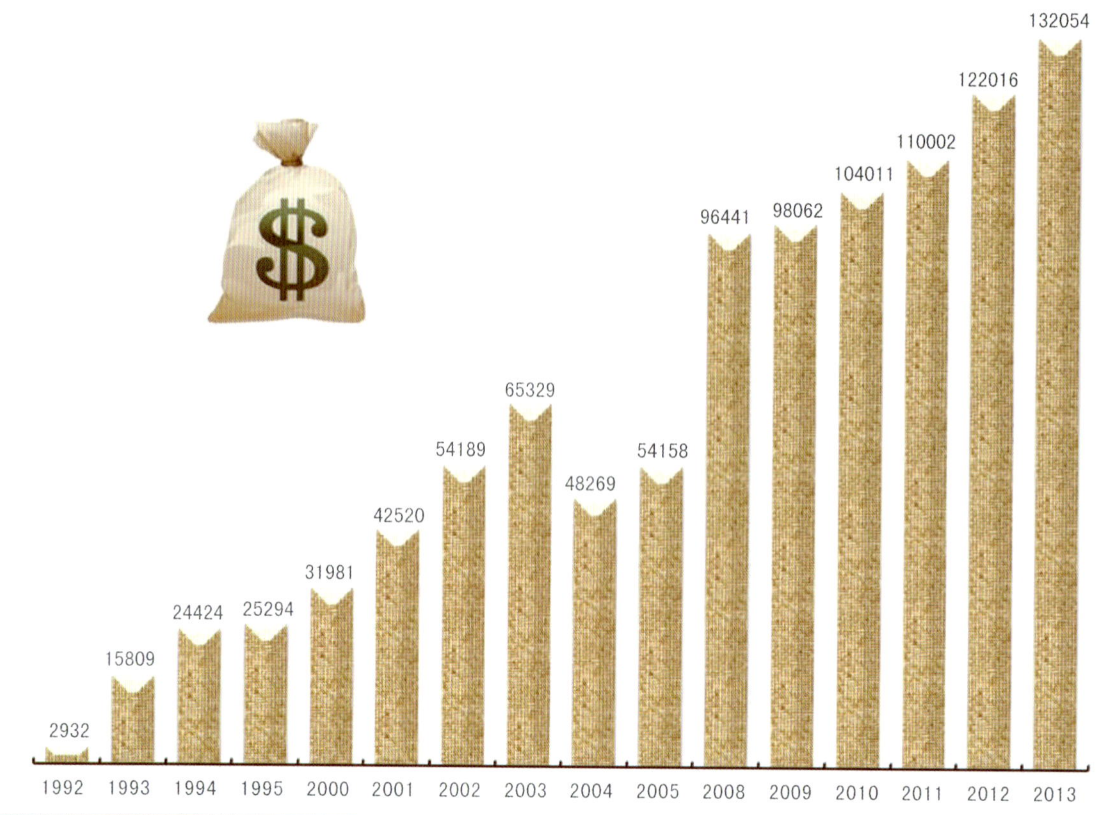

海关进出口总额（万美元）

规模以上工业主营业务收入（亿元）

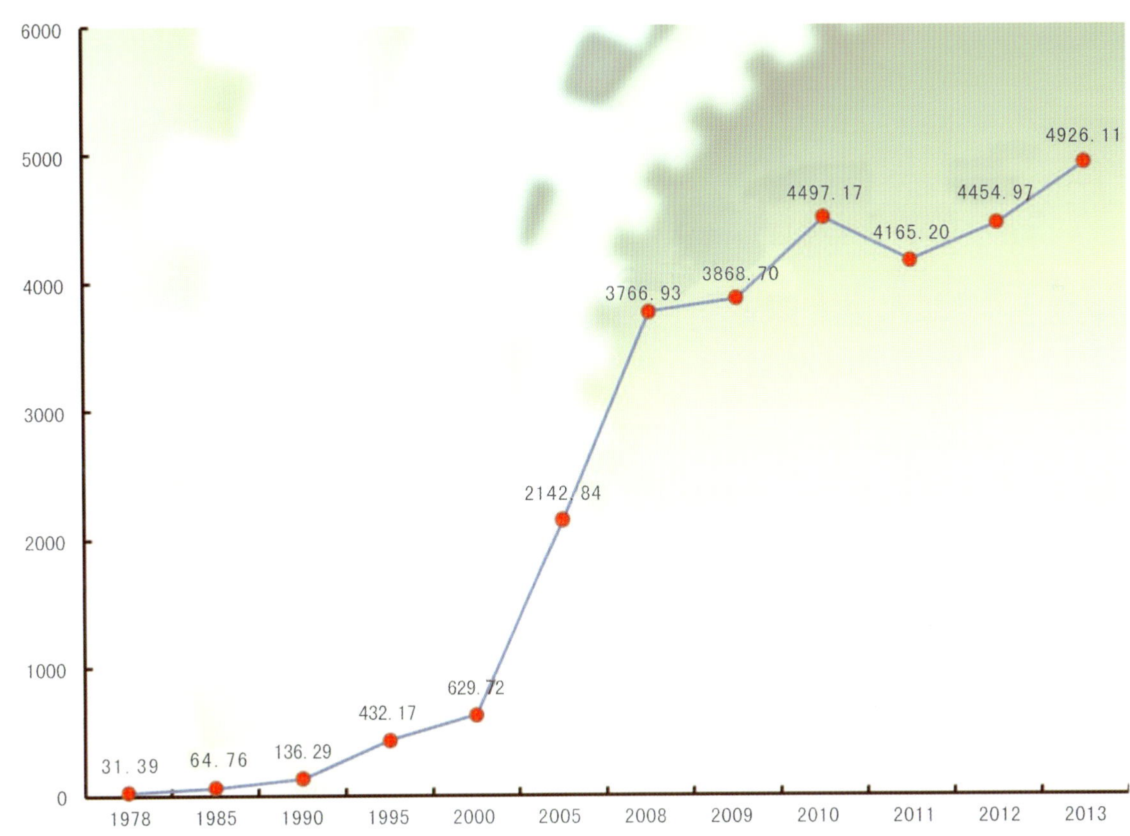

规模以上工业利税总额（亿元）

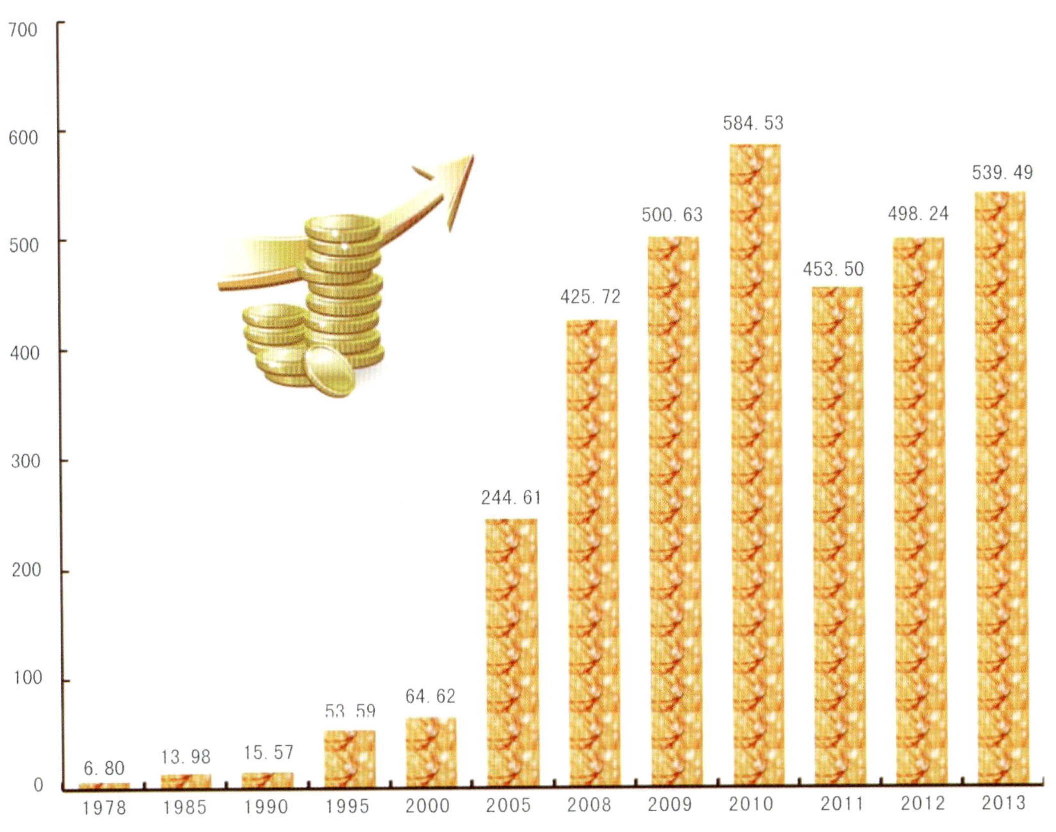

规模以上工业利润总额（亿元）

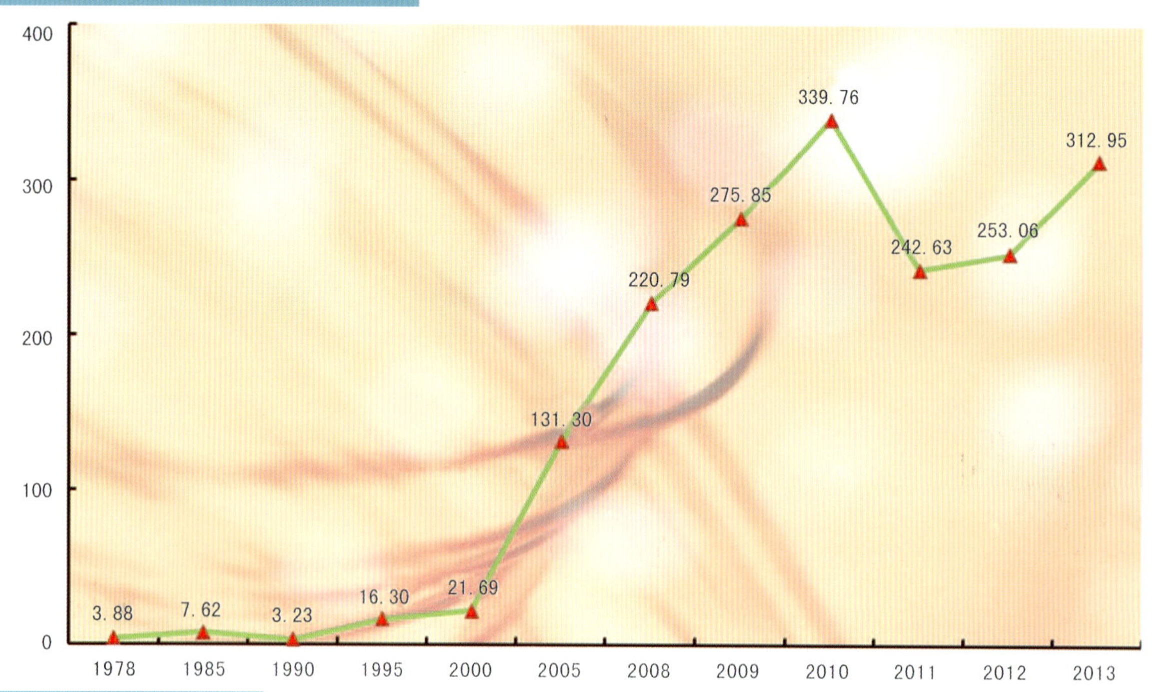

主要工业产品产量

发电量（亿千瓦时）

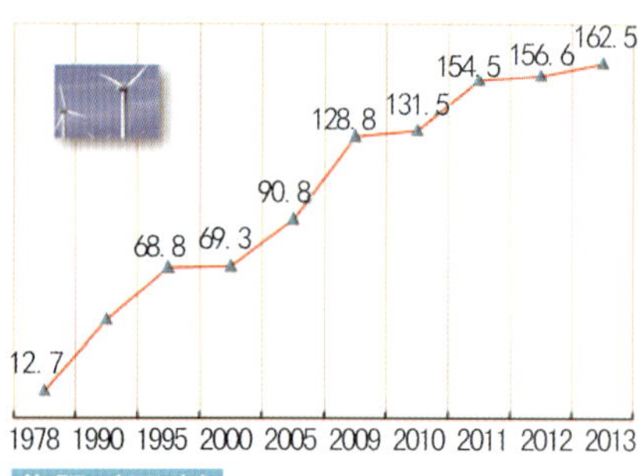

彩色电视机（万台）

原油加工量（万吨）

化肥（万吨）

水泥（万吨）

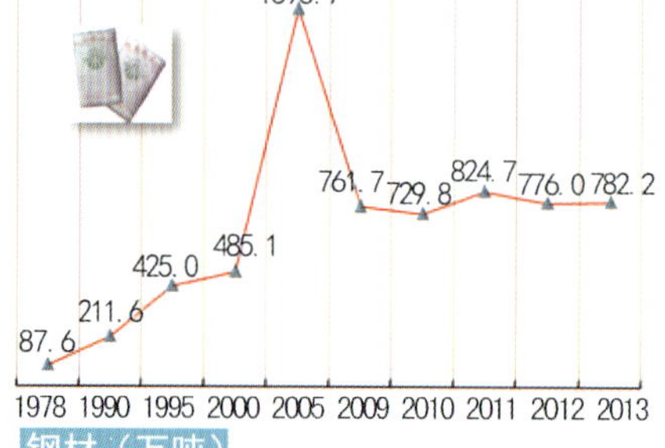

啤酒（万千升）

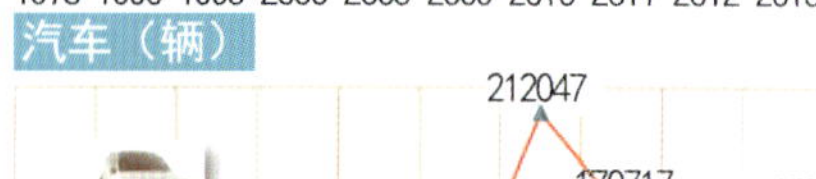

汽车（辆）

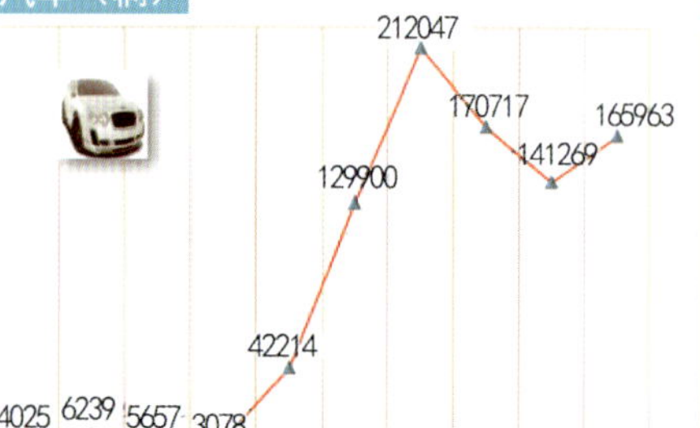

钢材（万吨）

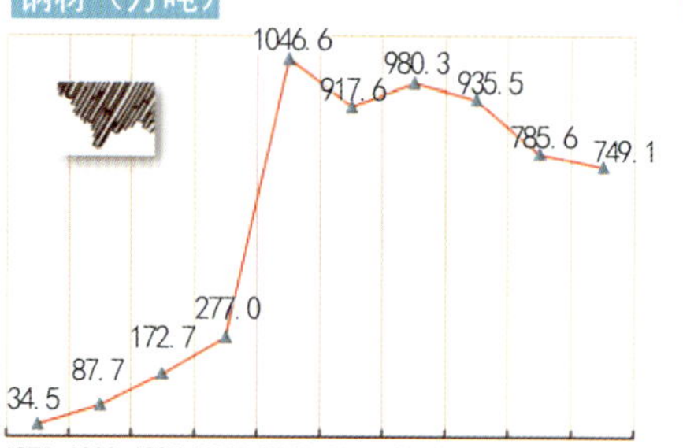

初级形态塑料（万吨）

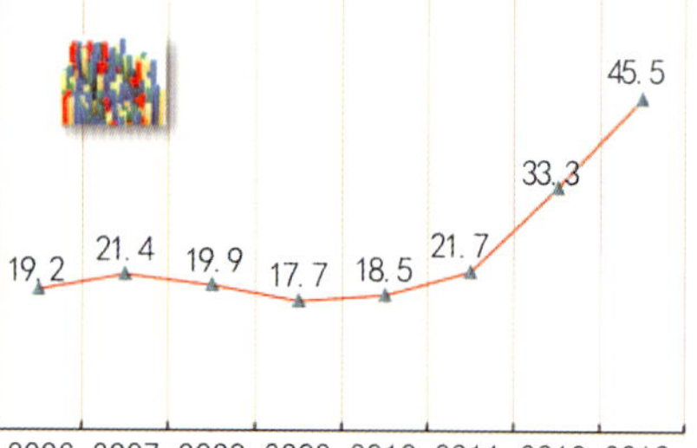

注：规模以上工业 2011 年及以后为年主营业收入 2000 万元以上工业企业 1997 年及以前统计口径为乡及乡以上工业企业，1998 年及以后为全部国有及年销售收入 500 万元以上工业企业.

社会消费品零售总额及构成（亿元）

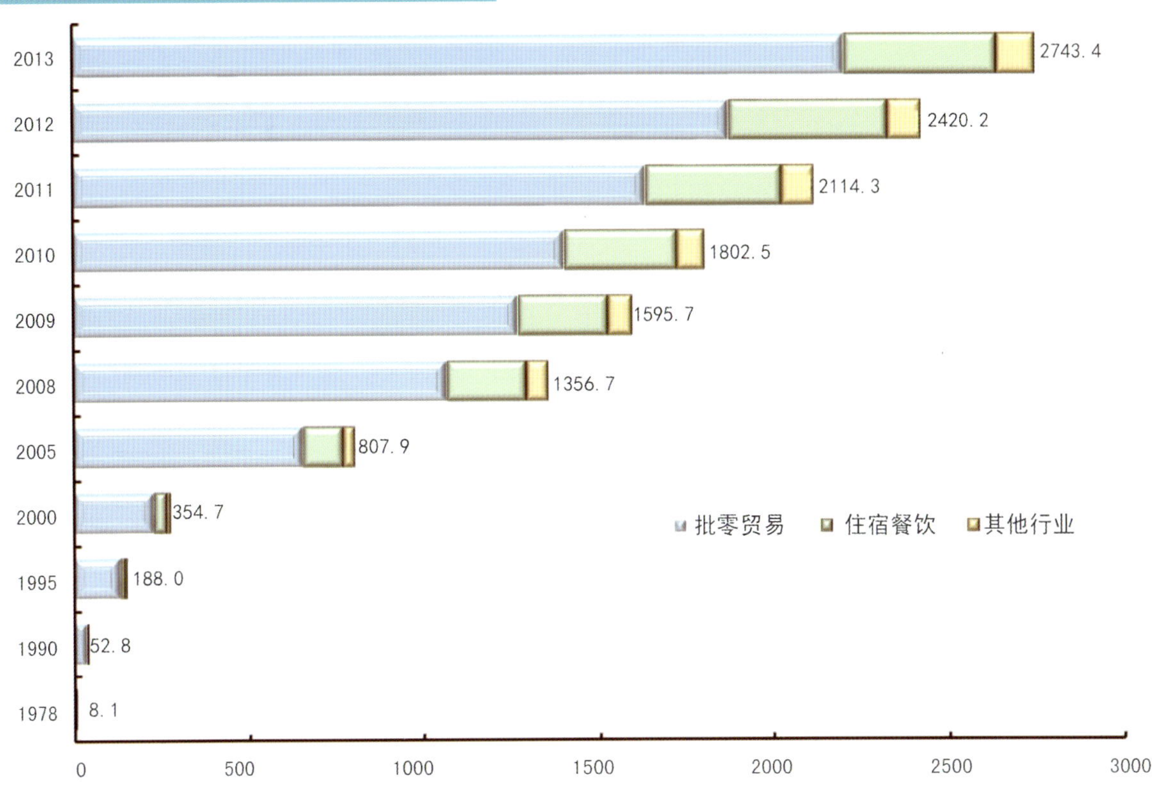

固定资产投资及构成（亿元）

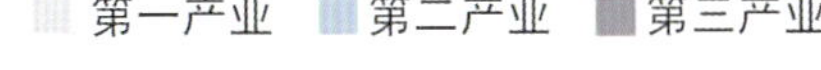

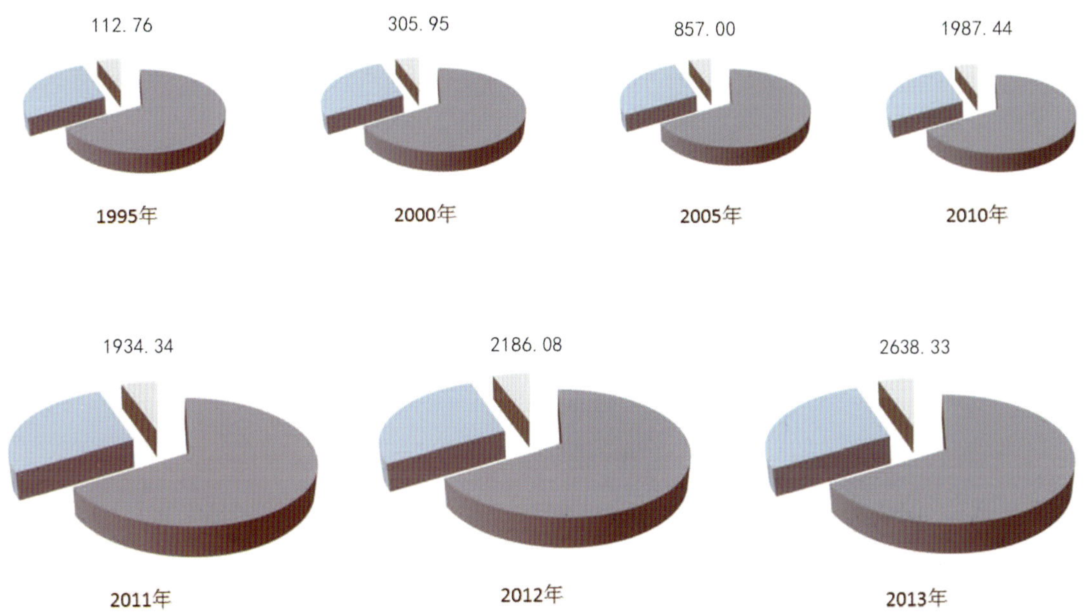

注：从2011年开始固定资产投资项目统计的起点标准从计划总投资50万元以上提高到500万元以上。

农林牧渔业增加值（亿元）

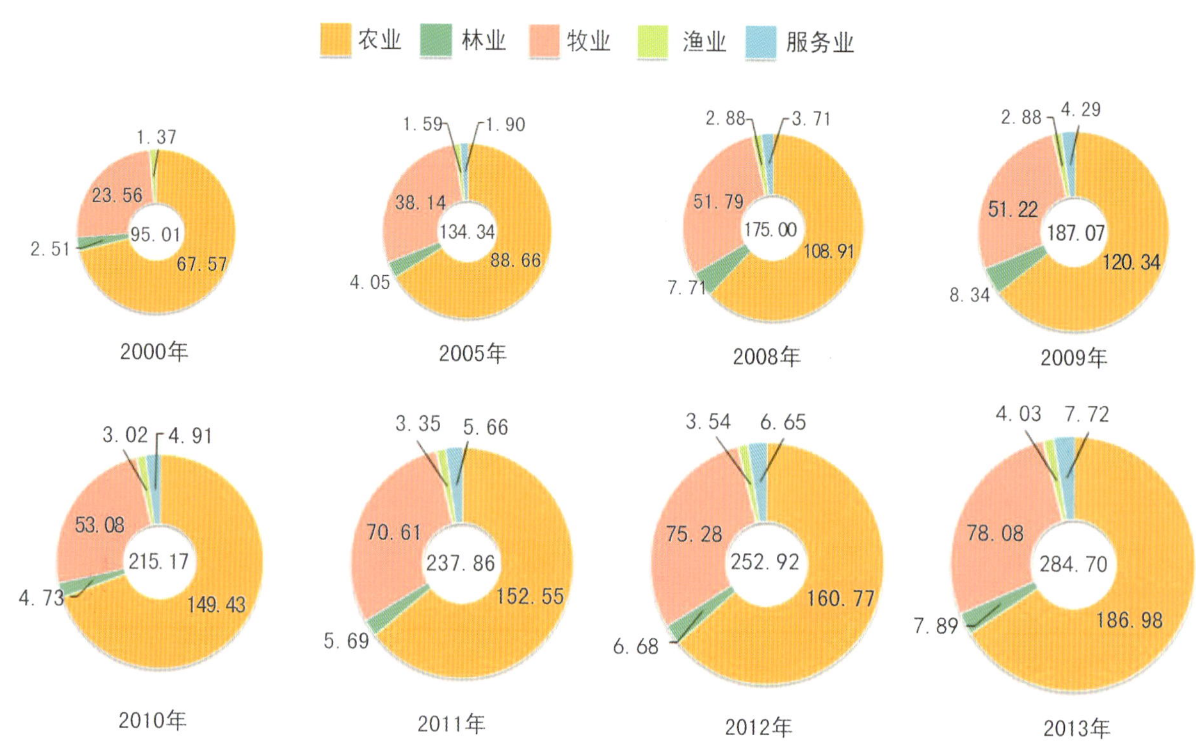

主要农产品产量（万吨）

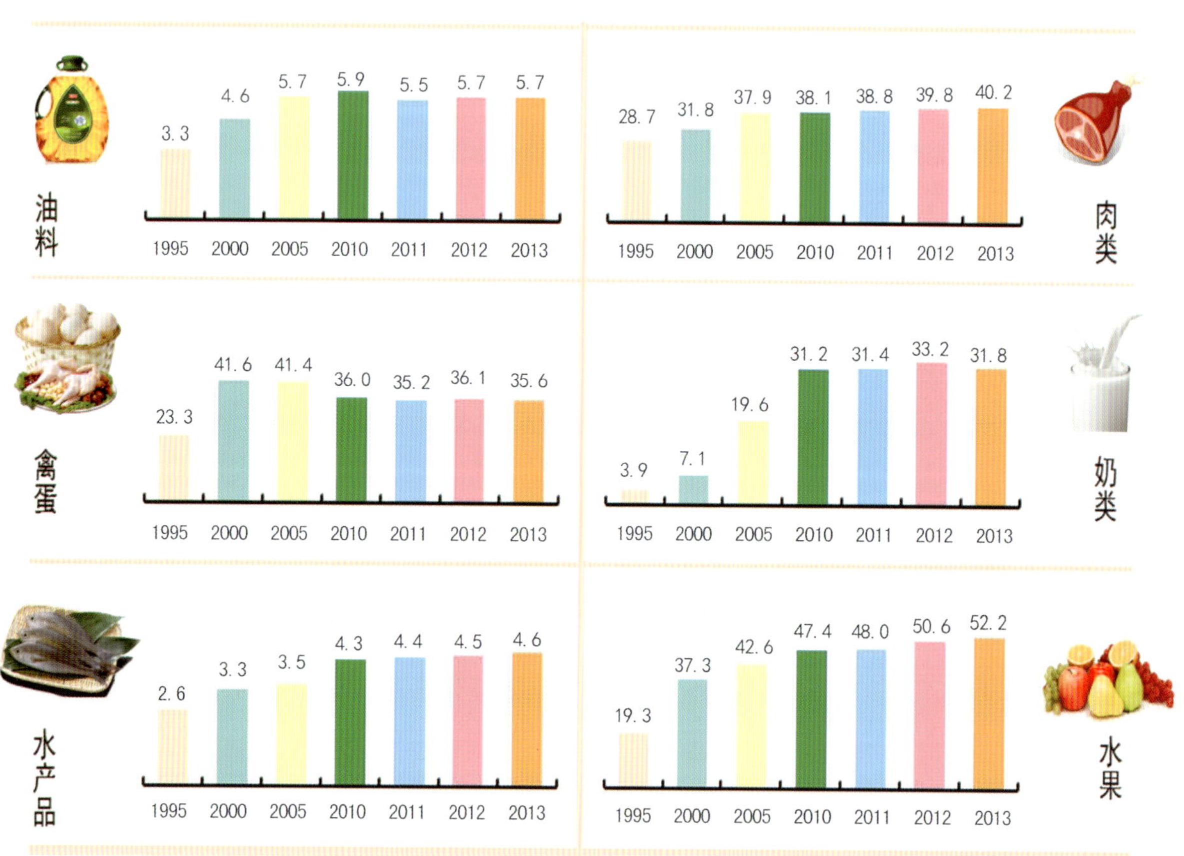

移动电话用户、宽带及互联网拨号注册电话用户（万户）

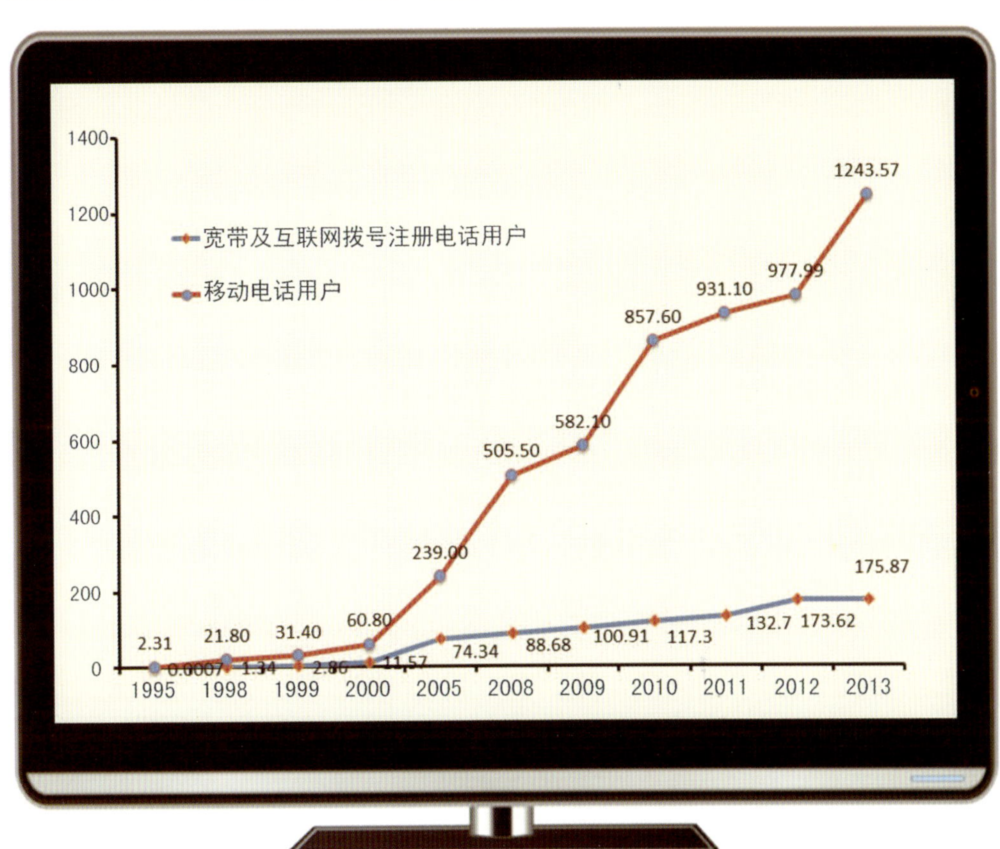

客运量（万人）

公路

2611
4530
5364
12786
11246
12758
11165
13084
12262

1995　2000　2005　2008　2009　2010　2011　2012　2013

航空

37
62
140
269
322
379
433
426
453

1995　2000　2005　2008　2009　2010　2011　2012　2013

货运量（万吨）

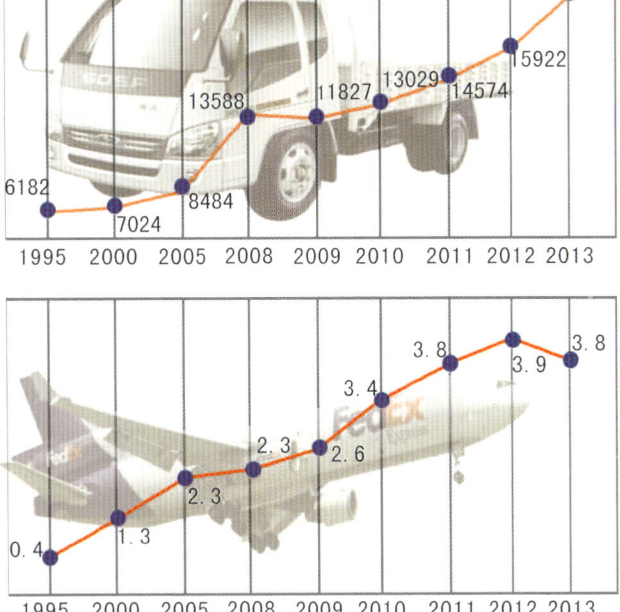

1995	2000	2005	2010	2011	2012	2013
649357	914389	1528890	2450343	2565727	2535709	2582682

全社会供气量

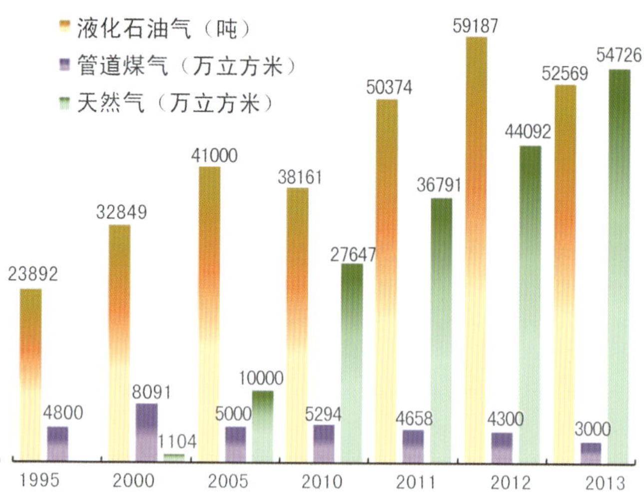

公共交通客运量（万人次）

供热面积（万平方米）

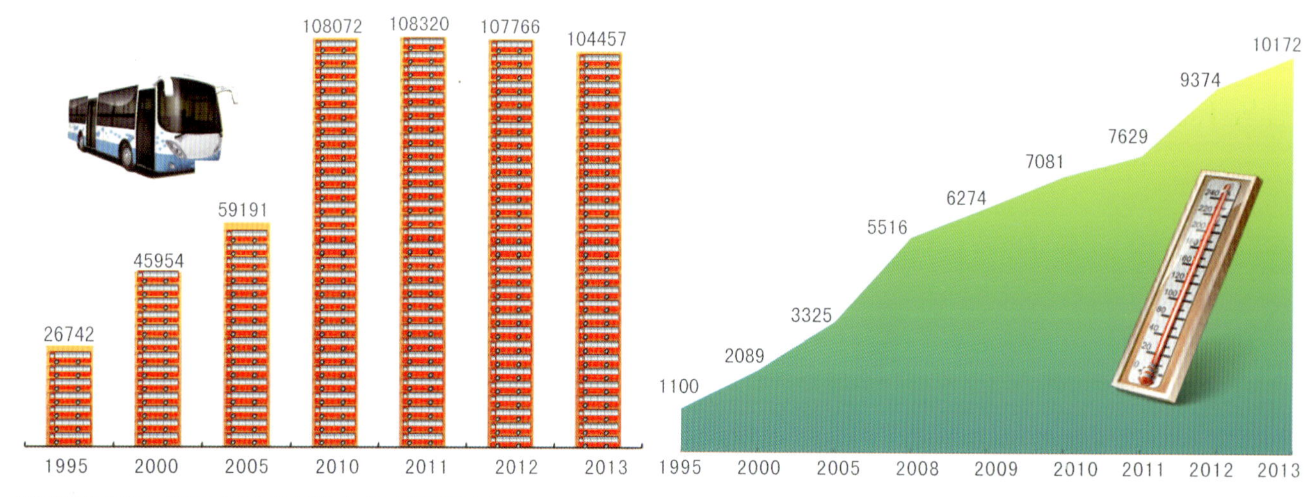

人均公园绿地面积（平方米/人）

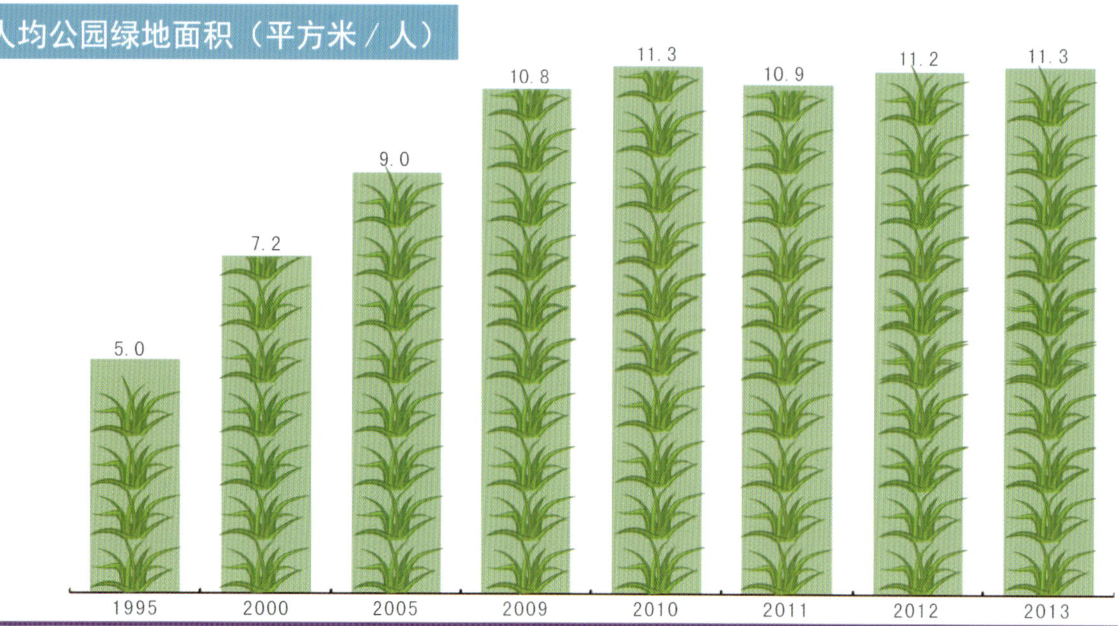

专利申请量（件）

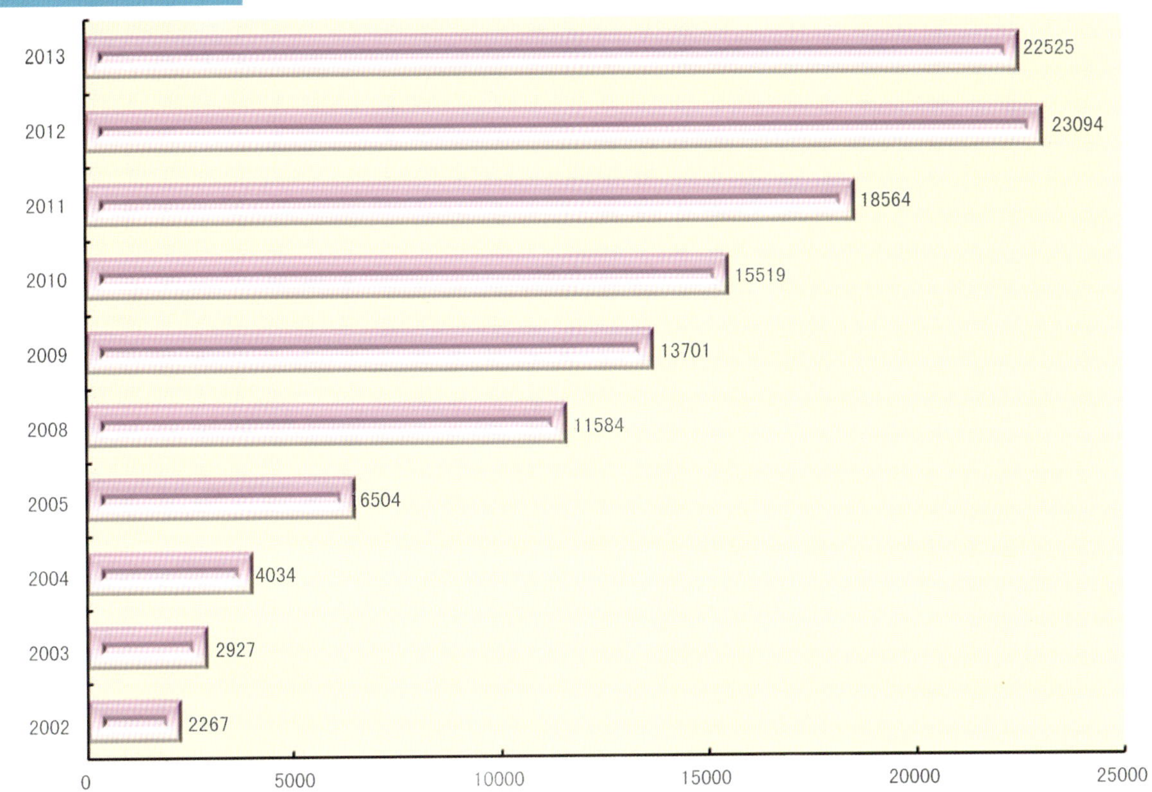

各类学校专任教师（人）

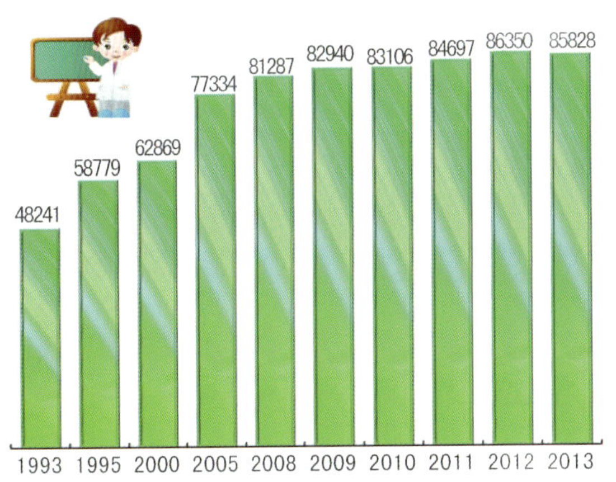

各类学校在校学生（万人）

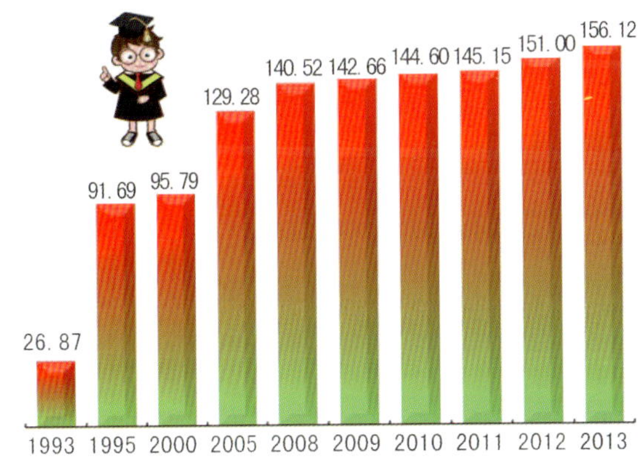

各类出版物—杂志（万册）

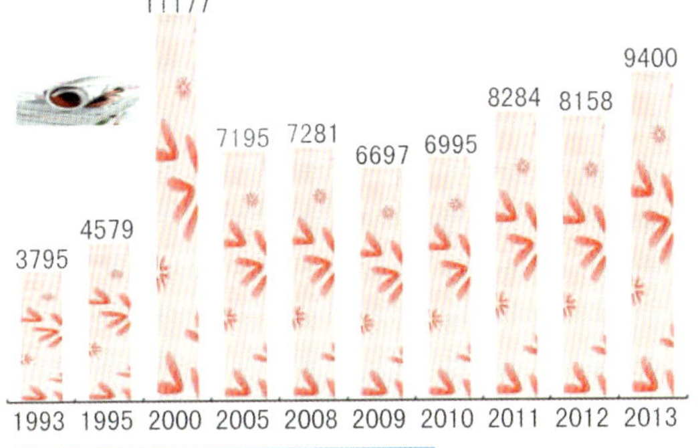

各类出版物—报纸（万份）

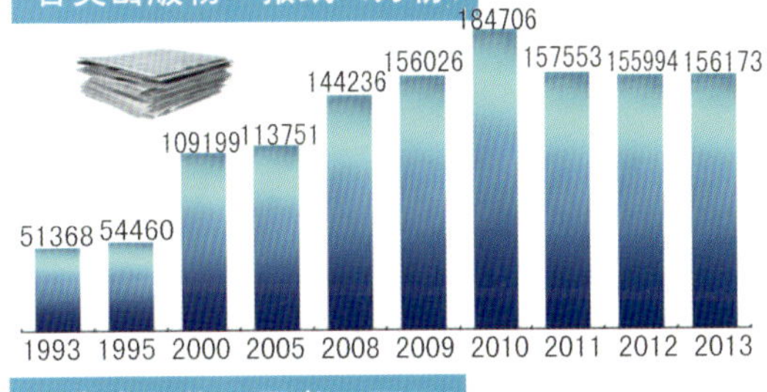

各类出版物—图书（万册）

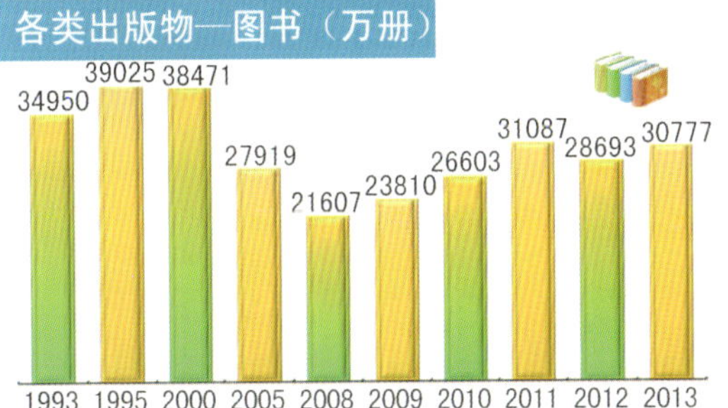

济南的一天

出生190人

死亡114人

迁入157人

迁出112人

结婚156对

供水83.2万吨

用电7076万千瓦时

交通事故4.9起

火灾7.5起

1

行政区划

DIVISIONS OF ADMINISTRATIVE AREAS

1-1 行 政 区 划

Divisions of Administrative Areas

年份地区	乡 (个)	镇 (个)	街道 (个)	村 (个)	居委会 (个)
全市主要年份					
1989	57	54	53	4710	702
1990	57	54	48	4752	669
1991	57	54	48	4752	670
1992	57	54	48	4759	670
1993	56	55	48	4756	670
1994	55	56	48	4759	670
1995	48	63	49	4723	721
1996	42	68	49	4704	685
1997	42	68	50	4696	616
1998	42	69	50	4711	505
1999	42	69	50	4714	468
2000	42	69	50	4702	416
2001	28	64	54	4677	417
2002	27	65	54	4657	487
2003	27	61	58	4657	487
2004	27	61	58	4657	487
2005	12	53	64	4628	400
2006	11	53	64	4604	487
2007	11	50	73	4563	500
2008	11	50	73	4551	521
2009	11	50	75	4553	522
2010	6	49	86	4552	532
2011	4	51	86	4538	556
2012	4	51	86	4532	586
2013	2	51	90	4548	597
2013 年分地区					
市区		14	79	1546	513
历下区			13	19	78
市中区			17	77	107
槐荫区			16	92	71
天桥区		2	13	120	137
历城区		6	13	592	61
长清区		6	4	585	40
高新区			3	61	19
平阴县		6	2	337	23
济阳县		8	2	812	39
商河县	2	9	1	948	15
章丘市		14	6	905	7

注：指标“土地面积”2013 年为第二次全市土地调查数据。

1–2 县（市）、区所辖乡镇、办事处（2013年末）

Township and Sub-Branches at County Level（End of 2013）

县（市）、区	乡、镇、街道数（个）	乡、镇、街道名称
历下区	13	大明湖街道 千佛山街道 燕山街道 泉城路街道 趵突泉街道 东关街道 解放路街道 建筑新村街道 文化东路街道 甸柳新村街道 姚家街道 智远街道 龙洞街道
市中区	17	泺源街道 杆石桥街道 魏家庄街道 大观园街道 四里村街道 六里山街道 七里山街道 二七新村街道 舜玉路街道 舜耕街道 王官庄街道 七贤街道 白马山街道 十六里河街道 兴隆街道 党家街道 陡沟街道
槐荫区	16	西市场街道 五里沟街道 道德街街道 营市街街道 青年公园街道 中大槐树街道 振兴街街道 南辛庄街道 段店北路街道 匡山街道 张庄路街道 美里湖街道 兴福街道 玉清湖街道 腊山街道 吴家堡街道
天桥区	15	无影山街道 堤口路街道 宝华街街道 工人新村南村街道 工人新村北村街道 官扎营街道 北坦街道 天桥东街街道 纬北路街道 制锦市街道 北园街道 泺口街道 药山街道 大桥镇 桑梓店镇
历城区	19	洪家楼街道 山大路街道 东风街道 全福街道 华山街道 荷花路街道 王舍人街道 鲍山街道 郭店街道 唐冶街道 港沟街道 遥墙街道 临港街道 唐王镇 董家镇 仲宫镇 彩石镇 柳埠镇 西营镇
长清区	10	文昌街道 平安街道 崮云湖街道 五峰山街道 归德镇 张夏镇 孝里镇 马山镇 万德镇 双泉镇
平阴县	8	榆山街道 锦水街道 洪范池镇 东阿镇 孔村镇 孝直镇 玫瑰镇 安城镇
济阳县	10	济阳街道 济北街道 回河镇 曲堤镇 仁风镇 垛石镇 孙耿镇 太平镇 崔寨镇 新市镇
商河县	12	许商街道 玉皇庙镇 龙桑寺镇 贾庄镇 殷巷镇 郑路镇 怀仁镇 白桥镇 孙集镇 韩庙镇 张坊乡 沙河乡
章丘市	20	明水街道 双山街道 龙山街道 枣园街道 埠村街道 圣井街道 水寨镇 刁 镇 绣惠镇 相公庄镇 文祖镇 垛庄镇 高官寨镇 白云湖镇 宁家埠镇 曹范镇 普集镇 官庄镇 辛寨镇 黄河镇
高新区	3	舜华路街道 孙村街道 巨野河街道

主要统计指标解释

Explanatory Notes on Main Statistical Indicators

行政区划 指国家对行政区域的划分。根据宪法规定，我国的行政区域划分如下：（1）全国分为省、自治区、直辖市；（2）省、自治区分为自治州、县、自治县、市；（3）自治州分为县、自治县、市；（4）县、自治县分为乡、民族乡、镇；（5）直辖市和较大的市分为区、县；（6）国家在必要时设立的特别行政区。

国土 指一个主权国家管辖下的领土、领海和领空。

气候 指地球与大气之间长期能量交换与质量交换所形成的一种自然环境状态，它是多种因素综合作用的结果。气候既是人类生活和生产的环境要素之一，又是供给人类生活和生产的重要资源。气温、降水、湿度等气象要素的多年平均值是用来描述一个地区气候状况的主要参数，而各种气象要素某年、某月的平均值（或总量）则可以反映出该时期天气气候状况的重要特征。

自然资源 指人类可以直接从自然界获得，并用于生产和生活的物质资源。自然资源一般可以分成可再生资源和非再生资源两大类。可再生资源指在较短时间内可以再生、可以循环利用的资源，包括土地资源、水资源、气候资源、生物资源和海洋资源等。非再生资源指在使用后不能再生的资源，包括矿产资源和地热能源。

土地 指陆地的表层部分，它主要由岩石、岩石的风化物和土壤构成。土地资源按利用类型可以分为农用地、建筑用地和未利用地。农用地包括耕地、园地、林地、牧草地和水面。建筑用地包括居民点及工矿用地、交通用地和水利设施用地。未利用地指农用地和建筑用地以外的土地，包括滩涂、荒漠、戈壁、冰川和石山等等的总体。

水资源 水在自然界中以固体、液体和气态三种聚集状态存在，分布于海洋、陆地（包括土壤）以及大气之中，通过水循环形成水资源。水资源包括经人类控制并直接可供灌溉、发电、给水、航运、养殖等用途的地表水和地下水，以及江河、湖泊、井、泉、潮汐、港湾和养殖水域等。水资源是发展国民经济不可缺少的重要自然资源。

气温 指空气的温度，我国一般以摄氏度（℃）为单位表示。气象观测的温度表是放在离地面约1.5 米处通风良好的百叶箱里测量的，因此，通常说的气温指的是离地面1.5米处百叶箱中的温度。其统计计算方法为：

月平均气温是将全月各日的平均气温相加，除以该月的天数而得。

年平均气温是将12 个月的月平均气温累加后除以12而得。

相对湿度 指空气中实际水气压与当时气温下的饱合水气压之比。其统计方法与气温相同。

降水量 指从天空降落到地面的液态或固态（经融化后）水，未经蒸发、渗透、流失而在地面上积聚的深度。其统计计算方法为：

月降水量是将全月各日的降水量累加而得。

年降水量是将12 个月的月降水量累加而得。

日照时数 指太阳实际照射地面的时间。其统计方法与降水量相同。

人口

POPULATION

2-1 主要年份总户

Total Household and

年 份	年末总户数(万户)	年末总人口(万人)	按农业、非农业户口分(万人)		非农比(%)
			非农业	农业	
1952	70.19	318.66	61.65	256.51	19.35
1957	76.44	346.38	79.24	267.15	22.88
1962	81.45	351.44	85.83	265.61	24.42
1965	83.01	373.22	91.55	281.67	24.53
1970	89.48	407.50	87.49	320.00	21.47
1975	96.54	437.73	95.14	342.59	21.73
1976	98.63	442.09	96.63	345.47	21.86
1977	100.60	445.05	97.71	347.35	21.95
1978	102.93	450.67	103.69	346.97	23.00
1979	105.34	456.37	107.81	348.56	23.60
1980	106.83	458.61	112.36	346.25	24.50
1981	110.52	467.93	117.28	350.65	25.06
1982	112.51	474.23	120.90	353.32	25.49
1983	114.92	479.38	125.38	354.00	26.15
1984	116.92	483.85	135.01	348.83	27.90
1985	120.19	488.39	141.43	346.96	28.96
1986	122.67	494.06	140.96	353.10	28.53
1987	125.43	501.03	146.12	354.91	29.16
1988	130.32	507.18	152.04	355.04	29.98
1989	134.77	513.39	157.79	355.60	30.73
1990	140.36	523.60	160.67	362.93	30.69
1991	143.42	527.43	163.29	364.14	30.96
1992	147.50	530.70	166.01	364.69	31.28
1993	149.42	533.53	169.31	364.22	31.73
1994	153.60	537.31	180.28	357.03	33.55
1995	156.45	542.12	186.04	356.08	34.32
1996	156.42	543.45	190.97	352.48	35.14
1997	157.66	549.20	194.23	354.97	35.37
1998	160.93	553.54	199.29	354.25	36.00
1999	163.52	557.63	202.47	355.16	36.31
2000	166.63	562.65	207.68	354.97	36.91
2001	168.46	569.00	222.24	343.14	39.06
2002	170.10	575.01	285.83	285.17	49.71
2003	172.18	582.56	297.21	283.58	51.02
2004	173.24	590.08	307.96	281.64	52.19
2005	177.69	597.44	330.26	267.18	55.28
2006	179.48	603.35	338.61	264.74	56.12
2007	181.88	604.85			
2008	184.63	603.99			
2009	187.70	603.27			
2010	190.65	604.08			
2011	193.61	606.64			
2012	195.79	609.21			
2013	199.67	613.25			

数、总人口（户籍）

Population in Major Years

按性别分（万人）		性别比（女=100）	年平均人口（万人）	比上年增长（‰）	人口密度（人/平方公里）
男性	女性				
157.68	160.98	97.95	315.94	3.30	387
170.30	176.09	96.71	343.25	17.40	421
174.55	176.89	98.68	350.18	-4.60	427
186.08	187.14	99.43	370.24	19.50	454
203.16	204.34	99.42	404.17	16.60	495
217.82	219.91	99.05	435.15	9.90	532
220.89	221.20	99.86	439.91	10.90	537
222.46	222.59	99.94	443.57	8.30	541
226.31	224.36	100.87	447.86	9.70	548
228.57	227.80	100.34	453.52	12.60	555
230.47	228.15	101.02	457.49	8.80	557
235.35	232.58	101.19	463.27	12.60	569
238.99	235.26	101.59	471.08	16.80	576
242.02	237.36	101.54	476.81	12.20	583
244.32	239.53	102.00	481.62	10.10	588
246.86	241.53	102.21	486.12	9.30	594
250.09	243.97	102.51	491.23	10.50	601
253.95	247.08	102.78	497.55	12.90	609
257.22	249.86	102.95	504.11	13.20	616
260.79	252.61	103.24	510.29	12.30	624
265.91	257.69	103.19	518.50	16.10	636
267.78	259.65	103.13	525.52	13.50	641
269.46	261.25	103.14	529.07	6.70	645
270.77	262.76	103.05	532.12	5.80	649
272.76	264.54	103.11	535.42	6.20	653
274.98	267.14	102.93	539.72	8.00	656
275.59	267.86	102.89	542.79	5.70	666
278.30	270.90	102.73	546.33	6.50	674
279.91	273.63	102.30	551.37	9.20	679
281.71	275.93	102.09	555.59	7.70	684
284.19	278.46	102.06	560.14	8.20	690
287.39	281.61	102.06	565.83	10.20	696
290.58	284.43	102.16	572.00	10.90	703
294.04	288.52	101.91	578.78	11.90	712
297.25	292.82	101.51	586.32	13.03	722
300.42	297.02	101.15	593.76	12.69	731
302.72	300.63	100.70	600.39	11.17	738
302.87	301.98	100.29	604.10	6.17	740
302.00	301.99	100.00	604.42	0.53	739
301.26	302.01	99.75	603.63	-1.30	738
301.28	302.80	99.50	603.68	0.08	739
302.19	304.44	99.26	605.36	2.78	742
303.30	305.91	99.15	607.92	4.23	745
304.93	308.32	98.90	611.23	5.44	767

2-2 主要年份市区总户数、总人口（户籍）

Total Household and Population of Urban in Major Years

年 份	年末总户数(万户)	年末总人口(万人)	按农业、非农业户口分(万人)		按性别分(万人)		年平均人口(万人)
			非农业	农 业	男性	女性	
1952	26.46	124.96	58.21	66.75	63.95	61.01	123.83
1957	29.13	143.17	74.52	68.65	72.05	71.13	140.11
1962	32.25	153.35	81.14	72.21	78.52	74.83	154.18
1965	34.03	162.82	85.86	76.96	83.20	79.62	161.90
1970	37.21	167.82	81.22	86.60	85.61	82.21	168.51
1975	40.67	178.78	86.07	92.71	90.83	87.95	177.74
1976	41.59	180.99	87.12	93.87	91.83	89.16	179.88
1977	42.34	181.49	88.05	93.45	91.92	89.57	181.24
1978	43.79	186.43	93.28	93.15	94.70	91.73	183.96
1979	45.33	189.26	96.86	92.40	96.22	93.04	187.84
1980	46.12	190.01	100.88	89.13	97.22	92.79	189.63
1981	48.64	194.05	104.22	89.83	99.37	94.69	192.03
1982	50.60	201.31	106.95	94.35	101.44	99.87	197.68
1983	52.32	205.48	110.93	94.55	103.42	102.07	203.39
1984	54.30	209.55	115.21	94.34	105.57	103.99	207.52
1985	56.88	213.28	120.15	93.13	107.96	105.33	211.42
1986	58.65	216.98	122.70	94.28	111.54	105.43	215.13
1987	60.54	221.49	126.05	95.44	113.79	107.70	219.23
1988	63.03	225.00	132.60	92.40	115.51	109.39	223.25
1989	65.29	228.88	134.70	94.18	117.49	111.39	226.94
1990	81.22	283.66	141.07	142.59	145.29	138.36	
1991	83.30	286.20	143.07	143.13	146.55	139.65	284.93
1992	85.87	288.52	147.74	140.78	145.19	143.33	287.36
1993	88.02	291.24	147.99	143.26	149.07	142.17	289.88
1994	90.10	294.60	153.26	141.34	150.75	143.85	292.92
1995	92.04	299.20	158.19	141.00	152.97	146.23	296.90
1996	93.12	302.78	162.50	140.28	154.58	148.20	300.99
1997	93.90	306.98	169.35	137.63	156.54	150.44	304.88
1998	96.65	309.90	169.20	140.70	157.58	152.32	308.44
1999	97.74	313.18	171.81	141.37	159.19	153.99	311.54
2000	99.25	317.20	176.04	141.16	161.03	156.17	315.19
2001	100.53	322.45	185.00	133.84	163.73	158.72	319.83
2002	101.62	327.55	234.60	88.97	166.43	161.12	325.00
2003	102.71	334.80	243.29	89.73	169.84	164.96	331.18
2004	102.68	341.73	251.69	89.56	172.91	168.82	338.27
2005	104.87	347.87	272.64	75.22	175.41	172.45	344.80
2006	106.19	352.29	277.02	75.27	177.10	175.19	350.08
2007	107.55	352.71			176.70	176.01	352.50
2008	109.26	350.23			175.08	175.15	351.47
2009	111.07	348.24			173.71	174.53	349.24
2010	112.91	348.02			173.19	174.83	348.13
2011	114.75	349.44			173.51	175.93	348.73
2012	116.49	352.17			174.55	177.62	350.81
2013	118.50	355.38			175.86	179.52	353.78

注：1990 年以前的数据中不包括长清区。

2–3 主要年份人口自然变动情况

Natural Change of Population in Major Years

年份	出生人口(人)	人口出生率（‰）	死亡人口（人）	人口死亡率（‰）	人口自然增长（人）	人口自然增长率（‰）
1952	72861	23.06	29949	9.48	42912	13.58
1957	108432	31.59	38082	11.09	70350	20.50
1962	108029	30.85	44464	12.70	63565	18.15
1965	121364	32.78	39355	10.63	82009	22.15
1970	111861	27.68	29965	7.41	81896	20.27
1975	82939	19.06	33837	7.78	49102	11.28
1976	70065	15.93	34693	7.89	35372	8.04
1977	67413	15.20	33723	7.60	33690	7.60
1978	69541	15.53	31343	7.00	38198	8.53
1979	72596	16.01	30205	6.66	42391	9.35
1980	60336	13.19	32004	7.00	28332	6.19
1981	70327	15.18	31671	6.84	38656	8.34
1982	74147	15.74	28679	6.09	45468	9.65
1983	56454	11.84	30080	6.31	26374	5.53
1984	61156	12.70	32277	6.70	28879	6.00
1985	55386	11.39	31678	6.52	23708	4.87
1986	69901	14.23	30790	6.27	39111	7.96
1987	86752	17.44	30007	6.03	56745	11.41
1988	78922	15.66	32850	6.52	46072	9.14
1989	76380	14.97	30721	6.02	45659	8.95
1990	66806	12.88	33916	6.54	32890	6.34
1991	59374	11.30	32675	6.20	26699	5.10
1992	52825	9.98	34969	6.61	17856	3.37
1993	46007	8.65	35317	6.64	10690	2.01
1994	49940	9.30	35308	6.60	14632	2.70
1995	54132	10.03	34107	6.32	20025	3.71
1996	58254	10.73	36452	6.71	21802	4.02
1997	62245	11.39	35768	6.55	26477	4.84
1998	62490	11.33	36497	6.64	25893	4.69
1999	55931	10.07	34956	6.29	20975	3.78
2000	62059	11.08	39499	7.05	22560	4.03
2001	55536	9.82	33816	5.98	21720	3.84
2002	57317	10.02	36234	6.33	21083	3.69
2003	54599	9.43	42539	7.35	12060	2.08
2004	60670	10.35	38158	6.51	22512	3.84
2005	60240	10.15	37782	6.36	22458	3.78
2006	57706	9.61	39040	6.50	18666	3.11
2007	58367	9.66	39752	6.58	18615	3.08
2008	59600	9.86	39887	6.60	19713	3.26
2009	56694	9.39	40911	6.78	15783	2.61
2010	67162	11.13	50380	8.35	16782	2.78
2011	66563	11.00	40310	6.66	26253	4.34
2012	71449	11.75	49148	8.08	22301	3.67
2013	69351	11.35	41713	6.82	27638	4.53

2-4 分地区户数、人口数（2013 年）（户籍）

Household and Population by Region (2013)

地区	户数	人口数	按性别分(万人)	
	(万户)	(万人)	男性	女性
全　市	199.67	613.25	304.93	308.32
市　区	118.50	355.38	175.86	179.52
历下区	18.44	56.25	27.93	28.32
市中区	20.87	59.53	29.16	30.37
槐荫区	13.72	39.00	19.09	19.91
天桥区	18.49	51.12	25.28	25.84
历城区	30.41	93.90	46.65	47.25
长清区	16.56	55.58	27.76	27.82
平阴县	13.70	37.16	18.63	18.54
济阳县	16.81	56.08	28.26	27.82
商河县	19.76	62.77	31.79	30.98
章丘市	30.91	101.86	50.39	51.46

2-5 计划生育情况（2013 年）

Basic Statistics of Family Planning (2013)

地区	合法生育(人)		合法生育率(%)	违法生育(人)		
	一孩	二孩		一孩	二孩	多孩
总　计	**42729**	**12150**	**96.0**	**136**	**1703**	**435**
市　区	26939	6183	97.1	41	790	148
历下区	4092	458	98.8	2	46	6
市中区	4512	801	98.2	4	83	10
槐荫区	3035	594	98.7	0	45	4
天桥区	3869	558	95.6	8	160	36
历城区	6359	2033	96.8	11	215	55
长清区	3478	1407	94.7	15	223	35
高新区	1594	332	98.9	1	18	2
平阴县	2519	882	95.0	29	127	23
济阳县	3876	1289	92.2	34	311	90
商河县	3987	1613	93.8	14	254	100
章丘市	5408	2183	96.0	18	221	74

2–6 分地区人口机械变动情况（2013 年）

Un-Natural Changes of Population by Region (2013)

地区	迁入人口(人)	迁入率(‰)	迁出人口(人)	迁出率(‰)	人口机械增长(人)	人口机械增长率(‰)
全 市	57227	9.36	41032	6.71	16195	2.65
市 区	38433	10.86	21857	6.18	16576	4.69
历下区	11062	19.87	6960	12.50	4102	7.37
市中区	7565	12.83	4392	7.45	3173	5.38
槐荫区	3898	10.01	1700	4.37	2198	5.65
天桥区	5650	11.07	1754	3.44	3896	7.63
历城区	8126	8.68	4934	5.27	3192	3.41
长清区	2132	3.84	2117	3.81	15	0.03
平阴县	3103	8.36	3431	9.24	–328	–0.88
济阳县	7238	12.95	6677	11.95	561	1.00
商河县	4583	7.32	4661	7.44	–78	–0.12
章丘市	3870	3.80	4406	4.33	–536	–0.53

2–7 分地区人口自然变动情况（2013 年）

Natural Changes of Population by Region (2013)

地区	出生人口(人)	出生率(‰)	死亡人口(人)	死亡率(‰)	人口自然增长(人)	人口自然增长率(‰)
全 市	69351	11.35	41713	6.82	27638	4.53
市 区	39098	11.05	22727	6.42	16371	4.63
历下区	6122	11.00	2812	5.05	3310	5.95
市中区	6959	11.80	3408	5.78	3551	6.02
槐荫区	4470	11.48	2647	6.80	1823	4.68
天桥区	5280	10.34	3640	7.13	1640	3.21
历城区	10783	11.52	6328	6.76	4455	4.76
长清区	5484	9.87	3892	7.00	1592	2.87
平阴县	4392	11.83	2885	7.77	1507	4.06
济阳县	8463	15.15	3991	7.14	4472	8.00
商河县	8282	13.23	3924	6.27	4358	6.96
章丘市	9116	8.95	8186	8.04	930	0.91

2–8 结婚情况

Number of Marriages

单位：对

地　区	2008 年	2009 年	2010 年	2011 年	2012 年	2013 年
全　市	54628	66782	55735	65338	62281	56819
市　直	89	97	77	112	92	111
历下区	6099	7664	6481	8384	8401	6212
市中区	6002	7339	5839	7260	7032	6527
槐荫区	4648	5765	4397	5160	4801	4229
天桥区	5205	6335	4987	6383	6018	5387
历城区	8393	10017	8288	9440	8529	8123
长清区	3789	4788	4328	5039	4705	4465
平阴县	2974	3386	3191	3621	3553	3262
济阳县	4718	6143	5970	6357	5821	4969
商河县	6085	6763	5477	5950	5671	4824
章丘市	6626	8485	6700	7632	7658	7034
高新区						1676

2–9 离婚情况

Number of Divorces

单位：对

地　区	2008 年	2009 年	2010 年	2011 年	2012 年	2013 年
总　计	13922	14832	18395	19066	22633	25638
法院数	5631	5420	6658	6698	7399	6521
民政数	8291	9412	11737	12368	15234	19117
市　直	12	12	14	17	15	16
历下区	1378	1520	1999	2027	3083	2736
市中区	1411	1591	1726	1865	2096	2764
槐荫区	915	931	1238	1178	1281	1785
天桥区	1239	1386	1624	1522	1717	2275
历城区	1350	1496	1802	2006	2395	3068
长清区	410	484	646	752	1022	1280
平阴县	343	404	517	571	681	853
济阳县	291	409	634	680	894	1156
商河县	224	274	334	390	471	639
章丘市	718	905	1203	1360	1579	1997
高新区						548

主要统计指标解释

Explanatory Notes on Main Statistical Indicators

人口统计资料主要有三个来源 人口普查、人口抽样调查和人口经常性登记。

人口普查 是在国家规定的统一时间内，用统一的方法，统一的调查项目，对全国或某一地区的人口进行的一种专门调查。

人口抽样调查 是从所要研究的总人口中，随机抽取部分人口，并根据对这些人口调查所得到的数据来推算该人口总体相应指标的方法。

人口经常性登记 是指对人口出生、死亡、婚姻、迁移等事件进行连续的、持久的、强制的全面登记制度。

人口数 指一定时点、一定地区范围内的有生命的个人的总和。

年度统计的年末人口数 指每年12月31日24时的人口数。

出生率（又称粗出生率） 指在一定时期内（通常为一年）平均每千人所出生的人数的比率，一般用千分率表示。计算公式为：

出生率 = 年出生人数 / 年平均人数×1000‰

式中：出生人数指活产婴儿，即胎儿脱离母体时（不管怀孕月数），有过呼吸或其他生命现象。

出生人数 是指活产婴儿，即胎儿脱离母体时（不管怀孕月数），有过呼吸或其他生命现象。

年平均人数 是指年初、年底人口数的平均数，也可用年中人口数代替。

死亡率（又称粗死亡率） 指在一定时期内（通常为一年）一定地区的死亡人数与同期平均人数（或期中人数）之比，一般用千分率表示。计算公式为：

死亡率 = 年死亡人数 / 年平均人数×1000‰

人口自然增长率 指在一定时期内（通常为一年）人口自然增加数（出生人数减死亡人数）与该时期内平均人数（或期中人数）之比，一般用千分率表示。计算公式为：

人口自然增长率 =（本年出生人数 - 本年死亡人数）/ 年平均人数×1000‰

人口自然增长率 = 人口出生率 - 人口死亡率

机械增长率 是反映迁移变动的一个相对指标。它表明一个地区在一定时间内迁入人口数与迁出人口数相抵后的差额与总人口数的比率，一般用千分率表示。计算公式为：

机械增长率=一定时期的迁入迁出人口差额/该时期的平均人口×100%

人口密度 指一定时点，一定地区的人口数与该时点、该地区的面积之比，即一定时点的单位土地面积上的人口数，通常以每平方公里的居民人数来表示：

$$\text{人口密度} = \frac{\text{该地区人口数}}{\text{该地区土地面积}} \times 100\%$$

性别比 反映两性人口间比例的指标，指在总人口中或各年龄组人口中，男性人数与女性人数之比。通常以每100个女性人口相对应的男性人口数。计算公式：

$$\text{性别比} = \frac{\text{男性人口}}{\text{女性人口}} \times 100\%$$

综 合

GENERAL SURVEY

3-1 国民经济和社会发展总量指标

Principal Aggregate Indicators on National Economic and Social Development

指　标	计量单位	1978	1990	1995	2000	2005	2010	2012	2013
面积									
建成区面积	平方公里	85	103	114	120	295	347	363	372
人口									
年末总户数	万户	102.93	140.36	156.45	166.63	177.69	190.65	195.79	199.67
年末户籍总人口	万人	450.67	523.60	542.12	562.65	597.44	604.08	609.21	613.25
#市区	万人	186.43	232.30	247.57	317.20	347.87	348.02	352.17	355.38
#男性	万人	226.31	265.91	274.98	284.19	300.42	301.28	303.30	304.93
年末常住总人口							681.80	694.96	699.88
就业									
全社会从业人员	万人	204.04	270.54	324.22	347.37	360.00	373.70	379.30	382.30
第一产业	万人	136.30	125.73	116.13	109.98	99.10	76.66	74.30	73.40
第二产业	万人	46.06	87.75	106.68	110.81	114.20	120.20	123.10	122.19
第三产业	万人	21.68	57.06	101.41	126.58	146.70	176.84	181.90	186.71
职工平均工资	元	578	2211	5851	10422	20866	31096	40179	46467
城镇登记失业人员数	万人			2.45	3.90	5.75	5.97	5.57	3.68
城镇登记失业率	%			2.30	3.70	3.86	3.84	3.08	2.4
国民经济核算									
生产总值	亿元	23.60	138.24	473.52	944.13	1846.28	3910.53	4803.67	5230.19
#非公有制经济	亿元				238.32	768.50	1664.43	2143.58	2347.30
第一产业	亿元	4.16	23.93	67.64	96.02	134.34	215.17	252.92	284.71
第二产业	亿元	13.32	67.36	220.37	414.74	847.47	1637.45	1938.14	2053.24
#工业	亿元	12.89	60.43	194.16	336.61	715.87	1352.42	1603.08	1690.63
第三产业	亿元	6.12	46.95	185.51	433.38	864.47	2057.90	2612.61	2892.24
人均生产总值	元	527	2666	8773	16855	31095	57966	69444	74993
固定资产投资									
固定资产投资	亿元	3.19	30.60	112.76	305.95	857.00	1987.44	2186.08	2638.33
第一产业	亿元	0.55	0.52	3.24	13.57	38.28	68.08	62.41	98.24
第二产业	亿元	1.15	14.62	46.26	73.14	362.05	677.28	733.70	907.88
#工业	亿元	0.75	2.05	45.35	67.72	352.27	667.35	701.85	806.05
第三产业	亿元	1.29	13.94	63.27	219.24	456.67	1242.08	1389.96	1632.21
#房地产投资	亿元	0.00	2.18	16.46	50.53	121.09	484.50	663.32	721.17
城镇投资	亿元	3.03	20.55	88.11	251.47	724.42	1297.93	1400.57	1818.91
农村投资	亿元	0.17	10.04	24.65	54.48	132.58	205.01	122.19	98.24

注："职工平均工资"2006年及以后为法人单位在岗职工口径。

3-1 续 1

指　标	计量单位	1978	1990	1995	2000	2005	2010	2012	2013
财政税收									
地域财政收入	亿元			58.60	169.80	380.76	1285.06	1610.30	1747.60
公共财政预算收入	亿元	5.90	12.40	16.99	49.05	106.15	266.13	380.82	482.07
公共财政预算支出	亿元	1.50	8.20	19.63	54.72	120.66	336.80	465.67	519.32
各项税收收入	亿元			53.49	112.35	231.34	527.70	709.27	793.03
国税税收收入	亿元			39.55	72.54	144.20	309.87	375.03	416.59
地税税收收入	亿元			13.94	39.80	87.14	217.82	334.24	376.44
金融保险									
金融机构人民币存款余额	亿元	15.43	117.95	438.01	1274.96	3483.34	7510.44	9798.50	10808.07
#城乡储蓄	亿元	1.14	51.08	222.06	463.04	1024.42	2187.68	2888.74	3267.78
金融机构人民币贷款余额	亿元	14.08	124.76	337.26	1069.31	3259.86	6319.09	7406.22	7812.51
#短期贷款	亿元	—	98.50	239.31	527.31	1240.49	1898.61	2825.39	2935.25
金融机构现金收入	亿元	8.86	110.73	627.69	2295.64	4716.28	7402.89	—	—
金融机构现金支出	亿元	8.35	105.71	596.03	2191.43	4630.37	7282.23	—	—
保险承保额	亿元				2169	5295	16802	39166	32896
保险业务收入	万元				124982	415338	1223791	1152405	1414715
保险业务支出	万元				59618	141353	437708	465245	472811
农业									
农林牧渔业总产值	亿元	6.57	36.92	114.07	154.30	230.46	378.43	451.86	508.84
农用机械总动力	万千瓦	69.70	183.40	241.20	349.47	426.76	509.68	538.66	552.06
年末实有耕地面积	千公顷	373.19	347.56	339.30	333.72	324.84	362.30	361.08	361.81
规模以上工业									
单位数	个	1319	2007	2648	1038	1670	2021	1647	1901
工业总产值	亿元	37.67	174.89	526.48	680.04	2237.51	4485.61	4248.29	4777.47
主营业务收入	亿元	31.39	136.29	432.17	629.72	2142.84	4497.17	4454.97	4926.11
利税总额	亿元	6.80	15.57	53.59	64.62	244.61	584.53	498.24	539.49
利润总额	亿元	3.88	3.23	16.30	21.69	131.30	339.76	253.06	312.95
资产总计	亿元	25.68	125.25	578.55	958.10	1868.06	3904.42	4109.29	4249.79
所有者权益	亿元	7.47	36.82	180.86	363.37	630.06	1481.75	1582.77	1671.91
建筑业									
资质以上企业个数	个	10	46	141	569	737	739	492	486
建筑业总产值	亿元	0.68	12.56	58.78	141.92	462.65	894.30	1209.42	1386.76

注：工业统计指标 1997 年及以前统计口径为乡及乡以上工业企业，1998 年及以后为全部国有及年销售收入 500 万元以上工业企业，2011 年及以后为年主营业务收入 2000 万元以上工业企业。

3-1 续 2

指　标	计量单位	1978	1990	1995	2000	2005	2010	2012	2013
施工面积	万平方米		269	1030	1611	3298	4655	6556	7696
竣工面积	万平方米	49	170	306	701	1400	1306	1638	2012
#住宅	万平方米		77	141	396	884	773	1081	1281
交通运输									
货运量	万吨	3967	7436	10059	12193	15697	22946	26030	36617
铁路	万吨	2191	3416	3877	5168	7211	9913	10104	19043
公路	万吨	1670	3970	6182	7024	8484	13029	15922	17570
航空	万吨			0.4	1.3	2.0	3.4	3.9	3.8
客运量	万人	1807	3242	4169	6285	7428	16465	17334	21199
铁路	万人	1302	1438	1519	1693	1924	3327	3824	8484
公路	万人	505	1801	2611	4530	5364	12758	13084	12262
航空	万人		2.6	37.0	62.0	140.0	379.2	426.0	452.8
民用汽车拥有量	辆	1684	39748	86766	129204	347687	807378	1059056	1213611
#载客	辆	1353	26032	33968	68625	196415	627849	897092	1052540
#载货	辆	224	12141	47790	56627	71588	117994	126393	136874
邮电通信									
固定电话	万户	2.68	9.87	39.18	106.34	258.90	213.30	193.30	180.05
#城市	万户	2.27	9.12	36.48	83.08	206.30	177.40	161.10	150.32
移动电话	万户			2.3	60.8	239.0	857.6	978.0	1243.57
互联网用户	万户				11.57	74.34	117.30	173.60	175.87
国内贸易									
社会消费品零售总额	亿元	8.13	52.82	188.02	354.71	807.88	1802.46	2420.25	2743.35
#批发零售业	亿元	7.07	38.20	134.53	228.75	657.55	1402.27	1874.03	2200.67
#餐饮业	亿元	0.29	2.56	13.35	37.76	108.44	308.11	430.82	415.48
对外经济和国际旅游									
进出口总额	万美元			66587	143935	376213	743776	913286	957442
进口总额	万美元			29812	86827	198370	338888	341844	409126
出口总额	万美元			36775	57108	177843	404888	571442	548316
实际外资	万美元			25294	31981	54158	104011	122016	132054
合同外资	万美元			47449	44074	112072	120903	162081	165341
国际旅游人数	人		20583	54468	103990	120164	230985	315949	307244
外国人	人		12705	30011	40990	69762	153327	205606	194003
港澳台同胞	人		7878	24457	63000	50402	77658	110343	113241
旅游外汇收入	亿美元		0.15	0.19	0.32	0.42	1.14	1.60	1.51

注：货运量、客运量中的“铁路”指标，2013 年 3 月铁路系统改革，铁路系统统计数据按新口径执行。

3-1 续 3

指　标	计量单位	1978	1990	1995	2000	2005	2010	2012	2013
教育									
普通高等教育在校生	万人	1.09	3.73	5.66	9.30	38.04	50.53	50.47	49.21
普通高等教育专任教师	人	2947	7245	7500	8267	18434	26870	29649	29491
中等专业学校在校生	万人	0.68	2.51	4.79	5.75	4.79	2.12	2.98	1.87
中等专业学校专任教师	人	1020	2890	2890	2916	1578	1334	1079	1018
普通中学在校生	万人	30.61	22.45	27.15	33.82	30.91	30.18	30.92	30.81
普通中学专任教师	人	19275	16065	17621	20585	21915	21943	22280	22742
小学在校生	万人	60.91	47.57	49.23	41.40	37.88	38.40	39.00	39.42
小学专任教师	人	24926	26922	27417	27417	25201	24801	24678	25209
文化									
图书馆藏书量	万册	341.0	476.0	524.6	591.7	725.1	941.2	1076.4	1093.2
图书出版种数	种	389	2001	2603	3851	5389	6586	8490	10219
图书量	万册	20166	31685	39025	38471	27919	26603	28693	30777
报纸量	万份	25055	46930	54460	109199	113751	184706	155994	156173
杂志量	万份	2209	3321	4579	11177	7195	6995	8158	9400
卫生									
卫生机构数	个	1017	1300	1185	1414	2138	5086	5239	5368
#医院及卫生院	个	148	178	216	231	246	277	243	255
卫生机构床位数	张	11496	18214	20747	21698	24695	31947	38834	45465
#医院及卫生院	张	9856	17216	19534	20830	23524	29844	35194	41287
卫生工作人员	人	24949	41444	43648	45166	41499	54711	60426	76955
#卫生技术人员	人	19198	31130	32848	35669	34129	39366	44331	57700
人民生活									
城市居民人均可支配收入	元	337.8	1619.5	4720.6	8471.3	13578.5	25321.1	32569.8	35647.6
城市居民人均消费性支出	元	317.9	1360.1	3830.4	6891.8	9226.6	15973.3	20031.6	21666.9
#食品支出	元	181.6	781.6	1823.6	2387.1	3046.9	5051.2	6162.2	6624.3
农民人均纯收入	元	110.5	731.1	1812.7	3046.8	4812.3	8903.3	11786.2	13247.6
农民人均生活费支出	元	83.2	569.8	1373.6	1976.8	2902.8	5406.6	6932.2	7798.7
#食品支出	元	58.2	287.7	770.8	860.0	1134.8	1818.3	2465.4	2640.8
农民人均住宅居住面积	平方米	9.6	22.5	24.7	28.6	33.8	40.2	42.9	43.9
社会治安									
交通事故起数	起		509	1231	1306	911	774	1453	1801
交通事故死伤人数	人		518	1345	1364	1186	1121	1713	2249
交通事故损失折款	万元		64	369	357	316	189	632	443
火灾事故起数	起		309	110	1281	1071	791	246	2751
火灾事故死伤人数	人		67	87	26	3	9	2	12
火灾事故损失折款	万元		166	925	471	76	162	395	1471

3–2 国民经济和社会发展比例和效益指标

Indicators on Proportions and Efficiency in National Economic and Social Development

指　　标	单　位	1978 年	1985 年	1990 年	1995 年	2000 年	2010 年	2012 年	2013 年
人　口									
出生率	‰	15.53	11.39	12.88	10.03	11.08	11.13	11.75	11.35
死亡率	‰	7.00	6.52	6.54	6.32	7.05	8.35	8.08	6.82
自然增长率	‰	8.53	4.87	6.34	3.71	4.03	2.78	3.67	4.53
就　业									
就业者负担人口	人	2.21	1.99	1.94	1.67	1.62	1.62	1.61	1.60
三次产业从业者比例									
第一产业	%	66.8	47.5	46.5	35.8	31.7	20.5	19.6	19.2
第二产业	%	22.6	31.0	32.4	32.9	31.9	32.2	32.5	32.0
第三产业	%	10.6	21.5	21.1	31.3	36.4	47.3	47.9	48.8
城镇登记失业率	%				2.45	3.70	3.84	3.08	2.40
国民经济核算									
三次产业增加值比例									
第一产业	%		21.1	17.3	14.3	10.0	5.5	5.3	5.4
第二产业	%		51.8	48.7	46.5	43.9	41.9	40.3	39.3
第三产业	%		27.1	34.0	39.2	46.1	52.6	54.4	55.3
人均生产总值	元		1263	2666	8773	16999	57966	69444	74993
资本形成率（投资率）	%			39.1	39.5	40.2	52.6	50.3	57.7
最终消费率（消费率）	%			37.8	41.9	56.9	46.9	51.0	52.2
固定资产投资									
固定资产投资占生产总值比重	%		23.7	22.1	23.8	32.1	50.8	45.5	50.4
财　政									
公共财政预算收入占生产总值比重	%	25.2	14.5	9.0	3.6	5.2	15.2	16.5	9.2
公共财政预算支出占生产总值比重	%	6.3	5.6	5.9	4.1	5.8	16.9	19.2	9.9
农　业									
人均耕地面积	亩	1.24	1.10	1.00	0.94	0.88	0.90	0.89	0.88
每公顷耕地化肥施用量(折纯)	公斤		225	330	569	641	645.7	645.0	639.5
每公顷播种面积粮食产量	公斤	2475	3864	4273	5512	5354	6192	6285	5995
机耕地占耕地比重	%	61.1	58.2	72.4	78.6	78.6	98.3	83.9	80.6

注：“公共财政预算收入占生产总值比重”2013 年以前为“地方财政收入”口径；

“公共财政预算支出占生产总值比重”2013 年以前为“地方财政支出”口径。

3-2 续

指　　标	单　位	1978 年	1985 年	1990 年	1995 年	2000 年	2010 年	2012 年	2013 年
规模以上工业									
产品销售率	%				97.12	98.24	98.71	98.15	97.48
总资产贡献率	%				12.25	8.45	15.98	13.56	11.98
流动资产周转次数	次				1.69	1.52	2.11	1.97	1.96
建筑业									
建筑业企业技术装备率	元/人			3283	3858	4862	5051	10167	9390
产值利税率	%		8.41	4.27	3.50	4.26	8.91	7.67	6.80
邮电通讯业									
每百人拥有电话机	部	0.60	1.26	1.89	7.23	18.98	35.31	31.73	29.35
国内商业									
人均消费品零售总额	元	182	500	1009	3468	6332	28563	39812	44882
教　　育									
学龄儿童入学率	%		99.44	99.03	99.40	99.93	100.00	100.00	100.00
学校教师负担人数	人	21.28	16.75	14.20	15.60	15.24	17.40	17.49	18.17
高等教育	人	2.47	6.55	5.15	7.55	11.25	21.76	20.43	23.35
中等教育	人	16.65	14.46	12.99	15.30	16.78	14.72	15.79	15.05
小学	人	34.99	20.33	17.67	18.20	15.10	15.48	15.79	15.64
卫　　生									
每万人拥有医院卫生院数	个	0.33	0.34	0.34	0.40	0.41	0.46	0.40	0.42
每万人拥有医生数	人	23.3	26.3	29.2	27.9	29.5	29.1	32.0	37.1
每万人拥有医院床位数	张	22.0	28.2	32.9	36.0	38.6	52.9	64.0	74.1
市政建设									
城市人口用水普及率	%	99.0	100.0	100.0	100.0	100.0	100.0	100.0	98.64
城市用气普及率	%	17.8	26.3	45.7	72.2	90.7	95.5	96.4	96.81
建成区绿化覆盖率	%	12.0	23.0	30.0	30.5	36.1	36.9	38.2	39.03
生　　活									
城市居民恩格尔系数	%	57.1	56.5	57.5	47.6	34.6	31.6	30.8	30.6
农村居民恩格尔系数	%	69.9	51.8	50.5	56.1	43.5	33.6	35.6	33.9

3-3 平均每天主要社会经济活动

Selected Indicators on Average Daily Social and Economic Activities

指　标	单　位	1978 年	1985 年	1990 年	1995 年	2000 年	2010 年	2011 年	2012 年	2013 年
每天创造的财富										
生产总值（当年价）	万元	646	1682	3787	12973	26087	107138	120720	131607	143293
第一产业	万元	114	354	656	1853	2603	5895	6517	6929	7800
第二产业	万元	365	872	1845	6257	11469	44862	50109	53100	56253
#工　业	万元	353	755	1656	5539	9222	37053	41312	43920	46319
第三产业	万元	167	456	1286	5082	12015	56381	64095	71578	79240
公共财政预算收入	万元	163	244	339	465	1344	7291	8916	10433	13207
公共财政预算支出	万元	41	94	224	537	1499	9227	10874	12758	14228
全社会固定资产投资	万元		399	838	3089	8382	54450	52996	59892	72283
每天生产主要工、农业产品										
棉　花	吨	14	136.2	137	79.7	74.7	81	78	74	54
蔬　菜	吨	1348	2304	3455	6946	14733	16478	16927	17360	18003
猪　肉	吨	67	138	215	390	478	597	591	615	629
奶　类	吨	11	23	51	95	194	855	860	910	872
钢　材	吨	689	1197	1576	2856	6507	26857	25630	21523	20523
发电量	万千瓦时	347	724	1225	1884	1898	3601	4233	4290	4452
水　泥	吨	2399	3699	5796	11644	13291	19994	22595	21260	21430
化　肥	吨	494	313	396	384	778	1345	1211	1512	912
金切机床	台	10	18	14	11	8	6	6	12	12
汽　车	辆	12	31	17	16	8	581	468	386	455
电视机	台	—	383	381	540	1136	726	1858	921	808
布	万米	38	50	55	41	45	22	31	41	40
每天其他经济活动										
最终消费量	万元		780	1580	5524	14833	50253	58604	67077	74752
居民消费	万元		638	1274	4567	11098	39460	38132	43125	47877
农业居民	万元		367	624	1938	3596	5142	4982	5662	6200
非农业居民	万元		271	650	2629	7502	34317	33150	37463	41678
政府消费	万元		142	306	957	3735	10794	20472	23952	26875
社会消费品零售总额	万元	261	640	1447	5151	9718	49382	57926	66308	75160
公路货运量	万吨	3.2	6.9	10.9	16.9	19.2	35.7	39.9	43.6	48.1
公路客运量	万人	1.4	3.1	4.9	7.2	12.4	35.0	30.6	35.8	33.6
自来水供水量	万吨	36.9	40	45.3	57.5	76.7	64.5	80.5	84.0	83.2
用电量	万千瓦时	754	747	1255	1779	2505	6713.3	7029.0	6947.1	7075.8
市内公共车辆乘客人数	万人次	34	62.2	73.3	73.3	125.9	296.1	296.8	295.2	286.2
实际使用外资额	万美元			8.5	69.3	87.6	285.0	301.4	334.3	361.8
港澳台及外国来济旅游人数	人		27	56	149	285	633	794	866	842
每天人口变动和婚姻										
出　生	人	191	152	183	148	170	184	182	196	190
死　亡	人	86	87	93	94	108	138	110	135	114
结　婚	对			103	137	120	153	179	171	156
离　婚	对				17	20	50	52	62	70

注：“公共财政预算收入”指标 1978 年到 1995 年为“地方财政收入”口径。
“公共财政预算支出”指标 1978 年到 1995 年为“地方财政支出”口径。

3-4 国民经济人均指标

Per Indicaors of National Economic

指　　标	单　位	1978 年	1985 年	1990 年	1995 年	2000 年	2010 年	2011 年	2012 年	2013 年
生产总值	元	527	1263	2666	8773	16999	57966	64309	69444	74993
主要农产品产量										
棉　花	公斤	1.14	10.22	9.64	5.38	4.87	4.87	4.70	4.46	3.23
猪　肉	公斤	5.44	10.33	15.13	26.33	31.15	36.10	35.62	36.87	37.58
水　果	公斤	12.65	14.70	12.88	35.81	66.56	78.58	79.33	82.99	85.44
禽　蛋	公斤			18.27	41.29	74.29	59.68	58.14	59.29	58.22
蔬　菜	公斤	109.84	173.02	243.10	469.77	960.06	996.29	1020.74	1040.07	1075.08
牛　奶	公斤	0.88	1.76	3.46	6.44	12.65	51.68	51.89	54.55	52.07
水产品	公斤	0.29	0.41	1.80	4.72	5.87	7.06	7.22	7.42	7.53
主要工业产品产量										
钢　　材	公斤	48.1	69.6	169.1	195.7	424.0	1623.8	1545.6	1289.5	1225.6
发 电 量	千瓦小时	282.5	543.9	862.3	1237.0	1231.5	2177.5	2552.6	2570.5	2658.6
水　　泥	公斤	195.5	277.9	408.0	728.4	866.1	1208.9	1362.5	1273.8	1279.7
化　　肥	公斤	29.5	18.7	23.6	23.0	46.5	80.3	72.3	90.3	54.5
电 视 机	台	0.001	0.022	0.026	0.036	0.074	0.044	0.112	0.055	0.048
布	米	30.8	37.2	38.9	19.9	29.5	13.6	18.9	24.5	24.5
其他经济活动										
社会消费品零售总额	元	182	500	1009	3468	6332	28563	34931	39728	44882
公共财政预算收入	元	133	183	239	315	876	4409	5376	6264	7887
公共财政预算支出	元	33	70	158	363	977	5579	6656	7660	8496
城乡居民储蓄存款余额	元	33	236	985	4115	8266	36239	40106	47418	56165
城市居民人均可支配收入	元	338	732	1620	4721	8471	25321	28892	32570	35648
城市居民人均消费性支出	元	318	704	1369	3830	6892	15973	18046	20032	21667
农民人均纯收入	元	111	439	731	1813	3047	8903	10412	11786	13248
农民人均生活费支出	元	83	330	570	1374	1977	5407	5905	6932	7799

注：“公共财政预算收入”指标 1978 年到 1995 年为“地方财政收入”口径。
“公共财政预算支出”指标 1978 年到 1995 年为“地方财政支出”口径。

3–5 国民经济主要指标及占全国、全省比重（2013）

Main Indicators of National Economy and Their Proportion in China and Shandong Province（2013）

指　　标	单　位	全　国	全　省	济　南	济南占全国比重%	济南占全省比重%
区划面积	万平方公里	960	15.7	0.7998	0.08	5.09
年末总人口	万人	136072	9733.40	613.25	0.45	6.30
生产总值(当年价)	亿元	568845.2	54684.3	5230.2	0.92	9.56
第一产业	亿元	56957.0	4742.6	284.7	0.50	6.00
第二产业	亿元	249684.4	27422.5	2053.2	0.82	7.49
#工　业	亿元	210689.4	24222.2	1690.6	0.80	6.98
第三产业	亿元	262203.8	22519.2	2892.2	1.10	12.84
规模以上工业主营业务收入	亿元	1029149.8	132318.98	4926.11	0.48	3.72
规模以上工业利税总额	亿元	45748.5	13689.99	539.49	1.18	3.94
规模以上工业利润总额	亿元	62831.0	8507.73	312.95	0.50	3.68
粮食总产量	万吨	60193.8	4528.2	266.6	0.44	5.89
棉花总产量	万吨	629.9	62.1	1.98	0.31	3.19
固定资产投资额	亿元	447074.4	35875.9	2638.3	0.59	7.35
公路货运周转量	亿吨公里	55738.1	7498.9	305.8	0.55	4.08
社会消费品零售总额	亿元	237810	21744.8	2743.4	1.15	12.62
实际使用外资	亿美元	1187.2	140.5	13.2	1.11	9.40
公共财政预算收入	亿元	129142.9	4560.02	482.07	0.37	10.57
公共财政预算支出	亿元	139744.3	6692.95	519.32	0.37	7.76
普通高校在校学生	万人	2468.1	169.9	72.72	2.95	42.80
中等职业教育在校学生	万人	1960.2	103.2	7.53	0.38	7.30
卫生机构数	万个	97.4	7.5	0.5	0.51	6.67
卫生技术人员	万人	721.1	60.1	5.77	0.80	9.60
#医　生	万人	279.5	23.4	2.28	0.81	9.72
城市居民人均可支配收入	元	26955	28264	35648	–	–
农民人均纯收入	元	8896	10620	13248	–	–

主要统计指标解释

Explanatory Notes on Main Statistical Indicators

几点说明：

1.生产总值及一、二、三次产业增加值，历史数据有所调整，以本年鉴所列数据为准。

2.生产总值及一、二、三次产业增加值，全部工业增加值，农业总产值等指标的增长速度均以可比价格计算。

3.由于国家在1994 年开始财税体制改革，1994 年及以后各年的财政收支与以前年份不可比。另外，2000 年财政收入统计口径也有微调。

4.工业统计口径调整。1998年以前工业统计范围为乡及乡以上独立核算工业企业，1998年，统计范围调整为规模以上工业，即全部国有及年销售收入500万元以上的非国有工业单位，2011年，调整为年主营业务收入2000万元以上。

5.建筑业统计范围变化。建筑业统计范围1994-1995 年为县及县以上单位，1996-1997年为资质等级四级及以上独立核算建筑业企业，1998 年起为资质等级五级及以上独立核算建筑业企业。

企业（单位）登记注册类型　是以在工商行政管理机关登记注册的具有法人资格的各类企业为划分对象。行政机关、事业单位和社会团体及其他经济组织参照执行。

本项以工商行政管理部门对企业（单位）登记注册的类型为依据，将企业（单位）登记注册类型分为以下几种：

（1）国有企业是指企业全部资产归国家所有，并按《中华人民共和国企业法人登记管理条例》规定登记注册的非公司制的经济组织。不包括有限责任公司中的国有独资公司。

（2）集体企业是指企业资产归集体所有，并按《中华人民共和国企业法人登记管理条例》规定登记注册的经济组织。

（3）股份合作企业是指以合作制为基础，由企业职工共同出资入股，吸收一定比例的社会资产投资组建，实行自主经营，自负盈亏，共同劳动，民主管理，按劳分配与按股分红相结合的一种集体经济组织。

（4）联营企业是指两个及两个以上相同或不同所有制性质的企业法人或事业单位法人，按自愿、平等、互利的原则，共同投资组成的经济组织。

联营企业包括国有联营企业、集体联营企业、国有与集体联营企业和其他联营企业。

（5）有限责任公司是指根据《中华人民共和国登记管理条例》规定登记注册，由两个以上，五十个以下的股东共同出资，每个股东以其所认缴的出资额对公司承担有限责任，公司以其全部资产对其债务承担责任的经济组织。

有限责任公司包括国有独资公司以及其他有限责任公司。

①国有独资公司是指国家授权的投资机构或者国家授权的部门单独投资设立的有限责任公司。

②其他有限责任公司是指国有独资公司以外的其他有限责任公司。

（6）股份有限公司是指根据《中华人民共和国登记管理条例》规定登记注册，其全部注册资本由等额股份构成并通过发行股票筹集资本，股东以其认购的股份对公司承担有限责任，公司以其全部资产对其债务承担责任的经济组织。

（7）私营企业是指由自然人投资设立或由自然人控股，以雇佣劳动为基础的营利性经济组织。包括按照《公司法》、《合伙企业法》、《私营企业暂行条件》规定登记注册的私营有限责任公司、私营股份有限公司、私营合伙企业和私营独资企业。

①私营独资企业是指按《私营企业暂行条例》的规定，由一名自然人投资经营，以雇佣劳动为基础，投资者对企业债务承担无限责任的企业。

②私营合伙企业是指按《合伙企业法》或《私营企业暂行条例》的规定，由两个以上自然人按照协议共同投资、共同经营、共负盈亏，以雇佣劳动为基础，对债务承担无限责任的企业。

③私营有限责任公司是指按《公司法》、《私营企业暂行条例》的规定，由两个以上自然人投资或由单个自然人控股的有限责任公司。

④私营股份有限公司是指按《公司法》的规定，由五个以上自然人投资，或由单个自然人控股的有限公司。

（8）其他内资企业是指上述第（1）条至第（7）条之外的其他内资经济组织。

（9）与港澳台商合资经营企业是指港澳台地区投资者与内地的企业依照《中华人民共和国中外合资经营企业法》及有关法律的规定，按合同规定的比例投资设立、分享利润和分担风险的企业。

（10）与港澳台商合作经营企业是指港澳台地区投资者与内地企业依照《中华人民共和国中外合作经营企业法》及有关法律的规定，依照合作合同的约定进行投资或提供条件设立、分配利润和分担风险的企业。

（11）港澳台商独资经营企业是指依照《中华人民共和国外资企业法》及有关法律的规定，在内地由港澳台地区投资者全额投资设立的企业。

（12）港澳台商投资股份有限公司是指根据国家有关规定，经外经贸部依法批准设立，其中港、澳、台商的股本占公司注册资本的比例达25%以上的股份有限公司。凡其中港、澳、台商的股本占公司注册资本的比例小于25%的，属丁内资企业中的股份有限公司。

（13）中外合资经营企业是指外国企业或外国人与中国

内地企业依照《中华人民共和国中外合资经营企业法》及有关法律的规定，按合同规定的比例投资设立、分享利润和分担风险的企业。

（14）中外合作经营企业是指外国企业或外国人与中国内地企业依照《中华人民共和国中外合作经营企业法》及有关法律的规定，依照合作合同的约定进行投资或提供条件设立、分配利润和分担风险的企业。

（15）外资企业是指依照《中华人民共和国外资企业法》及有关法律的规定，在中国内地由外国投资者全额投资设立的企业。

（16）外商投资股份有限公司是指根据国家有关规定，经外经贸部依法批准设立，其中外资的股本占公司注册资本的比例达25%以上的股份有限公司。凡其中外资股本占公司注册资本的比例小于25%的，属于内资企业中的股份有限公司。

机关、事业单位和社会团体参照《企业登记注册类型与代码》，主要按其经费来源和管理方式划分。具体规定如下：

（1）机关包括国家机关和政党机关，原则上均列为"国有"。但有特殊规定的，如供销社等，则列为"集体"。

（2）事业单位包括经国家机构编制部门和有关业务主管部门批准成立的各类事业单位，不包括实行企业化管理的事业单位。事业单位的划分办法如下：

①由国家财政预算拨款或列入财政预算外资金管理以及经费主要来源于国有主管部门或国有上级单位的事业单位，列为"国有"。

②经费主要来源于集体单位的事业单位，列为"集体"。

③公民个人（或个人合伙）开办的事业单位，列为"私营"。

④上述以外的其他事业单位，如果其经费来源不明确，按管理方式进行归类。

（3）社会团体包括经民政部门批准成立以及未纳入社会团体管理条例范围的工会、妇联等各类社会团体。社会团体的划分办法如下：

①未纳入民政部社会团体管理条例范围的工会、妇联、共青团、青联、工商联、科协、侨联等社会团体，国家拨款设立的基金会或基金管理组织以及经费主要来源于国有业务主管部门或国有上级单位的社会团体，列为"国有"。

②经费主要来源于集体单位的社会团体，列为"集体"。

③公民个人（或个人合伙）开办的社会团体，划为"私营"。

④上述以外的其他社会团体，如果其经费来源不明确，改按管理方式进行归类。

平均增长速度　我国计算平均增长速度有两种方法：一种是习惯上经常使用的"水平法"，又称几何平均法，是以间隔期最后一年的水平同基期水平对比来计算平均每年增长（或下降）速度；另一种是"累计法"，又称代数平均法或方程法，是以间隔期内各年水平的总和同基期水平对比来计算平均每年增长（或下降）速度。在一般正常情况下，两种方法计算的平均每年增长速度比较接近；但在经济发展不平衡、出现大起大落时，两种方法计算的结果差别较大。

本《年鉴》内所列的平均增长速度，除固定资产投资用"累计法"计算外，其余均用"水平法"计算。从某年到某年平均增长速度的年份，均不包括基期年在内。如建国四十三年的平均增长速度是以1949年为基期计算的，则写为1950-1992年平均增长速度，其余类推。

国民经济核算

NATIONAL ACCOUNTS

4-1 各时期生产总值（按当年价格计算）

Gross Domestic Product in Each Period

年　　份	生产总值（万元）	第一产业	第二产业	#工业	第三产业	人均生产总值（元）
1952	38282	14464	11300	10907	12518	121
1957	66616	19282	22378	21840	24956	194
1962	62056	10271	24346	23610	27439	177
1965	96827	18837	44395	43388	33595	262
1970	136085	21582	76949	75571	37554	337
1975	162427	28985	86500	84614	46942	373
"五五"时期						
1976	181751	33447	99797	97215	48507	413
1977	199814	35831	112347	109811	51636	450
1978	235993	41633	133172	128910	61188	527
1979	265619	50144	147679	141048	67796	586
1980	288001	59580	158591	142369	69830	630
"六五"时期						
1981	315623	65646	176516	151131	73461	681
1982	360552	88026	185548	157894	86978	765
1983	420075	116162	204758	179572	99155	881
1984	479948	103502	254684	201017	121762	997
1985	613741	129221	318193	275447	166327	1263
"七五"时期						
1986	712831	148165	344782	286895	219884	1451
1987	845431	175195	402857	328783	267379	1699
1988	1142249	222330	570722	474895	349197	2266
1989	1258319	237692	615209	546591	405418	2466
1990	1382350	239283	673593	604274	469474	2666
"八五"时期						
1991	1633920	253797	765582	677340	614541	3109
1992	2078386	277408	983638	868539	817340	3928
1993	2707637	326614	1331453	1153600	1049570	5088
1994	3718760	494413	1768214	1544940	1456133	6946
1995	4735176	676399	2203700	1941631	1855077	8773
"九五"时期						
1996	5808366	742400	2749300	2383100	2316666	10701
1997	7099490	825200	3279700	2788668	2994590	12995
1998	8021619	902000	3664300	2984090	3455319	14549
1999	8813156	925171	3998006	3188000	3889979	15863
2000（调整前）	9521798	950125	4186077	3366075	4385596	16999
2000	9441315	960185	4147355	3319701	4333775	16855
"十五"时期						
2001	10579155	983242	4380564	3507175	5215349	18697
2002	11901167	1000514	5016352	4023830	5884300	20807
2003	13521540	1048068	5886754	4822007	6586718	23362
2004	16002700	1205800	7219300	6034000	7577600	27293
2005	18462792	1343400	8474679	7158669	8644713	28900
"十一五"时期						
2006	21615316	1451210	9971161	8441795	10192945	33480
2007	25001427	1502995	11287598	9548644	12210834	38301
2008	30067703	1750100	13130913	11152190	15186690	45563
2009	33409059	1870700	14335100	11913600	17203259	50219
2010	39105271	2151700	16374544	13524244	20579027	57947
"十二五"时期						
2011	44062889	2378573	18289700	15078800	23394616	64310
2012	48036696	2529161	19381399	16030799	26126136	69444
2013	52301948	2847088	20532400	16906300	28922460	74993

注：1、2013 年数据使用 2002 年行业分类标准。

2、2005 年后人均生产总值为常住人口口径。

4-2 各时期生产总值环比指数（以上年为100）

Circle Indices of Gross Domestic Product

年　　份	生产总值	第一产业	第二产业	#工业	第三产业	人均生产总值
1952	123.9	119.1	153.2	126.2	132.7	118.0
1957	97.5	91.7	89.0	92.3	112.7	95.7
1962	105.6	116.7	82.7	81.3	121.9	105.9
1965	120.8	120.4	138.8	132.9	105.3	120.7
1970	113.7	95.9	131.9	130.8	100.5	108.7
1975	139.0	121.5	160.4	167.8	117.6	133.9
"五五"时期						
1976	104.9	93.2	114.6	113.1	104.5	104.6
1977	106.8	95.0	112.3	113.9	106.3	104.7
1978	113.0	99.3	114.2	111.9	119.0	109.1
1979	112.1	120.0	110.5	109.0	110.4	110.8
1980	113.6	124.5	112.5	105.7	107.9	112.6
"六五"时期						
1981	109.5	110.1	111.2	106.1	105.1	108.0
1982	116.0	136.2	106.7	106.1	120.2	114.1
1983	117.0	132.5	110.8	114.2	114.5	115.6
1984	118.4	92.3	128.9	116.0	127.3	117.3
1985	105.4	102.9	103.0	112.9	112.6	104.4
"七五"时期						
1986	110.8	109.4	103.4	99.4	126.1	109.6
1987	112.2	111.9	110.5	108.4	115.0	110.8
1988	119.0	111.8	124.8	127.2	115.0	117.5
1989	103.2	100.1	101.0	107.8	108.8	101.9
1990	108.3	99.2	107.9	109.0	114.2	106.6
"八五"时期						
1991	112.8	101.2	108.5	107.0	124.9	111.3
1992	122.8	105.5	124.0	123.8	128.4	122.0
1993	121.4	109.7	126.1	123.8	119.7	120.7
1994	118.9	131.0	115.0	115.9	120.1	118.2
1995	113.3	121.7	110.9	111.8	112.3	112.4
"九五"时期						
1996	114.9	102.8	116.9	115.0	117.0	114.3
1997	119.6	108.8	116.7	114.5	126.3	118.8
1998	113.8	110.1	112.6	107.8	116.3	112.8
1999	113.1	109.5	111.8	110.6	115.4	112.2
2000	112.1	106.1	110.8	112.2	114.9	111.2
"十五"时期						
2001	112.1	104.0	109.8	111.0	115.9	110.9
2002	113.2	102.6	114.8	115.2	113.9	112.0
2003	114.5	104.6	118.2	121.9	113.0	113.2
2004	115.6	107.8	119.8	121.9	113.0	114.1
2005	115.6	106.0	117.4	119.8	115.4	114.2
"十一五"时期						
2006	115.7	106.0	117.2	119.3	115.6	114.4
2007	115.8	100.0	115.3	116.0	118.5	114.5
2008	113.0	105.0	110.0	110.7	116.8	111.8
2009	112.2	105.1	112.1	110.5	113.1	111.3
2010	112.7	104.9	111.0	110.7	114.9	111.1
"十二五"时期						
2011	110.6	104.4	111.7	112.2	110.3	108.9
2012	109.5	104.7	109.2	109.7	110.1	108.4
2013	109.6	103.9	110.1	110.6	109.7	108.7

注：2005年后人均生产总值为常住人口口径。

4-3 资本形成总额（按当年价格计算）

Basic Statistics on Gross Capital Formation

单位：万元

指　标	2009 年	2010 年	2011 年	2012 年	2013 年
资本形成总额	17490485	20557304	23609893	24140144	30182535
一、固定资本形成总额	16969266	19676184	20748371	21390653	27194510
1. 住宅	3003100	3371426	3203114	4209797	6274201
2. 非住宅建筑物	7095748	8044139	8822620	9748694	13011712
3. 机器和设备	3275834	3514184	3713787	3984376	4499778
4. 土地改良支出	26281	33947	62357	44788	62574
5. 矿藏勘探费	8273	12574	1372	4730	5198
6. 计算机软件	799696	1700000	1874997	2130000	2276970
7. 其他	2760333	2999914	3070125	1268268	1064077
二、存货增加	521219	881120	2861521	2749492	2988025
1. 农林牧渔业	-25482	-17214	24037	161773	163227
2. 工业	266899	719146	538492	248136	670461
3. 建筑业	204281	86940	130654	188246	-532
4. 交通运输、仓储和邮政业	-139799	13755	-190	1791	2508
5. 批发和零售业	128800	-26384	203792	175842	31828
6. 住宿和餐饮业	1100	1216	-2815	157	-1866
7. 房地产业	85420	103661	1967551	1973546	2122399
8. 其他服务业	0	0	0	0	0

4-4 最终消费支出（按当年价格计算）

Final Consumption Expenditure

单位：亿元

指 标	2008年	2009年	2010年	2011年	2012年	2013年
最终消费支出	1371.87	1517.38	1834.25	2139.05	2448.32	2728.45
居民消费支出	940.61	1022.07	1197.34	1391.82	1574.06	1747.52
农村居民	117.90	128.11	159.19	181.85	206.67	226.28
食品类支出	40.69	42.09	45.66	53.74	60.81	64.14
衣着类支出	6.32	6.74	7.24	8.99	10.16	10.98
居住类支出	9.56	8.90	23.76	24.82	30.13	33.68
家庭设备、用品及服务类支出	7.14	6.82	8.41	9.56	10.88	13.45
医疗保健类支出	9.86	10.12	13.96	20.73	23.83	20.54
交通和通信类支出	15.86	18.64	24.68	22.23	24.73	30.40
文教娱乐用品及服务类支出	11.46	12.07	10.47	9.70	10.75	14.17
金融中介服务虚拟支出	0.78	1.14	1.63	1.85	1.92	2.14
保险服务消费支出		5.38	5.92	7.22	7.74	8.03
自有住房服务虚拟支出	13.10	15.00	15.88	21.15	24.03	26.68
其他商品和服务类支出	1.10	1.21	1.58	1.88	1.69	2.06
城镇居民	822.71	893.96	1038.15	1209.97	1367.39	1521.23
食品类支出	207.61	227.86	262.68	305.32	336.42	367.27
衣着类支出	70.44	75.96	106.35	127.65	138.84	152.42
居住类支出	79.24	87.29	103.67	108.38	123.43	138.63
家庭设备、用品及服务类支出	58.16	59.50	69.18	87.58	96.57	105.23
医疗保健类支出	66.10	70.30	73.60	91.37	100.39	110.48
交通和通信类支出	121.69	133.35	159.91	175.54	220.64	253.86
文教娱乐用品及服务类支出	98.82	98.13	106.11	123.12	143.21	155.17
金融中介服务虚拟支出	22.05	24.05	28.61	30.91	38.25	47.12
保险服务消费支出		9.46	10.47	13.13	14.61	15.17
自有住房服务虚拟支出	49.44	79.24	80.50	94.73	98.38	114.15
实物消费支出	5.27	4.04	5.99	5.72	5.71	6.18
其他商品和服务类支出	23.92	24.78	31.08	46.52	50.94	55.56
政府消费支出	431.26	495.31	636.91	747.23	874.26	980.93

4-5 实际最终消费（按当年价格计算）

Basic Statistics on Final Real Consumption Expenditure

单位：亿元

指　　标	2008 年	2009 年	2010 年	2011 年	2012 年	2013 年
最终消费	1371.87	1517.38	1834.25	2139.05	2448.32	2728.45
居民消费	1129.53	1239.06	1440.27	1676.83	1907.56	2066.16
农村居民	139.85	153.36	187.70	215.30	245.83	272.82
食品类消费	40.99	42.44	46.03	54.17	61.32	65.67
衣着类消费	6.37	6.79	7.30	9.06	10.24	11.24
居住类消费	9.63	8.99	23.84	24.91	30.24	34.32
家庭设备、用品及服务类消费	7.19	6.88	8.47	9.63	10.97	13.76
医疗保健类消费	9.93	22.68	27.59	36.73	42.55	40.63
交通和通信类消费	15.98	18.78	24.84	22.42	24.95	31.14
文教娱乐用品及服务类消费	21.76	23.90	24.42	26.07	29.90	37.62
金融中介服务虚拟消费	0.78	1.14	1.64	1.86	1.94	2.14
保险服务消费支出		5.43	5.97	7.27	7.80	8.03
自有住房服务虚拟消费	13.20	15.12	16.01	21.31	24.21	26.68
其他商品和服务类消费	1.11	1.22	1.59	1.89	1.71	1.59
城镇居民	989.69	1085.69	1252.57	1461.53	1661.73	1793.34
食品类消费	209.15	229.64	264.67	307.66	339.16	364.59
衣着类消费	70.96	76.56	107.01	128.43	139.75	151.07
居住类消费	79.82	87.97	104.43	109.28	124.48	137.67
家庭设备、用品及服务类消费	58.59	60.00	69.70	88.19	97.28	104.39
医疗保健类消费	66.59	154.51	168.29	202.47	230.37	251.57
交通和通信类消费	122.59	134.39	161.08	176.90	222.24	251.79
文教娱乐用品及服务类消费	187.61	200.12	219.50	256.15	298.85	318.87
金融中介服务虚拟消费	22.21	24.24	28.82	31.16	38.54	47.12
保险服务消费支出		9.54	10.55	13.23	14.73	15.17
自有住房服务虚拟消费	49.81	79.67	81.19	95.54	99.33	114.15
实物消费消费	5.31	4.08	6.03	5.76	5.76	6.18
其他商品和服务类消费	24.10	24.98	31.30	46.77	51.24	30.77
政府消费	242.34	278.33	393.98	462.22	540.76	662.28

4-6 生产总值分布

Distribution of Gross Domestic Product

单位：亿元

年　份	政　府 最终消费	居　民 最终消费	国　内 总投资	国内储蓄 总　额	资金差额
GDP分布					
1990	14.63	52.28	54.12	71.36	17.24
"八五"时期					
1991	16.43	60.70	56.35	86.26	29.91
1992	20.06	71.02	80.23	116.76	36.53
1993	22.75	90.63	122.66	157.38	34.71
1994	25.57	122.10	152.31	224.21	71.90
1995	34.93	197.61	190.05	240.98	50.93
"九五"时期					
1996	50.21	240.49	236.98	290.14	53.16
1997	98.69	291.30	246.44	319.96	73.52
1998	100.52	347.78	285.39	353.86	68.47
1999	126.27	362.71	347.37	392.34	44.97
2000	132.05	332.70	398.13	479.38	81.25
"十五"时期					
2001	146.90	357.84	418.38	553.18	134.79
2002	161.84	401.23	500.89	627.04	126.16
2003	184.97	430.62	562.41	736.57	174.15
2004	206.80	457.71	760.12	935.75	175.63
2005	223.46	522.10	1017.39	1100.72	83.33
"十一五"时期					
2006	285.51	621.65	1126.39	1254.37	127.98
2007	350.33	820.82	1286.16	1328.99	42.83
2008	431.26	940.61	1577.87	1634.90	57.03
2009	495.31	1022.07	1749.05	1823.53	74.48
2010	636.91	1197.34	2055.73	2076.28	20.55
"十二五"时期					
2011	747.23	1391.82	2360.99	2267.24	–93.75
2012	874.26	1574.06	2414.01	2355.35	–58.66
2013	980.93	1747.52	3018.25	2501.75	–516.51

4-7 生产总值（分行业、按当年价格计算）

Value of Gross Domestic Product

单位：亿元

指　标	2008 年	2009 年	2010 年	2011 年	2012 年	2013 年
地区生产总值	3006.77	3340.91	3910.53	4406.29	4803.67	5230.19
第一产业	175.01	187.07	215.17	237.86	252.92	284.71
农林牧渔业	175.01	187.07	215.17	237.86	252.92	284.71
农业	108.91	120.34	149.43	152.55	160.77	186.98
林业	7.71	8.34	4.73	5.69	6.68	7.89
畜牧业	51.79	51.22	53.08	70.61	75.28	78.08
渔业	2.88	2.88	3.02	3.35	3.54	4.04
农林牧渔服务业	3.72	4.29	4.91	5.66	6.65	7.72
第二产业	1313.09	1433.51	1637.45	1828.97	1938.14	2053.24
工业	1115.22	1191.36	1352.42	1507.88	1603.08	1690.63
采矿业	11.94	26.60	31.64	34.11	33.21	56.03
制造业	1068.52	1073.42	1194.23	1299.80	1490.91	1539.44
电力、燃气及水的生产和供应业	34.76	91.34	126.56	173.98	78.96	95.16
建筑业	197.87	242.15	285.03	321.09	335.06	362.61
房屋和土木工程建筑业	146.84	193.94	233.87	265.87	279.09	280.86
建筑安装业	33.52	36.02	38.26	38.41	40.22	59.54
建筑装饰业	11.20	7.51	7.78	11.77	13.03	19.00
其他建筑业	6.30	4.69	5.12	5.04	2.72	3.21
第三产业	1518.67	1720.33	2057.90	2339.46	2612.61	2892.24
交通运输、仓储和邮政业	173.70	200.27	236.81	296.61	320.41	332.97
铁路运输业	46.89	52.01	56.18	60.70	65.55	63.12
道路运输业	79.41	96.68	118.25	152.71	170.27	172.42
城市公共交通业	13.26	13.62	14.71	17.08	18.99	18.28
水上运输业	0.52	0.60	0.73	0.94	1.05	1.18
航空运输业	15.40	17.01	24.76	33.73	27.71	31.87
管道运输业	1.02	1.20	1.36	1.37	1.40	1.65
装卸搬运和其他运输服务业	9.98	11.84	13.55	21.59	21.64	26.47
仓储业	5.94	5.79	6.09	7.18	10.97	15.00
邮政业	1.29	1.52	1.19	1.30	2.83	2.98
信息传输、计算机服务和软件业	62.56	66.24	116.38	136.70	152.10	162.58
电信和其他信息传输服务业	33.96	30.95	31.15	29.93	28.80	33.11
计算机服务业	14.54	17.95	25.14	29.93	37.99	44.56
软件业	14.06	17.33	60.09	75.10	85.31	84.90
批发和零售业	389.57	416.50	476.43	522.96	588.50	671.63
批发业	198.75	234.13	288.90	335.52	381.87	437.59
零售业	190.82	182.37	187.53	187.44	206.64	234.04
住宿和餐饮业	122.13	125.55	142.81	143.73	149.52	168.18
住宿业	15.84	12.43	16.44	16.77	17.68	20.76

4-7 续

指　　标	2008 年	2009 年	2010 年	2011 年	2012 年	2013 年
餐饮业	106.29	113.12	126.37	126.96	131.84	147.42
金融业	191.20	240.21	288.33	330.14	411.34	461.00
银行业	120.19	164.58	226.00	278.34	357.71	387.31
证券业	56.04	60.51	47.28	32.05	26.87	33.74
保险业	9.85	10.02	5.37	6.43	6.99	8.16
其他金融活动	5.11	5.10	9.68	13.32	19.77	31.80
房地产业	134.55	172.63	220.79	254.98	273.94	320.56
房地产开发经营业	58.37	62.40	83.08	99.19	100.31	124.98
物业管理业	13.33	18.69	28.65	31.55	32.35	38.34
房地产中介服务业	7.22	10.13	15.53	17.11	17.62	17.62
其他房地产活动	5.15	7.21	11.05	12.20	13.03	22.87
居民自有住房服务业	50.49	74.20	82.48	94.94	110.62	116.74
租赁和商务服务业	68.94	88.71	107.32	131.18	145.29	153.19
租赁业	3.89	4.92	7.01	8.39	12.30	15.05
商务服务业	65.05	83.78	100.31	122.79	132.99	138.14
科学研究、技术服务和地质勘查业	52.45	57.79	63.63	69.22	69.36	75.62
研究与试验发展	17.97	19.95	18.95	22.14	22.85	27.12
专业技术服务业	26.19	27.36	32.94	33.95	33.78	32.72
科技交流和推广服务业	4.96	6.74	7.16	7.87	7.46	9.79
地质勘查业	3.32	3.74	4.58	5.27	5.27	5.98
水利、环境和公共设施管理业	13.84	12.18	13.84	13.62	14.05	17.26
水利管理业	4.62	5.06	6.06	5.91	6.21	9.06
环境管理业	2.13	2.46	2.90	2.54	0.07	0.09
公共设施管理业	7.08	4.67	4.87	5.17	7.77	8.11
居民服务和其他服务业	29.58	32.95	40.75	46.88	52.01	57.49
居民服务业	16.53	18.41	22.77	26.18	29.03	30.26
其他服务业	13.05	14.53	17.98	20.70	22.98	27.24
教　育	97.63	109.66	116.49	123.09	128.09	140.75
卫生、社会保障和社会福利业	55.47	64.87	87.30	105.00	127.60	134.11
卫生	48.46	56.31	74.52	95.70	117.78	124.11
社会保障业	5.23	6.37	9.46	7.11	7.48	7.60
社会福利业	1.78	2.19	3.32	2.19	2.34	2.40
文化、体育和娱乐业	20.84	23.60	28.01	28.40	32.21	36.29
新闻出版业	8.71	9.99	10.94	11.82	11.59	12.35
广播、电视、电影和音像业	4.93	5.27	6.65	6.97	10.52	11.24
文化艺术业	3.95	4.26	5.84	4.46	4.19	5.04
体育	1.40	2.08	2.21	2.47	2.55	4.01
娱乐业	1.84	2.01	2.37	2.68	3.37	3.65
公共管理和社会组织	106.22	109.18	119.01	136.93	148.19	160.61

4-8 生产总值贡献率（分行业、按不变价格计算）

Distribution Rate of Gross Domestic Product(Calculated at Fixed Prices)

单位：%

指标	2008年	2009年	2010年	2011年	2012年	2013年
生产总值贡献率	100.0	100.0	100.0	100.0	100.0	100.0
第一产业	2.2	2.3	1.9	2.3	2.6	2.0
农林牧渔业	2.2	2.3	1.9	2.3	2.6	2.0
农业	1.7	1.3	2.3	−1.3	1.4	1.1
林业	0.1	0.0	−0.6	0.2	0.2	0.2
畜牧业	0.3	1.0	0.2	3.3	0.8	0.5
渔业	0.0	0.0	0.0	0.0	0.0	0.0
农林牧渔服务业	0.1	0.0	0.1	0.1	0.2	0.2
第二产业	35.7	44.6	39.1	46.2	41.2	44.5
工业	33.1	33.8	32.6	39.9	36.0	38.8
采矿业	−0.4	3.9	1.1	0.6	0.0	5.9
制造业	33.0	15.0	23.3	27.5	58.7	30.6
电力、燃气及水的生产和供应业	0.5	14.8	8.2	11.7	−22.7	2.4
建筑业	2.6	10.8	6.5	6.3	5.2	5.6
房屋和土木工程建筑业	1.5	11.5	6.3	5.8	4.7	−6.3
建筑安装业	0.6	0.6	0.1	−0.2	0.6	10.5
建筑装饰业	0.4	−0.9	0.0	0.9	0.4	1.3
其他建筑业	0.1	−0.4	0.0	−0.1	−0.5	0.1
第三产业	62.1	53.1	59.0	51.5	56.2	53.5
交通运输、仓储和邮政业	5.3	12.4	6.4	13.0	5.4	2.9
铁路运输业	−0.5	1.2	1.1	0.8	1.1	−0.4
道路运输业	4.7	9.7	3.1	7.6	4.1	0.9
城市公共交通业	−1.1	0.1	0.2	0.5	0.4	−0.1
水上运输业	−0.1	0.1	0.2	0.0	0.0	0.0
航空运输业	1.3	0.9	1.2	2.0	−1.5	0.8
管道运输业	0.1	0.1	0.0	0.0	0.0	0.1
装卸搬运和其他运输服务业	0.4	0.5	0.4	1.8	0.0	0.8
仓储业	0.5	−0.1	0.1	0.2	0.9	0.7
邮政业	−0.1	0.0	0.1	0.0	0.4	0.0
信息传输、计算机服务和软件业	1.5	2.9	7.7	4.7	3.5	2.3
电信和其他信息传输服务业	0.0	−0.3	0.1	−0.3	−0.3	0.9
计算机服务业	0.5	2.9	2.6	1.5	1.5	1.4
软件业	0.9	0.3	5.1	3.5	2.3	−0.1
批发和零售业	16.4	10.5	12.4	7.6	13.5	15.7
批发业	13.3	10.6	11.8	9.5	9.4	11.2
零售业	3.1	−0.1	0.6	−1.8	4.1	4.5
住宿和餐饮业	3.9	2.0	3.4	−0.6	1.0	2.5
住宿业	0.5	−0.1	1.1	0.1	0.2	0.3

4-8 续

指　　标	2008年	2009年	2010年	2011年	2012年	2013年
餐饮业	3.4	2.1	2.4	–0.7	0.8	2.1
金融业	13.7	8.7	8.8	7.0	17.5	13.9
银行业	–0.6	9.4	11.9	10.0	17.3	9.1
证券业	13.2	0.1	–3.0	–4.0	–1.3	1.7
保险业	0.5	–0.4	–1.0	0.2	0.1	0.3
其他金融活动	0.7	–0.4	0.9	0.8	1.4	2.8
房地产业	5.4	5.3	8.3	4.9	3.5	8.3
房地产开发经营业	3.9	0.7	3.6	3.1	0.0	4.4
物业管理业	0.0	1.3	2.1	0.4	0.1	1.0
房地产中介服务业	0.6	0.7	1.2	0.2	0.1	–0.1
其他房地产活动	0.4	0.4	0.7	0.2	0.2	1.9
居民自有住房服务业	0.5	2.1	0.6	10.0	3.1	1.1
租赁和商务服务业	3.3	5.4	3.6	5.2	2.6	0.8
租赁业	0.3	0.4	0.3	0.3	0.9	0.5
商务服务业	3.0	5.1	3.2	4.9	1.7	0.3
科学研究、技术服务和地质勘查业	3.5	1.0	0.5	1.0	–0.4	0.9
研究与试验发展	1.3	0.4	–0.6	0.7	0.0	0.7
专业技术服务业	1.8	0.1	1.0	0.1	–0.3	–0.4
科技交流和推广服务业	0.3	0.4	0.1	0.1	–0.1	0.4
地质勘查业	0.1	0.0	0.0	0.1	0.0	0.1
水利、环境和公共设施管理业	0.2	–0.3	–0.2	–0.1	0.0	0.6
水利管理业	0.1	0.1	–0.1	–0.1	0.0	0.6
环境管理业	0.0	0.1	0.0	–0.1	–0.6	0.0
公共设施管理业	0.1	–0.5	–0.1	0.0	0.6	0.0
居民服务和其他服务业	0.0	0.7	1.8	1.3	0.9	0.9
居民服务业	–0.7	0.4	1.0	0.7	0.5	0.1
其他服务业	0.7	0.3	0.8	0.6	0.4	0.8
教　育	4.0	2.8	1.1	1.0	0.5	1.9
卫生、社会保障和社会福利业	0.9	0.9	3.5	3.8	4.7	0.6
卫生	1.6	0.6	2.6	4.7	4.7	0.6
社会保障业	–0.9	0.3	0.6	–0.6	0.0	0.0
社会福利业	0.1	0.1	0.2	–0.3	0.0	0.0
文化、体育和娱乐业	0.3	0.7	1.1	0.0	0.7	0.7
新闻出版业	0.1	0.3	0.2	0.2	–0.1	0.1
广播、电视、电影和音像业	0.0	0.1	0.3	0.0	0.8	0.1
文化艺术业	0.1	0.1	0.4	–0.4	–0.1	0.2
体育	0.1	0.2	0.0	0.1	0.0	0.3
娱乐业	–0.1	0.0	0.1	0.1	0.1	0.0
公共管理和社会组织	3.8	0.1	0.7	2.6	2.8	1.7

4-9 生产总值行业比重（按当年价格计算）

Ratio of Gross Domestic Product(Calculated at Current Prices)

指　　标	2008年	2009年	2010年	2011年	2012年	2013年
生产总值比重	100.0	100.0	100.0	100.0	100.0	100.0
第一产业	5.8	5.6	5.5	5.4	5.3	5.4
农林牧渔业	5.8	5.6	5.5	5.4	5.3	5.4
农业	3.6	3.6	3.8	3.5	3.4	3.6
林业	0.3	0.2	0.1	0.1	0.1	0.2
畜牧业	1.7	1.5	1.4	1.6	1.6	1.5
渔业	0.1	0.1	0.1	0.1	0.1	0.1
农林牧渔服务业	0.1	0.1	0.1	0.1	0.1	0.1
第二产业	43.7	42.9	41.9	41.5	40.3	39.3
工业	37.1	35.7	34.6	34.2	33.3	32.3
采矿业	0.4	0.8	0.8	0.8	0.7	1.1
制造业	35.5	32.1	30.5	29.5	31.0	29.4
电力、燃气及水的生产和供应业	1.2	2.7	3.2	3.9	1.6	1.8
建筑业	6.6	7.2	7.3	7.3	7.0	6.9
房屋和土木工程建筑业	4.9	5.8	6.0	6.0	5.8	5.4
建筑安装业	1.1	1.1	1.0	0.9	0.8	1.1
建筑装饰业	0.4	0.2	0.2	0.3	0.3	0.4
其他建筑业	0.2	0.1	0.1	0.1	0.1	0.1
第三产业	50.5	51.5	52.6	53.1	54.4	55.3
交通运输、仓储和邮政业	5.8	6.0	6.1	6.7	6.7	6.4
铁路运输业	1.6	1.6	1.4	1.4	1.4	1.2
道路运输业	2.6	2.9	3.0	3.5	3.5	3.3
城市公共交通业	0.4	0.4	0.4	0.4	0.4	0.3
水上运输业	0.0	0.0	0.0	0.0	0.0	0.0
航空运输业	0.5	0.5	0.6	0.8	0.6	0.6
管道运输业	0.0	0.0	0.0	0.0	0.0	0.0
装卸搬运和其他运输服务业	0.3	0.4	0.3	0.5	0.5	0.5
仓储业	0.2	0.2	0.2	0.2	0.2	0.3
邮政业	0.0	0.0	0.0	0.0	0.1	0.1
信息传输、计算机服务和软件业	2.1	2.0	3.0	3.1	3.2	3.1
电信和其他信息传输服务业	1.1	0.9	0.8	0.7	0.6	0.6
计算机服务业	0.5	0.5	0.6	0.7	0.8	0.9
软件业	0.5	0.5	1.5	1.7	1.8	1.6
批发和零售业	13.0	12.5	12.2	11.9	12.2	12.8
批发业	6.6	7.0	7.4	7.6	7.9	8.4
零售业	6.3	5.5	4.8	4.3	4.3	4.5
住宿和餐饮业	4.1	3.8	3.7	3.3	3.1	3.2
住宿业	0.5	0.4	0.4	0.4	0.4	0.4

4-9 续

指　　标	2008 年	2009 年	2010 年	2011 年	2012 年	2013 年
餐饮业	3.5	3.4	3.2	2.9	2.7	2.8
金融业	6.4	7.2	7.4	7.5	8.5	8.8
银行业	4.0	4.9	5.8	6.3	7.4	7.4
证券业	1.9	1.8	1.2	0.7	0.6	0.6
保险业	0.3	0.3	0.1	0.1	0.1	0.2
其他金融活动	0.2	0.2	0.2	0.3	0.4	0.6
房地产业	4.5	5.2	5.6	5.8	5.7	6.1
房地产开发经营业	1.9	1.9	2.1	2.3	2.1	2.4
物业管理业	0.4	0.6	0.7	0.7	0.7	0.7
房地产中介服务业	0.2	0.3	0.4	0.4	0.4	0.3
其他房地产活动	0.2	0.2	0.3	0.3	0.3	0.4
居民自有住房服务业	1.7	2.2	2.1	2.2	2.2	2.2
租赁和商务服务业	2.3	2.7	2.7	3.0	3.0	2.9
租赁业	0.1	0.1	0.2	0.2	0.3	0.3
商务服务业	2.2	2.5	2.6	2.8	2.7	2.6
科学研究、技术服务和地质勘查业	1.7	1.7	1.6	1.6	1.4	1.4
研究与试验发展	0.6	0.6	0.5	0.5	0.5	0.5
专业技术服务业	0.9	0.8	0.8	0.8	0.6	0.6
科技交流和推广服务业	0.2	0.2	0.2	0.2	0.2	0.2
地质勘查业	0.1	0.1	0.1	0.1	0.1	0.1
水利、环境和公共设施管理业	0.5	0.4	0.4	0.3	0.3	0.3
水利管理业	0.2	0.2	0.2	0.1	0.1	0.2
环境管理业	0.1	0.1	0.1	0.1	0.0	0.0
公共设施管理业	0.2	0.1	0.1	0.1	0.2	0.2
居民服务和其他服务业	1.0	1.0	1.0	1.1	1.1	1.1
居民服务业	0.5	0.6	0.6	0.6	0.6	0.6
其他服务业	0.4	0.4	0.5	0.5	0.5	0.5
教　育	3.2	3.3	3.0	2.8	2.7	2.7
卫生、社会保障和社会福利业	1.8	1.9	2.2	2.4	2.7	2.6
卫生	1.6	1.7	1.9	2.2	2.5	2.4
社会保障业	0.2	0.2	0.2	0.2	0.2	0.1
社会福利业	0.1	0.1	0.1	0.0	0.0	0.0
文化、体育和娱乐业	0.7	0.7	0.7	0.6	0.7	0.7
新闻出版业	0.3	0.3	0.3	0.3	0.2	0.2
广播、电视、电影和音像业	0.2	0.2	0.2	0.2	0.2	0.2
文化艺术业	0.1	0.1	0.1	0.1	0.1	0.1
体育	0.0	0.1	0.1	0.1	0.1	0.1
娱乐业	0.1	0.1	0.1	0.1	0.1	0.1
公共管理和社会组织	3.5	3.3	3.0	3.1	3.1	3.1

4-10 县（市）区生产总值（2013年）

Value of Gross Domestic Product by Region（2013）

单位：亿元

指　　标	济南市	历下区	市中区	槐荫区	天桥区	历城区
地区生产总值	5230.2	928.2	601.1	320.6	336.7	706.2
第一产业	284.7	0.0	4.0	4.0	3.8	44.0
第二产业	2053.2	144.0	100.0	88.2	89.0	301.3
工业	1690.6	85.5	52.4	58.3	43.7	248.6
建筑业	362.6	58.5	47.5	29.9	45.4	52.7
第三产业	2892.2	784.2	497.1	228.4	243.8	360.9
交通运输、仓储和邮政业	333.0	63.5	8.3	9.5	19.9	47.0
批发和零售业	671.6	133.3	75.2	67.9	92.6	125.6
住宿和餐饮业	168.2	47.4	26.6	11.6	13.9	19.1
金融业	461.0	201.9	156.8	9.5	21.1	13.0
房地产业	320.6	76.2	49.4	38.8	29.3	35.3
营利性服务业	409.6	131.3	94.4	32.4	23.1	40.0
信息传输、计算机服务和软件业	162.6	39.4	49.7	2.5	4.9	12.4
其他营利性服务业	247.0	91.8	44.7	29.9	18.2	27.6
非营利性服务业	528.4	130.7	86.4	58.6	44.0	80.9
公共管理和社会组织	160.6	36.8	34.5	13.7	8.3	21.4
其他非营利性服务业	367.7	93.9	52.0	44.9	35.6	59.5

续表

指　　标	长清区	平阴县	济阳县	商河县	章丘市	高新区
地区生产总值	233.2	191.5	231.2	143.7	755.2	485.0
第一产业	30.0	29.3	49.2	43.4	77.2	0.0
第二产业	100.8	108.6	119.9	54.3	454.7	280.0
工业	77.8	98.4	102.6	45.7	403.7	261.5
建筑业	23.0	10.2	17.3	8.6	51.0	18.5
第三产业	102.5	53.6	62.2	46.0	223.4	205.0
交通运输、仓储和邮政业	10.9	12.7	4.3	4.7	38.1	42.2
批发和零售业	16.6	12.3	20.5	11.4	80.1	36.1
住宿和餐饮业	7.6	5.9	5.9	4.9	22.1	3.2
金融业	7.3	5.0	3.7	4.1	16.2	9.1
房地产业	19.5	5.6	11.2	8.0	21.7	25.7
营利性服务业	8.2	1.8	5.3	4.4	10.2	58.5
信息传输、计算机服务和软件业	2.5	0.6	0.4	0.1	3.1	47.1
其他营利性服务业	5.7	1.2	4.9	4.4	7.1	11.5
非营利性服务业	32.3	10.4	11.3	8.5	34.9	30.3
公共管理和社会组织	17.0	4.7	5.0	3.0	10.6	5.7
其他非营利性服务业	15.3	5.7	6.3	5.5	24.3	24.6

4-11 地区生产总值收入法构成（2013年）

Composition of Gross Domestic Product（2013）

单位：亿元

指　　标	增加值	劳动者报酬	生产税净额	固定资产折旧	营业盈余
地区生产总值	5230.19	2157.60	921.74	682.91	1467.93
第一产业	284.71	277.60	-1.96	9.08	0.00
农、林、牧、渔业	284.71	277.60	-1.96	9.08	0.00
农业	186.98	182.96	-1.95	5.96	0.00
林业	7.89	7.66	-0.01	0.25	0.00
畜牧业	78.08	75.59	0.00	2.49	0.00
渔业	4.04	3.91	0.00	0.13	0.00
农、林、牧、渔服务业	7.72	7.47	0.00	0.25	0.00
第二产业	2053.24	631.95	480.99	272.77	667.53
工业	1690.63	444.31	409.11	249.85	587.36
采矿业	56.03	14.73	20.78	4.47	16.06
制造业	1539.44	402.88	370.51	224.68	541.36
电力、燃气及水的生产和供应业	95.16	26.69	17.82	20.70	29.94
建筑业	362.61	187.64	71.88	22.92	80.17
房屋和土木工程建筑业	280.86	138.02	62.90	20.85	59.08
建筑安装业	59.54	40.99	3.98	1.20	13.37
建筑装饰业	19.00	7.43	4.40	0.67	6.50
其他建筑业	3.21	1.20	0.60	0.20	1.21
第三产业	2892.24	1248.06	442.71	401.07	800.40
交通运输、仓储和邮政业	332.97	121.50	38.92	57.01	115.54
铁路运输业	63.12	19.02	13.59	9.03	21.48
道路运输业	172.42	42.14	14.94	31.92	83.02
城市公共交通业	18.28	16.14	-2.15	3.41	1.28
水上运输业	1.18	0.64	0.14	0.23	0.17
航空运输业	31.87	8.76	8.89	4.38	9.84
管道运输业	1.65	0.23	0.24	0.24	0.94
装卸搬运和其他运输服务业	26.47	22.90	0.83	0.42	2.32
仓储业	15.00	8.32	2.17	6.76	-2.25
邮政业	2.98	3.34	0.28	0.62	-1.26
信息传输、计算机服务和软件业	162.58	57.68	39.18	15.85	49.87
电信和其他信息传输服务业	33.11	3.70	7.78	10.05	11.59
计算机服务业	44.56	18.93	5.14	1.43	19.05
软件业	84.90	35.05	26.26	4.37	19.23
批发和零售业	671.63	265.39	195.15	43.03	168.05
批发业	437.59	129.52	149.71	24.81	133.55
零售业	234.04	135.87	45.44	18.23	34.50
住宿和餐饮业	168.18	144.12	9.58	24.75	-10.27
住宿业	20.76	12.73	3.23	2.74	2.06

4-11 续

指　　标	增加值	劳动者报酬	生产税净额	固定资产折旧	营业盈余
餐饮业	147.42	131.39	6.35	22.01	-12.33
金融业	461.00	95.68	47.36	17.48	300.48
银行业	387.31	58.06	40.11	7.47	281.66
证券业	33.74	17.36	3.08	1.52	11.78
保险业	8.16	18.51	3.29	5.79	-19.43
其他金融活动	31.80	1.76	0.88	2.70	26.47
房地产业	320.56	36.52	63.54	131.64	88.86
房地产开发经营业	124.98	16.17	52.87	3.47	52.47
物业管理业	38.34	11.08	4.94	2.39	19.93
房地产中介服务业	17.62	4.78	2.20	2.71	7.94
其他房地产活动	22.87	4.49	3.53	6.32	8.52
居民自有住房服务业	116.74	0.00	0.00	116.74	0.00
租赁和商务服务业	153.19	62.34	18.53	22.71	49.60
租赁业	15.05	8.32	1.70	3.61	1.42
商务服务业	138.14	54.03	16.83	19.10	48.18
科学研究、技术服务和地质勘查业	75.62	34.35	9.89	5.20	26.19
研究与试验发展	27.12	9.45	5.48	0.32	11.87
专业技术服务业	32.72	15.07	2.77	4.18	10.37
科技交流和推广服务业	9.79	4.87	1.19	0.40	3.33
地质勘查业	5.98	4.96	0.45	0.30	0.61
水利、环境和公共设施管理业	17.26	9.92	1.47	1.21	4.66
水利管理业	9.06	4.80	1.10	0.12	3.05
环境管理业	0.09	0.09	0.00	0.00	0.00
公共设施管理业	8.11	5.03	0.37	1.09	1.61
居民服务和其他服务业	57.49	49.82	6.25	5.03	-3.61
居民服务业	30.26	24.84	2.12	4.76	-1.47
其他服务业	27.24	24.99	4.13	0.27	-2.15
教育	140.75	113.44	2.33	17.87	7.11
卫生、社会保障和社会福利业	134.11	108.43	2.18	22.96	0.54
卫生	124.11	100.34	2.01	21.25	0.50
社会保障业	7.60	6.00	0.13	1.44	0.03
社会福利业	2.40	2.09	0.03	0.27	0.01
文化、体育和娱乐业	36.29	22.71	7.89	3.71	1.99
新闻出版业	12.35	7.20	2.41	1.55	1.19
广播、电视、电影和音像业	11.24	6.07	4.06	0.07	1.03
文化艺术业	5.04	4.04	0.20	1.03	-0.23
体育	4.01	3.32	0.69	0.03	-0.03
娱乐业	3.65	2.07	0.53	1.02	0.04
公共管理和社会组织	160.61	126.16	0.44	32.62	1.39

4-12 地区生产总值收入法构成（新行业分组）（2013年）

Composition of Gross Domestic Product (2013)

单位：亿元

指标	增加值	劳动者报酬	生产税净额	固定资产折旧	营业盈余
地区生产总值	5230.19	2157.60	921.74	682.91	1467.93
农、林、牧、渔业	284.71	277.60	-1.96	9.08	0.00
农业	186.98	182.96	-1.95	5.96	0.00
林业	7.89	7.66	-0.01	0.25	0.00
畜牧业	78.08	75.59	0.00	2.49	0.00
渔业	4.04	3.91	0.00	0.13	0.00
农、林、牧、渔服务业	7.72	7.47	0.00	0.25	0.00
工业	1690.63	444.31	409.11	249.85	587.36
采矿业	56.03	14.73	20.78	4.47	16.06
#开采辅助活动	0.00	0.00	0.00	0.00	0.00
制造业	1539.44	402.88	370.51	224.68	541.36
#金属制品、机械和设备修理业	8.54	5.34	0.87	0.63	1.70
电力、燃气及水的生产和供应业	95.16	26.69	17.82	20.70	29.94
建筑业	362.61	187.64	71.88	22.92	80.17
房屋建筑业	194.00	99.24	42.94	11.38	40.45
土木工程建筑业	86.85	38.77	19.97	9.48	18.63
建筑安装业	59.54	40.99	3.98	1.20	13.37
建筑装饰业和其他建筑业	22.21	8.63	5.00	0.87	7.71
批发和零售业	671.63	265.39	195.15	43.03	168.05
批发业	437.59	129.52	149.71	24.81	133.55
零售业	234.04	135.87	45.44	18.23	34.50
交通运输、仓储和邮政业	332.97	121.50	38.92	57.01	115.54
铁路运输业	63.12	19.02	13.59	9.03	21.48
道路运输业	190.70	58.28	12.79	35.33	84.30
水上运输业	1.18	0.64	0.14	0.23	0.17
航空运输业	31.87	8.76	8.89	4.38	9.84
管道运输业	1.65	0.23	0.24	0.24	0.94
装卸搬运和其他运输服务业	26.47	22.90	0.83	0.42	2.32
仓储业	15.00	8.32	2.17	6.76	-2.25
邮政业	2.98	3.34	0.28	0.62	-1.26
住宿和餐饮业	168.18	144.12	9.58	24.75	-10.27
住宿业	20.76	12.73	3.23	2.74	2.06
餐饮业	147.42	131.39	6.35	22.01	-12.33
信息传输、计算机服务和软件业	162.58	57.68	39.18	15.85	49.87
电信、广播电视和卫星传输服务	33.11	3.70	7.78	10.05	11.59
互联网和相关服务	44.56	18.93	5.14	1.43	19.05
软件和信息技术服务业	84.90	35.05	26.26	4.37	19.23

4-12 续

指　　标	增加值	劳动者报酬	生产税净额	固定资产折旧	营业盈余
金融业	461.00	95.68	47.36	17.48	300.48
货币金融服务	387.31	58.06	40.11	7.47	281.66
资本市场服务	33.74	17.36	3.08	1.52	11.78
保险业	8.16	18.51	3.29	5.79	−19.43
其他金融业	31.80	1.76	0.88	2.70	26.47
房地产业	320.56	36.52	63.54	131.64	88.86
房地产开发经营业	124.98	16.17	52.87	3.47	52.47
物业管理业	38.34	11.08	4.94	2.39	19.93
房地产中介服务业	17.62	4.78	2.20	2.71	7.94
自有房地产经营活动	116.74	0.00	0.00	116.74	0.00
其他房地产业	22.87	4.49	3.53	6.32	8.52
租赁和商务服务业	153.19	62.34	18.53	22.71	49.60
租赁业	15.05	8.32	1.70	3.61	1.42
商务服务业	138.14	54.03	16.83	19.10	48.18
科学研究、技术服务和地质勘查业	75.62	34.35	9.89	5.20	26.19
研究与试验发展	27.12	9.45	5.48	0.32	11.87
专业技术服务业	38.70	20.03	3.22	4.48	10.98
科技交流和应用服务业	9.79	4.87	1.19	0.40	3.33
水利、环境和公共设施管理业	17.26	9.92	1.47	1.21	4.66
水利管理业	9.06	4.80	1.10	0.12	3.05
生态保护和环境治理业	0.09	0.09	0.00	0.00	0.00
公共设施管理业	8.11	5.03	0.37	1.09	1.61
居民服务、修理和其他服务业	57.49	49.82	6.25	5.03	−3.61
居民服务业	30.26	24.84	2.12	4.76	−1.47
机动车、电子产品和日用产品修理业	9.12	6.97	1.78	0.08	0.29
其他服务业	18.11	18.02	2.35	0.19	−2.44
教育	140.75	113.44	2.33	17.87	7.11
卫生和社会工作	134.11	108.43	2.18	22.96	0.54
卫生	124.11	100.34	2.01	21.25	0.50
社会工作	10.00	8.09	0.16	1.71	0.04
文化、体育和娱乐业	36.29	22.71	7.89	3.71	1.99
新闻出版业	12.35	7.20	2.41	1.55	1.19
广播、电视、电影和音像业	11.24	6.07	4.06	0.07	1.03
文化艺术业	5.04	4.04	0.20	1.03	−0.23
体育	4.01	3.32	0.69	0.03	−0.03
娱乐业	3.65	2.07	0.53	1.02	0.04
公共管理和社会组织	160.61	126.16	0.44	32.62	1.39
第一产业	276.99	270.12	−1.96	8.83	0.00
第二产业	2044.70	626.61	480.12	272.14	665.83
第三产业	2908.50	1260.88	443.58	401.94	802.10

注：2011 年行业分组。

4-13 重点服务业企业分行业主要经济指标（2013年）

Main Indicators of Enterpriese in Service Industry by Sector（2013）

指　　标	单位	合计	交通运输、仓储和邮政业	信息传输、软件和信息技术服务业	房地产业	租赁和商务服务业
单位数	个	894	201	154	99	187
固定资产原价	万元	27404564	4691288	18977838	53783	2937230
本年折旧	万元	1839216	271108	1339086	3845	158496
折旧率	%	6.7	5.8	7.1	7.1	5.4
营业收入	万元	14138618	2913327	7952410	152194	1904914
营业税金及附加	万元	392648	68439	243340	7609	39098
税金	万元	34032	5613	19090	1418	5542
营业利润	万元	2272291	378338	1534924	5402	205116
利润总额	万元	2420400	455166	1551023	8701	211132
应付职工薪酬（本年贷方累计发生额）	万元	1867978	402165	975698	53288	181958
从业人员平均人数	人	231733	56384	90019	18804	28512
人均工资	元	80609	71326	108388	28339	63818
应交增值税	万元	72822	26874	20423	111	10338
增加值	万元	6478988	1152537	4132561	71673	600547

4-13 续

指　　标	单位	科学研究和技术服务业	水利、环境和公共设施管理业	居民服务、修理和其他服务业	教育	卫生和社会工作	文化、体育和娱乐业
单位数	个	117	19	21	34	32	30
固定资产原价	万元	212387	194635	4322	173886	25111	134084
本年折旧	万元	18682	29378	931	9714	2794	5183
折旧率	%	8.8	15.1	21.5	5.6	11.1	3.9
营业收入	万元	647494	57664	51656	76668	50853	331437
营业税金及附加	万元	19332	2163	796	2221	221	9430
税金	万元	1679	197	149	124	41	180
营业利润	万元	78646	16205	187	4545	76	48851
利润总额	万元	80899	16387	268	4830	-1602	93596
应付职工薪酬（本年贷方累计发生额）	万元	145535	11867	8872	26116	13262	49219
从业人员平均人数	人	17797	3685	2927	5445	3341	4819
人均工资	元	81775	32203	30310	47963	39695	102135
应交增值税	万元	8282	47	311	10	3	6423
增加值	万元	272156	59858	11246	42729	16397	119285

主要统计指标解释

Explanatory Notes on Main Statistical Indicators

国民生产总值（GNP） 指一个国家（或地区）所有常住单位在一定时期内收入初次分配的最终结果。一国常住单位从事生产活动所创造的增加值在初次分配中主要分配给该国的常住单位，但也有一部分以生产税及进口税（扣除生产和进口补贴）、劳动者报酬和财产收入等形式分配给非常住单位；同时，国外生产所创造的增加值也有一部分以生产税及进口税（扣除生产和进口补贴）、劳动者报酬和财产收入等形式分配给该国的常住单位，从而产生了国民生产总值的概念。它等于国内生产总值加上来自国外的净要素收入。与国内生产总值不同，国民生产总值是个收入概念，而国内生产总值是个生产概念。

国内生产总值（GDP） 指一个国家（或地区）所有常住单位在一定时期内生产活动的最终成果。国内生产总值有三种表现形态，即价值形态、收入形态和产品形态。从价值形态看，它是所有常住单位在一定时期内生产的全部货物和服务价值超过同期中间投入的全部非固定资产货物和服务价值的差额，即所有常住单位的增加值之和；从收入形态看，它是所有常住单位在一定时期内创造并分配给常住单位和非常住单位的初次收入分配之和；从产品形态看，它是所有常住单位在一定时期内最终使用的货物和服务价值与货物和服务净出口价值之和。在实际核算中，国内生产总值有三种计算方法，即生产法、收入法和支出法。三种方法分别从不同的方面反映国内生产总值及其构成。国统字〔2004〕4号文规定：地区GDP的中文名称改为“地区生产总值”。

生产法 生产法是从生产过程中生产的货物和服务总产品价值入手，剔除生产过程中投入的中间产品的价值，得到增加价值的一种方法。计算公式为：

增加值=总产出-中间投入

将国民经济各行业的增加值相加，得到国内生产总值。

总产出、中间投入和增加值具有相同的生产范围，即常住生产单位货物和服务的生产。它不仅包括常住生产单位为其他单位提供的货物和服务的生产，而且包括为本单位使用的货物和服务的生产，但是，住户为自己最终消费生产的服务，只计算自有住房服务和付酬家庭雇员提供的服务，不包括住户成员为本住户最终消费而生产的自给性家庭服务。

收入法 收入法也称为分配法。按收入法计算生产总值是从生产过程创造收入的角度，对常住单位的生产活动成果进行核算。按照这种计算方法，增加值由劳动者报酬、生产税净额、固定资产折旧和营业盈余四个部分组成。计算公式为：

增加值=劳动者报酬+生产税净额+固定资产折旧+营业盈余

国民经济各部门的增加值之和等于生产总值。

在计算劳动者报酬时，需要注意作为劳动者报酬的实物性收入与中间消耗的界限。如果生产单位为其从事生产活动的劳动者提供的货物或服务，可以由劳动者在自己闲暇的时间里满足他们的需要，并且可以改善和提高他们的实际生活水平，同时，其他普通消费者也可以在市场上购买到这些货物和服务，那么就属于劳动者的实物收入。生产单位为了生产能正常进行，为劳动者购买的货物和提供的服务，如因特殊工作需要提供的服装或鞋，因公出差提供的运输和旅馆服务费用等，属于中间投入。

支出法 支出法是从最终使用的角度反映国内生产总值最终使用去向的一种方法。最终使用包括货物和服务的最终消费支出、资本形成总额、货物和服务净出口三部分，计算公式为：

国内生产总值=最终消费支出+资本形成总额+货物和服务净出口

按支出法计算的生产总值，在计算最终消费支出，包括居民消费支出和政府消费支出时，是从支出的最终承担者的角度计算的，而不是从最终实际消费者的角度计算的；在计算资本形成总额时，固定资本形成总额只包括通过生产活动生产出来的固定资产，不包括自然资产，存货增加不包括由于价格因素影响产生的持有收益。

按三种方法计算的国内生产总值反映的是同一经济总体在同一时期的生产活动成果，因此，从理论上讲，三种计算方法所得到的结果应该是一致的。但是，在实践中，由于受资料来源的口径限制和计算方法的影响，要保证这三种计算方法所得到的结果完全相等几乎是不可能的。在国内生产总值的三种计算方法中，生产法和收入法都是对各产业部门的增加值进行核算，为了就每一产业部门取得一致的增加值数据，根据资料来源状况，我国在核算实践中，有的产业部门，如农业、工业的增加值，确定以生产法的计算结果为准，有的产业部门，如部分服务业增加值，确定以收入法的计算结果为准，因此，我国的生产法国内生产总值等于收入法国内生产总值。但是，支出法国内生产总值与生产法和收入法国内生产总值之间存在统计误差，有的年份支出法国内生产总值大于生产法和收入法国内生产总值，有的年份结果相反。我国通常以生产法和收入法国内生产总值数据为准，将上述统计误差控制在一定范围。各种公开发表的国内生产总值总量和增长速度数据均是生产法和收入法的计算结果。按三种方法计算的国内生产总值数据之间具有如下关系：

国内生产总值=生产法国内生产总值

=收入法国内生产总值

=支出法国内生产总值+统计误差

可比价格 指计算各种总量指标所采用的扣除了价格变动因素的价格，可进行不同时期总量指标的对比。按可比价格计算总量指标有两种方法：一种是直接用产品产量乘某一年的不变价格计算；另一种是用价格指数进行缩减。

不变价格 指以同类产品某年的平均价格作为固定价格，用于计算各年的产品价值。按不变价格计算的产品价值消除了价格变动因素，不同时期对比可以反映生产的发展速度。新中国成立后，随着工农业产品价格水平的变化，国家统计局先后五次制定了全国统一的工业产品不变价格和农业产品不变价格。从1952 年到1957 年使用1952 年工(农)业产品不变价格，从 1957 年到 1970 年使用 1957 年不变价格，从 1971 年到 1980 年使用 1970 年不变价格，从 1981 年到 1990 年使用 1980 年不变价格，从 1991 年开始使用 1990 年不变价格。

三次产业 根据社会生产活动历史发展的顺序对产业结构的划分，产品直接取自自然界的部门称为第一产业，对初级产品进行再加工的部门称为第二产业。为生产和消费提供各种服务的部门称为第三产业。它是世界上通用的产业结构分类，但各国的划分不尽一致。我国的三次产业划分是：

第一产业：农业(包括种植业、林业、牧业和渔业)。

第二产业：工业(包括采掘工业、制造业、自来水、电力、蒸气、热水、煤气)和建筑业。第三产业：除第一、第二产业以外的其他各业。由于第三产业包括的行业多、范围广，根据我国的实际情况，第三产业可分为两大部分；一是流通部门，二是服务部门。具体又可分为四个层次：

第一层次：流通部门，包括交通运输业、邮电通讯业、商业、饮食业、物资供销和仓储业。

第二层次：为生产和生活服务的部门，包括金融、保险业，地质普查业，房地产、公用事业，居民服务业，咨询服务业和综合技术服务业，农、林、牧、渔、水利服务业和水利业，公路、内河(湖)航道养护业等。

第三层次：为提高科学文化水平和居民素质服务的部门，包括教育、文化、广播电视，科学研究、卫生、体育和社会福利事业等。

第四层次：为社会公共需要服务的部门，包括国家机关、政党机关、社会团体，以及军队和警察等。

国内支出总额 指一个国家(或地区)所有常住单位在一定时期内用于最终消费和投资，以及净出口的货物和服务支出总额，它反映本期生产的国内生产总值的使用构成。这一总量就是支出法测算的国内生产总值，具体包括总消费、总投资和净出口。

总消费 指常住单位在一定时期内的货物和服务的全部最终消费。总消费分为居民消费和社会消费。

居民实际最终消费 指常住住户获得的所有消费品和消费服务的价值。包括以下二类(1)居民自身通过支出所得到的个人货物和服务，其价值即居民在个人消费品和消费服务上承担的支出，包括虚拟支出。(2)作为为居民服务的非营利机构和政府的实物转移得到的个人货物和服务。其价值即为居民非营利机构和政府在个人消费品和服务上的支出。包括虚拟支出。

居民消费支出 居民消费支出包括居民实际最终消费中第(1)项内容。所以居民实际最终消费大于居民消费支出。差额为实际最终消费的第（2）项。

政府实际最终消费 指政府向社会或社会中某些部门提供的公共消费服务的价值。其价值即政府在公共服务上的支出。

政府消费支出指（1）政府在个人消费品和消费服务，（2）在公共消费服务上承担的支出，包括虚拟支出。与政府实际最终消费差额为（1）。

总投资 指常住单位在一定时期内对固定资产和库存的投资支出合计，分为固定资产形成和库存增加两项。

(1)固定资产形成 指从常住单位在一定时期内购置、转入和自产自用的固定资产中，扣除已有固定资产的销售和转出后的价值。固定资产形成包括在一定时期内完成的建筑工程、安装工程和设备器具购置价值，以及新增役、种、奶、毛、娱乐用牲畜和新增经济林价值等。

(2)库存增加 指常住单位一定时期内库存实物量变动的市场价值。期初与期末差额为正值表示库存增加，负值表示库存减少。具体包括本期购买的原材料、燃料和储备物资等商品库存；本期生产的产成品、半成品和在制品等产品库存。

货物和服务净出口 指货物和服务出口减货物和服务进口的差额。出口包括常住单位向非常住单位出售或无偿转让的各种货物和服务的价值；进口包括常住单位从非常住单位购买或无偿得到的各种货物和服务的价值。由于服务活动的提供与使用同时发生，因此服务的进出口业务并不发生出入境现象，一般把常住单位从国外得到的服务作为进口，非常住单位从本国得到的服务作为出口。货物的出口和进口都按离岸价格计算。

来自国外的净要素收入 指一定国家（或地区）来自国外（地区外）的生产税及进口税（扣除生产及进口补贴）、劳动者报酬和财产收入，减去支付给国外（地区外）的生产税及进口税（扣除生产及进口补贴）、劳动者报酬和财产收入的差额。国内生产总值加上来自国外的净要素收入等于国民生产总值。

总产出 总产出是指一定时期内一个国家（或地区）常住单位生产的所有货物和服务的价值，即包括新增价值，也包括转移价值。它反映常住单位生产活动的总规模。总产出按生产者价格计算。

中间投入 中间投入是指常住单位在生产或提供货物与服务过程中，消耗和使用的所有非固定资产货物和服务的价值，中间投入也称为中间消耗。一般按购买者价格计算。

增加值 增加值是指常住单位生产过程创造的新增价值和固定资产的转移价值。它可以按生产法计算，也可以按收入法计算，按生产法计算，它等于总产出减去中间投入；按收入法计算，它等于劳动者报酬、生产税净额、固定资产折旧和营业盈余之和。

固定资产折旧 指一定时期内为弥补固定资产损耗而应提取的补偿价值，它反映了全部固定资产在本期生产中的资产转移价值。各类企业的固定资产折旧是指从成本费用中提取的折旧费。对不计提折旧的单位，如政府机关、事业单位、学校医院、部队和居民住房则应进行虚拟折旧。

劳动者报酬 指劳动者为常住单位提供劳务而获得的各种报酬，它反映劳动者参与增加值创造而获得的原始收入。具体包括从各种来源开支的货币工资和实物工资，即单位以工资、福利、社会保险等形式，从成本、费用和利润中为劳动者支付的各种开支，以及个体和其他劳动者通过参加社会生产活动所获得的各种劳动报酬。

生产税净额 指生产税与补贴之差，它反映政府从本期创造的增加值中所得到的原始收入份额。生产税是指政府对生产单位的生产经营活动所征收的各种税、附加和规费，具体包括销售（营业）税金及附加、增值税、管理费开支的税、应交纳的养路费、排污费和水电附加等，以及烟酒专卖上缴政府的专项收入。补贴与生产税相反，是政府对生产单位的单方面收入转移，因此视为负税处理，包括政策亏损补贴、粮食系统价格补贴、外贸企业出口退税收入等。

营业盈余 指常住单位创造的增加值扣除固定资产折旧价值、支付劳动者报酬和上缴政府生产税净额后的余额，它反映企业参与增加值创造而应得到的原始收入份额。该指标相当于企业的营业利润，但要扣除利税后项目中支付的工资、福利及公益金等。

非金融企业部门 非金融企业部门是指由以营利为目的、从事非金融经济活动的所有常住非金融企业组成的集合。包括农业企业、工业、建筑业企业、流通企业、服务企业、执行企业会计制度的事业单位；行政事业单位下属的独立核算单位（即企业化管理的事业单位）亦划入本部门。

金融机构部门 金融机构部门是指由从事金融活动的所有常住独立核算单位组成的集合。在我国的新国民经济核算体系中，将其分为三大类：银行机构、保险机构和非银行金融机构。

银行机构为中央银行（中国人民银行）、政策性银行（国家开发银行、农业开发银行、进出口银行）和商业银行（中国工商银行、中国农业银行、中国银行、中国建设银行、交通银行、中信实业银行、中国投资银行、光大银行、城市合作银行等），以及若干区域性银行或私营银行（如华夏银行、民生银行等）。

政府部门 政府部门是指由行使国家管理职能的行政单位和为社会提供非市场化服务的事业单位（即所谓非盈利性机构单位）组成的集合。包括国家机关、政党机关、社会团体及执行预算会计制度的事业单位等。军事单位及所属的非独立核算单位也包括在本部门中。由于目前在我国非盈利机构主要是由国家拨款资助的事业单位，因此我国将为政府和为居民服务的非盈利机构统一归进政府部门。

我国的政府部门由行政单位和非盈利的事业单位组成。其中“财政”作为一个特殊的部门归列于政府部门。

住户部门 住户部门是指由所有常住居民户组成的集体。包括城镇常住居民户、农村常住居民户和城乡个体经营单位。由于个体经营单位的资产负债及财务收支还不能完全独立于所属住户，因此把个体经营单位也划入住户部门。

住户内的成员共同享用其生活设施、共同消费一些货物和服务，其收入和财产的部门或全部被集中起来，因此他们也有权利参与或影响整个住户的经济活动。

国外部门 国外部门指与我国常住机构单位发生经济往来的所有非常住机构单位组成的集合，增列国外部门并不要求编制其整个资产负债表，而只限于记录常住机构单位与非常住机构单位之间所进行的交易及往来活动的累计存量，即仅仅是为了反映我国经济总体与国外进行经济往来活动及结果的总规模和结构关系。

非金融资产 根据我国新国民经济核算体系中有关资产负债项目的基本定义和联合国1993 年SNA 的定义，“非金融资产”是指机构单位单独或共同对其执行所有权或处置权，并通过在核算期内持有或使用它们可从中获得经济利益的，除金融资产以外的经济资产。

非金融资产按是否具有物质形态划分为有形资产和无形资产，按产生的方式或过程可划分为生产资产和非生产资产。在非金融资产中，“生产资产”由固定资产、存货和珍贵物品组成。“非生产资产”可大致分为两类，一类是资源资产，即有形非生产资产，由土地资产、水资源资产、地下资产和非培育生物资产组成；另一类是无形非生产资产，如专利权、租约和其他可转让合同、购买的商誉等。

由于我国目前在资产负债核算中所面临的资料来源和技术条件的限制，我们仅将非金融资产简单地划分为固定资产、存货和其他非金融资产三类。

贡献率 各产业的贡献率是分析经济效益的一个指标，它是指第一、二、三产业增量与生产总值增量之比。

重点服务业法人单位 包括：交通运输、仓储和邮政业，信息传输、软件和信息技术服务业，租赁和商务服务业，科学研究和技术服务业，水利、环境和公共设施管理业，居民服务、修理和其他服务业，教育，卫生和社会工作，文化、体育和娱乐业；以及物业管理、房地产中介服务等行业。

5

劳动就业

EMPLOYMENT AND WAGES

5-1 按三次产业分从业人员及构成

Number of Employed Persons and Structure by Type of Industry

年份 地区	从业人员（万人）				构成（合计=100）		
		第一产业	第二产业	第三产业	第一产业	第二产业	第三产业
1952	134.26	109.87	5.86	18.53	81.8	4.4	13.8
1957	144.29	118.65	13.12	12.52	82.2	9.1	8.7
1962	137.58	106.50	16.45	14.63	77.4	12.0	10.6
1965	143.67	107.68	20.96	15.03	74.9	14.6	10.5
1970	161.18	118.15	30.32	12.71	73.3	18.8	7.9
1975	192.59	135.95	41.56	15.08	70.6	21.6	7.8
1978	204.04	136.30	46.06	21.68	66.8	22.6	10.6
1980	214.21	135.16	51.30	27.75	63.1	23.9	13.0
1985	245.32	116.59	76.08	52.65	47.5	31.0	21.5
1990	270.54	125.73	87.75	57.06	46.5	32.4	21.1
1991	276.18	130.36	87.99	57.83	47.2	31.9	20.9
1992	280.19	127.09	85.59	67.51	45.4	30.5	24.1
1993	285.69	124.25	89.91	71.53	43.5	31.5	25.0
1994	303.46	122.62	91.64	89.20	40.4	30.2	29.4
1995	324.22	116.13	106.68	101.41	35.8	32.9	31.3
1996	332.33	107.70	113.91	110.72	32.4	34.3	33.3
1997	337.43	108.17	113.93	115.33	32.0	33.8	34.2
1998	341.63	109.32	113.38	118.93	31.9	33.2	34.9
1999	344.48	109.56	112.98	121.94	31.8	32.8	35.4
2000	347.37	109.98	110.81	126.58	31.7	31.9	36.4
2001	350.10	109.99	109.24	130.87	31.4	31.2	37.4
2002	352.70	108.01	109.14	135.55	30.6	30.9	38.5
2003	355.30	104.90	110.60	139.80	29.5	31.1	39.4
2004	358.50	99.30	113.30	145.90	27.7	31.6	40.7
2005	360.00	99.10	114.20	146.70	27.5	31.7	40.8
2006	361.80	99.00	115.20	147.60	27.4	31.8	40.8
2007	364.30	98.80	116.30	149.20	27.1	31.9	41.0
2008	367.36	98.01	116.95	152.40	26.7	31.8	41.5
2009	372.25	97.80	119.15	155.30	26.3	32.0	41.7
2010	373.70	76.66	120.20	176.84	20.5	32.2	47.3
2011	375.50	74.95	120.70	179.85	20.0	32.1	47.9
2012	379.30	74.30	123.10	181.90	19.6	32.5	47.9
2013	382.30	73.40	122.19	186.71	19.2	32.0	48.8

5-2 法人单位从业人员和劳动报酬

Number and Wage of Employed Persons in Various Units

指　　标	2012年		2013年	
	从业人员（人）	从业人员人均报酬（元/人）	从业人员（人）	从业人员人均报酬（元/人）
全市法人单位	2152388	38989	2235363	46065
按国民经济行业分组				
农、林、牧、渔业	1772	22156	4935	26283
采矿业	13530	38523	13716	41976
制造业	614246	34338	571393	40171
电力、燃气及水的生产和供应业	18517	53352	18951	59487
建筑业	414966	31912	484374	40307
交通运输、仓储和邮政业	114677	54985	64985	57133
信息传输、计算机服务和软件业	37474	46188	106572	71525
批发和零售业	310879	27437	319330	32444
住宿和餐饮业	82030	26101	54058	30282
金融业	60512	92487	62531	100798
房地产业	44182	37009	67867	40052
租赁和商务服务业	80520	36207	85960	38651
科学研究、技术服务和地质勘查业	35115	56461	50852	54247
水利、环境和公共设施管理业	13818	35876	16051	38672
居民服务和其他服务业	19846	29067	13187	28511
教育	113791	54377	117629	61144
卫生、社会保障和社会福利业	55356	60428	62921	70277
文化、体育和娱乐业	18304	65706	19567	80848
公共管理和社会组织	102853	53899	100484	59720

注：本表统计口径为全部法人单位，包括非私营单位和私营单位。

5-3 主要年份职工工资

Wage of Staff and Workers in Major Years

年份地区	职工工资总额（万元）	国有经济	城镇集体经济	其他经济	职工平均工资（元）	国有经济	城镇集体经济	其他经济
1952	4881	4587	294	–	442	453	324	–
1957	14553	11654	2899	–	586	621	480	–
1962	19412	16409	3003	–	577	607	451	–
1965	20367	16821	3546	–	617	664	461	–
1970	21226	17314	3912	–	549	578	449	–
1975	29239	22662	6577	–	557	615	420	–
1978	37840	28733	9107	–	578	626	465	–
1980	55900	41809	14091	–	776	821	668	–
1985	92092	67756	24330	6	1104	1169	954	894
1986	111934	84269	27643	22	1298	1384	1092	882
1987	126263	96322	29673	268	1422	1515	1185	1603
1988	166206	130287	35515	404	1806	1946	1427	2304
1989	190106	150899	38654	553	2037	2199	1577	2614
1990	210618	166250	43003	1365	2211	2370	1751	2460
1991	229540	181185	46091	2264	2368	2535	1872	2658
1992	267295	214311	49565	3419	2710	2938	2020	2919
1993	327226	264252	54442	8532	3323	3547	2524	3553
1994	465966	371403	67351	27212	4736	5209	2975	4922
1995	581432	465311	79932	36189	5851	6561	3623	5663
1996	700636	562645	89126	48865	7031	7839	4290	6875
1997	792368	636694	67999	57675	7896	8761	4954	7303
1998	717927	578788	68455	70684	8326	9022	5459	7410
1999	756696	608052	67273	81371	9083	9929	5766	7818
2000	857337	639312	59468	158557	10422	11761	6211	8651
2001	950851	713222	60818	176811	11980	13462	7061	9945
2002	1120837	846978	74672	199187	14395	16362	8188	11729
2003	1256160	930392	69554	256214	16027	18197	9331	12942
2004	1420491	1049033	73150	298308	18029	20759	10587	13974
2005	1966782	1126918	77722	762142	20866	24626	11890	18164
2006	2459044	1326412	140974	991658	21808	26550	12332	19305
2007	3086928	1680494	166960	1239474	26085	31910	15763	22500
2008	3735956	2049453	202995	1483509	30798	37191	19296	26645
2009	4241838	2227992	177020	1836825	34544	41239	21365	30368
2010	4695402	2462874	179365	2053164	36833	43339	22593	32740
2011	5569118	2647111	169476	2752531	41959	49342	26646	37851
2012	6458632	2811390	161513	3485729	45924	52845	32180	42294
2013	7927677	2766005	170176	4991497	53650	58842	37264	51891

注：本表中 1998 年及以后年份数据均为在岗职工口径，国有、集体、其他分组按 1998 年新标准。
2006 年及以后年份数据为非私营单位从业人员口径。

5-4 城镇单位从业人员人数(2013年)

Number of Employed Persons in Urban Units (2013)

单位：人

指　　标	从业人员			
		在岗职工	劳务派遣人员	其他从业人员
合　计	1480760	1287144	143785	49831
按隶属关系分组				
中央	322540	222997	81381	18162
省属	329611	296283	28381	4947
市属	242778	216689	17753	8336
县及县以下	317428	297911	5622	13895
其他	268403	253264	10648	4491
按国民经济行业分组				
农、林、牧、渔业	870	858	0	12
农业	166	163	0	3
林业	341	332	0	9
畜牧业	194	194	0	0
渔业	19	19	0	0
农、林、牧、渔服务业	150	150	0	0
采矿业	7994	7562	298	134
煤炭开采和洗选业	6037	6027	0	10
石油和天然气开采业	1075	653	298	124
黑色金属矿采选业	633	633	0	0
有色金属矿采选业	10	10	0	0
非金属矿采选业	210	210	0	0
开采辅助活动	0	0	0	0
其他采矿业	0	0	0	0
制造业	325105	300184	20708	4213
农副食品加工业	4195	3761	9	425
食品制造业	11929	11082	736	111
酒、饮料和精制茶制造业	7606	7143	366	97
烟草制品业	1896	1892	4	0
纺织业	8884	8659	5	220
纺织服装、服饰业	5052	5001	11	40
皮革、毛皮、羽毛及其制品和制鞋	1252	1188	0	64
木材加工和木、竹、藤、棕、草制	1180	1138	2	40
家具制造业	861	856	0	5
造纸和纸制品业	1450	1450	0	0
印刷和记录媒介复制业	5670	5446	95	129
文教、工美、体育和娱乐用品制造	1676	1646	0	30
石油加工、炼焦和核燃料加工业	3279	2889	262	128
化学原料和化学制品制造业	11703	11222	400	81
医药制造业	14708	14531	66	111
化学纤维制造业	248	248	0	0
橡胶和塑料制品业	3916	3894	0	22
非金属矿物制品业	16321	15728	378	215
黑色金属冶炼和压延加工业	65002	64033	873	96
有色金属冶炼和压延加工业	2320	2304	6	10

5-4 续 1

指　　标	从业人员	在岗职工	劳务派遣人员	其他从业人员
金属制品业	18273	17351	421	501
通用设备制造业	39418	35961	2671	786
专用设备制造业	10789	10398	115	276
汽车制造业	38968	26421	12322	225
铁路、船舶、航空航天和其他运输	10504	10055	289	160
电气机械和器材制造业	14947	13221	1477	249
计算机、通信和其他电子设备制造	17651	17624	0	27
仪器仪表制造业	4501	4180	158	163
其他制造业	559	559	0	0
废弃资源综合利用业	280	236	42	2
电力、热力、燃气及水生产和供应	17677	16809	416	452
电力、热力生产和供应业	12196	11540	256	400
燃气生产和供应业	2832	2620	160	52
水的生产和供应业	2649	2649	0	0
建筑业	364845	307855	45609	11381
房屋建筑业	223918	186537	34638	2743
土木工程建筑业	118397	100301	10511	7585
建筑安装业	15202	14149	395	658
建筑装饰和其他建筑业	7328	6868	65	395
批发和零售业	116301	91493	19944	4864
批发业	61234	41082	18184	1968
零售业	55067	50411	1760	2896
交通运输、仓储和邮政业	49366	37638	9821	1907
道路运输业	24794	22803	964	1027
水上运输业	822	726	0	96
航空运输业	7271	4583	2445	243
管道运输业	2084	1007	693	384
装卸搬运和运输代理业	1887	1873	14	0
仓储业	1649	1601	15	33
邮政业	10859	5045	5690	124
住宿和餐饮业	32678	30994	755	929
住宿业	15385	14427	384	574
餐饮业	17293	16567	371	355
信息传输、软件和信息技术服务业	87558	60239	27220	99
电信、广播电视和卫星传输服务	68509	42319	26181	9
互联网和相关服务	13	13	0	0
软件和信息技术服务业	19036	17907	1039	90
金融业	61408	44396	3825	13187
货币金融服务	33373	30503	2743	127
资本市场服务	2249	2102	26	121
保险业	25331	11376	1016	12939
其他金融业	455	415	40	0

5-4 续 2

指　标	从业人员			
		在岗职工	劳务派遣人员	其他从业人员
房地产业	39810	37815	961	1034
房地产开发经营	17086	16439	156	491
物业管理	20987	19901	543	543
房地产中介服务	1189	927	262	0
其他房地产业	548	548	0	0
租赁和商务服务业	33300	29762	2920	618
租赁业	849	761	85	3
商务服务业	32451	29001	2835	615
科学研究和技术服务业	33930	31102	1685	1143
研究和试验发展	9661	9326	161	174
专业技术服务业	21785	19340	1484	961
科技推广和应用服务业	2484	2436	40	8
水利、环境和公共设施管理业	14147	11180	699	2268
水利管理业	2391	2302	17	72
生态保护和环境治理业	115	97	0	18
公共设施管理业	11641	8781	682	2178
居民服务、修理和其他服务业	4868	4823	35	10
居民服务业	1997	1962	35	0
机动车、电子产品和日用产品修理	1490	1490	0	0
其他服务业	1381	1371	0	10
教育	113024	109184	2274	1566
初等教育	28171	27469	253	449
中等教育	35358	34709	306	343
高等教育	37362	35492	1396	474
卫生和社会工作	60529	56852	2235	1442
卫生	59518	55859	2221	1438
社会工作	1011	993	14	4
文化、体育和娱乐业	17217	14311	2337	569
新闻和出版业	5113	4726	291	96
广播、电视、电影和影视录音制作	6069	4249	1780	40
文化艺术业	4064	3680	124	260
体育	1793	1478	142	173
娱乐业	178	178	0	0
公共管理、社会保障和社会组织	100133	94087	2043	4003
中国共产党机关	4510	4423	63	24
国家机构	90964	85607	1944	3413
人民政协、民主党派	744	704	31	9
社会保障	992	989	0	3
群众团体、社会团体和其他成员组	2923	2364	5	554

注：2013 年单位就业人数增加较多，系将原属于乡镇企业的规模以上法人单位纳入劳动工资统计范围所致。

5－5 城镇单位从业人员工资总额（2013年）

Total Wage of Employed Persons in Urban Uhits（2013）

单位：万元

指　　标	从业人员工资总额	在岗职工工资总额	劳务派遣人员工资总额	其他从业人员工资总额
合计	7927677	7091617	676736	159324
按隶属关系分组				
中央	1912345	1463615	379440	69291
省属	2121055	1982396	122788	15871
市属	1267820	1132005	115420	20395
县及县以下	1343936	1289780	16127	38029
其他	1282521	1223821	42962	15738
按国民经济行业分组				
农、林、牧、渔业	2393	2373	0	19
农业	375	370	0	5
林业	1019	1005	0	14
畜牧业	455	455	0	0
渔业	19	19	0	0
农、林、牧、渔服务业	525	525	0	0
采矿业	38047	34463	2861	723
煤炭开采和洗选业	23451	23414	0	36
石油和天然气开采业	9804	6267	2850	686
黑色金属矿采选业	3899	3889	11	0
有色金属矿采选业	40	40	0	0
非金属矿采选业	733	733	0	0
开采辅助活动	0	0	0	0
其他采矿业	0	0	0	0
制造业	1526134	1437557	76784	11794
农副食品加工业	14116	12404	34	1679
食品制造业	34397	32453	1780	164
酒、饮料和精制茶制造业	31564	29369	1828	367
烟草制品业	25262	25233	28	0
纺织业	29706	29440	4	262
纺织服装、服饰业	17464	16848	72	544
皮革、毛皮、羽毛及其制品和制鞋	2875	2747	0	128
木材加工和木、竹、藤、棕、草制	3995	3826	7	163
家具制造业	3403	3381	0	22
造纸和纸制品业	4644	4644	0	0
印刷和记录媒介复制业	20218	19740	278	199
文教、工美、体育和娱乐用品制造	4310	4266	0	44
石油加工、炼焦和核燃料加工业	25816	24167	1048	602
化学原料和化学制品制造业	42802	41049	1487	266
医药制造业	66984	66388	236	361
化学纤维制造业	760	760	0	0
橡胶和塑料制品业	12826	12729	51	47
非金属矿物制品业	61510	59681	1189	641
黑色金属冶炼和压延加工业	378889	374617	3903	369
有色金属冶炼和压延加工业	7320	7220	59	42

5-5 续 1

指　　标	从业人员工资总额	在岗职工工资总额	劳务派遣人员工资总额	其他从业人员工资总额
金属制品业	66108	63277	1340	1490
通用设备制造业	163479	152757	9301	1421
专用设备制造业	40942	40161	386	395
汽车制造业	180686	134556	45534	596
铁路、船舶、航空航天和其他运输	51173	49621	1234	318
电气机械和器材制造业	75711	68515	6249	947
计算机、通信和其他电子设备制造	136828	136728	0	100
仪器仪表制造业	19396	18201	570	625
其他制造业	1548	1548	0	0
废弃资源综合利用业	1188	1016	168	4
电力、热力、燃气及水生产和供应	108114	103828	1061	3225
电力、热力生产和供应业	77500	74074	634	2792
燃气生产和供应业	15268	14408	427	433
水的生产和供应业	15347	15347	0	0
建筑业	1534888	1279093	220962	34833
房屋建筑业	903498	711276	181375	10847
土木工程建筑业	544389	484854	38220	21315
建筑安装业	53801	50721	1234	1847
建筑装饰和其他建筑业	33200	32244	132	824
批发和零售业	467108	390613	65752	10743
批发业	269071	206154	59100	3817
零售业	198038	184459	6652	6926
交通运输、仓储和邮政业	312662	263930	44579	4153
道路运输业	121506	116244	3186	2076
水上运输业	3132	2798	0	335
航空运输业	117476	100290	16734	452
管道运输业	12011	9328	1786	897
装卸搬运和运输代理业	5822	5789	34	0
仓储业	3989	3882	37	69
邮政业	48726	25600	22802	324
住宿和餐饮业	103559	99555	2213	1790
住宿业	53033	50974	1089	971
餐饮业	50526	48582	1125	819
信息传输、软件和信息技术服务业	696022	521795	174030	197
电信、广播电视和卫星传输服务	586150	417024	169112	14
互联网和相关服务	67	56	0	11
软件和信息技术服务业	109805	104715	4918	171
金融业	612552	543589	23225	45738
货币金融服务	430528	411762	18071	695
资本市场服务	33333	32541	153	640
保险业	139251	89956	4890	44404
其他金融业	9440	9329	111	0

5-5 续 2

指　　标	从业人员工资总额			
		在岗职工工资总额	劳务派遣人员工资总额	其他从业人员工资总额
房地产业	174445	168509	3328	2608
房地产开发经营	113448	111404	851	1193
物业管理	55350	52530	1405	1415
房地产中介服务	3879	2807	1072	0
其他房地产业	1768	1768	0	0
租赁和商务服务业	169333	156979	10208	2147
租赁业	4384	4114	267	3
商务服务业	164949	152865	9940	2144
科学研究和技术服务业	220251	207097	7348	5807
研究和试验发展	61809	60004	786	1018
专业技术服务业	142639	131453	6425	4761
科技推广和应用服务业	15804	15640	137	27
水利、环境和公共设施管理业	57722	51589	1835	4299
水利管理业	13420	13251	0	169
生态保护和环境治理业	392	368	0	24
公共设施管理业	43910	37969	1835	4106
居民服务、修理和其他服务业	14999	14961	12	26
居民服务业	5822	5810	12	0
机动车、电子产品和日用产品修理	6020	6020	0	0
其他服务业	3157	3131	0	26
教育	707793	695804	7144	4845
初等教育	144335	143017	605	713
中等教育	199611	198104	729	778
高等教育	287110	279978	4636	2495
卫生和社会工作	429116	415164	8037	5914
卫生	423291	409373	8007	5911
社会工作	5825	5791	31	3
文化、体育和娱乐业	152460	120733	22042	9685
新闻和出版业	45388	44442	729	218
广播、电视、电影和影视录音制作	63941	43649	20234	57
文化艺术业	21779	20888	180	711
体育	20841	11241	899	8700
娱乐业	512	512	0	0
公共管理、社会保障和社会组织	600080	583985	5315	10779
中国共产党机关	32101	31859	197	46
国家机构	540830	525755	5043	10033
人民政协、民主党派	4890	4816	65	10
社会保障	7572	7567	0	5
群众团体、社会团体和其他成员组	14686	13989	11	687

注：2013 年单位就业人数增加较多，系将原属于乡镇企业的规模以上法人单位纳入劳动工资统计范围所致。

5－6 城镇单位从业人员平均工资（2013年）

Average Wage of Employed Persons in Urban Units（2013）

单位：元

指　　标	从业人员平均工资	在岗职工平均工资
合计	53650	55644
按隶属关系分组		
中央	59287	66113
省属	64551	67129
市属	51012	52677
县及县以下	42833	43814
其他	48542	49248
按国民经济行业分组		
农、林、牧、渔业	27312	27466
农业	22455	22537
林业	29539	29914
畜牧业	23575	23575
渔业	9895	9895
农、林、牧、渔服务业	34513	34513
采矿业	47541	45532
煤炭开采和洗选业	39026	39031
石油和天然气开采业	91280	96120
黑色金属矿采选业	60176	60197
有色金属矿采选业	36455	36455
非金属矿采选业	31870	31870
开采辅助活动	–	–
其他采矿业	–	–
制造业	46637	47668
农副食品加工业	33301	32599
食品制造业	29022	29768
酒、饮料和精制茶制造业	42311	42069
烟草制品业	135378	135516
纺织业	33076	33630
纺织服装、服饰业	34534	33649
皮革、毛皮、羽毛及其制品和制鞋	22800	22756
木材加工和木、竹、藤、棕、草制	33773	33765
家具制造业	38666	38635
造纸和纸制品业	31740	31740
印刷和记录媒介复制业	35021	35762
文教、工美、体育和娱乐用品制造	26088	26316
石油加工、炼焦和核燃料加工业	77201	82395
化学原料和化学制品制造业	36449	36442
医药制造业	45726	45905
化学纤维制造业	30753	30753
橡胶和塑料制品业	32922	33053
非金属矿物制品业	37953	38230
黑色金属冶炼和压延加工业	56573	56999
有色金属冶炼和压延加工业	31256	31039

5-6 续 1

指　标	从业人员平均工资	在岗职工平均工资
金属制品业	35713	35796
通用设备制造业	41780	42946
专用设备制造业	38195	38916
汽车制造业	45639	50221
铁路、船舶、航空航天和其他运输	46436	47074
电气机械和器材制造业	50340	51337
计算机、通信和其他电子设备制造	81218	81289
仪器仪表制造业	44253	44633
其他制造业	27007	27007
废弃资源综合利用业	41394	41819
电力、热力、燃气及水生产和供应	61327	62065
电力、热力生产和供应业	63733	64547
燃气生产和供应业	54705	55953
水的生产和供应业	57306	57306
建筑业	42207	42862
房屋建筑业	40639	40173
土木工程建筑业	45402	47822
建筑安装业	38168	38851
建筑装饰和其他建筑业	45256	46568
批发和零售业	40425	43081
批发业	43756	50059
零售业	36636	37274
交通运输、仓储和邮政业	64963	73155
铁路运输业	–	–
道路运输业	49353	51335
水上运输业	37513	37858
航空运输业	175730	237148
管道运输业	59461	98398
装卸搬运和运输代理业	31694	31753
仓储业	24929	25176
邮政业	46265	61641
住宿和餐饮业	31722	32199
住宿业	34808	35824
餐饮业	29021	29108
信息传输、软件和信息技术服务业	79720	87657
电信、广播电视和卫星传输服务	85013	98534
互联网和相关服务	44867	43000
软件和信息技术服务业	59855	60913
金融业	101782	125883
货币金融服务	132226	139458
资本市场服务	144425	150442
保险业	56005	81181
其他金融业	209317	226437

5-6 续 2

指　　标	从业人员平均工资	在岗职工平均工资
房地产业	44680	45479
房地产开发经营	66773	68300
物业管理	27210	27243
房地产中介服务	33242	30679
其他房地产业	32496	32496
租赁和商务服务业	50659	52759
租赁业	52571	54639
商务服务业	50610	52710
科学研究和技术服务业	65208	66764
研究和试验发展	63563	63780
专业技术服务业	66076	68487
科技推广和应用服务业	64086	64707
水利、环境和公共设施管理业	39855	44899
水利管理业	56671	58093
生态保护和环境治理业	33521	37212
公共设施管理业	36598	41679
居民服务、修理和其他服务业	30742	30950
居民服务业	28894	29344
机动车、电子产品和日用产品修理	39271	39271
其他服务业	23717	23699
教育	62318	63442
初等教育	51319	52086
中等教育	56198	56773
高等教育	76591	78619
卫生和社会工作	71992	73765
卫生	72230	74036
社会工作	58071	58614
文化、体育和娱乐业	87964	83281
新闻和出版业	88579	93898
广播、电视、电影和影视录音制作	102338	98264
文化艺术业	54502	56901
体育	116623	76265
娱乐业	28927	28927
公共管理、社会保障和社会组织	59821	61905
中国共产党机关	71161	71997
国家机构	59300	61199
人民政协、民主党派	67078	69894
社会保障	76639	76823
群众团体、社会团体和其他成员组	50941	60115

注：2013 年单位就业人数增加较多，系将原属于乡镇企业的规模以上法人单位纳入劳动工资统计范围所致。

5－7　国有单位从业人员和报酬（2013年）

Number and Wage of Employed Persons in State-owned Units（2013）

指　　标	从业人员期末人数（人）	从业人员工资总额（万元）	从业人员平均工资（元）
总计	469561	2766005	58842
按隶属关系分组			
中央	80847	511239	63551
省属	130902	873243	66767
市属	95688	580067	59819
县及县以下	157205	778121	49567
其他	4919	23335	47778
按国民经济行业分组			
农、林、牧、渔业	577	1616	27765
采矿业	2370	8161	34232
制造业	13533	55940	41042
电力、热力、燃气及水生产和供应	8312	56996	69086
建筑业	77838	355696	45285
批发和零售业	9792	38554	38971
交通运输、仓储和邮政业	19446	92713	48143
住宿和餐饮业	10145	35372	34540
信息传输、软件和信息技术服务业	6294	45654	72134
金融业	5185	56025	112028
房地产业	6441	22667	35842
租赁和商务服务业	8718	41155	47512
科学研究和技术服务业	21990	141368	64413
水利、环境和公共设施管理业	11761	50318	42459
居民服务、修理和其他服务业	1075	5304	48214
教育	97081	630397	64596
卫生和社会工作	53644	396198	75002
文化、体育和娱乐业	15862	135280	84629
公共管理、社会保障和社会组织	99497	596592	59854

5－8　城镇集体单位从业人员和报酬（2013年）

Number and Wage of Employed Persons in Urban Collective-owned Units （2013）

指　　标	从业人员期末人数（人）	从业人员工资总额（万元）	从业人员平均工资（元）
总计	47802	170176	37264
按隶属关系分组			
中央	60	144	23590
省属	3709	13654	43692
市属	6307	23753	37472
县及县以下	31188	113568	38573
其他	6538	19057	28443
按国民经济行业分组			
农、林、牧、渔业	94	338	35177
采矿业	411	1998	49950
制造业	7098	22200	30902
电力、热力、燃气及水生产和供应	78	187	23987
建筑业	15348	45934	35285
批发和零售业	4446	13851	31855
交通运输、仓储和邮政业	477	1170	24316
住宿和餐饮业	827	2288	28322
信息传输、软件和信息技术服务业	74	493	66568
金融业	4	12	31000
房地产业	1583	4974	31223
租赁和商务服务业	3509	8500	24114
科学研究和技术服务业	214	995	47603
水利、环境和公共设施管理业	1085	2855	22969
居民服务、修理和其他服务业	181	552	29185
教育	7224	36856	50363
卫生和社会工作	4680	25027	54078
公共管理、社会保障和社会组织	469	1947	41338

5－9　城镇其他单位从业人员和报酬（2013年）

Number and Wage of Employed Persons in Other Urban Collective-owned Units（2013）

指　　标	从业人员期末人数（人）	从业人员工资总额（万元）	从业人员平均工资（元）
总计	963397	4991497	51891
按隶属关系分组			
中央	241633	1400962	57878
省属	195000	1234158	63397
市属	140783	664000	45722
县及县以下	129035	452248	35516
其他	256946	1240129	49089
按国民经济行业分组			
农、林、牧、渔业	199	439	22167
采矿业	5213	27888	53435
制造业	304474	1447994	47255
电力、热力、燃气及水生产和供应	9287	50931	54759
建筑业	271659	1133257	41649
批发和零售业	102063	414704	40935
交通运输、仓储和邮政业	29443	218779	77062
住宿和餐饮业	21706	65898	30513
信息传输、软件和信息技术服务业	81190	649875	80326
金融业	56219	556515	100858
房地产业	31786	146805	47165
租赁和商务服务业	21073	119679	56349
科学研究和技术服务业	11726	77888	67024
水利、环境和公共设施管理业	1301	4549	32752
居民服务、修理和其他服务业	3612	9144	25471
教育	8719	40540	46770
卫生和社会工作	2205	7891	36650
文化、体育和娱乐业	1355	17180	127546
公共管理、社会保障和社会组织	167	1540	91690

5－10 社会保障基本情况

Basic Conditions of Social Sewrity

指 标	单位	2008 年	2009 年	2010 年	2011 年	2012 年	2013 年
职工基本养老保险参保人数	万人	128.07	136.58	148.95	164.75	175.02	232.54
# 企业	万人	109.92	118.43	130.94	147.05	157.30	207.60
事业机关	万人	18.15	18.15	18.01	17.70	17.72	24.94
职工基本医疗保险参保人数	万人	122.36	133.19	149.51	167.57	173.58	183.18
参加失业保险人数	万人	78.82	83.02	91.58	103.68	111.12	119.96
工伤保险参保人数	万人	103.92	116.65	129.23	131.59	133.90	135.69
生育保险参保人数	万人	61.03	66.14	72.27	90.05	103.01	107.80
农村养老保险参保人数	万人	45.09	44.90	47.70	49.58	49.05	49.04
城镇登记失业率	%	3.43	3.90	3.84	3.61	3.08	2.4

注："职工基本养老保险参保人数"、"#企业"及"事业机关"2013 年以前不包含离退休人员，2013 年及以后包含离退休人员。

主要统计指标解释

Explanatory Notes on Main Statistical Indicators

经济活动人口 指在16 岁以上，有劳动能力，参加或要求参加社会经济活动的人口；包括从业人员和失业人员。

从业人员 指从事一定社会劳动并取得劳动报酬或经营收入的人员，包括全部职工、再就业的离退休人员、私营业主、个体户主、私营和个体从业人员、乡镇企业从业人员、农村从业人员、其他从业人员（包括民办教师、宗教职业者、现役军人等）。这一指标反映了一定时期内全部劳动力资源的实际利用情况，是研究我国基本国情国力的重要指标。

单位从业人员 指在各级国家机关、政党机关、社会团体及企业、事业单位中工作，取得工资或其他形式的劳动报酬的全部人员。包括在岗职工、再就业的离退休人员、民办教师以及在各单位中工作的外方人员和港澳台方人员、兼职人员、借用的外单位人员和第二职业者。不包括离开本单位仍保留劳动关系的职工。各单位的从业人员反映了各单位实际参加生产或工作的全部劳动力。

城镇私营和个体从业人员 城镇私营从业人员指在工商管理部门注册登记，其经营地址设在县城关镇（含城关镇）以上的私营企业从业人员；包括私营企业投资者和雇工。城镇个体从业人员指在工商管理部门注册登记，并持有城镇户口或在城镇长期居住，经批准从事个体工商经营的从业人员；包括个体经营者和在个体工商户劳动的家庭帮工和雇工。

城镇登记失业人员 指有非农业户口，在一定的劳动年龄内，有劳动能力，无业而要求就业，并在当地就业服务机构进行求职登记的人员。

城镇登记失业率 指城镇登记失业人数同城镇从业人数与城镇登记失业人数之和的比。计算公式为：城镇登记失业率=城镇登记失业人数／（城镇从业人数+城镇登记失业

人数）×100%

职工 指在国有经济、城镇集体经济、联营经济、股份制经济、外商和港、澳、台投资经济、其他经济单位及其附属机构工作，并由其支付工资的各类人员，不包括返聘的离退休人员、民办教师、在国有经济单位工作的外方人员和港、澳、台人员（1998 年以后的数据均为在岗职工数据，其他相关指标如职工工资总额，职工平均工资等指标也从1998年按此口径进行了相应调整）。

在岗职工 指在本单位工作并由单位支付工资的人员，以及有工作岗位，但由于学习、病伤产假等原因暂未工作，仍由单位支付工资的人员。

离岗职工 指由于各种原因，已经离开本人的生产和工作岗位，并不在本单位从事其他工作，但仍与用人单位保留劳动关系的职工。新指标比原来统计指标中的"下岗职工"范围大。即只要符合"离开本单位仍保留劳动关系的职工"就统计为离岗职工。

离开本单位仍保留劳动关系职工的生活费 指离岗职工在离开本单位仍保留劳动关系期间从本单位领取的生活费用。

内部退养职工 指接近正常退休年龄但因各种原因退出工作岗位，并办理了内退手续，在办理正式退休手续前由单位按月发给一定生活费的职工。

合同制职工 指各单位根据国务院国发（1986）77 号文件和国务院令第99 号的规定，通过签订有固定期限劳动合同、无固定期限劳动合同和以完成一项工作为期限劳动合同所使用的职工。包括实行全员劳动合同制单位的全部职工。

离休、退休、退职人员 指正式办理了离休、退休、退职手续，并享受相应的离休、退休、退职待遇的人员。

国有单位职工 指在国有经济单位及其附属机构工作，并由其支付工资的各类人员。

城镇集体单位职工 指在城镇集体经济单位及其管理部门工作，并由其支付工资的各类人员。

其他单位职工 指在联营经济、股份制经济、外商投资经济、港、澳、台投资经济单位工作，并由其支付工资的各类人员。

在岗职工 指在本单位工作并由单位支付工资的人员，以及有工作岗位，但由于学习、病伤产假等原因暂未工作，仍由单位支付工资的人员。

在岗职工工资总额 指各单位在一定时期内直接支付给本单位全部职工的劳动报酬总额。工资总额的计算原则应以直接支付给职工的全部劳动报酬为根据。各单位支付给职工的劳动报酬以及其他根据有关规定支付的工资，不论是计入成本的还是不计入成本的，不论是按国家规定列入计征奖金税项目的，还是未列入计征奖金税项目的，不论是以货币形式支付的还是以实物形式支付的，均包括在工资总额内。

奖金 指支付给职工的超额劳动报酬和增收节支的劳动报酬。

津贴和补贴 指为了补偿职工特殊或额外的劳动消耗和因其他特殊原因支付给职工的津贴，以及为了保证职工工资水平不受物价影响支付给职工的物价补贴。

在岗职工平均工资 指企业、事业、机关单位的职工在一定时期内平均每人所得的货币工资额。它表明一定时期职工工资收入的高低程度，是反映职工工资水平的主要指标。计算公式为：职工平均工资＝报告期实际支付的全部职工工资总额／报告期全部职工平均人数

职工平均工资指数 指报告期职工平均工资与基期职工平均工资的比率，是反映不同时期职工货币工资水平变动情况的相对数。计算公式为：职工平均工资指数＝报告期职工平均工资／基期职工平均工资

职工平均实际工资指数 职工平均实际工资指扣除物价变动因素后的职工平均工资。职工平均实际工资指数是反映实际工资变动情况的相对数，表明职工实际工资水平提高或降低的程度。计算公式为：职工平均实际工资指数＝报告期职工平均工资指数／报告期城镇居民消费价格指数×100%

保险福利费用 指企业、事业、机关单位在工资以外实际支付给职工和离休、退休、退职人员个人以及用于集体的劳动保险和福利费用。

（1）职工保险福利费用具体包括：

①**医疗卫生费** 指实行公费医疗企业的职工及其供养的直系亲属的医疗费、医务经费、职工因工负伤就医路费以及住院伙食补助费等；卫生部门开支的事业及机关单位职工的公费医疗经费；未参加公费医疗的企业、事业和机关单位职工的医药费。

②**丧葬抚恤救济费** 指职工死亡的丧葬费、丧葬补助费和所遗供养直系亲属的抚恤费、救济费、生活补助费以及职工供养直系亲属死亡时的丧葬补助等。

③**生活困难补助** 指对生活困难的职工实际支付的定期补助和临时性补助。

④**文体宣传费** 指企业、事业和机关单位实际支付的文体宣传费。不包括学习费。

⑤**集体福利事业补贴费** 指对职工浴室、理发室、洗衣房、哺乳室、托儿所等集体福利设施各项支出与收入相抵后的差额补助费。

⑥**集体福利设施费** 指按照国家规定开支的集体福利设施费用。如职工食堂炊事用具的购置费、修理费、职工宿舍的修缮费用。不包括由企业、事业、机关单位自筹经费开支的职工福利设施的基本建设费用。

⑦**计划生育补贴** 指发给职工独生子女的补贴费和保健费。

⑧**其他** 指上述费用以外，单位支付给职工的保险福利费。

（2）离休、退休、退职人员保险福利费用具体包括:

①**离休金** 指发给离休人员的工资和按1982 年国务院发布的“关于老干部离职休养制度的几项规定”发给符合规定的离休干部相当于1-2 个月标准工资的生活补贴和国务院〔1989〕82、83 号文件规定提高退职人员的待遇所增加的费用及糖油价格补贴等。

②**退休金** 指按照国家有关规定发给退休人员的退休费和国务院〔1989〕82、83 号文件规定提高离休人员的待遇所增加的费用及糖油价格补贴等。

③**退职生活费** 指按照1978 年国务院《关于工人退休、退职的暂行办法》规定定期发给退职人员的生活费用和国务院〔1989〕82、83 号文件规定提高离休人员的待遇所增加的费用及糖油价格补贴等。

④**医疗卫生费** 指离休、退休、退职人员的医疗费、住院费以及住院伙食补助等费用。

⑤**护理费** 指因工致残、饮食起居需人扶助的离休、退休人员的护理费以及因病不能自理的离休人员的护理费。

⑥**生活补贴** 指按照1985 年国务院《关于发给离休退休人员生活补贴费的通知》规定，发给离休、退休人员的生活补贴费。

⑦**交通费补贴** 指按月发给离休人员的交通费补贴。

⑧**丧葬抚恤救济费** 指离休、退休、退职人员死亡的丧葬费、丧葬补助费和所遗供养直系亲属的抚恤费、救济费、生活补助费以及供养直系亲属死亡时的丧葬补助费等。

⑨**其他** 包括易地安置的离休、退休、退职人员的安家补助费;离休、退休、退职人员的生活困难补助费、书报费、洗理费、副食品价格补贴、房租价格补贴、水电补贴、少数民族补贴以及老干部活动经费开支的旅游费用等。

固定资产投资

INVESTMENT IN FIXED ASSETS

6-1 固定资产投资

Total Investment in Fixed Assets

单位：万元

指　　标	2008 年	2009 年	2010 年	2011 年	2012 年	2013 年
固定资产投资额	14153292	16553668	19874361	19343389	21860756	26383337
按管理渠道分						
城镇集体以上投资	9920908	11813551	12979273	13059328	14005706	18189147
房地产开发投资	2741166	3325576	4845029	5271575	6633153	7211744
农村投资	1491218	1414541	2050059	1012486	1221898	982446
按经济类型分						
国有经济	5203564	6271086	6703079	7334983	6595774	8770551
集体经济	2080300	2056015	2494164	1802483	1920132	2165782
联营经济	9500	2500			195897	100213
股份制经济	3628100	4122050	5449652	5682038	1234405	1448535
外商投资经济	399168	342484	566412	408736	466383	336618
港澳台投资经济	353568	617868	431658	586347	634574	546675
个体经济	2125546	2583191	3559739	2956158	3318099	30342
其他经济	353546	558474	669657	572644	1169661	2044857
按投资用途分						
第一产业	553248	608114	680779	486482	624114	982446
第二产业	4543234	5544985	6772774	6073178	7337047	9078831
#工　业	4342068	5418334	6673469	5767374	7018465	8060463
第三产业	9056810	10400569	12420808	12783729	13899596	16322060
投资资金来源						
国家资金	607437	676599	776451	1317777	1693582	1302138
国内贷款	1508117	2521028	2467662	1579846	517431	2173131
利用外资	168543	232454	199589	68300	226374	262823
自筹资金	11022340	12449940	15555254	14843051	16405182	19166006
其他资金	1500570	2399600	3354498	3469710	4139026	5741361

注：自 2011 年起固定资产投资统计口径由 50 万元调整为 500 万元。

6-2 固定资产投资分类（2013年）

Investment in Fixed Assets（2013）

指　　标	合　计	城镇及以上单位	农村投资	房地产开发投资
本年完成投资额（万元）	26383337	17529257	1642336	7211744
按构成分				
建筑工程	16846979	10935996	1136356	4774627
安装工程	2152499	1249712	174394	728393
设备、工器具购置	4508058	4246431	186498	75129
其他费用	2875801	1097118	145088	1633595
按工程用途分				
农林牧渔业	982446	547282	435164	
工业、建筑业	9618831	9070734	548097	
房地产业	9946539	2369038	365757	7211744
其　他	5835521	5542203	293318	
按单位登记注册类型分				
内　资	25469703	17077808	1615752	6776143
国　有	7601519	5707460	210027	1684032
集　体	2165782	1740716	425066	
股份合作	71262	61892	9370	
联营	100213	13563	6252	80398
国有联营	80398	0	0	80398
集体联营	6000	6000	0	
有限责任公司	7235752	3505153	111196	3619403
国有独资公司	150325	49169	0	101156
其他有限责任公司	7085427	3455984	111196	3518247
股份有限公司	1448535	1026890	128216	293429
私营	4801783	3385747	379173	1036863
其它内资	2044857	1636387	346452	62018
港澳台投资	546675	182946	5382	358347
港澳台商合资经营	249606	89232	5382	154992
港澳台商合作经营	7000	3000	0	4000
港澳台商独资	263914	64559	0	199355
港澳台股份有限公司	26155	26155	0	
外商投资	336617	259363	0	77254
外商合资经营	66865	55762	0	11103

6-2 续

指　　标	合　计	城镇及以上单位	农村投资	房地产开发投资
外商合作经营	69567	14915	0	54652
外商独资	171426	159927	0	11499
外商股份有限公司	28759	28759	0	
个体经营	30342	9140	21202	
按建设性质分				
新　建	7928199	6923317	1004882	
扩　建	5921047	5527880	393167	
改建和技术改造	3643740	3416277	227463	
按国民经济行业分				
农、林、牧、渔业	982446	547282	435164	
采矿业	72963	52158	20805	
制造业	8399257	7958393	440864	
电力、热力、燃气及水生产和供应业	522543	459337	63206	
建筑业	624068	600846	23222	
批发和零售业	452187	436206	15981	
交通运输、仓储和邮政业	1143007	1059460	83547	
住宿和餐饮业	201201	201201	0	
信息传输、软件和信息技术服务业	225711	225711	0	
金融业	51660	50569	1091	
房地产业	9946539	2369038	365757	7211744
租赁和商务服务业	276271	267957	8314	
科学研究和技术服务业	249865	249200	665	
水利、环境和公共设施管理业	1213846	1085586	128260	
居民服务、修理和其他服务业	533575	517602	15973	
教育	632552	606258	26294	
卫生和社会工作	210625	209305	1320	
文化、体育和娱乐业	296929	294729	2200	
公共管理、社会保障和社会组织	348092	338419	9673	
新增固定资产（万元）	16985894	12551466	1378516	3055912
施工项目个数（个）	2810	2416	394	
#新开工	2212	1868	344	
竣工项目个数（个）	2102	1771	331	
施工房屋面积（万平方米）	7572	2598	167	4807
#住　宅	3565	262	58	3246
竣工房屋面积（万平方米）	1705	829	71	805
#住　宅	651	38	0	614

6-3 市区固定资产投资主要指标（2013年）

Main Indicators of Urban Investment（2013）

指　　标	市辖区	城镇及以上单位	农村投资	房地产开发投资
本年完成投资(万元)	15526883	8916371	401102	6209410
按构成分				
建筑工程	9962487	5588952	332030	4041505
安装工程	1351763	690249	32430	629084
设备、工器具购置	2284867	2209358	14468	61041
其他费用	1927766	427812	22174	1477780
按国民经济行业分				
农、林、牧、渔业	427898	298352	129546	
采矿业	16140	11190	4950	
制造业	4041462	4010233	31229	
电力、热力、燃气及水生产和供应业	300877	280977	19900	
建筑业	39672	38622	1050	
批发和零售业	345810	345110	700	
交通运输、仓储和邮政业	410005	347388	62617	
住宿和餐饮业	167391	167391	0	
信息传输、软件和信息技术服务业	224718	224718	0	
金融业	49673	49673	0	
房地产业	7552252	1278722	64120	6209410
租赁和商务服务业	6330234	117474	3350	
科学研究和技术服务业	208515	208515	0	
水利、环境和公共设施管理业	684805	612945	71860	
居民服务、修理和其他服务业	27595	19095	8500	
教育	353002	350222	2780	
卫生和社会工作	152616	152616	0	
文化、体育和娱乐业	130908	130908	0	
公共管理、社会保障和社会组织	272720	272220	500	
本年新增固定资产（万元）	8936156	6096658	273843	2565655
施工项目（个）	1456	1346	110	
#本年新开工项目	1040	956	84	
本年建成投产项目	1015	934	81	
房屋施工面积(平方米)	53436431	12421679	718640	40296112
#住　宅	28948986	2165201	570060	26213725
房屋竣工面积(平方米)	12408040	5888750	68480	6450810
#住　宅	5075182	376087	0	4699095

6-4 固定资产投资资金来源（2013年）

Investment by Source of Funds （2013）

单位：万元

指 标	合 计	城镇及以上单位	农村投资	房地产开发投资
本年资金来源合计	31351404	17782204	1604086	11965114
上年末结余资金	2704445	377079	10108	2317258
本年资金来源小计	28646959	17405125	1593978	9647856
国家预算资金	1302138	1231363	70775	
其中：央预算资金	4265	3417	848	
国内贷款	2173131	803120	29874	1340137
债券	1500	1500	0	
利用外资	262823	103515	0	159308
其中：外商直接投资	197491	38183	0	159308
自筹资金	19166006	14815032	1377301	2973673
其中：企、事业单位自有资金	5812530	4002534	426952	1383044
其中：股东投入资金	2828	1113	1715	
其他资金来源	5741361	450595	116028	5174738

6-5 新增主要生产能力和效益（2013年）

Newly Increased Production Capacity and Administrative（2013）

项目	单位	新增生产能力
特殊钢项目	万吨/年	8
银鹏建筑扩建厂房	万吨/年	0.35
新增2条中空玻璃生产项目	万重量箱/年	210
新建年产3000吨甲壳素肥料项目	吨/年	3000
缓控释肥生产项目	吨/年	500
新建彩丽涂料厂	吨/年	1500
爱特佳新上防水涂料车间	吨/年	1200
万家材料厂扩建	吨/年	500
超浩日用品公司扩建	吨/年	300
纺织化纤工业园建设项目	吨/年	1800
技改及扩建项目	锭	20000
联谊纺织项目	锭	20000
灌装厂生产项目	万吨/年	0.9
通村油路建设项目	公里	45
刘长山路西延长线工程（市中段）	公里	0.6
新市镇150公里柏油路整修工程	公里	150
104国道提升	公里	12
刘长山路建设	公里	8
刘长山路西延长线工程（市中段）	公里	0.6
104国道提升	公里	12
刘长山路建设	公里	8
二期风力发电项目建设	万千瓦	9700

6-6 历年房地产开发建设情况

Basic Situations of Real Estate Development in Major Years

指　　标	单 位	2008 年	2009 年	2010 年	2011 年	2012 年	2013 年
计划总投资	万元	15027272	15989894	24194322	28739458	35839876	40958297
本年完成投资	万元	2741166	3325576	4845029	5271555	6633152	7211744
土地开发投资	万元	186195	29746	57901			
按构成分							
建筑工程	万元	1333332	1806020	2502001	3526223	3973188	4774627
安装工程	万元	109410	152513	171307	321614	664914	728393
设备、工器具购置	万元	19422	62291	41891	72053	48749	75129
其他费用	万元	1279002	1304752	2129830	1351665	1946301	1633595
#旧建筑物购置费	万元	35016	32370	12984	24266	2053	37192
土地购置	万元	971399	959182	1598361	1084153	1620182	1134128
按工程用途分							
住　宅	万元	2226497	2555230	3645583	4023431	4447006	5135293
#安居工程	万元	31919	937	100			
办公楼	万元	82122	137757	199630	258259	552686	560175
商业营业用房	万元	337394	497079	568475	564753	714377	742425
其　他	万元	95153	135510	431341	425112	919083	773851
本年新增固定资产	万元	590688	1508494	887182	2279902	1649602	3055912
待开发土地面积	万平方米	184.10	119.34	120.19	158.64	205.17	250.54
本年购置土地面积	万平方米	233.56	128.14	531.98	199.34	272.72	217.71
房屋施工面积	万平方米	1616.94	2131.75	2363.53	3499.28	3815.50	4806.99
房屋竣工面积	万平方米	249.90	467.22	245.75	553.51	492.25	805.02
竣工房屋价值	万元	494899	1478039	749212	1887061	1184728	2058306
竣工住宅	套	19692	31377	19300	39928	30589	53075

6-7 历年房地产开发公司经营情况

Real Estate Development and Managment in Major Years

指　　标	单　位	2008 年	2009 年	2010 年	2011 年	2012 年	2013 年
开发公司家数	家	555	565	582	468	477	494
职工年平均人数	人	17025	17924	18338			
企业资本金	万元	2316296	2247506	3166586	5451271	4782092	54906008
资产与负债							
资产总计	万元	11345764	14641055	19182580	34266298	32094577	405384253
负债总计	万元	8462023	11644785	15000223	25913875	25865804	326468956
所有者权益	万元	2883741	2996270	4182357	8352423	6228773	78915297
损益情况							
经营收入	万元	2123068	2649334	3658302	3776161	4276447	65839344
土地转让收入	万元	6958	55875	30376	115313	7005	81650
商品房销售收入	万元	2019615	2522151	3550739	3511313	3966112	63030345
房屋出租收入	万元	7094		5240	95836	47703	679309
其他收入	万元	89401	71308	71947	53699	255627	2048040
经营成本	万元	1494795	1955681	2660777	2658621	2966442	48311430
经营税金及附加	万元	142607	166888	248618	334344	377381	5558331
利润总额	万元	258621	287693	462395	371300	431899	7079660
房屋销售与出租							
本年实际销售房屋面积	平方米	3711606	4410629	5314886	5940632	6579929	8201657
#住　宅	平方米	3300406	4043052	4773087	5367883	5583496	7028475
本年房屋实际销售额	万元	1551066	2159821	3326418	3985934	4501017	5875180
#住　宅	万元	1371164	1936555	2911373	3583710	3718378	4937873
待售房屋面积	平方米	504484	646998	503730	674094	760852	1014400
#住　宅	平方米	419799	423038	272161	364737	483329	614943
出租房屋面积	平方米	85568	31914	31204	87450	164528	137775
#住　宅	平方米	58991	2000				

6-8 房地产开发公司经营情况（2013年）

Real Estate Development and Management（2013）

指　　标	单　位	合　计	内资企业	#国　有	外资企业	#港澳台商
开发公司家数	家	494	457	46	37	27
按资质分						
#一级资质	家	13	13	7	0	0
二级资质	家	44	40	7	4	3
三级资质	家	120	112	13	8	5
四级资质	家	47	44	4	3	2
企业资本金	万元	54906008	44244302	11511423	10661706	9863359
资产与负债						
资产总计	万元	405384253	372467816	106552921	32916437	28878953
负债总计	万元	326468956	305642127	79876801	20826829	17718942
所有者权益	万元	78915297	66825689	26676120	12089608	11160011
损益情况						
经营收入	万元	65839344	59909040	11192636	5930304	4216947
土地转让收入	万元	81650	81650	9171	0	0
商品房销售收入	万元	63030345	57545647	9632648	5484698	3800231
房屋出租收入	万元	679309	393644	41701	285665	278557
其他收入	万元	2048040	1888099	1509116	159941	138159
经营成本	万元	48311430	44232498	9136510	4078932	2878252
经营税金及附加	万元	5558331	4971588	742596	586743	397292
利润总额	万元	7079660	6333842	980442	745818	533761

主要统计指标解释

Explanatory Notes on Main Statistical Indicators

固定资产投资额　是以货币表现的建造和购置固定资产活动的工作量，它是反映固定资产投资规模、速度、比例关系和使用方向的综合性指标。全社会固定资产投资按经济类型可分为国有、集体、个体、联营、股份制、外商、港澳台商、其他等。按照管理渠道，全社会固定资产投资总额分为基本建设、更新改造、房地产开发投资和其他固定资产投资四个部分。

房地产开发投资　指房地产开发公司、商品房建设公司及其他房地产开发法人单位和附属于其他法人单位实际从事房地产开发或经营的活动单位统一开发的包括统代建、拆迁还建的住宅、厂房、仓库、饭店、宾馆、度假村、写字楼、办公楼等房屋建筑物和配套的服务设施，土地开发工程（如道路、给水、排水、供电、供热、通讯、平整场地等基础设施工程）的投资；不包括单纯的土地交易活动。

城镇和工矿区私人建房投资和农村个人投资　城镇和工矿区私人建房包括市、县城、镇、工矿区所辖范围内的全部私人建房，不论其房主是否系本地的常住户口均应包括。农村个人投资包括农村个人建房及购置生产性固定资产的投资。

固定资产投资的资金来源　根据固定资产投资的资金来源不同，分为国家预算内资金、国内贷款、利用外资、自筹资金和其他资金来源。

（1）国家预算内资金：指中央财政和地方财政中由国家统筹安排的基本建设拨款和更新改造拨款，以及中央财政安排的专项拨款中用于基本建设的资金和基本建设拨款改贷款的资金等。

（2）国内贷款：指报告期内企、事业单位向银行及非银行金融机构借入的用于固定资产投资的各种国内借款。包括银行利用自有资金及吸收的存款发放的贷款、上级主管部门拨入的国内贷款、国家专项贷款（包括煤代油贷款、劳改煤矿专项贷款等）、地方财政专项资金安排的贷款、国内储备贷款、周转贷款等。

（3）利用外资：指报告期内收到的用于固定资产投资的国外资金，包括统借统还、自借自还的国外贷款，中外合资项目中的外资，以及对外发行债券和股票等。国家统借统还的外资指由我国政府出面同外国政府、团体或金融组织签订贷款协议、并负责偿还本息的国外贷款。

（4）自筹资金：指建设单位报告期内收到的，用于进行固定资产投资的上级主管部门、地方和企、事业单位自筹资金。

（5）其他资金来源：指报告期内收到的除以上各种拨款、固定资产投资按国民经济行业分。

建设项目归哪个行业，按其建成投产后的主要产品或主要用途及社会经济活动性质来确定。基本建设按建设项目划分国民经济行业，更新改造、国有单位其他固定资产投资及城镇集体投资根据整个企业、事业单位所属的行业来划分。一般情况下，一个建设项目或一个企业、事业单位只能属于一种国民经济行业。为了更准确地反映国民经济各行业之间的比例关系，联合企业（总厂）所属分厂属于不同行业的，原则上按分厂划分行业。

固定资产投资按建设性质分　建设项目的性质一般分为新建、扩建、改建、迁建、恢复。基本建设按建设项目划分建设性质，更新改造、国有单位其他固定资产投资及城镇集体投资等按整个企业、事业单位的建设情况确定建设性质，房地产开发单位、农村投资、城镇工矿区私人建房等投资不划分建设性质。

（1）新建：一般是指从无到有、“平地起家”新开始建设的单位。有的单位原有的基础很小，经过建设后其新增加的固定资产价值超过原有固定资产价值（原值）三倍以上的也算新建。

（2）扩建：一般是指为扩大原有产品的生产能力，在厂内或其他地点增建主要生产车间（或主要工程）、独立的生产线或分厂的企业；事业单位和行政单位在原单位增建业务用房（如学校增建教学用房、医院增建门诊部或病床用房、行政机关增建办公楼等）也作为扩建。

（3）改建：一般是指现有企业、事业单位为了技术进步，提高产品质量，增加花色品种，促进产品升级换代，降低消耗和成本，加强资源综合利用和三废治理、劳保安全等，采用新技术、新工艺、新设备、新材料等对现有设施、工艺条件进行技术改造或更新（包括相应配套的辅助性生产、生活福利设施）。有的企业为充分发挥现有生产能力，进行填平补齐而增建不增加本单位主要产品生产能力的车间等，也属于改建。

固定资产投资按构成分　固定资产投资活动按其工作内容和实现方式分为建筑安装工程，设备、工具、器具购置，其他费用三个部分。

（1）建筑安装工程（建筑安装工作量）：指各种房屋、建筑物的建造工程和各种设备、装置的安装工程。包括各种房屋建造工程，各种用途设备基础和各种工业窑炉的砌筑工程；为施工而进行的各种准备工作和临时工程以及完工后的清理工作等；铁路、道路的铺设，矿井的开凿及石油管道的架设等；水利工程；防空地下建筑等特殊工程；以及各种机械设备的安装工程；为测定安装工程质量，对设备进行的试运工作。在安装工程中，不包括被安装设备本身的价值。

（2）设备、工具、器具购置：指购置或自制达到固定资产标准的设备、工具、器具的价值，固定资产的标准按财务部门规定。新建单位、扩建单位的新建车间按照设计和计划要求购置或自制的全部设备、工具、器具，不论是否达到固定资产标准均计入“设备、工具、器具购置”中。

（3）其他费用：指在固定资产建造和购置过程中发生的，除建筑安装工程和设备、工具、器具购置以外的各种应摊入固定资产的费用。

施工项目 指报告期内曾进行建筑或安装工程施工活动的建设项目，包括报告期内新开工项目、报告期以前开工跨入报告期继续施工的项目以及报告期施过工并在报告期内全部建成投产或停缓建的项目。

全部建成投产项目 工业项目是指设计文件规定形成生产能力的主体工程及其相应配套的辅助设施全部建成，经负荷试运转，证明具备生产设计规定合格产品的条件，并经过验收鉴定合格或达到竣工验收标准，与生产性工程配套的生活福利设施可以满足近期正常生产的需要，正式移交生产的建设项目。非工业项目是指设计文件规定的主体工程和相应的配套工程全部建成，能够发挥设计规定的全部效益，经验收鉴定合格或达到竣工验收标准，正式移交使用的建设项目。

新增生产能力 指通过固定资产投资活动而增加的设计能力或工程效益，它是用实物形态表示的固定资产投资的成果。新增生产能力的计算，是以能独立发挥生产能力或工程效益的单项工程（或项目）为对象。当单项工程（或项目）建成，经有关部门鉴定合格，正式移交投入生产，即可计算新增生产能力。新增生产能力或工程效益有以下几种表现形式：

（1）以建设项目或单项工程建成后的年产能力表示，如煤炭开采、石油开采等。

（2）以建设项目或单项工程建成后处理原料的能力表示，如选矿工程的年处理矿石能力、洗煤厂年洗原煤能力等。

（3）以新增的主要设备数量或容量表示，如棉纺锭锭数、发电机组容量等。

（4）以建筑物容积、容量、面积或长度表示，如水库容量、铁路公路里程等。

新增生产能力的数量一般按设计能力计算。设计能力是指设计文件中规定的在正常情况下能够达到的生产能力，而不论投产后的实际产量如何。以设备数量、建筑物容积、面积、长度等表示的新增生产能力或工程效益，则按建成的实际数量计算。

房屋建筑面积 指从房屋外墙线算起的各层平面面积的总和，包括可供使用的有效面积和房屋结构（如柱、墙）占用的面积。多层建筑按各层（包括地下室）面积总和计算。

住宅建筑面积 指施工和竣工房屋建筑面积中供居住用的施工和竣工房屋建筑面积。

施工面积 指报告期内施工的全部房屋建筑面积。包括本期新开工的面积、上期跨入本期继续施工的房屋面积、上期停缓建在本期恢复施工的房屋面积、本期竣工的房屋面积及本期施工后又停缓建的房屋面积。

竣工面积 指在报告期内房屋建筑按照设计要求已全部完工，达到住人和使用条件，经验收鉴定合格，正式移交使用单位的建筑面积。

房屋建筑面积竣工率 指一定时期内房屋竣工面积占同期房屋施工面积的比率。它是从房屋建筑施工速度的角度反映投资效果和建筑业经济效益的指标。

新增固定资产 指通过投资活动所形成的新的固定资产价值，包括已经建成投入生产或交付使用的工程价值和达到固定资产标准的设备、工具、器具的价值及有关应摊入的费用。它是以价值形式表示的固定资产投资成果的综合性指标，可以综合反映不同时期、不同部门、不同地区的固定资产投资成果。

建设项目投产率 指一定时期内全部建成投入生产项目个数与同期正式施工项目个数的比率。它是从项目建设速度的角度反映投资效果的指标。

固定资产交付使用率 指一定时期新增固定资产与同期完成投资额的比率。它是反映各个时期固定资产动用速度，衡量建设过程中投资效果的一个综合性指标。

未完工程占用率 指年末未完工程累计完成投资额占全年实际完成投资额的比率。它反映未完工程的相对规模，并可从资金占用的角度反映固定资产投资效果。由于未完工程是指已经开工，但尚未建成交付使用的工程，有跨年度问题，因此未完工程占用率会出现大于1 的情况。

房地产开发本年完成投资 是指从本年1 月1 日起至本年最后一天止完成的全部用于房屋建设工程和土地开发工程的投资额。“本年完成投资”包括土地购置费和公益性建筑等的投资。

土地购置和开发情况

（1）待开发土地面积:指经有关部门批准，通过各种方式获得土地使用权，但尚未进行开发的土地面积。

（2）本年购置土地面积:是指在本年内通过各种方式获得土地使用权的土地面积。

商品房屋销售与出租情况

（1）实际销售面积:是指报告期内正式交付给购房者的房屋面积。

不包括已签订预售合同正在建设的商品房屋面积。

（2）待售面积:是指报告期末已竣工的商品房屋建筑面积中，尚未销售或出租的部分，包括以前年度竣工和本期竣工可供出售或出租而未售出或租出的房屋面积。

（3）出租面积:是指在报告期期末房屋开发单位出租的商品房屋的全部面积。

（4）实际销售额:指报告期内售出房屋的收入（即双方签署正式买卖合同所拟定的总价）。该指标与实际销售面积同口径，包括正式交付的商品房屋在建设前期预收入的定金、预收的款项及结算尾款和拖欠款;不包括未交付的商品房所预收入的款项。收取的外汇按当时外汇调节市场价折算在其中。如果商品房屋是跨年完成的，应包括以前年度所收的定金及预收款。

7

城市公用事业和环境保护

URBAN PUBLIC UNILITIES AND ENVIRONMENTAL PROTECTION

7-1　城市道路与公共交通

Basic Statistics on Muncipal Engineering and Public Transportation

指　　标	2008 年	2009 年	2010 年	2011 年	2012 年	2013 年
城市道路						
道路长度(公里)	3666	4627	4921	5067	5126	5222
道路面积(万平方米)	5554	6461	6940	7458	8337	8572
城市桥梁(座)	855	855	850	832	832	836
#立交桥	77	80	80	81	81	81
路灯(盏)	93790	122998	129033	135368	151021	152361
人均拥有道路面积(平方米)	16.33	18.87	20.59	21.98	23.73	23.87
公共交通						
年末营运车辆(辆)	13280	13217	13106	13394	13861	13840
公共汽车	4384	4231	4239	4375	4701	4820
无轨电车	146	140	140	140	140	140
出租汽车	8750	8986	8867	9019	9020	9020
乘客人数(万人次)	74565	99095	108072	108320	107766	104457

7-2 水、电、气、热供应情况

Basic Statistics on Water、Electricity、Gas and Heating in Cities

指　　标	单　位	2008 年	2009 年	2010 年	2011 年	2012 年	2013 年
自来水							
年末水厂生产能力	万吨/日	184	190	190	194.59	199.24	201.74
年末管线长度	公里	2371	2797	3472	3847	4055	4094
全年供水量	万吨	27420	25380	23529	29376	30677	30357
人均日生活用水	升	126.8	131.4	114.1	141.3	136.6	137.3
城市人口用水普及率	%	100.0	100.0	100.0	100.0	100.0	98.64
用电量							
全社会用电量	万千瓦时	2025031	2177892	2450343	2565727	2535709	2582682
工　业	万千瓦时	1328982	1403642	1573200	1619051	1488648	1490436
城乡居民生活用电	万千瓦时	337533	362980	406959	407128	444176	483401
液化石油气和管道煤气							
液化石油气全年供气量	吨	57721	88769	38161	50374	59187	52569
#生活用	吨	56641	47181	14044	35584	35441	32310
居民用气人口	万人	109.8	113.6	86.4	88.4	91.2	82.88
天然气供气量	万立方米	28941	30874	27647	36791	44092	54726
生产用	万立方米	25098	26101	20429	29482	33104	42454
生活用	万立方米	3843	4773	7218	3727	10988	12272
居民用气人口	万人	172	169	193	198	217	258
管道煤气供气量	万立方米	4260	4765	5294	4658	4300	3000
生产用	万立方米	1747	2178	2395	2070	1720	900
生活用	万立方米	2513	2587	2899	2588	2580	2100
居民用气人口	万人	40.0	41.6	42.2	37.1	30.25	7.00
用气普及率	%	94.9	94.7	95.5	95.3	96.4	96.81
集中供热							
管道长度	公里	1460	1657	1723	1949	1935	2334
供热面积	万平方米	5516	6274	7081	7629	9374	10172

7-3 环境状况及污染治理情况

Basic Statistics on Environment and Treatment of Pollution

指　　标	单 位	2008 年	2009 年	2010 年	2011 年	2012 年	2013 年
环境质量状况							
环境空气细颗粒物（$PM_{2.5}$)浓度年均值	mg / m3						0.108
环境空气二氧化硫浓度年均值	mg / m3	0.052	0.05	0.045	0.050	0.082	0.093
环境空气二氧化氮浓度年均值	mg / m3	0.022	0.025	0.027	0.036	0.049	0.059
环境空气可吸入颗粒物(PM_{10})浓度年均值	mg / m3	0.126	0.123	0.117	0.103	0.154	0.191
集中式饮用水源地水质达标率	%	100.00	100.00	100.00	100.00	100.00	100.00
区域环境噪声昼间平均等效声级	分贝	53.00	54.10	54.10	53.80	52.00	52.50
道路交通噪声平均等效声级	分贝	69.80	69.10	69.60	69.20	52.00	69.30
污染物排放情况							
废水排放总量	万吨	24244	24975	28567	29794	33338	38402
其中：工业废水排放量	万吨	4749	5014	5594	6396	6653	8596
化学需氧量排放量	吨	51941	49279	47353	120765	115807	108889
其中：工业化学需氧量排放量	吨	5854	7005	8816	5614	5497	5413
氨氮排放量	吨	6882	6264	4779	10211	9613	8482
其中：工业氨氮排放量	吨	545	320	428	413	373	380
二氧化硫排放量	吨	83999	82670	81601	120633	114520	107265
其中：工业二氧化硫排放量	吨	68412	65944	70296	109299	103187	81118
氮氧化物排放量	吨				116832	112700	104265
其中：工业氮氧化物排放量	吨				83022	81261	72969
机动车氮氧化物排放量	吨				30112	27741	27571
烟（粉）尘排放量	吨				115658	62825	58250
其中：工业烟（粉）尘排放量	吨				103915	51609	47117
污染治理情况							
工业重复用水率	%	96.92	96.50	96.06	95.11	95.18	95.43
工业烟（粉）尘去除率	%				97.82	98.90	98.87
工业固体废物处置利用率	%	95.20	94.50	97.81	99.68	99.83	99.94

注：根据国家环保部 2012 年制订新的环境质量指数规定，2013 年开始监测并公布新的环境质量指标，所以部分指标没有历史数据。

7-4 城市园林绿化、环境卫生及其他

Basic Statistics on Parks、Gardens、Green Areas and Urban Sanitation in Cities

指标	单位	2008年	2009年	2010年	2011年	2012年	2013年
园林绿化							
年末园林绿地面积	公顷	12827	13677	14588	14864	15556	16226
#公园面积	万平方米	2141	2293	2455	2861	2906	2923
人均公园绿地面积	平方米/人	10.8	10.8	11.3	10.9	11.16	11.27
建成区绿化覆盖率	%	35.6	35.9	36.9	37.1	38.21	39.03
城市卫生							
污水集中处理率	%	69.27	78.21	89.60	86.55	89.83	90.21
清扫街道面积	万平方米	3897	4373	4491			
清运垃圾	万吨	126	133	115	113	121	123
清运粪便	万吨	27.2	27.3	27.8	42.6	47.8	63.8
公共厕所	座	625	652	586	643	731	1006
城市维护费收支							
维护费收入	万元	1331477	1315981	1148528	1112214	1148757	1574821
维护费支出	万元	1312128	1313811	1162707	1074226	1150366	1597865
维护支出	万元	462261	348870	218868	253068	245494	
固定资产投资支出	万元	629094	760175	855544	639450	698905	
其他	万元	220089	204766	88295	181708	205967	

注：自2013年起，城市维护费支出分项发生调整。

主要统计指标解释

Explanatory Notes on Main Statistical Indicators

年末自来水生产能力 指年底城建部门管理的自来水厂和自备水源的社会单位取水、净化、送水、出厂输水干管等环节的实际生产能力。

年末供水管道长度 指从送水泵到用户水表之间所有管道的长度。

全年供水总量 指公用自来水厂和自备水源的社会单位全年的供水总量，包括有效供水量及损失水量。

生活用水量 指居民日常生活与公共福利设施的用水量，包括居民、饮食店、旅馆、医院、理发店、浴池、洗衣店、游泳池、商店、学校、机关、部队等单位的用水量。

城市人口用水普及率 指城市用水的非农业人口数(不包括临时人口和流动人口)与城市非农业人口总数之比。计算公式为：

用水普及率＝城市用水的非农业人口数／城市非农业人口数×100%

人工煤气生产能力 指城市煤气厂制气、净化、输送等环节的综合实际生产能力。

输气管道长度 指由压缩机、鼓风机、储气罐的出口到用户煤气表之间的全部管道长度。

全年供气总量 指全年售给各类用户的全部煤气量，包括工业用量、家庭用量和其他用量。

城市用气普及率 指使用煤气(包括人工煤气、液化石油气、天然气)的城市非农业人口数(不包括临时人口和流动口)与城市非农业人口总数之比。计算公式为：

城市煤气普及率＝城市用气的非农业人口数／城市非农业人口总数×100%

城市供热能力 指热电厂、热力公司和达到标准的集中采暖锅炉房向城市输送的供热源的设计能力，即每小时向城市输送蒸汽、热水的能力。

城市供热总量 指热电厂、热力公司和达到标准的集中采暖锅炉房向城市输送的全部蒸汽、热水量。

城市供热管道长度 指热电厂、热力公司和达到标准的集中采暖锅炉房管理的集中供热热源到用户之间的全部供气、供热水的管道长度。

年底实有铺装道路长度 指除土路外，路面经过铺装宽度在3.5 米以上的道路，包括高级、次高级道路和普通道路。

城市桥梁 指城市范围内，修建在河道上的桥梁和道路与道路立交、道路跨越铁路的立交桥及人行天桥。包括永久性桥和半永久性桥，不包括临时性桥、铁路桥、涵洞。

城市下水道总长度 指所有排水总管、干管、支管及暗渠、检查井、连接井进出水口等长度之和。

城市污水日处理能力 指污水处理厂每昼夜处理污水量的设计能力。

年末实有公共汽(电)车 指年底可参加营运的全部车辆数，包括营运车辆数和库存查封未参加营运的车辆。不包括非营运车辆，如架线车、油罐车、工程车、货车及其他专用车辆和借入的客运车辆。

城市园林绿地面积 指城市公共绿地、专用绿地、生产绿地、防护绿地、郊区风景名胜区的全部面积。

公共绿地 指供游览休息的各种公园、动物园、植物园、陵园以及花园、游园和供游览休息用的林荫道绿地、广场绿地，不包括一般栽植的行道树及林荫道的面积。

废气排放总量 指燃料燃烧和生产工艺过程中排放的各种废气总量，以标准状态下每年万标立方米表示。

工业固体废物产生量 指工业企业在生产过程中产生的固体状、半固体状和高浓度液体状废弃物的总量，包括冶炼废渣、粉煤灰、炉渣、煤矸石、化工废渣、尾矿、放射性废渣和其它废渣等;不包括矿山开采的剥离废石和掘进废石（煤矸石和呈酸性或碱性的废石除外）。酸性或碱性废石是指采掘的废石其流经水、雨淋水PH 值小于4 或PH 值大于10.5者。

工业固体废物处置量 指以符合环境保护要求的方式将固体废物放置在不再回取的场所的固体废物量，如填埋、焚烧、经封场处理的专业贮存场（库）、深层灌注、回填矿井等（包括当年处置往年的堆存量）。

二氧化硫年平均值 指城市建成区环境空气中测得的单位体积中的二氧化硫含量，按日计算的年平均值。

总悬浮颗粒物年平均值 指城市建成区环境空气中测得的单位体积中总悬浮颗粒物含量，按日计算的年平均值。

氮氧化物年平均值 指城市建成区环境空气中测得的单位体积中氮氧化物含量，按日计算的年平均值。

饮用水源水质达标率 指市区从城市集中饮用水源地中取得的水，其水质要求达到《生活饮用水卫生标准》的数量占取水总量的百分比。

城市地面水水质达标率 是指城市市区地面水功能区认证点位按各水体功能区划标准监测达标的频次占各认证点位监测总频次的百分比。目前该指标只考核下列四类功能的水体：渔业水体、农田灌溉水体、工业用水和景观娱乐用水。

区域环境噪声平均值 是指城市建成区环境噪声网格监测的等效声级算术平均值。

交通干线噪声平均值 是指城市建成区交通干线各路段监测数据，按其长度加权的等效声级平均值。

工业废水处理量 指报告期内各种水治理设施实际处理的工业废水量，包括处理后外排的和处理后回用的工业废水量。虽经处理但未达到国家或地方排放标准的废水量也应计算在内。计算时，如遇有车间和厂排放口均有治理设施，并对同一废水分级处理时，不应重复计算工业废水处理量。

工业废水处理率 工业废水处理量占需处理的工业废水量的百分率。

工业污染治理投资总额 指在报告期内，企业实际用于治理废水、废气、固体废物、噪声和其他（如电磁波、恶臭等）环境污染的环境治理工程的各种资金来源合计。

工业废水排放量 指经过企业厂区所有排放口排到企业外部的工业废水量。包括生产废水、外排的直接冷却水、超标排放的矿井地下水和与工业废水混排的厂区生活污水，不包括外排的间接冷却水（清污不分流的间接冷却水应计算在内）。

工业废水排放达标量 指各项指标都达到国家或地方排放标准的外排工业废水量，包括未经处理外排达标的和经过处理后外排达标的和两部分。国家排放标准见GB8978-88。

工业废气排放量 指企业厂区内燃料燃烧和生产工艺过程中产生的各种排放空气的含有污染物的气体的总量，以标准状态〔273K，101325Pa〕计。

二氧化硫排放量 指企业在燃料燃烧和生产工艺过程中排放大气的二氧化硫量。

工业烟尘排放量 指企业厂区内的燃料燃烧产生的烟气中夹带的颗粒物的量。

工业粉尘排放量 指企业在生产工艺过程中排放的颗粒物重量。如钢铁企业的耐火材料粉尘、焦化企业的筛焦系统粉尘、烧结机的粉尘、石灰窑的粉尘、建材企业的水泥粉尘等。不包括电厂排放大气的烟尘。

工业固体废物产生量 指企业在生产工艺过程中产生的固体状、半固体状和高浓度液体状废弃物的总量，包括危险废物、冶炼废渣、粉煤灰、炉渣、煤矸石、尾矿、放射性废物和其他废物等;不包括矿山开采的剥离废石和掘进废石（煤矸石和呈酸性或碱性的废石除外）。酸性或碱性废石是指采掘的废石其流经水、雨淋水的pH 值小于4 或pH 值大于10.5者。

危险废物 指列入国家危险废物名录或根据国家规定的危险废物鉴别标准和鉴别方法认定的，具有爆炸性、易燃性、易氧化性、毒性、腐蚀性、易传染疾病等危险特性之一的废物。

工业固体废物综合利用量 指通过回收、加工、循环、交换等方式，从固体废物中提取或者使其转化为可以利用的资源、能源和其他原材料的固体废物量（包括当年利用往年的工业固体废物累计贮存量）。如用作农业肥料、生产建筑材料、筑路等。综合利用量由原产生固体废物的单位统计。

工业固体废物贮存量 指将固体废物焚烧或者最终置于符合环境保护规定要求的场所并不再回取的工业固体废物量（包括当年处置往年的工业固体废物累计贮存量）。处置方法如：填埋（其中危险废物应安全填埋）、焚烧、专业贮存场（库）封场处理、深层灌注、回填矿井等。

工业固体废物排放量 指将所产生的固体废物排到固体废物污染防治设施、场所以外的量。不包括矿山开采的剥离废石和掘进废石（煤矸石和呈酸性或碱性的废石除外）。

“三废”综合利用产品产值 指利用“三废”（废液、废气、废渣）作为主要原料生产的产品产值（现行价），已经销售或准备销售的，应计算产品产值;但留作生产上自用的，不应计算产品产值。

“三废”综合利用产品利润 指利用“三废”（废液、废气、废渣）生产的产品，销售后所得到的利润。

环境污染与破坏事故 指由于违反环境保护法规的经济、社会活动与行为，以及意外因素的影响或不可抗拒的自然灾害等原因，致使环境受到污染，国家重点保护的野生动植物、自然保护区受到破坏，人体健康受到危害，社会经济和人民财产受到损失，造成不良社会影响的突发性事件。

8

财政和金融保险

GOVERNMENT FINANCE BANKING AND INSURANCE

8-1 各时期地方财政收支及指数

Local Government Revenue、Expenditures and Indices of Major Years

年　　份	公共财政预算收入（万元）	公共财政预算支出（万元）	指数%（以上年为 100）	
			公共财政预算收入	公共财政预算支出
1999	460690	497667	119.9	110.8
2000	490485	547210	110.5	110.4
"十五"时期				
2001	596061	703720	121.5	128.6
2002	662511	775046	115.4	110.2
2003	761064	884597	119.6	114.3
2004	890364	1016953	120.9	115.0
2005	1061547	1206643	120.7	118.7
"十一五"时期				
2006	1284388	1469762	121.0	121.8
2007	1570192	1799787	122.3	122.5
2008	1860155	2213190	118.5	123.1
2009	2101923	2599178	113.0	117.4
2010	2661314	3368037	126.6	129.6
"十二五"时期				
2011	3249315	3968831	122.1	117.8
2012	3808218	4656731	117.0	117.3
2013	4820722	5193190	113.9	111.5

注：1、自 2011 年开始，"地方财政一般预算收入"更名为"公共财政预算收入"，"地方财政一般预算支出"更名为"公共财政预算支出"。

2、2013 年财政部门对公共财政预算收入口径进行调整，2013 年公共财政预算收入指数为可比口径。

8-2 财政收入（2013年）

Financial Revenue（2013）

单位：万元

指　　标	全市合计	市本级			县区级
		小　计	市　直	高新区	
公共财政预算收入	4820722	1038160	392893	645267	3782562
增值税	428793	87817	-11667	99484	340976
营业税	1481247	166625	0	166625	1314622
企业所得税	517575	92035	0	92035	425540
个人所得税	175719	25481	0	25481	150238
资源税	12500	635	0	635	11865
城市维护建设税	253181	69428	-9	69437	183753
房产税	126876	15096	0	15096	111780
印花税	62276	8522	0	8522	53754
城镇土地使用税	154609	15165	0	15165	139444
土地增值税	260768	45239	0	45239	215529
车船税	43998	86	0	86	43912
耕地占用税	30089	2253	0	2253	27836
契　税	271201	37238	-17	37255	233963
专项收入	150558	57598	26051	31547	92960
行政事业性收费收入	222990	124555	118647	5908	98435
罚没收入	102325	68231	68154	77	34094
国有资本经营收入	-6735	-6735	-6735	0	0
国有资源（资产）有偿使用收入	440354	223360	192938	30422	216994
其他收入	92398	5531	5531	0	86867
政府性基金收入	4150568	3621571	3537502	84069	528997
#地方教育附加收入	78864	41186	29263	11923	37678

8-3 各区财政收入（2013年）

Financial Revenue by District（2013）

单位：万元

指标	合计	历下区	市中区	槐荫区	天桥区	历城区	长清区
公共财政预算收入	3042837	1010017	725157	330205	307605	532782	137071
增值税	236591	61558	36638	27115	23807	74965	12508
营业税	1165737	456200	284669	119680	118287	138898	48003
企业所得税	353152	103735	132945	24559	35365	50866	5682
个人所得税	130840	46085	44867	10616	11970	14038	3264
资源税	1369	0	337	1	0	280	751
城市维护建设税	146217	44214	30862	18308	13832	32342	6659
房产税	96367	34844	22640	9702	11116	13943	4122
印花税	46442	15060	10605	3830	5724	9718	1505
城镇土地使用税	103213	17031	15782	13539	11425	31268	14168
土地增值税	170565	56113	47806	21367	19273	18687	7319
车船税	37482	22323	6342	1631	3821	1375	1990
耕地占用税	10225	0	0	3335	1281	1904	3705
契　税	200655	57838	41757	42700	16870	36735	4755
专项收入	71727	19039	13517	8473	6506	13893	10299
行政事业性收费收入	44117	6137	5405	6299	8075	11164	7037
罚没收入	14413	1110	793	1070	1397	6020	4023
国有资本经营收入	0	0	0	0	0	0	0
国有资源（资产）有偿使用收入	141450	68224	29309	17829	18726	6208	1154
其他收入	72275	506	883	151	130	70478	127
政府性基金收入	58458	18136	9836	5844	4442	10855	9345
#地方教育附加收入	29168	11720	5299	3119	2328	5540	1162

8-4 各县（市）财政收入（2013年）

Financial Revenue by Country（2013）

单位：万元

指　　标	合　计	平阴县	济阳县	商河县	章丘市
公共财政预算收入	739725	116876	146979	66960	408910
增值税	104385	22144	16979	5229	60033
营业税	148885	20316	40554	19876	68139
企业所得税	72388	17088	20285	4480	30535
个人所得税	19398	6399	2240	759	10000
资源税	10496	3064	1044	7	6381
城市维护建设税	37536	4760	5329	2717	24730
房产税	15413	1961	2385	1132	9935
印花税	7312	1247	1183	622	4260
城镇土地使用税	36231	4749	5598	4255	21629
土地增值税	44964	3116	7508	2976	31364
车船税	6430	762	1068	997	3603
耕地占用税	17611	3060	2842	4165	7544
契　税	33308	4571	3616	4138	20983
专项收入	21233	4587	3592	1849	11205
行政事业性收费收入	54318	5362	11186	6418	31352
罚没收入	19681	4284	5833	4626	4938
国有资本经营收入	0	0	0	0	0
国有资源（资产）有偿使用收入	75544	1681	10731	1043	62089
其他收入	14592	7725	5006	1671	190
政府性基金收入	470539	75558	83275	69097	242609
#地方教育附加收入	8510	1520	1702	1025	4263

8-5 地方财政支出(2013年)

Local Financial Expenditures (2013)

单位：万元

指标	全市合计	市本级			县区级
		小计	市直	开发区	
公共财政预算支出	5193190	2257886	1803824	454062	2935304
一般公共服务	718094	236135	208478	27657	481959
国防	12267	10600	10568	32	1667
公共安全	341336	234497	228433	6064	106839
教育	889605	194052	178613	15439	695553
科学技术	108807	72573	26411	46162	36234
文化体育与传媒	150938	116558	115404	1154	34380
社会保障和就业	616241	260851	256671	4180	355390
医疗卫生	416767	140348	136967	3381	276419
节能环保	106518	76139	73994	2145	30379
城乡社区事务	776877	342889	299395	43494	433988
农林水事务	309407	69715	63958	5757	239692
交通运输	152132	73832	65841	7991	78300
资源勘探电力信息等事务	212526	160433	46401	114032	52093
商业服务业等事务	128672	97493	20540	76953	31179
金融监管等事务支出	2698	2139	1832	307	559
援助其他地区支出	16054	8972	8106	866	7082
国土资源气象等事务	127879	97781	16808	80973	30098
住房保障支出	73370	54270	36999	17271	19100
粮油物资储备事务	6498	3760	3760	0	2738
国债还本付息支出	7479	3630	3431	199	3849
其他支出	19025	1219	1214	5	17806
政府性基金支出	4338657	3484699	3301512	183187	853958
#地方教育附加安排的支出	56988	10126	7245	2881	46862
城市公用事业附加安排的支出	18259	14726	14726	0	3533
地方水利建设基金支出	64275	40740	39972	768	23535

8-6 各区地方财政支出（2013年）

Local Financial Expenditures by District（2013）

单位：万元

指　　标	合　计	历下区	市中区	槐荫区	天桥区	历城区	长清区
公共财政预算支出	1815362	454591	324427	228947	197036	410898	199463
一般公共服务	362781	83282	71127	57334	36975	87615	26448
国　防	1387	1179	147	53	0	0	8
公共安全	57771	15316	11379	9520	8068	7684	5804
教　育	446242	105147	79925	56404	50028	102536	52202
科学技术	25917	6924	4323	3047	2766	5898	2959
文化体育与传媒	21659	2653	2459	4120	1099	6474	4854
社会保障和就业	257260	39652	80897	40644	40702	33338	22027
医疗卫生	142633	21526	23260	14918	13453	45841	23635
节能环保	13818	3088	2958	1344	1364	2828	2236
城乡社区事务	266050	146785	24402	29748	13502	45611	6002
农林水事务	96910	1405	8057	6410	5933	42968	32137
交通运输	24256	0	1243	402	616	15319	6676
资源勘探电力信息等事务	28966	1980	6738	785	14467	3133	1863
商业服务业等事务	17185	2864	2563	2923	2832	3672	2331
金融监管等事务支出	438	261	150	5	0	0	22
援助其他地区支出	5592	1880	1541	427	425	1191	128
国土资源气象等事务	15456	685	1204	708	427	4036	8396
住房保障支出	15387	10000	2009	0	2228	406	744
粮油物资储备事务	951	5	30	30	10	500	376
国债还本付息支出	1042	0	0	95	360	486	101
其他支出	13661	9959	15	30	1781	1362	514
政府性基金支出	197389	12264	39135	15882	13180	66588	50340
#地方教育附加安排的支出	29259	6098	4580	4842	3168	6124	4447
城市公用事业附加安排的支出	1310	0	0	0	0	1264	46
地方水利建设基金支出	9642	549	673	2130	1811	4042	437

8-7 各县(市)地方财政支出(2013年)

Local Financial Expenditures by Country (2013)

单位：万元

指　　标	合　计	平阴县	济阳县	商河县	章丘市
公共财政预算支出	1119942	170688	226618	211987	510649
一般公共服务	119178	23192	31988	18993	45005
国　防	280	199	0	51	30
公共安全	49068	8747	11226	7841	21254
教　育	249311	45344	53498	47031	103438
科学技术	10317	1530	3056	3005	2726
文化体育与传媒	12721	2017	1792	2187	6725
社会保障和就业	98130	18053	24189	21960	33928
医疗卫生	133786	15400	24798	25515	68073
节能环保	16561	3809	3131	2949	6672
城乡社区事务	167938	9920	10995	14260	132763
农林水事务	142782	19367	34855	43063	45497
交通运输	54044	8557	15587	14353	15547
资源勘探电力信息等事务	23127	6921	7114	1155	7937
商业服务业等事务	13994	2659	1619	3234	6482
金融监管等事务支出	121	20	50	20	31
援助其他地区支出	1490	126	153	69	1142
国土资源气象等事务	14642	3305	1450	2969	6918
住房保障支出	3713	764	556	1758	635
粮油物资储备事务	1787	363	331	655	438
国债还本付息支出	2807	230	110	904	1563
其他支出	4145	165	120	15	3845
政府性基金支出	656569	123424	125814	111200	296131
#地方教育附加安排的支出	17603	4699	3320	3712	5872
城市公用事业附加安排的支出	2223	68	592	0	1563
地方水利建设基金支出	13893	3015	2011	6076	2791

8-8 金融机构本外币各项存、贷款期末余额

Balance of The Deposits and Loans of Insurance Institutes

单位：万元

指　　标	2011 年	2012 年	2013 年
各项存款合计	83640560	98938300	109258191
单位存款	54521782	64641347	69278504
财政存款	2486805	2240459	2459235
个人存款	24718667	29828278	34329571
临时性存款	139229	154531	175728
委托存款	204215	260897	423657
其他存款	1569862	1812789	2591496
各项贷款合计	80098276	86327619	92112217
境内贷款	68735065	73480982	78046598
短期贷款	23497451	28253883	30041695
中长期贷款	42513587	40595196	43515892
融资租赁	114	57679	100678
票据融资	2701482	4510281	4273648
各项垫款	22430	63943	114685
境外贷款	11363211	12846637	14065619

8-9 金融机构人民币各项存、贷款期末余额

Balance of The Deposits and Loans of Insurance Institutes

单位：万元

指　　标	2008 年	2009 年	2010 年	2011 年	2012 年	2013 年
各项存款合计	50368119	63632994	75104412	82757985	97985044	108080692
单位存款	19361698	26697798	29552743	53852545	63920511	68435934
财政存款	945824	1702669	2458263	2492619	2245614	2463611
储蓄存款	15885280	19115340	21876758	24274843	28887390	32677800
农业存款	461851	534932	139644			
委托存款	332869	611740	453536	202806	260634	423328
其他存款	13380596	14970507	20623468	1566286	1809458	2508850
#机关团体存款	4060318	4304937	9979582			
各项贷款合计	41166758	57008584	63190943	68937037	74062184	78125079
短期贷款	17620378	17293302	18986113	23136451	27559949	29352490
工业贷款	6852023	6605994				
商业贷款	1308788	1334334				
建筑企业贷款	352064	420999				
私营企业及个体工商业贷款	387801	661225				
乡镇企业贷款	567713	567742				
三资企业贷款	400740	391855				
农业贷款	1201711	1444952				
其他短期贷款	6549538	5866200				
中长期贷款	19718048	35249681	40936632	41517519	39486624	42318804
基本建设贷款	10588643	18260320				
技术改造贷款	198229	178496				
其他中长期贷款	8931176	16810864				
其他类贷款	3828332	4465601	3268198	4283067	7015611	6453785

8-10 保险业务情况

Insurance Business

指　标	2008 年	2009 年	2010 年	2011 年	2012 年	2013 年
承保额(亿元)	11499	12279	16802	26747	39166	32896
企业财产险	4782	4869	6398	8639	8480	6749
家庭财产险	56	395	103	117	94	118
运输工具及责任险	2180	1018	3970	4328	3935	4613
货物运输险	393	312	308	595	907	480
养老金险	201	204	289	269	497	442
人身意外伤害险	2704	3753	3606	10857	17274	17495
简易人身险	205	263	932	1008	1263	1033
农业险	7	12	6	7	19	18
其他险	971	1453	1190	927	6697	1948
保险业务收入（万元）	954859	962732	1223791	1122605	1225223	1414715
企业财产险	17377	19839	28325	35108	38825	29628
家庭财产险	-99	355	518	619	797	595
运输工具及责任险	135857	176404	214039	231089	279866	334114
货物运输险	3037	2203	2528	3207	2139	2458
养老金险	596613	539484	711571	646928	643830	714798
人身意外伤害险	29404	24306	28168	28856	47150	75971
简易人身险	41891	50879	125275	51592	65857	88527
农业险	1011	2638	1527	2419	6386	6569
其他险	129768	146624	111840	122787	140372	162054
保险业务支出（万元）	412034	463258	437708	392821	465245	472811
企业财产险	13500	7479	8233	13092	13717	4833
家庭财产险	226	110	166	815	182	129
运输工具及责任险	77489	87941	90236	99029	125586	127747
货物运输险	4730	1539	1572	325	756	1111
养老金险	264799	286265	239710	211499	237719	249865
人身意外伤害险	8147	11695	9270	10673	14141	13571
简易人身险	11601	36486	60523	25375	25277	29783
农业险	1010	2498	683	1158	2809	5587
其他险	30532	29245	27315	30855	45058	40186

8-11 证券机构及证券交易情况

Institution and Trading Summary for Stocks

指　　标	单　位	2012 年	2013 年
注册地在济南证券公司数	个	1	1
证券营业部	个	57	60
有价证券交易成交额	万元	53466331	88625679
股　票	万元	41142262	55662426
基　金	万元	798088	3527893
债　券	万元	202313	466889
其　他	万元	11323668	28968471

注：数据由金融办提供。

主要统计指标解释

Explanatory Notes on Main Statistical Indicators

财政收入　指国家财政参与社会产品分配所取得的收入，是实现国家职能的财力保证。财政收入所包括的内容几经变化，目前主要包括：

（1）各项税收：包括增值税、营业税、消费税、土地增值税、城市维护建设税、资源税、城市土地使用税、印花税、个人所得税、企业所得税、关税、农牧业税和耕地占用税等。

（2）专项收入：包括征收排污费收入、征收城市水资源费收入、教育费附加收入等。

（3）其他收入：包括基本建设贷款归还收入、基本建设收入、捐赠收入等。

（4）国有企业计划亏损补贴：这项为负收入，冲减财政收入。

财政支出　国家财政将筹集起来的资金进行分配使用，以满足经济建设和各项事业的需要，主要包括：

（1）基本建设支出：指按国家有关规定，属于基本建设范围内的基本建设有偿使用、拨款、资本金支出以及经国家批准对专项和政策性基建投资贷款，在部门的基建投资额中统筹支付的贴息支出。

（2）企业挖潜改造资金：指国家预算内拨给的用于企业挖潜、革新和改造方面的资金。包括各部门企业挖潜改造资金和企业挖潜改造贷款资金，为农业服务的县办“五小”企业技术改造补助，挖潜改造贷款利息支出。

（3）地质勘探费用：指国家预算用于地质勘探单位的勘探工作费用，包括地质勘探管理机构及其事业单位经费、地质勘探经费。

（4）科技三项费用：指国家预算用于科技支出的费用，包括新产品试制费、中间试验费、重要科学研究补助费。

（5）支援农村生产支出：指国家财政支援农村集体（户）各项生产的支出。包括对农村举办的小型农田水利和打井、喷灌等的补助费，对农村水土保持措施的补助费，对农村举办的小水电站的补助费，特大抗旱的补助费，农村开荒补助费，扶持乡镇企业资金，农村农技推广和植保补助费，农村草场和畜禽保护补助费，农村造林和林木保护补助费，农村水产补助费，发展粮食生产专项资金。

（6）农林水利气象等部门的事业费用：指国家财政用于农垦、农场、农业、畜牧、农机、林业、森工、水利、水产、气象、乡镇企业的技术推广、良种推广（示范）、动植物（畜禽、森林）保护、水质监测、勘探设计、资源调查、干部训练等项费用，园艺特产场补助费，中等专业学校经费，飞播牧草试验补助费，营林机构、气象机构经费，渔政费以及农业管理事业费等。

（7）工业交通商业等部门的事业费：指国家预算支付给工交商各部门用于事业发展的经费，包括勘探设计费、中等专业学校经费、技术学校经费、干部训练费。

（8）文教科学卫生事业费：指国家预算用于文化、出版、文物、教育、卫生、中医、公费医疗、体育、档案、地震、海洋、通讯、电影电视、计划生育、党政群干部训练、自然科学、社会科学、科协等项事业的经费支出和高技术研究专项经费。主要包括工资、补助工资、福利费、离退休费、助学金、公务费、设备购置费、修缮费、业务费、差额补助费。

（9）抚恤和社会福利救济费：指国家预算用于抚恤和社会福利救济事业的经费。包括由民政部门开支的烈士家属和牺牲病残人员家属的一次性、定期抚恤金，革命伤残人员的抚恤金，各种伤残补助费，烈军属、复员退伍军人生活补助费，退伍军人安置费，优抚事业单位经费，烈士纪念建筑物管理、维修费，自然灾害救济事业费和特大自然灾害灾后重建补助费等。

（10）国防支出：指国家预算用于国防建设和保卫国家安全的支出，包括国防费、国防科研事业费、民兵建设以及专项工程支出等。

（11）行政管理费：包括行政管理支出，党派团体补助支出，外交支出，公安安全支出，司法支出，法院支出，检察院支出和公检法办案费用补助。

（12）价格补贴支出：指经国家批准，由国家财政拨给的政策性补贴支出。主要包括粮食加价款，粮、棉、油差价补贴，棉花收购价外奖励款，副食品风险基金，市镇居民的肉食价格补贴，平抑市价肉食、蔬菜价差补贴等以及经国家批准的教材课本、报刊新闻纸等价格补贴。

中央财政收入和地方财政收入　指按财政体制划分的中央本级收入和地方本级收入。1994 年分税制财政体制以后，属于中央财政的收入包括关税、海关代征消费税和增值税，消费税，中央企业所得税，地方银行和外资银行及非银行金融企业所得税，铁道、银行总行、保险总公司等集中缴纳的营业税、所得税、利润和城市维护建设税，增值税的75%部分，证券交易税（印花税）50%部分和海洋石油资源税。属于地方财政的收入包括营业税，地方企业所得税，个人所得税，城镇土地使用税，固定资产投资方向调节税，城镇维护建设税，房产税，车船使用税，印花税，屠宰税，农牧业税，农业特产税，耕地占用税，契税，增值税25%部分，证券交易税（印花税）50%部分和除海洋石油资源税以外的其他资源税。

中央财政支出和地方财政支出　指根据政府在经济和社会活动中的不同职责，划分中央和地方政府的责权，按照政府的责权划分确定的支出。中央财政支出包括国防支出，武装警察部队支出，中央级行政管理费和各项事业费，重点建设支出以及中央政府调整国民经济结构、协调地区发展、实施宏观调控的支出。地方财政支出主要包括地方行政管理和各项事业费，地方统筹的基本建设、技术改造支出，支援农村生产支出，城市维护和建设经费，价格补贴支出等。

预算外资金收支　预算外资金指国家机关、事业单位和社会团体为履行或代行政府职能，依据国家法律、法规和具有法律效力的规章而收取、提取和安排使用的未纳入国家预算管理的各种财政性资金。其范围主要包括：法律、法规规定的行政事业性收费、基金和附加收入等；国务院或省级人民政府及其财政、计划（物价）部门审批的行政事业性收费；国务院及财政部审批建立的基金、附加收入等；主管部门所属单位集中上缴资金；用于乡镇政府开支的乡自筹和乡统筹资金；其他未纳入预算管理的财政性资金。社会保障基金在国家财政尚未建立社会保障预算制度以前，先按预算外资金管理制度进行管理，专款专用。财政部门在银行开设统一的专户，用于预算外资金收入和支出管理。部门和单位的预算外收入必须上缴同级财政专户，支出由同级财政按预算外资金收支计划和单位财务收支计划统筹安排，从财政专户中拨付，实行收支两条线管理。

信贷资金　指金融机构以信用方式积聚和分配的货币资金。金融机构信贷资金的来源有各项存款、对国际金融机构负债、流通中货币、银行自有资金及当年结益等；信贷资金的运用有各项贷款、黄金占款、外汇占款、财政借款及在国际金融机构中的资产等。

存款　指企业、机关、团体或居民根据资金必须收回的原则，把货币资金存入银行或其他信用机构保管并取得一定利息的一种信用活动形式。根据存款对象的不同可划分为企业存款、财政存款、机关团体存款、基本建设存款、城镇储蓄存款、农村存款等科目。它是银行信贷资金的主要来源。

贷款　指银行或其他信用机构根据资金必须归还的原则，按一定利率，为企业、个人等提供资金的一种信用活动形式。我国银行贷款分为流动资金贷款、固定资产贷款、城乡个体工商户贷款以及农业贷款等科目。

中资保险公司　指中国公民、法人或其他组织出资（含外资参股）设立的保险公司。

承保额　又叫保险金额。它是保险人对被保险人负提损失补偿或约定给付的金额。它是保险合同上的最高责任额，也是计算保费的依据。

保费　又叫保险费。是保险人根据保险合同的有关规定，为被保险人取得因约定危险事故发生所造成的经济损失补偿（或给付）权利，付给保险人的代价。包括财产险和人身险储金收入。

赔款　保险事故发生后，经查证确属保险责任范围以内的保险标的损失，保险人根据保险合同的规定履行赔偿义务，给予被保险人的款项叫做赔款。赔款可分为已决赔款和未决赔款两种。

给付　包括死伤医疗给付和满期给付。死伤医疗给付是指保险人根据人寿保险及长期健康保险合同的规定，因被保险人在保险期内发生保险责任范围内的保险事故支付给被保险人（或受益人）的金额。满期给付是指被保险人生存期满，保险人按人寿保险合同规定支付给被保险人的满期保险金额。

物 价

PRICE

9-1 主要年份物价指数（以上年价格为100）

Price Indices of Major Years (Preceding Last Year=100)

单位：%

年份	居民消费价格指数	#食品类	#服务项目	零售物价指数
1951	108.5	105.3	98.7	109.8
1952	101.5	103.9	101.0	101.2
1955	101.6	101.3	103.4	101.4
1956	100.5	100.7	100.6	100.5
1965	107.3	111.5	97.5	108.0
1970	98.4	99.0	100.0	98.3
1971	100.0	100.5	100.0	100.0
1972	100.1	100.3	100.0	100.1
1973	99.5	99.6	97.9	99.7
1974	99.4	99.1	99.9	99.5
1975	100.2	100.0	100.0	100.2
1976	100.4	100.0	100.0	100.4
1977	99.2	99.9	91.2	100.0
1978	100.3	100.3	100.0	100.3
1979	101.1	101.7	100.5	101.1
1980	104.7	107.9	100.0	105.0
1981	101.9	102.2	100.1	102.0
1982	101.1	101.6	100.3	101.2
1983	100.1	100.3	100.9	100.1
1984	101.9	101.1	109.8	101.3
1985	108.7	112.2	103.3	109.1
1986	106.2	107.6	104.9	106.3
1987	109.5	111.9	104.9	109.8
1988	122.4	128.0	108.8	123.4
1989	116.2	111.2	113.5	116.4
1990	103.3	102.6	108.0	103.0
1991	106.7	107.6	106.9	106.7
1992	110.4	108.7	122.2	109.3
1993	114.7	109.8	138.0	112.1
1994	124.8	133.9	114.5	122.7
1995	117.3	123.0	115.1	113.2
1996	109.1	109.7	116.2	106.3
1997	102.9	101.8	107.8	101.5
1998	100.9	99.4	119.0	98.9
1999	99.1	97.3	127.6	96.9
2000	100.6	97.9	129.0	98.0
2001	100.3	100.8	106.1	98.8
2002	98.8	100.2	101.3	97.8
2003	99.9	103.6	100.3	98.0
2004	102.5	107.4	101.2	100.6
2005	101.1	102.7	101.2	100.4
2006	100.9	102.4	100.9	100.3
2007	103.9	111.6	101.8	102.2
2008	105.7	115.5	101.8	104.5
2009	100.3	102.7	102.4	98.7
2010	102.1	107.3	100.6	101.3
2011	105.4	111.3	104.4	104.6
2012	102.4	103.6	102.2	101.8
2013	102.8	104.9	102.7	101.3

9-2 主要年份物价指数（以1950年价格为100）

Price Indices of Major Years（Preceding 1950=100）

单位：%

年　　份	居民消费价格指数	#食品类	#服务项目	零售物价指数
1951	108.5	105.3	98.7	109.8
1952	110.1	109.4	103.7	111.1
1955	117.2	123.7	108.2	118.4
1956	117.8	124.6	108.8	119.0
1965	127.7	141.5	116.9	130.7
1970	123.0	141.6	110.1	126.0
1971	123.0	142.3	110.1	126.0
1972	123.1	142.7	110.1	126.1
1973	122.5	142.1	107.8	125.8
1974	121.8	140.9	107.7	125.1
1975	122.0	140.9	107.7	125.4
1976	122.5	140.9	107.7	125.9
1977	121.5	140.7	98.2	125.9
1978	121.9	141.1	98.2	126.3
1979	123.2	143.5	98.6	127.6
1980	129.0	154.9	98.6	134.0
1981	131.5	158.3	98.7	136.7
1982	132.9	160.8	99.0	138.3
1983	133.0	161.3	99.9	138.5
1984	135.6	163.1	109.7	140.3
1985	147.4	183.0	113.3	153.0
1986	156.5	195.8	118.9	162.7
1987	171.4	219.1	124.7	178.6
1988	209.8	280.4	135.7	220.4
1989	234.8	311.8	154.0	256.5
1990	251.8	319.9	166.3	264.2
1991	268.7	344.2	177.8	281.9
1992	296.6	376.2	217.3	308.1
1993	340.2	413.1	299.8	345.4
1994	424.6	570.4	343.3	423.8
1995	498.1	709.7	395.1	479.7
1996	543.4	797.7	459.1	509.9
1997	559.2	782.5	494.9	551.6
1998	564.2	777.8	588.9	545.5
1999	559.1	756.8	751.4	528.6
2000	562.4	740.9	969.3	518.0
2001	564.1	746.8	1028.4	511.8
2002	557.3	748.3	1041.8	500.5
2003	556.7	775.2	1044.9	490.5
2004	570.6	832.6	1057.4	493.4
2005	576.9	855.1	1070.1	495.4
2006	582.1	875.6	1079.7	496.9
2007	604.8	977.2	1099.1	507.8
2008	639.3	1128.7	1118.9	530.7
2009	641.2	1159.2	1145.8	523.8
2010	654.7	1243.8	1152.7	530.6
2011	690.2	1384.7	1203.1	555.1
2012	706.8	1434.5	1229.5	565.1
2013	726.6	1504.8	1262.7	572.4

9-3 分月居民消费

Consumer Price Indices

指　　标	全　年	一　月	二　月	三　月	四　月	五　月
居民消费价格指数	102.8	103.9	104.7	103.2	103.8	103.1
食品类	104.9	105.0	107.8	103.5	104.1	103.8
粮　食	105.9	105.5	104.5	104.2	107.1	106.4
淀　粉	108.3	109.7	108.8	109.0	108.9	110.5
干豆类及豆制品	103.7	107.0	108.0	104.4	101.7	100.6
油　脂	105.0	109.0	109.8	110.6	110.5	108.1
肉禽及其制品	102.2	104.0	102.9	98.4	96.0	98.0
食用畜肉及副产品	102.6	104.0	102.3	95.8	92.5	96.2
禽	96.4	99.7	100.8	97.1	94.7	94.5
加工肉禽	104.0	106.1	105.2	105.0	104.4	103.5
蛋	97.4	109.8	113.0	98.1	97.4	96.1
水产品	114.5	110.7	115.4	111.3	113.3	116.3
鱼	113.1	111.1	117.7	109.6	110.2	111.4
其它水产品	115.6	110.4	113.8	112.6	115.7	120.0
菜	100.8	104.2	119.4	89.2	95.4	87.9
鲜　菜	99.6	104.0	120.2	87.4	93.9	85.1
干菜及菜制品	108.9	106.3	106.8	109.5	110.0	109.7
薯　类	119.9	111.2	123.5	106.8	112.4	112.5
调味品	104.4	108.3	109.0	107.5	106.5	105.5
糖	102.7	102.0	102.7	102.8	102.7	102.8
食　糖	100.3	99.5	100.5	99.8	100.3	100.3
糖　果	104.3	103.6	103.9	104.7	104.7	104.7
茶及饮料	106.1	111.8	111.7	112.5	109.7	107.8
茶　叶	107.4	115.8	115.8	115.8	112.9	112.1
饮　料	105.0	108.6	108.5	109.9	107.2	104.6
干鲜瓜果	108.9	92.8	102.9	105.9	107.7	110.9
鲜 瓜 果	110.4	89.3	102.5	105.8	108.4	113.0
干（坚）果	104.5	104.5	104.2	106.2	105.4	104.6
糕点饼干面包	104.7	104.6	105.0	106.3	104.4	104.5
液体乳及乳制品	107.6	104.9	105.7	105.5	105.7	105.6
	0.0					
在外用膳食品	104.0	107.7	107.7	107.7	107.7	105.5
其他食品	100.0	106.2	101.2	100.9	98.9	96.2
烟酒	99.1	100.7	100.6	99.6	99.3	98.8
烟　草	99.9	99.8	99.8	99.9	100.0	100.0
酒	98.6	101.3	101.1	99.4	98.8	98.0
衣着类	106.0	109.3	109.3	109.0	109.5	109.7
服　装	108.3	110.6	111.6	111.4	112.3	112.3
男式服装	108.3	113.6	114.4	114.0	113.6	112.2
女式服装	109.4	109.2	110.6	111.1	112.7	113.7
儿童服装	100.5	103.1	102.5	99.3	101.8	103.1
衣着材料	106.1	105.1	105.1	104.7	105.1	105.5
鞋袜帽	99.2	105.5	103.8	102.7	102.3	103.4
鞋	99.1	105.4	103.4	102.2	102.2	103.9
袜　子	100.6	107.6	108.4	107.0	103.3	100.6

价 格 指 数（2013年，以上年同期价格为100）

by Month（2013，Preceding Last Year=100）

单位：%

六 月	七 月	八 月	九 月	十 月	十一月	十二月
103.1	101.9	101.8	102.0	102.6	101.8	101.4
104.7	104.7	104.5	106.1	106.1	105.0	104.1
108.5	106.1	106.0	105.0	105.4	106.0	106.0
109.0	108.7	109.0	107.4	107.2	105.6	106.6
101.0	102.3	103.6	102.9	104.5	104.6	104.2
106.0	103.6	102.6	100.6	100.8	99.7	99.6
103.9	103.5	106.5	105.7	104.1	103.2	100.8
105.7	105.6	110.2	108.5	105.9	104.3	100.3
96.0	93.0	96.0	94.9	95.7	96.6	97.6
103.5	103.6	102.8	103.8	103.7	103.4	103.4
91.9	89.9	94.0	103.5	92.2	91.5	92.4
113.9	115.2	116.4	116.9	114.8	113.2	116.8
111.4	110.9	114.7	118.6	114.3	112.9	114.9
115.7	118.4	117.7	115.7	115.1	113.5	118.1
95.0	107.9	91.6	102.6	119.8	110.6	89.8
92.5	107.0	88.8	101.5	121.0	110.3	87.4
110.3	110.9	110.1	107.2	107.7	108.5	109.6
114.9	122.8	138.5	126.4	130.1	130.8	115.6
103.5	102.4	103.3	101.4	101.0	101.9	103.2
102.3	103.2	103.5	103.1	102.9	103.0	101.1
99.7	104.7	102.4	101.1	100.1	100.6	97.7
104.0	104.7	104.7	104.7	104.7	104.7	103.4
103.6	101.5	102.0	103.1	103.0	103.5	104.8
103.1	100.0	100.9	104.0	104.4	103.9	104.4
104.0	102.7	102.9	102.4	101.8	103.2	105.1
118.3	110.3	110.7	117.9	110.6	107.0	116.0
122.3	113.6	113.7	125.3	113.1	108.1	120.2
107.5	102.3	103.7	101.7	104.8	104.0	105.0
103.0	106.5	105.7	103.2	104.8	103.9	104.5
107.2	107.8	107.7	108.9	109.0	109.7	113.6
100.1	100.4	102.2	102.2	102.4	102.4	102.1
95.5	95.3	99.2	98.9	101.1	104.0	103.0
98.4	97.9	98.5	97.5	99.5	99.1	99.8
100.0	100.0	100.0	100.0	99.9	99.8	99.8
97.2	96.5	97.5	95.8	99.3	98.6	99.9
110.3	106.3	104.4	103.2	103.0	100.5	98.8
112.6	109.3	107.9	106.1	105.7	102.4	99.9
111.9	108.5	106.4	105.0	104.5	100.7	97.7
114.0	111.0	109.9	108.9	108.1	104.0	101.7
106.0	101.7	101.5	92.5	95.1	100.4	99.8
16.8	106.8	106.8	106.8	106.8	106.8	106.8
104.7	97.8	93.7	94.0	94.4	93.8	94.4
105.2	97.8	93.3	93.6	94.0	93.3	94.4
102.4	97.7	96.7	95.8	97.5	97.5	94.1

9-3 续

指　　标	全　年	一　月	二　月	三　月	四　月	五　月
帽　子	96.7	98.1	95.8	97.1	97.4	97.4
衣着加工服务费	101.0	107.9	100.0	102.2	102.2	100.0
家庭设备用品及维修服务类	100.2	101.0	101.0	101.0	100.7	99.9
耐用消费品	98.2	99.9	99.8	99.5	99.0	97.3
家　具	99.3	100.8	100.8	100.4	100.0	99.3
家庭设备	97.7	99.5	99.3	99.0	98.4	96.3
室内装饰品	97.2	100.0	100.7	98.6	96.9	96.7
床上用品	102.5	97.9	98.4	100.2	100.5	102.4
家庭日用杂品	102.9	103.7	103.6	103.8	103.7	103.4
家庭服务及加工维修服务	101.2	100.0	100.0	100.9	101.3	101.3
医疗保健和个人用品类	100.6	101.7	101.1	100.6	100.5	100.3
医疗保健	99.5	100.3	99.6	99.0	98.7	98.7
医疗器具及用品	96.4	94.9	94.9	94.9	93.2	93.2
中药材及中成药	100.4	95.9	95.9	96.7	98.1	98.1
西　药	97.5	103.3	100.9	98.3	96.3	96.3
保健器具及用品	102.7	105.5	105.5	105.5	105.5	105.5
医疗保健服务	100.0	100.0	100.0	100.0	100.0	100.0
个人用品及服务	103.4	105.2	105.0	104.9	105.2	104.5
化妆美容用品	105.2	103.7	105.3	105.4	106.3	106.8
清洁化妆用品	104.0	104.8	105.1	105.1	105.3	104.6
个人饰品	100.8	111.1	107.9	107.4	105.5	102.5
个人服务	103.0	102.0	102.0	102.0	103.6	103.6
交通和通信类	97.9	99.1	98.7	98.6	98.4	97.3
交　通	98.0	99.4	98.8	98.7	98.4	96.7
交通工具	94.8	96.0	96.0	95.8	99.7	94.4
车用燃料及零配件	99.4	102.6	100.9	99.8	94.1	94.1
车辆使用及维修费	99.8	101.0	101.0	101.0	101.0	101.0
市区公共交通费	101.1	100.0	100.0	101.3	101.3	101.3
城市间交通费	98.2	102.1	100.0	99.3	94.4	95.3
通　信	97.8	98.6	98.6	98.4	98.5	98.2
通信工具	86.9	92.2	92.1	91.0	91.0	89.4
通信服务	100.0	100.0	100.0	100.0	100.0	100.0
娱乐教育文化用品及服务类	104.0	100.1	100.2	100.9	103.8	104.6
文娱用耐用消费品及服务	96.9	96.3	95.6	94.7	94.8	97.9
教　育	104.6	101.1	100.7	102.8	105.6	105.8
教材及参考书	105.5	105.5	105.5	105.5	105.5	105.5
教育服务	104.5	100.6	100.1	102.5	105.7	105.8
文化娱乐类	101.1	100.5	101.2	100.7	100.8	100.8
文化娱乐用品	100.9	100.5	100.6	100.1	100.5	100.5
书报杂志	100.3	100.0	100.0	100.0	100.0	100.0
文娱费	101.9	100.8	102.9	101.9	101.9	101.9
旅　游	113.2	100.9	102.7	102.1	111.1	112.2
居住类	102.0	106.6	106.5	106.0	106.2	103.7
建房及装修材料	101.6	103.3	103.0	102.5	104.3	102.8
住房租金	99.1	101.3	101.3	101.3	101.3	98.4
自有住房	103.0	111.5	111.5	110.8	110.8	106.3
水、电、燃料	100.9	101.7	101.7	101.3	101.0	101.0

六　月	七　月	八　月	九　月	十　月	十一月	十二月
98.3	97.4	97.4	97.4	96.5	95.1	93.0
100.0	100.0	100.0	100.0	100.0	100.0	100.0
99.7	99.6	99.7	100.2	100.1	99.8	99.9
97.0	97.5	98.1	98.6	97.7	96.8	97.3
99.3	98.9	98.5	98.5	98.3	98.2	98.2
96.0	96.8	97.9	98.6	97.3	96.1	96.8
96.7	96.7	96.7	96.7	96.4	95.4	95.4
101.9	100.6	100.7	101.0	106.0	109.9	110.4
103.3	102.7	102.0	102.5	102.7	102.0	101.8
101.3	101.3	101.3	101.3	101.9	101.9	101.9
100.1	100.1	99.9	100.4	100.9	100.7	100.6
98.6	99.0	98.9	99.8	100.5	100.5	100.4
93.2	95.6	98.2	99.8	99.8	99.8	98.9
97.3	98.9	100.2	104.2	107.1	106.7	106.4
96.5	96.4	96.4	96.4	96.5	96.6	96.6
105.5	105.5	100.0	98.9	98.9	98.9	98.9
100.0	100.0	100.0	100.0	100.0	100.0	100.0
104.2	102.9	102.6	101.9	102.0	101.2	101.2
106.3	106.0	105.6	104.7	104.7	103.8	103.7
103.4	102.7	103.0	103.7	103.7	103.6	103.2
102.7	98.3	97.1	94.6	95.0	93.0	95.3
103.6	103.6	103.6	103.6	103.6	103.6	101.5
97.8	98.9	99.1	97.9	96.9	95.7	96.8
97.3	99.2	99.5	98.5	96.9	95.3	97.5
94.4	94.4	94.4	94.4	92.9	92.7	92.7
98.4	103.1	103.1	100.8	97.6	97.7	101.6
99.0	99.0	99.0	99.0	99.0	99.0	99.0
101.3	101.3	101.3	101.3	101.3	101.3	101.3
96.2	103.0	104.7	100.9	97.4	88.2	97.5
98.5	98.6	98.5	97.0	96.8	96.3	95.9
90.7	91.1	90.9	81.4	80.3	77.3	74.8
100.0	100.0	100.0	100.0	100.0	100.0	100.0
104.4	103.9	103.8	103.7	108.2	107.8	106.8
97.8	98.0	98.2	97.9	97.8	97.0	96.5
105.8	105.8	105.6	105.6	106.1	105.4	105.2
105.5	105.5	105.5	105.5	105.5	105.5	105.5
105.8	105.8	105.6	105.6	106.2	105.4	105.2
100.8	101.2	101.1	101.3	101.5	101.6	101.9
100.8	100.8	100.9	101.6	102.0	101.7	101.3
100.0	100.0	100.0	100.0	100.0	102.0	102.0
101.5	102.5	102.1	102.1	102.1	101.3	102.5
111.4	107.1	107.0	106.6	133.7	134.0	128.6
102.1	98.3	98.8	98.7	99.1	99.1	99.2
101.6	101.2	101.2	100.8	99.9	99.6	99.2
96.5	97.5	98.2	98.2	98.3	98.5	98.7
103.2	96.4	97.4	97.4	97.6	97.8	98.1
101.4	100.0	100.0	100.0	101.1	101.1	101.1

9-4 主要年份零售商品和

Per Retail and Services

商品名称	规格等级牌号	单位	1978 年	1980 年	1985 年	1990 年	1995 年
面　粉	特　一	元/千克	0.50	0.50	0.50	0.50	2.24
粳　米	标　一	元/千克	0.34	0.34	0.40	1.04	3.33
小　米	一　等	元/千克	0.27	0.27	0.44	1.32	2.66
土　豆		元/千克	0.19	0.22	0.30	0.36	1.48
豆　腐	水豆腐	元/千克	0.16	0.18	0.26	0.70	1.43
花生油	二　级	元/千克	1.66	1.66	1.98	2.35	10.45
猪　肉	净　肉	元/千克	1.72	1.95	2.65	5.52	12.91
牛　肉	净　肉	元/千克	1.26	1.76	2.91	5.43	12.06
羊　肉	净　肉	元/千克	1.38	1.88	2.80	5.91	15.49
鸡　蛋	新鲜完整	元/千克	1.58	2.20	2.60	4.96	5.99
海　带	盐干一级	元/千克	1.18	1.26	1.32	3.60	5.35
大白菜	一等	元/千克	0.11	0.07	0.09	0.13	0.72
菠　菜	一等	元/千克	0.08	0.09	0.28	0.50	0.90
油　菜	一等	元/千克	0.05	0.07	0.26	0.63	1.11
芹　菜	一等	元/千克	1.13	0.11	0.39	0.60	1.22
韭　菜	一等	元/千克	0.15	0.16	0.54	1.01	1.80
黄　瓜	一等	元/千克	0.19	0.18	0.47	0.99	2.45
西红柿	一等	元/千克	0.15	0.18	0.53	1.02	2.66
茄　子	一等	元/千克	0.14	0.11	0.27	0.89	2.67
青　椒	一等	元/千克	0.23	0.20	0.47	1.34	4.13
大　葱	一等	元/千克	0.11	0.12	0.28	0.54	1.46
黑木耳	甲　级	元/千克	30.00	32.00	34.86	48.95	59.16
精　盐	再制盐	元/500 克	0.16	0.16	0.14	0.31	0.70
酱　油	二　级	元/千克	0.22	0.22	0.34	0.68	1.83
味　精	含麸酸钠 80%以上	元/千克	10.80	9.68	12.60	16.50	22.81
绵白糖	国产机制一级	元/千克	1.60	1.70	1.70	2.60	6.89
红　糖	一　级	元/千克	1.30	1.30	1.30	2.21	6.32
甲级纸烟	嘴大鸡	元/盒	0.59	0.59	0.91	1.30	1.20
啤　酒	熟 12 度瓶装	元/瓶	0.58	0.58	0.73	1.41	2.13
花　茶	茉莉烘青二级	元/千克	4.60	4.60	8.60	34.40	45.83
苹　果	一　级	元/千克	0.82	0.90	1.19	2.48	3.86
桔　子	一　级	元/千克	1.30	1.52	2.35	2.27	3.37
西　瓜	一　级	元/千克	0.24	0.28	0.32	0.58	3.20
香　蕉	一　级	元/千克	1.46	1.65	1.82	2.93	4.78
黑瓜子	一级熟货	元/千克	2.48	3.40	3.61	6.59	12.54
花生米	一级生货	元/千克	0.98	1.10	1.20	3.10	5.58
饼　干	中　等	元/千克	1.32	1.40	1.54	2.68	11.75
鲜牛奶	瓶装消毒	元/升	0.48	0.60	0.60	1.13	2.90
奶　粉	500 克袋装全脂	元/千克	2.71	3.39	3.93	5.65	10.21

服务项目年平均价格

Price of Major Years

2000年	2005年	2008年	2009年	2010年	2011年	2012年	2013年
1.78	2.86	3.30	3.75	4.14	4.69	4.79	5.07
2.03	3.08	3.59	4.05	4.76	5.16	5.55	5.91
2.07	3.26	5.83	6.30	6.99	7.49	7.52	8.58
1.48	1.92	2.68	3.20	4.53	4.05	2.90	3.61
1.55	2.14	3.45	4.26	4.31	4.49	4.75	5.21
8.59	10.43	16.30	13.02	13.36	15.22	16.01	19.79
12.87	14.90	25.41	22.65	25.18	35.86	35.30	33.04
10.99	16.34	29.40	36.03	36.47	41.80	48.47	64.52
15.04	22.07	35.77	40.18	44.80	58.25	68.65	75.33
3.99	5.72	6.84	6.67	7.48	8.86	8.24	8.52
5.36	8.76	15.72	18.85	19.29	20.30	23.42	30.35
0.91	1.64	2.11	2.28	3.23	3.24	2.96	2.77
1.57	2.21	2.39	4.24	6.69	6.75	8.15	7.61
1.26	1.83	1.99	3.83	5.05	5.43	5.99	5.84
1.25	2.28	3.40	3.72	4.99	5.25	5.31	5.46
1.98	2.99	4.08	4.64	6.55	7.93	7.31	7.05
2.53	3.16	4.10	5.12	5.67	5.90	6.14	6.26
2.07	2.90	4.30	4.97	6.01	6.42	6.37	6.60
2.51	3.07	4.43	4.63	6.05	5.61	5.92	6.34
3.15	4.10	5.46	6.25	6.45	7.35	7.90	7.48
1.31	2.51	5.49	5.62	6.16	6.42	8.38	6.95
68.57	65.13	74.70	85.96	86.80	98.56	104.76	121.45
1.10	2.02	1.50	1.48	1.50	1.50	3.37	3.83
2.40	4.53	6.08	6.77	6.74	5.93	7.25	7.04
14.26	15.67	14.54	18.68	19.33	22.21	23.99	21.02
6.12	5.43	7.75	7.78	9.75	12.52	13.64	15.15
5.90	5.54	7.63	7.78	9.80	12.91	15.00	15.62
2.00	2.63	5.00	5.00	5.09	6.00		
2.30	2.42	2.55	2.58	2.61	2.68	2.69	2.68
75.00	126.67	153.33	225.00	225.00	225.00	216.03	220.30
2.72	3.19	5.58	7.43	8.93	9.36	10.63	12.04
2.35	3.30	5.75	6.40	7.45	9.00	8.37	10.29
2.70	3.06	3.91	4.05	4.72	5.64	5.26	5.56
4.05	4.02	5.42	6.04	6.39	7.91	7.27	7.28
12.04	11.50	16.00	18.64	20.72	21.85	25.07	25.03
5.00	7.00	11.00	10.00	11.00	11.60		
12.50	9.74	11.49	11.95	12.15	13.82	14.81	15.46
3.60	5.00	6.88	7.44	7.93	9.39	9.62	10.86
10.75	32.26	51.21	54.35	57.26	57.43	55.55	60.46

9-4 续

商品名称	规格等级牌号	单位	1978 年	1980 年	1985 年	1990 年	1995 年
白细布	36”32*3279.5*78	元/米	0.98	0.98	1.08	2.04	6.73
涤棉细布	39”45*45100*92	元/米	3.75	3.87	2.25	4.00	10.04
被单布	18*18	元/米	1.67	2.25	2.22	4.72	8.75
人造棉布	幅宽 90CM	元/米	1.62	1.95	1.95	4.80	16.83
纯毛华达呢	2201.00	元/米	29.40	29.40	37.00	68.28	86.50
纯毛西服	华达呢男套装	元/套				274.83	388.83
牛皮光面男鞋	25.5 号一级品	元/双	14.65	15.38	28.28	34.52	135.00
纯毛线	175 三级国毛中粗	元/千克	55.16	36.40	36.40	86.07	107.77
混纺毛线	670 毛腈混纺	元/千克		27.60	28.20	57.07	63.07
肥　皂	地产一级品	元/条	0.40	0.40	0.42	1.20	1.87
洗衣粉	25 型 500 克袋装一级品	元/袋	0.31	0.62	0.65	1.94	4.20
缝纫机	家用一级品	元/架	119.00	131.00	135.00	247.00	280.42
自行车	26 型一级品	元/辆	167.50	167.50	167.50	299.90	406.33
电风扇	400MM 落地扇一级品	元/台			202.00	274.00	2278.17
铱金笔	普　通	元/支	0.99	1.13	2.50	2.84	5.13
彩色电视机	51CM	元/架				2473.33	2490.00
液晶电视机	东芝 32"	元/台					
液晶电视机	三星电视机 52 寸	元/台					
木　材	板　材	元/立方米				1050.00	1500.00
蜂窝煤		元/百千克	3.20	3.20	3.20	3.56	23.50
液化石油气		元/千克	0.16	0.16	0.16	0.24	2.12
自来水	生活用水	元/吨	0.08	0.08	0.09	0.19	0.51
房　租	民用住宅混合租价	元/月	0.11	0.11	0.11	0.11	0.61
照明用电	民用 220V	元/度	0.18	0.18	0.18	0.18	0.29
长途火车票	百公里直客硬座人	元/公里			0.02	0.05	0.10
电报费	普　通	元/十字			0.70	1.25	1.40
平　信	外　埠	元/封	0.08	0.08	0.08	0.13	0.20
注射费	肌肉注射	元/次	0.10	0.10	0.10	0.20	0.25
住院费	普通床位	元/天				2.50	4.00
学杂费	高中学生	元/学期	2.50	2.50	2.50	12.00	49.00
保育费	幼儿日托	元/月			4.00	4.00	13.00
电影票	首轮甲等票	元/张		0.20	0.25	0.60	7.00
公园门票	大明湖	元/张	0.03	0.03	0.03	0.30	4.33
理　发	男理一级全活	元/次	0.30	0.30	0.45	1.30	5.63
洗　澡		元/次	0.24	0.24	0.30	0.58	5.00
干　洗	西服一套	元/套				4.96	5.50
胶　卷	进口 135 彩色 21 锭 36 张	元/卷				19.29	19.31
省　报	大众日报	元/份				0.15	0.40
课　本	高中语文一年级	元/本				2.00	2.55
党　参	一　等	元/千克	10.90	11.00	8.50	20.67	18.17
银　花	一　等	元/千克	6.65	8.00	18.00	28.00	70.00

2000年	2005年	2008年	2009年	2010年	2011年	2012年	2013年
6.53	8.64	9.60	10.50	10.44	10.45	13.00	13.00
5.98	10.41	18.66	16.84	16.72	19.60	20.00	20.00
10.52	16.10	21.50	21.00	23.21	23.35	30.00	30.00
13.38	13.43	11.50	11.50	10.15	16.75	16.00	16.55
59.83	94.75	106.00	107.00	97.25	98.00	85.00	89.00
641.00	1389.61	1536.84	1504.39	1583.88	1652.16	2048.00	
141.42	299.85	346.70	336.44	337.27	333.97	349.00	493.87
110.38	117.78	109.22	112.40	113.99	130.67	147.83	116.67
75.50	103.81	99.28	103.76	80.97	60.67	89.19	66.67
1.73	2.47	3.91	3.97	4.06	4.22	4.50	4.86
5.13	6.81	9.10	9.14	9.57	9.67	9.47	9.47
394.33	350.00	375.00	370.00	360.00	360.00	400.00	
363.88	397.34	398.00	358.00	358.00	358.00	398.00	
222.25	342.52	278.50	399.10	409.00	455.98	473.38	486.50
5.66	6.85	8.65	10.62	11.05	12.30	11.00	11.00
1105.73	1234.42						
		5990.42	6110.45	4699.00	2800.00	2699.00	
							8599.00
1050.00	1350.00	1470.83	1481.67	1675.42	1835.00	1880.00	
25.80	48.00	71.32	87.60	93.65	99.70	99.70	99.70
2.94	5.19	7.45	6.42	7.14	7.84	8.04	7.87
1.60	2.78	2.95	2.95	3.15	3.15	3.15	3.15
1.42	2.07	2.07	2.07	2.18	2.18	2.18	2.18
0.43	0.53	0.55	0.55	0.55	0.55	0.55	0.55
0.14	0.17	0.18	0.18	0.18	0.18	0.15	0.15
1.40	1.40	1.40	1.40	1.40	1.40		
0.80	0.80	1.20	1.20	1.20	1.20	1.20	1.20
1.67	2.00	1.60	1.97	2.00	2.00	2.00	2.00
7.67	15.00	20.00	21.53	26.67	26.67	26.67	26.67
600.00	800.00	800.00	800.00	800.00	800.00	800.00	800.00
90.00	117.00	117.00	117.00	117.00	117.00	120.00	120.00
15.17	28.61	30.42	32.78	47.50	50.00	60.00	60.00
13.48	15.63	30.00	30.00	30.00	30.00	30.00	30.00
10.00	17.50	19.50	20.50	20.50	20.50	20.67	25.00
8.00	12.00	29.33	30.00	30.00	38.00	38.00	38.00
8.00	15.00	11.25	14.08	15.50	15.50	17.79	20.00
22.13	22.22	19.95	19.95	20.00	22.00	25.00	25.00
0.50	0.60	0.60	0.60	0.60	0.60	1.00	1.00
6.41	4.60	4.77	5.34	6.47	6.47	6.47	6.47
43.00	37.50	43.33	42.00	45.08	115.40	210.00	314.40
93.00	87.22	145.83	218.89	325.00	420.65	368.81	314.10

9-5 鲜菜价格指数（以上年价格为100）

Vegetable Price Indices (Preceding last year=100)

单位：%

商品名称	2008年	2009年	2010年	2011年	2012年	2013年
大白菜	98.31	108.36	141.53	100.46	91.18	93.57
卷心菜	94.43	167.05	118.92	98.18	109.40	93.43
菠　菜	97.03	177.21	157.80	100.94	120.70	93.37
油　菜	103.28	192.81	131.98	107.54	110.26	97.51
芹　菜	110.41	109.24	134.31	105.25	100.99	102.81
韭　菜	117.55	113.75	141.25	121.06	92.09	96.48
菜　花	105.07	143.71	120.96	110.09	100.27	96.26
生　笋	107.33	140.97	111.73	116.14	120.09	106.16
黄　瓜	106.37	124.83	110.73	104.12	104.12	101.99
冬　瓜	121.01	122.52	106.70	111.52	104.80	92.34
西红柿	116.19	115.43	121.08	106.70	99.20	103.62
茄　子	112.73	104.32	130.74	92.81	105.51	107.13
萝　卜	113.91	146.88	122.20	114.13	88.67	106.55
胡萝卜	131.41	166.83	115.60	107.05	93.02	105.83
青　椒	110.30	114.44	103.17	113.96	107.48	94.7
豆　角	108.74	131.13	103.09	118.63	94.92	103.02
园葱头	102.12	200.68	119.01	93.84	107.08	111.11
大　葱	178.54	102.42	109.51	104.34	130.54	82.84
大　蒜	66.96	190.93	253.80	78.78	82.43	80.81
蒜　苔	124.03	128.00	137.26	103.00	93.62	102.67
莲　藕	106.99	134.52	114.64	107.54	108.88	86.65
豆　芽	145.61	131.51	116.34	111.04	106.63	109.02
生　姜	120.10	122.56	176.05	80.40	61.74	171.12
马铃薯	113.52	119.55	125.59	89.38	71.70	124.48

9-6 房地产价格指数（2013）

Price Indices of Real Estate

单位：%

指　　标	一季度	二季度	三季度	四季度
(以上年同期价格为 100)				
土地交易价格指数总计	100.3	100.1	100.3	100.7
居住用地	99.6	100.6	100.8	101.2
工业用地	99.9	98.4	98.6	99.3
商业营业用地	101.3	100.9	100.8	100.6
其它用地	100.2	100.1	100.0	100.0
住宅租赁价格指数总计	103.7	103.3	104.3	104.9
经济适用房	100.0	100.0	100.0	100.0
廉租房	100.0	100.0	100.0	100.0
商品住宅	104.0	103.6	104.7	105.3
(以上季价格为 100)				
土地交易价格指数总计	100.1	100.0	100.1	100.5
居住用地	100.5	100.0	100.1	100.6
工业用地	98.4	100.2	100.1	100.6
商业营业用地	100.4	99.8	100.1	100.2
其它用地				
住宅租赁价格指数总计	102.3	100.8	101.0	100.8
经济适用房	100.0			100.0
廉租房	100.0	100.0	100.0	100.0
商品住宅	102.5	100.9	101.0	100.8

9-7 工业生产者购进价格指数（2013年，以上月价格为100）

Purchasing Price Index for Industrial Producers（2013，Preceding Last Month=100）

单位：%

项目名称	1月	2月	3月	4月	5月	6月
总指数	99.9	100.3	100.2	99.4	99.2	99.6
按初级中间最终产品分						
⑴初级产品	100.5	100.8	101.0	97.9	98.4	98.9
1.农产品	101.1	101.1	99.3	99.5	100.3	100.7
2.矿产品	100.4	100.7	101.6	97.2	97.6	98.2
3.废料	99.3	100.7	100.1	99.9	100.6	100.2
⑵中间产品	99.7	100.2	99.9	100.0	99.5	99.9
九大类原材料购进价格指数						
⑴燃料、动力类	99.8	100.4	101.1	98.3	98.5	99.2
⑵黑色金属材料类	102.1	100.4	99.1	100.1	99.0	98.9
1.钢材	101.5	100.3	99.7	100.1	98.9	98.9
2.其它	102.8	100.5	98.5	100.1	99.2	98.9
⑶有色金属材料及电线类	99.5	100.4	98.3	99.3	98.7	99.4
⑷化工原料类	99.9	99.9	99.7	100.6	99.4	100.0
⑸木材及纸浆类	99.6	99.8	100.0	99.9	100.3	100.6
⑹建筑材料及非金属类	99.7	100.0	99.9	100.0	99.3	99.9
⑺其它工业原材料及半成品类	98.4	100.5	100.2	100.0	100.0	100.1
⑻农副产品类	101.2	101.1	99.2	99.5	100.3	100.7
⑼纺织原料类	99.7	100.2	100.3	100.2	100.0	99.8

9-7 续

项目名称	7月	8月	9月	10月	11月	12月
总指数	99.6	100.2	100.2	100.2	99.6	100.0
按初级中间最终产品分						
⑴初级产品	99.4	100.7	100.7	100.6	99.0	99.8
1.农产品	99.8	100.5	100.4	99.6	100.0	99.9
2.矿产品	99.2	100.8	100.8	101.0	98.5	99.7
3.废料	100.0	100.0	100.0	100.1	100.0	100.0
⑵中间产品	99.6	100.1	100.1	100.1	99.9	100.0
九大类原材料购进价格指数						
⑴燃料、动力类	99.3	100.3	100.3	100.7	99.1	99.7
⑵黑色金属材料类	99.6	100.0	100.2	99.6	100.0	100.1
1.钢材	99.5	100.0	100.2	99.4	99.7	100.0
2.其它	99.8	100.1	100.2	99.9	100.3	100.2
⑶有色金属材料及电线类	98.3	100.0	100.3	99.6	100.1	100.0
⑷化工原料类	99.9	100.7	100.4	100.5	100.1	100.0
⑸木材及纸浆类	99.7	100.2	99.8	100.0	100.0	100.1
⑹建筑材料及非金属类	99.9	100.0	100.1	100.1	100.0	100.3
⑺其它工业原材料及半成品类	99.9	99.9	100.1	100.0	99.8	100.4
⑻农副产品类	99.8	100.5	100.4	99.6	100.1	99.9
⑼纺织原料类	99.7	100.2	100.0	99.6	99.8	100.0

9-8 工业生产者购进价格指数（2013年，以上年同期价格为100）

Purchasing Price Index for Industrial Producers (2013,Preceding Last Year=100)

单位：%

项目名称	全年	1月	2月	3月	4月	5月	6月
总指数	97.8	97.7	97.7	98.1	96.9	96.6	97.2
按初级中间最终产品分							
⑴初级产品	95.6	95.7	94.7	95.9	92.2	92.0	93.9
1.农产品	101.6	102.0	102.0	101.7	100.8	100.5	101.0
2.矿产品	93.4	93.6	92.2	93.9	89.2	88.9	91.3
3.废料	98.6	96.9	97.8	98.0	97.9	98.5	98.1
⑵中间产品	98.6	98.4	98.7	98.8	98.5	98.2	98.3
九大类原材料购进价格指数							
⑴燃料、动力类	96.3	96.9	96.3	97.7	94.4	94.0	95.3
⑵黑色金属材料类	97.7	98.2	98.2	97.7	96.9	96.2	96.1
1.钢材	96.3	95.3	96.0	96.1	95.7	95.3	95.0
2.其它	99.2	101.3	100.6	99.4	98.2	97.1	97.3
⑶有色金属材料及电线类	96.2	98.4	98.2	96.9	97.7	96.3	97.1
⑷化工原料类	99.1	97.8	97.9	97.0	97.9	98.0	98.3
⑸木材及纸浆类	99.0	99.4	98.2	98.1	98.1	97.4	98.9
⑹建筑材料及非金属类	99.4	98.8	98.7	98.8	99.4	99.0	98.8
⑺其它工业原材料及半成品类	98.5	97.0	98.1	98.6	98.7	98.7	98.9
⑻农副产品类	101.6	102.1	102.0	101.8	100.8	100.4	101.0
⑼纺织原料类	98.8	96.4	97.4	99.5	98.9	98.9	98.7

9-8 续

项目名称	7月	8月	9月	10月	11月	12月
总指数	98.2	98.7	98.1	98.1	98.4	98.6
按初级中间最终产品分						
⑴初级产品	97.7	98.6	96.2	96.1	97.2	97.6
1.农产品	100.9	101.7	100.9	102.4	102.8	102.1
2.矿产品	96.6	97.6	94.5	93.8	95.0	95.8
3.废料	98.0	98.3	98.0	100.0	101.0	101.0
⑵中间产品	98.4	98.8	98.7	98.7	98.8	98.9
九大类原材料购进价格指数						
⑴燃料、动力类	97.8	98.3	96.2	95.9	96.4	96.7
⑵黑色金属材料类	96.1	97.4	99.0	98.6	99.1	99.2
1.钢材	94.7	96.4	97.9	97.4	98.2	98.1
2.其它	97.6	98.4	100.1	99.9	100.1	100.4
⑶有色金属材料及电线类	95.2	96.2	95.3	94.8	94.0	94.1
⑷化工原料类	98.8	99.8	100.4	100.8	101.2	101.1
⑸木材及纸浆类	99.0	99.8	99.6	99.7	99.5	99.9
⑹建筑材料及非金属类	100.3	100.4	99.9	99.5	99.3	99.2
⑺其它工业原材料及半成品类	98.7	98.5	98.4	98.6	98.6	99.2
⑻农副产品类	100.9	101.8	100.9	102.5	102.9	102.2
⑼纺织原料类	98.9	99.3	99.2	98.9	99.6	99.6

9-9 工业生产者出厂

Producer Price Index for Manufactured

项目名称	1月	2月	3月	4月	5月
总指数	100.5	100.3	99.9	100.0	99.6
㈠核心指数	100.6	100.4	99.7	100.2	99.6
㈡高技术	100.2	100.3	100.2	99.9	100.0
㈢能源	99.9	99.9	101.1	98.9	99.3
㈣按轻重工业分					
⑴轻工业	100.2	100.0	100.1	100.6	100.0
1.以农产品为原料	100.5	100.0	100.2	101.0	100.0
2.以非农产品为原料	99.7	100.0	99.9	99.8	99.8
⑵重工业	100.5	100.4	99.9	99.9	99.5
1.采掘	100.2	100.3	100.0	99.6	98.6
2.原料	100.1	100.0	100.8	98.9	99.4
3.加工	100.7	100.4	99.6	100.1	99.6
㈤按生产生活资料分					
⑴生产资料	100.5	100.4	99.9	100.0	99.5
1.采掘	100.2	100.3	100.0	99.6	98.6
2.原料	100.1	100.0	100.7	98.8	99.3
3.加工	100.7	100.4	99.7	100.3	99.6
⑵生活资料	100.2	100.0	99.9	99.9	100.1
1.食品	100.6	100.0	100.1	100.0	100.3
2.衣着	100.6	100.7	100.3	100.5	100.3
3.一般日用品	99.9	100.2	99.9	99.7	100.0
4.耐用消费品	99.8	99.7	99.6	99.6	99.5
㈥按初级中间最终产品分					
⑴初级产品	100.1	100.3	100.0	99.7	98.8
1.矿产品	100.2	100.3	100.0	99.6	98.6
2.废料	100.0	100.0	100.0	100.0	100.0
⑵中间产品	100.7	100.3	99.9	100.0	99.5
⑶最终产品	100.0	100.1	100.1	99.8	99.9
1.最终投资品	100.0	100.2	100.1	99.8	99.8
2.最终消费品	100.2	100.0	100.0	99.9	100.0
㈦按工业部门分					
⑴冶金工业	102.5	101.7	98.6	100.2	98.4
⑵ 电力工业	99.9	99.9	100.4	100.0	99.9
⑶煤炭及炼焦工业	99.6	99.9	100.0	100.4	98.8
⑷石油工业	99.9	99.9	102.0	97.7	99.0
⑸化学工业	100.7	99.8	100.3	99.6	99.9
⑹机械工业	100.0	100.2	99.8	100.0	99.8
⑺建筑材料工业	99.5	99.9	99.9	101.0	100.2
⑻森林工业	100.1	100.1	100.2	100.2	99.6
⑼食品工业	100.7	100.0	100.1	100.0	100.3
⑽纺织工业	100.4	100.1	100.8	106.8	99.0
⑾缝纫工业	101.7	100.1	100.4	100.0	100.2
⑿皮革工业	96.1	103.6	100.0	102.6	100.8
⒀造纸工业	99.5	99.4	99.5	100.8	99.0
⒁文教艺术用品工业	99.9	100.0	99.9	100.2	99.9
⒂其它工业	100.0	100.4	99.9	99.8	100.4

价格总指数 (2013年，以上月价格为100)

Goods (2013,Preceding last month=100)

单位：%

6月	7月	8月	9月	10月	11月	12月
99.4	100.3	100.2	100.3	99.8	99.6	100.0
99.3	100.4	100.2	100.3	99.8	99.7	100.0
100.1	100.3	100.2	99.8	100.3	99.9	100.6
99.4	100.1	100.5	100.3	99.9	99.2	99.9
100.1	99.7	100.0	100.1	99.8	99.9	100.1
100.4	99.7	100.1	100.1	99.9	99.8	100.1
99.7	99.8	99.9	100.1	99.8	100.0	100.1
99.3	100.4	100.2	100.3	99.8	99.6	100.0
99.7	100.0	100.4	99.7	98.1	100.4	98.8
99.3	99.8	100.8	100.4	100.2	99.5	100.2
99.3	100.5	100.1	100.3	99.7	99.6	99.9
99.3	100.4	100.2	100.3	99.8	99.5	99.9
99.7	100.0	100.4	99.7	98.1	100.4	98.8
99.3	99.8	100.7	100.4	100.1	99.4	100.2
99.3	100.5	100.1	100.3	99.7	99.6	99.9
100.1	99.8	100.3	100.0	99.9	100.0	100.3
100.5	99.7	100.3	100.1	100.1	99.9	100.4
100.6	99.7	101.2	100.3	100.0	100.4	99.1
99.8	100.0	100.3	99.8	99.6	99.9	100.5
99.4	99.7	99.9	100.0	99.7	100.3	100.1
99.7	100.0	100.3	99.7	98.3	100.3	98.9
99.7	100.0	100.4	99.7	98.1	100.4	98.8
100.0	100.0	100.0	100.0	100.0	100.0	100.0
99.3	100.3	100.3	100.4	99.9	99.4	100.0
99.9	100.0	100.1	100.0	100.0	99.9	100.0
99.9	100.0	100.0	100.0	100.0	99.9	100.0
100.1	99.8	100.2	100.0	99.9	100.0	100.2
96.9	101.8	101.3	101.7	99.2	97.7	99.9
100.1	99.9	100.0	99.9	100.2	99.7	99.6
100.0	100.0	100.0	99.8	98.5	100.5	99.3
98.9	100.2	101.0	100.7	100.1	98.5	100.2
99.7	100.2	100.2	100.2	100.0	100.3	100.4
99.9	100.0	99.9	99.9	99.9	100.0	100.0
99.5	100.1	99.5	100.1	99.4	100.8	99.2
100.0	100.1	100.0	99.9	100.0	100.0	102.3
100.5	99.7	100.2	100.0	100.1	99.9	100.4
100.3	99.3	99.0	100.4	98.4	99.7	98.3
100.4	99.8	100.0	101.2	100.0	100.5	98.8
101.3	99.5	106.3	97.1	100.0	100.0	100.0
99.7	99.9	100.0	100.4	99.6	98.8	100.7
99.5	100.2	100.0	100.0	100.1	99.8	100.4
100.4	99.6	100.5	100.2	101.5	100.5	99.8

9-10 工业生产者出厂

Producer Price Index for Manufactured

项目名称	全年	1月	2月	3月	4月	5月
总指数	98.8	98.5	98.9	98.3	98.0	97.9
㈠核心指数	98.5	97.9	98.5	98.0	97.8	97.7
㈡高技术	100.6	99.9	100.5	101.0	100.5	100.0
㈢能源	98.6	100.6	99.0	98.2	96.8	97.0
㈣按轻重工业分						
⑴轻工业	100.8	100.2	100.6	100.5	101.0	100.9
1.以农产品为原料	102.1	101.6	101.6	101.5	102.2	102.3
2.以非农产品为原料	98.6	98.0	98.9	99.1	99.0	98.7
⑵重工业	98.4	98.1	98.5	97.8	97.4	97.3
1.采掘	92.7	88.6	86.6	86.8	89.4	90.1
2.原料	98.3	99.2	98.7	97.9	96.5	96.7
3.加工	98.5	98.0	98.6	97.9	97.7	97.5
㈤按生产生活资料分						
⑴生产资料	98.4	98.0	98.4	97.7	97.4	97.2
1.采掘	92.7	88.6	86.6	86.8	89.4	90.1
2.原料	98.0	99.1	98.5	97.7	96.1	96.4
3.加工	98.6	97.9	98.5	97.8	97.8	97.5
⑵生活资料	100.8	100.7	101.1	101.1	100.9	101.2
1.食品	101.6	101.4	101.4	101.2	101.3	101.5
2.衣着	103.4	100.7	102.4	102.6	101.9	102.6
3.一般日用品	100.0	98.5	100.0	100.1	99.9	100.8
4.耐用消费品	99.3	101.6	101.3	101.7	101.2	100.6
㈥按初级中间最终产品分						
⑴初级产品	93.7	90.2	88.4	88.6	90.9	91.5
1.矿产品	92.7	88.6	86.6	86.8	89.4	90.1
2.废料	100.0	100.0	100.0	100.0	100.0	100.0
⑵中间产品	98.6	98.0	98.5	97.7	97.4	97.3
⑶最终产品	99.7	100.1	100.1	99.9	99.5	99.4
1.最终投资品	99.4	99.9	99.8	99.5	99.0	98.9
2.最终消费品	100.7	100.7	100.8	101.0	100.8	101.0
㈦按工业部门分						
⑴冶金工业	93.4	90.0	92.1	90.2	89.3	89.7
⑵ 电力工业	100.1	100.8	100.0	100.3	100.3	100.1
⑶煤炭及炼焦工业	96.2	94.7	94.5	94.5	96.4	95.8
⑷石油工业	98.0	101.9	99.4	97.7	94.4	95.1
⑸化学工业	99.0	98.4	98.8	98.3	97.8	98.1
⑹机械工业	99.6	100.2	100.3	100.1	100.0	99.5
⑺建筑材料工业	98.8	98.1	98.4	98.5	99.1	98.9
⑻森林工业	99.9	98.4	98.5	98.6	99.4	99.5
⑼食品工业	101.9	102.2	102.0	101.8	101.8	101.9
⑽纺织工业	105.2	101.0	102.1	101.6	107.4	107.3
⑾缝纫工业	102.9	101.3	102.6	102.9	102.1	102.3
⑿皮革工业	105.8	98.3	101.6	101.6	100.8	103.9
⒀造纸工业	97.1	98.0	97.4	97.3	98.0	97.2
⒁文教艺术用品工业	100.0	97.1	101.1	100.9	101.0	100.9
⒂其它工业	100.1	97.9	98.7	98.9	98.7	99.3

价格总指数 (2013年，以上年同期价格为100)

Goods (2013,Preceding last year=100)

单位：%

6月	7月	8月	9月	10月	11月	12月
98.0	98.4	99.4	99.7	99.6	99.5	99.9
97.4	97.8	99.0	99.6	99.6	99.5	99.9
100.2	100.8	99.9	100.0	101.3	101.2	101.8
98.5	99.8	99.9	99.1	98.2	97.7	98.4
101.2	100.6	101.2	101.0	100.7	100.5	100.6
102.8	102.3	102.4	102.5	102.2	101.9	101.9
98.7	98.0	99.2	98.6	98.4	98.3	98.6
97.2	97.9	99.0	99.4	99.4	99.2	99.7
91.3	96.0	97.9	98.8	96.6	97.0	95.7
97.8	98.4	99.0	99.0	99.2	98.7	99.3
97.2	97.8	99.1	99.6	99.5	99.4	99.9
97.3	98.0	99.0	99.5	99.5	99.3	99.8
91.3	96.0	97.9	98.8	96.6	97.0	95.7
97.5	98.1	98.6	98.6	98.7	98.2	98.8
97.3	98.0	99.2	99.8	99.7	99.6	100.0
101.1	100.2	101.1	100.6	100.4	100.3	100.5
102.0	101.5	101.8	101.8	101.9	101.8	102.0
103.9	102.4	104.9	104.4	106.0	105.4	103.9
100.9	99.6	101.6	100.1	99.2	99.3	99.6
99.1	97.8	98.2	97.9	97.4	97.1	97.4
92.6	96.6	98.2	98.9	97.1	97.4	96.3
91.3	96.0	97.9	98.8	96.6	97.0	95.7
100.0	100.0	100.0	100.0	100.0	100.0	100.0
97.4	98.0	99.4	99.8	99.8	99.5	100.0
99.8	99.7	99.8	99.6	99.5	99.6	99.8
99.3	99.5	99.3	99.3	99.2	99.4	99.6
101.0	100.2	101.0	100.6	100.5	100.3	100.4
88.0	90.5	97.2	99.8	99.1	97.7	99.7
100.2	100.2	100.3	100.2	100.2	99.7	99.4
96.1	97.0	97.6	98.0	96.5	97.1	96.7
97.9	100.2	100.1	98.6	97.2	96.4	98.0
98.4	98.2	99.4	99.3	99.9	100.8	101.2
99.6	99.5	99.2	99.2	99.3	99.3	99.4
98.7	98.8	98.6	98.9	98.6	99.2	98.9
99.7	100.2	100.2	100.5	100.5	100.5	102.6
102.5	102.0	102.0	101.7	101.7	101.7	102.0
107.5	107.2	106.3	108.5	106.4	104.8	102.3
102.7	101.6	103.0	103.8	104.7	104.1	103.1
108.6	105.7	112.8	106.7	111.5	110.8	107.1
96.7	96.6	97.2	97.8	96.4	96.0	97.2
100.3	99.7	99.6	99.7	99.8	99.7	100.0
99.4	99.4	100.0	101.1	102.2	103.2	103.0

9-11 住宅销售价格指数（2013 年，以上月价格为 100）

Sales Price of Residential Buildings（2013,Preceding last month=100）

单位：%

指　　标	1 月	2 月	3 月	4 月	5 月	6 月
新建住宅	100.8	100.9	100.9	101.1	100.6	100.5
保障性住房						
新建商品住宅	100.8	100.9	100.9	101.1	100.6	100.5
90 平方米及以下	100.8	101.0	101.0	101.1	100.9	100.9
90-144 平方米	100.9	100.9	100.8	101.0	100.7	100.5
144 平方米以上	100.6	100.7	101.0	101.4	100.4	100.4
二手住宅	100.1	100.6	100.2	100.3	100.4	100.3
90 平方米及以下	99.3	100.4	100.3	100.3	100.4	100.3
90-144 平方米	100.8	100.6	100.1	100.2	100.3	100.5
144 平方米以上	101.6	100.8	100.1	100.4	100.5	100.2

9-11 续

指　　标	7 月	8 月	9 月	10 月	11 月	12 月
新建住宅	101.0	101.0	100.6	100.5	100.6	100.5
保障性住房						
新建商品住宅	101.0	101.0	100.6	100.5	100.6	100.5
90 平方米及以下	100.8	101.2	100.6	100.6	100.7	100.9
90-144 平方米	100.9	100.8	100.5	100.6	100.4	100.4
144 平方米以上	101.4	101.2	100.8	100.3	101.0	100.5
二手住宅	100.6	100.4	100.3	100.3	100.2	100.4
90 平方米及以下	100.7	100.4	100.0	100.2	100.4	100.5
90-144 平方米	100.4	100.3	100.9	100.6	99.9	100.4
144 平方米以上	100.6	100.4	100.3	100.3	100.3	100.3

9-12 住宅销售价格指数（2013年，以上年同期价格为100）

Sales Price of Residential Buildings （2013,Preceding last year=100）

单位：%

指　标	1月	2月	3月	4月	5月	6月
新建住宅	100.9	101.7	102.9	104.7	105.5	106.0
保障性住房						
新建商品住宅	100.9	101.7	102.9	104.7	105.5	106.0
90平方米及以下	101.0	101.9	103.1	105.1	106.2	107.1
90-144平方米	101.7	102.6	103.5	105.0	105.9	106.4
144平方米以上	99.5	100.2	101.6	103.8	104.4	104.9
二手住宅	99.5	100.1	100.6	100.8	101.4	102.0
90平方米及以下	97.2	97.6	97.9	98.1	98.5	99.5
90-144平方米	102.0	103.0	103.4	103.7	104.3	104.7
144平方米以上	101.7	102.7	103.4	103.8	105.1	104.6

9-12续

指　标	7月	8月	9月	10月	11月	12月
新建住宅	106.9	107.6	108.2	108.7	109.3	109.4
保障性住房						
新建商品住宅	106.9	107.6	108.2	108.7	109.3	109.4
90平方米及以下	107.6	108.6	109.1	109.6	110.2	111.0
90-144平方米	107.0	107.5	108.1	108.6	108.9	108.7
144平方米以上	106.3	107.3	108.0	108.3	109.5	110.1
二手住宅	102.5	102.7	103.1	103.5	103.9	104.3
90平方米及以下	100.4	100.8	100.9	101.4	102.4	103.2
90-144平方米	104.1	104.1	104.8	105.4	105.2	105.2
144平方米以上	106.1	106.0	106.8	106.3	106.4	106.2

9-13 主要年份工业生产者出厂、购进价格指数（以上年价格为100）

Purchasing Price Index for Industrial Producers and Producer Price Index for Manufactured Goods in Main Years (Preceding last year=100)

单位：%

年　份	工业生产者出厂价格指数	工业生产者购进价格指数
1998	94.5	95.2
1999	98.9	97.6
2000	104.8	114.5
2001	99.8	101.4
2002	97.9	100.4
2003	103.2	111.2
2004	106.7	116.4
2005	102.3	111.3
2006	100.2	105.6
2007	103.9	105.0
2008	109.2	116.9
2009	96.2	94.3
2010	104.7	109.9
2011	105.3	108.2
2012	98.4	99.4
2013	98.8	97.8

主要统计指标解释

Explanatory Notes on Main Statistical Indicators

居民消费价格 是指城乡居民支付生活消费品和服务项目消费的价格，是社会产品和服务项目的最终价格，同人民生活密切相关，在整个国民经济价格体系中具有极为重要的地位。

居民消费价格指数 是度量一组代表性消费品及服务项目价格水平随着时间而变动的相对数,反映居民家庭购买的消费品及服务项目价格水平的变动情况。它是宏观经济分析和决策、价格总水平监测和调控以及国民经济核算的重要指标。其按年度计算的变动率通常被用来作为反映通货膨胀（或紧缩）程度的指标。

按用途划分为8个大类，包括食品、烟酒、衣着、家庭设备用品及维修服务、医疗保健及个人用品、交通和通信、娱乐教育文化用品及服务、居住等。下设262个基本分类，我市根据国家规定，确定代表规格品592种。对比基期分类分别为2010年（定基）、上年同月、上月和上年12 月。定基价格指数是从2001年开始编制的。

商品零售价格 是指工业、商业、餐饮业和其它零售企业向城乡居民、机关团体出售生活消费品和办公用品的价格。

商品零售价格指数 是反映一定时期内商品零售价格变动趋势和变动程度的相对数。

商品零售价格的调查范围涉及到各种类型的工业、商业、餐饮业和其它行业的零售商品以及农民对非农业居民出售商品的价格。包括食品、饮料烟酒、服装鞋帽、纺织品、家用电器及音像器材、文化办公用品、日用品、体育娱乐用品、交通通信用品、家具、化妆品、金银珠宝、中西药品及医疗保健用品、书报杂志及电子出版物、燃料、建筑材料及五金电料等16 个大类，229个基本分类的商品零售价格。

工业生产者价格 工业生产者价格包括工业企业产品第一次出售时的出厂价格和企业作为中间投入的原材料、燃料、动力购进价格（简称工业生产者购进价格）。工业生产者价格调查的目的在于及时、准确、科学地反映各工业行业产品价格水平及其变动趋势和幅度，为国民经济核算、计算工业发展速度、宏观经济分析和调控、理顺价格体系等提供科学、准确的依据。

土地交易价格 指房地产开发商或其他建设单位在进行项目开发之前，为获得土地使用权而实际支付的价格，不包括土地的后续开发费用、税费、各种手续费和拆迁费等。

住宅销售价格 指房产所有权转移时买卖双方实际成交的价格（合同价格）。房产买卖时，买房人购买的是房产的所有权，卖房人将房产所有权出让，同时要获得房产所有权出让的价格补偿。它主要包括新建住宅销售和二手住宅销售两部分。

住宅租赁价格 指房屋的所有人出租房屋的实际价格。在此种交易形式中，房屋所有权不变，承租者支付房租，获得一定时期内的房屋使用权；出租者放弃或出让一定时期内的房屋使用权。

10

人民生活

PEOPLE´S LIVELIHOOD

10-1 人民物质文化生活提高情况

Improvement in People`s Material and Cultural Life

指　　标	单位	1978 年	1990 年	2000 年	2010 年	2012 年	2013 年
就　业							
每一农村劳动力负担人数	人	1.70	1.61	1.40	1.35	1.39	1.40
每一城市就业者负担人数	人	1.89	1.72	1.71	1.67	1.72	–
城镇登记失业率	%			3.70	3.84	3.08	2.4
收入与支出							
农村居民家庭人均纯收入	元	111	731	3047	8903	11786	13248
农村居民家庭人均生活费支出	元	83	570	1977	5407	6932	7799
农村居民恩格尔系数	%	69.9	50.5	43.5	33.6	35.6	33.9
农村居民基尼系数		0.20	0.23	0.25	0.32	0.30	0.30
城市居民家庭人均可支配收入	元	338	1620	8471	25321	32570	35648
城市居民家庭人均消费性支出	元	318	1360	6892	15973	20032	21667
城市居民恩格尔系数	%	57.1	57.5	34.6	31.6	30.8	30.6
城市居民基尼系数			0.16	0.26	0.25	0.26	–
职工年平均工资	元	578	2211	10422	37854	45924	53650
居民储蓄							
城乡居民年末储蓄存款余额	亿元	1.3	51.1	463.0	2187.7	2888.7	3267.8
人均储蓄存款余额	元	28.5	975.5	8229.6	36239	47418	56165
住房面积							
农村人均住房面积	平方米	9.6	22.5	28.6	40.2	42.9	43.9
城市人均住宅居住面积	平方米	4.1	7.5	10.5	29.7	–	–
交通通讯							
农村每百户拥有摩托车	辆		4.0	61.0	84.9	62.5	64.8
城市每百户拥有摩托车	辆		7.7	34.3	13.3	10.3	10.2
城市公用事业							
自来水普及率	%	99.0	100.0	100.0	100.0	100.0	100.0
每万人拥有公共绿地	公顷	1.6	4.0	7.2	11.3	11.2	11.3
文化生活							
城市每百户拥有彩色电视机	台	–	61.3	132.3	115.5	116.3	118.0
农村每百户拥有彩色电视机	台	–	70.0	125.0	122.2	118.1	118.9
教育卫生							
每万人口中在校大学生数	人	22.23	71.24	165.29	1064.0	1085.0	1190.0
每万人拥有卫生技术人员	人	10.98	59.45	63.40	65.2	72.8	94.1
每万人拥有医院病床	张	22.01	32.88	38.57	52.9	64.0	74.1

注：1、城市居民家庭人均消费性支出 1990 年以前为生活费支出。

2、城市人均居住面积 2010 年以后为人均建筑面积。

10-2 各时期城市居民生活情况

Basic Conditions of Urban Households in Each Period

年份	人均可支配收入（元）	人均消费性支出(元)	人均食品支出	就业者负担人数(人)	人均住宅居住面积（平方米）
1949	64.53	61.30	37.39		4.09
1978	337.80	317.88	181.56	1.89	4.06
1981	487.19	452.77	256.67	1.73	4.40
1982	502.97	468.03	275.30	1.70	4.57
1983	552.37	484.87	293.32	1.66	4.93
1984	671.89	537.27	326.97	1.69	5.10
1985	783.00	703.82	397.33	1.68	5.21
“七五”时期					
1986	946.46	836.50	474.62	1.70	7.40
1987	1057.48	943.58	534.12	1.73	7.30
1988	1272.83	1150.44	635.11	1.70	7.50
1989	1487.91	1355.64	745.32	1.71	7.50
1990	1619.50	1360.08	781.58	1.72	7.50
“八五”时期					
1991	1854.33	1569.26	896.62	1.71	7.60
1992	2148.49	1781.21	979.03	1.73	7.65
1993	2873.94	2394.03	1146.02	1.74	7.80
1994	3951.94	3224.73	1566.59	1.72	7.90
1995	4720.55	3830.38	1823.64	1.80	8.00
“九五”时期					
1996	5681.49	4422.91	2161.00	1.71	8.00
1997	6261.21	5210.40	2185.11	1.62	8.10
1998	6757.12	5440.10	2179.99	1.61	9.89
1999	7162.48	6415.39	2204.76	1.66	10.00
2000	8471.32	6891.75	2387.06	1.71	10.50
“十五”时期					
2001	9564.99	7465.04	2386.84	1.74	10.70
2002	10094.13	7818.33	2575.21	1.72	17.83
2003	11012.86	8395.36	2610.75	1.68	18.85
2004	12005.06	8580.54	2784.87	1.65	19.50
2005	13578.46	9226.61	3046.93	1.73	19.55
“十一五”时期					
2006	15340.17	10713.13	3335.31	1.74	20.1
2007	18005.10	12389.69	3900.91	1.72	21.0
2008	20802.17	13904.59	4466.18	1.87	21.5
2009	22721.65	14764.28	4836.78	1.86	29.4
2010	25321.06	15973.32	5051.18	1.67	29.7
“十二五”时期					
2011	28891.97	18045.58	5722.65	1.71	30.3
2012	32569.75	20031.67	6162.16	1.72	–
2013	35647.59	21666.94	6624.32	–	–

注：1、可支配收入 1983 年以前为生活费收入，消费性支出 1992 年以前为生活费支出。

2、从 2002 年开始，“居民住宅居住面积”改为“使用面积”，2009 年改为“建筑面积”。

10-3　主要年份城市居民消费性支出构成

Capita Living Expenditure Compisition of Urban Households in Major Years

指　　标	1985 年	1990 年	1995 年	2000 年	2005 年	2010 年	2012 年	2013 年
消费性支出	100.00	100.00	100.00	100.00	100.00	100.00	100.00	100.00
食　　品	56.45	57.47	47.61	34.64	33.02	31.62	30.76	30.57
衣　　着	13.97	13.17	13.36	10.98	10.02	11.78	11.69	11.68
设备用品及服务	10.45	10.44	10.17	11.69	5.81	7.16	7.60	7.54
医疗保健	0.58	1.27	3.07	6.61	8.60	7.40	7.07	7.14
交通和通讯	1.67	1.81	6.80	6.69	15.70	16.56	17.35	18.18
娱乐教育和文化服务	9.81	8.63	7.86	15.49	12.80	11.88	12.18	12.02
居　　住	3.59	3.56	6.77	8.45	10.68	10.43	9.43	9.64
杂项商品和服务	3.48	3.65	4.36	5.46	3.36	3.15	3.92	3.89

10-4　每百户城市居民家庭主要耐用消费品拥有量

Number of Durable Consumer Goods Owned Per 100 Urban Households in Major Years

商品名称	单　位	1995 年	2000 年	2005 年	2010 年	2012 年	2013 年
摩托车	辆	13.0	34.3	30.1	13.3	10.3	10.2
助力车	辆			18.1	40.2	48.5	55.6
家用汽车	辆			5.4	22.7	27.8	30.6
洗衣机	台	91.5	100.0	97.0	93.2	97.0	97.2
电冰箱	台	92.0	99.3	97.0	96.7	100.2	100.0
彩色电视机	台	95.0	132.3	126.8	115.5	116.3	118.0
家用电脑	台		20.0	54.2	81.0	87.0	88.2
组合音响	台	10.5	29.0	26.8	16.2	19.5	19.5
摄像机	台		2.3	4.0	10.8	15.7	18.0
照相机	架	40.5	76.0	59.2	54.0	73.2	80.3
钢　琴	架		2.7	2.3	4.3	5.0	5.6
其它中高档乐器	件	6.5	12.3	6.4	3.5	5.3	6.5
微波炉	台		32.3	53.2	55.8	68.2	77.5
空调器	台	16.0	65.0	104.4	121.5	152.3	165.9
淋浴热水器	台	36.5	81.3	79.3	82.0	92.8	99.4
消毒碗柜	台			5.4	6.5	7.3	7.3
洗碗机	台			1.0	0.3	2.0	3.2
健身器材	件		4.7	6.4	4.3	5.8	6.0
住宅电话	部	38.0	86.7	88.6	46.3	52.0	50.0
移动电话	部		28.7	145.2	179.7	206.3	216.7

10-5 主要年份农村居民生活

Basic Conditions of Rural Households in Major Years

年份	农民人均纯收入（元）	人均生活费支出(元)	人均食品支出	每一劳动力负担人数（人）	人均住宅居住面积（平方米）
1952	49.4	39.2	29.2	1.8	7.5
1957	63.6	57.9	34.8	1.8	7.8
1962	67.7	59.9	36.3	1.8	8.0
1965	92.6	69.7	46.1	1.8	8.2
1970	82.7	67.2	42.2	1.7	8.5
1975	79.1	59.5	40.8	1.7	9.0
1978	110.5	83.2	58.2	1.7	9.6
1980	168.9	127.1	85.8	1.6	10.5
1985	439.2	330.5	171.1	1.6	16.9
1990	731.1	569.8	287.7	1.6	22.5
1991	810.1	610.6	303.7	1.6	23.7
1992	865.3	660.5	335.1	1.6	21.1
1993	1031.4	724.8	371.4	1.6	22.9
1994	1401.0	942.5	511.0	1.6	24.1
1995	1812.7	1373.6	770.8	1.4	24.7
1996	2328.1	1728.1	926.2	1.4	26.9
1997	2600.0	1799.7	922.0	1.4	27.1
1998	2826.4	1872.5	935.9	1.4	27.4
1999	2943.7	1841.2	876.7	1.4	28.3
2000	3046.8	1976.8	860.0	1.4	28.6
2001	3215.7	2057.8	852.5	1.5	29.9
2002	3355.8	2133.9	849.5	1.4	30.6
2003	3619.3	2316.2	900.7	1.4	32.5
2004	4198.7	2543.1	1040.4	1.4	32.9
2005	4812.3	2902.8	1134.8	1.4	33.8
2006	5480.0	3415.3	1199.8	1.4	35.3
2007	6300.1	3789.8	1423.0	1.4	37.3
2008	7180.2	4385.4	1628.2	1.4	38.7
2009	7804.8	4733.1	1686.3	1.4	39.4
2010	8903.3	5406.6	1818.3	1.4	40.2
2011	10411.8	5905.1	2147.3	1.4	41.2
2012	11786.2	6932.2	2465.4	1.4	42.9
2013	13247.6	7798.7	2640.8	1.4	43.9
2013年分地区					
市中区	14698.3	7239.1	3217.4	1.4	53.0
槐荫区	16106.7	7122.1	2830.7	1.4	38.8
天桥区	12017.8	5386.8	2164.8	1.4	29.3
历城区	14437.8	10707.6	3244.1	1.5	43.9
长清区	12694.0	5696.3	2284.0	1.3	42.7
平阴县	10835.9	6966.7	2626.4	1.4	41.5
济阳县	12121.7	6604.2	2061.6	1.3	41.1
商河县	10639.5	6544.9	2334.2	1.4	33.5
章丘市	15294.4	8943.1	2833.4	1.7	50.0

10-6 分地区农村居

Basic Conditions of Rural

指　　标	单　位	济南市	市中区	槐荫区	天桥区
调查户数	户	748	60	60	60
调查人口	人	2682	214	244	238
户均基本情况					
常住人口	人	3.46	3.57	4.07	3.96
#整半劳力	人	2.43	2.63	2.82	2.73
常住人口外出劳动人数	人	0.65	0.43	0.48	0.97
每个劳动力负担人口	人	1.42	1.35	1.44	1.45
劳动力文化程度					
文盲或半文盲	人	0.09	0.00	0.00	0.10
小　　学	人	0.39	0.22	0.15	0.18
初中程度	人	1.29	1.20	1.08	1.85
高中程度	人	0.33	0.38	0.63	0.10
中专程度	人	0.09	0.13	0.22	0.02
大专以上	人	0.05	0.18	0.22	0.03
平均每人年收入					
总收入	元	16923.3	16717.2	16941.4	14663.4
纯收入	元	13247.6	14698.3	16106.7	12017.8
现金收入	元	15753.5	16432.6	16728.3	13807.2
平均每人年支出					
总支出	元	12080.7	8502.6	8673.6	8307.3
#家庭经营费用支出	元	3108.9	807.8	476.3	2383.1
生活消费支出	元	7798.7	7239.1	7122.1	5386.8
现金支出	元	11921.5	8353.6	8556.9	8302.0
#生产费用	元	3421.7	807.9	1079.8	2495.7
税费支出	元	18.4			22.3
生活消费支出	元	7657.7	7150.0	7033.2	5381.5
非消费性现金支出	元	1167.8	845.1	840.4	426.0
人均经营耕地	亩	1.5	0.5	0.3	2.3
农民人均住房面积	平方米	43.9	53.0	38.8	29.3
#砖木结构	平方米	24.9	2.8	30.7	15.1
钢混结构	平方米	16.4	47.3	8.1	8.4
人均拥有住房价值	元	39460.9	116157.0	64387.3	16307.4

民家庭基本情况 (2013年)

Households by Region (2013)

历城区	长清区	平阴县	济阳县	商河县	章丘市
58	100	100	100	110	100
172	345	335	363	420	353
2.96	3.45	3.35	3.63	3.82	3.53
2.00	2.72	2.45	2.79	2.80	2.13
0.53	0.90	0.65	0.77	0.85	0.46
1.48	1.27	1.37	1.30	1.36	1.66
0.05	0.05	0.07	0.20	0.18	0.05
0.24	0.53	0.24	0.56	0.96	0.13
0.74	1.75	1.47	1.51	1.45	1.26
0.57	0.30	0.32	0.45	0.14	0.15
0.17	0.07	0.13	0.02	0.05	0.05
0.02	0.01	0.12	0.03	0.01	0.05
15867.9	14114.6	13471.8	15722.8	14865.9	22850.3
14437.8	12694.0	10835.9	12121.7	10639.5	15294.4
14678.1	12869.0	12440.5	15421.5	13261.7	21121.2
12857.5	7416.9	10050.2	10941.5	11421.4	17399.3
970.9	1002.9	2065.4	3098.7	3798.4	6749.5
10707.6	5696.3	6966.7	6604.2	6544.9	8943.1
12828.3	7215.9	9766.4	10883.7	11292.4	17101.6
979.8	1129.0	2092.4	3447.6	4284.9	7409.7
		0.8	27.6	95.2	
10678.4	5499.7	6735.4	6546.4	6416.4	8688.4
2238.2	772.0	1177.7	1759.6	605.3	730.5
0.7	1.1	1.4	2.4	2.3	1.5
43.9	42.7	41.5	41.1	33.5	50.0
21.3	10.3	27.2	38.2	32.4	26.2
21.6	30.9	10.0	1.5	0.0	22.6
66384.8	27291.7	25797.5	24929.7	20511.6	36002.0

10-7 农村居民家庭基本情况

Basic Conditions of Rural Households

指　　标	单　位	2008年	2009年	2010年	2011年	2012年	2013年
调查户数	户	1000	960	960	780	780	748
调查人口	人	3636	3477	3463	2829	2808	2682
户均基本情况							
常住人口	人	3.64	3.62	3.61	3.55	3.53	3.46
#整半劳力	人	2.69	2.67	2.68	2.57	2.49	2.43
常住人口外出劳动人数	人	0.47	0.52	0.44	0.48	0.48	0.65
每个劳动力负担人口	人	1.35	1.36	1.35	1.38	1.42	1.42
劳动力文化程度							
文盲或半文盲	人	0.07	0.08	0.08	0.09	0.07	0.09
小　　学	人	0.41	0.40	0.39	0.39	0.34	0.39
初中程度	人	1.51	1.50	1.52	1.55	1.37	1.29
高中程度	人	0.45	0.41	0.40	0.31	0.29	0.33
中专程度	人	0.16	0.15	0.15	0.11	0.11	0.09
大专以上	人	0.09	0.12	0.13	0.06	0.07	0.05
平均每人年收入							
总收入	元	9219.0	10175.7	11494.6	13629.8	15596.9	16923.3
纯收入	元	7180.2	7804.8	8903.3	10411.8	11786.2	13247.6
现金收入	元	8509.5	9343.2	10565.6	12646.0	14461.8	15753.5
平均每人年支出							
总支出	元	6654.2	7285.9	8085.8	9547.8	10997.8	12080.7
#家庭经营费用支出	元	1716.0	1895.0	2153.0	2746.8	3136.0	3108.9
生活消费支出	元	4385.4	4733.1	5406.6	5905.1	6932.2	7798.7
现金支出	元	6341.6	6988.6	7783.2	9265.9	10727.5	11921.5
#生产费用	元	1906.6	2192.0	2268.4	2954.2	3340.3	3421.7
生活消费支出	元	4125.7	4477.0	5152.9	5702.4	6728.2	7657.7
人均经营耕地	亩	1.3	1.3	1.4	1.4	1.5	1.5
农民人均住房面积	平方米	38.7	39.4	40.2	41.2	42.9	43.9
#砖木结构	平方米	26.6	26.5	28.4	24.0	24.3	24.9
钢混结构	平方米	11.7	12.7	11.3	14.9	15.5	16.4
人均拥有住房价值	元	19885.2	20635.0	21286.6	33274.9	34480.2	39460.9

10-8 农村居民人均总收入和总支出

Gross Expenditure and Net Income of Rural Households Per Capita

单位：元

指标名称	2008 年	2009 年	2010 年	2011 年	2012 年	2013 年
总收入	9219.0	10175.7	11494.6	13629.8	15596.9	16923.3
工资性收入	3178.5	3483.5	4125.0	4971.1	5871.3	6953.2
在非企业组织中得到收入	541.7	586.3	638.9	293.5	292.3	303.8
在本地企业中得到收入	1737.3	1929.2	2281.0	3287.9	3852.5	4747.2
常住人口外出从业得到收入	899.4	968.0	1205.1	1389.7	1726.5	1902.2
家庭经营收入	5333.5	5876.9	6416.6	7474.2	8133.4	8386.8
农业收入	2434.8	2542.0	3008.5	3885.9	4183.6	3982.1
林业收入	142.4	112.4	164.4	166.8	228.1	159.8
牧业收入	875.5	905.6	663.6	842.4	840.5	1030.4
渔业收入	19.1	17.2	5.6	31.7	14.5	9.7
工业收入	249.2	409.7	645.3	948.5	1276.0	1479.2
建筑业收入	395.3	616.0	615.2	427.9	331.4	380.4
交通、运输和邮电业收入	345.0	357.2	312.8	401.5	481.0	440.8
批发零售贸易、餐饮业收入	528.6	539.0	653.5	410.9	560.7	675.2
社会服务业收入	118.8	149.0	171.6	201.0	160.6	162.9
文教卫生业收入	20.0	19.3	16.1	23.7	19.8	22.2
其他家庭经营收入	204.8	209.5	160.2	133.8	37.2	43.9
财产性收入	367.3	415.0	561.0	470.2	470.5	533.2
利息	10.7	18.4	29.2	24.4	21.9	40.9
股息	37.5	45.4	56.4	72.6	85.9	51.8
租金	50.3	34.8	63.8	252.4	247.3	280.9
红利	1.4	6.4	8.5	11.9	13.1	10.1
土地征用补偿	190.3	195.5	318.1			
其他	77.1	114.5	85.1	109.0	102.2	149.5
转移性收入	339.7	400.1	392.0	714.3	1121.8	1050.1
家庭非常住人口寄回	15.1	27.5	15.0	0.1		
亲友赠送	100.3	151.2	118.6	154.6	391.7	206.5
#农村外部亲友赠送	17.3	21.2	28.7	10.0	23.9	16.5
调查补贴	25.8	34.0	37.6	56.0	101.4	101.0
救济金	4.4	1.0	0.3	0.1	2.6	17.8
救灾款				0.8	0.1	0.1
保险年金						
退休金	74.1	73.6	79.2	198.9	326.1	221.9
抚恤金	5.8	2.8	4.0	7.1	6.8	5.9
其他	114.2	110.0	137.3	352.7	394.5	497.0

10-8 续

指 标 名 称	2008 年	2009 年	2010 年	2011 年	2012 年	2013 年
总支出	6654.2	7285.9	8085.8	9547.8	10997.8	12080.7
家庭经营费用支出	1716.0	1895.0	2153.0	2746.8	3136.0	3108.9
#农业生产	730.5	693.7	807.9	1165.4	1314.1	1236.1
林业生产	18.4	10.7	10.3	77.3	83.7	44.2
牧业生产	378.9	411.9	346.5	448.2	491.4	504.5
渔业生产	2.1	3.7	2.9	28.1	15.8	6.1
工业生产	150.7	232.2	407.8	736.4	800.5	846.1
建筑业生产	119.3	217.3	291.3	63.8	68.2	91.3
交通、运输和邮电业	124.1	130.6	76.4	72.5	109.0	78.2
批发和零售贸易、餐饮业	170.8	155.7	168.0	123.7	205.0	263.0
社会服务业	11.1	23.0	26.5	13.6	33.7	22.1
文教卫生业	4.1	6.1	8.6	1.7	3.9	4.8
其他家庭经营支出	6.0	10.0	6.8	16.0	10.7	12.5
购置生产性固定资产支出	226.8	322.6	161.7	259.4	238.8	323.8
税费支出	12.8	17.0	10.9	25.5	18.6	18.4
缴纳生产税	2.9	1.2	2.0	2.9	0.3	0.2
缴纳其他直接税	9.9	15.8	8.9	22.6	18.3	18.2
生活消费支出	4385.4	4733.1	5406.6	5905.1	6932.2	7798.7
食品消费支出	1628.2	1686.3	1818.3	2147.3	2465.4	2640.8
#主食	306.0	324.5	346.6	359.1	407.1	492.6
副食	685.8	677.1	742.0	925.9	1030.1	1098.0
其他食品	437.0	451.0	494.4	599.4	682.2	649.4
在外饮食	191.3	228.0	228.2	262.9	346.0	400.7
衣着消费	252.9	269.9	288.5	359.1	411.8	452.2
居住消费	790.1	925.3	946.3	991.6	1221.5	1386.7
#住房装饰	62.9	30.9	86.5	61.5	60.4	57.2
家庭设备、用品及服务	285.6	273.1	335.0	381.9	441.3	553.9
医疗保健	394.4	405.4	556.1	674.6	885.2	845.5
交通通讯消费	634.8	746.7	982.8	888.1	1002.6	1251.6
文教娱乐用品及服务	355.5	377.8	416.8	387.5	435.9	583.3
其他商品和服务消费	43.9	48.6	62.8	74.9	68.6	84.8
财产性支出	9.1	14.1	30.3	9.0	6.2	9.8
转移性支出	296.9	295.8	323.2	593.4	663.4	820.6
寄给或带给家庭非常住人口	24.1	6.6	16.1	145.6	143.4	150.8
赠送亲友	164.6	154.6	165.2	192.1	217.5	143.5
#赠送农村外部亲友	9.1	12.4	8.8	22.6	30.3	26.4
缴纳保险费	41.1	70.9	102.1	181.8	238.6	343.0
缴纳罚款	8.6	0.8	14.2	20.3	17.7	68.5
其他	58.5	62.9	25.6	53.6	46.2	114.7

10-9 农村居民人均生活消费现金支出

Living Consumer Expenditure of Peasant Household Per Capital

单位：元

指 标 名 称	2008 年	2009 年	2010 年	2011 年	2012 年	2013 年
农村住户生活消费现金支出	4125.7	4477.0	5152.9	5702.4	6728.2	7657.7
食品	1379.3	1433.4	1566.9	1945.0	2272.0	2499.9
主食	90.3	107.1	134.4	190.8	265.5	356.5
副食	712.9	696.0	749.6	887.2	1015.3	1070.0
蔬菜	126.9	127.3	162.1	200.6	202.5	237.8
豆制品	11.2	11.4	13.1	11.7	12.9	6.8
油脂类	104.6	94.5	89.9	112.1	140.3	131.7
食糖	3.7	3.3	3.7	5.4	5.7	0.5
肉、禽及其制品	307.4	302.7	329.6	350.9	435.4	493.9
蛋类	66.8	62.7	65.8	85.8	90.8	94.0
水产品	41.3	43.0	46.8	48.8	54.3	59.4
调味品	26.6	29.4	32.4	35.4	43.3	40.9
其他	24.4	21.7	6.2	36.5	30.1	5.1
其他食品	378.3	398.3	449.9	599.9	641.7	629.6
烟草类	85.6	93.3	97.7	126.7	138.2	142.5
酒类	105.9	113.1	123.5	142.5	155.8	150.9
饮料类	36.8	31.0	36.5	38.6	45.5	51.2
干鲜果品	69.2	75.2	83.8	114.0	139.5	152.1
糖果糕点	27.2	25.5	26.4	34.0	36.3	39.6
奶和奶制品	24.6	24.9	26.6	38.7	48.1	60.8
罐头类						
其他	29.0	35.3	55.4	105.4	78.3	32.5
在外饮食	191.3	228.3	228.2	262.9	345.9	400.7
食品加工费	6.5	3.7	4.8	4.2	3.6	5.2
衣着	246.7	268.1	286.7	359.1	411.0	452.1
服装	155.8	176.3	195.6	242.6	267.4	305.5
衣着材料	10.8	9.7	8.4	16.0	23.6	9.0
鞋、帽、袜类	69.6	69.5	72.3	82.5	102.9	116.2
衣着加工费	1.0	1.1	0.3	0.5	0.4	1.6
其他	9.5	11.5	10.0	17.5	16.7	19.8
居住	785.4	925.0	946.3	991.6	1215.0	1386.7
住房	494.3	628.4	604.8	565.6	694.4	583.2
建筑材料	176.9	217.4	176.7	263.1	256.4	168.6
住房装饰、装修	118.8	86.1	126.3	150.6	191.0	147.7
房租	5.0	8.7	6.0	23.3	24.3	13.4
其他	193.6	316.2	295.8	128.6	222.7	
电费	94.1	105.8	127.5	126.7	151.2	179.6
水费	5.7	7.1	6.9	8.7	7.5	10.8
燃料	157.2	168.5	193.6	290.6	341.2	400.4
煤炭	125.5	136.1	155.4	246.4	295.0	335.1
液化气(煤气、天然气)	29.7	30.0	35.3	38.7	39.9	55.0
柴草	0.4	0.1	0.1	1.1	0.3	0.2
其他	1.6	2.3	2.7	4.4	6.0	10.0
其他	34.1	15.2	13.6		20.7	212.6

10-9 续

指 标 名 称	2008 年	2009 年	2010 年	2011 年	2012 年	2013 年
家庭设备、用品及服务	285.6	271.9	334.5	381.9	437.3	553.9
耐用消费品	190.5	174.7	225.1	237.6	240.3	335.6
家具	61.4	54.7	67.1	66.6	75.3	87.3
家庭设备	98.5	103.5	146.0	157.0	149.4	204.9
其他	30.6	16.5	12.0	14.0	15.6	43.3
床上用品	12.1	14.3	16.9	23.3	32.3	25.0
家庭日用杂品	71.0	71.8	78.5	98.1	130.5	162.8
日用小五金						
日用百货						
其他						
设备用品加工修理费	7.5	7.4	7.2	18.5	22.1	25.3
其他	4.5	3.7	6.8	4.4	12.2	5.3
医疗保健	394.4	405.4	556.1	674.6	885.2	845.5
医疗卫生保健用品	108.2	100.4	117.4	167.7	245.8	180.5
医疗保健服务费	284.6	300.8	436.5	505.0	625.4	652.9
医疗卫生保健设备	1.6	4.2	2.2	1.9	4.1	12.1
其他						
交通和通讯	634.8	746.7	982.8	888.1	1002.6	1251.6
交通工具	298.4	392.7	582.5	453.2	481.1	546.4
通讯工具	31.7	27.5	23.7	48.9	50.9	68.0
交通费	43.4	39.9	43.0	56.5	52.2	61.8
客运交通费	42.4	38.5	42.1	56.3	51.8	61.6
货运费	1.0	1.4	0.8	0.2	0.4	0.2
邮电费	161.1	147.1	140.8	100.2	118.8	142.5
交通、通讯工具修理费	24.3	53.4	13.9	34.7	40.0	39.1
动力燃料及其他	75.9	86.1	178.9	194.6	259.5	393.8
文化教育、娱乐用品及服务	355.5	377.8	416.8	387.5	435.9	583.3
文化教育、娱乐用品	98.5	109.7	119.8	156.6	142.7	155.0
文化教育娱乐用机电消费品	69.0	77.1	84.4	94.5	80.9	94.0
书、报、杂志	8.4	8.2	6.7	9.5	10.9	8.4
纸张、文具	5.7	4.9	7.4	11.2	11.8	10.3
其他用品	15.4	19.5	21.3	41.4	39.1	42.3
文化教育、娱乐服务	257.1	268.2	297.0	230.9	293.2	428.3
学杂费	194.9	180.3	189.3	111.4	124.3	158.1
技术培训费	4.8	13.8	10.9	27.8	30.9	29.4
文娱费	27.7	33.7	36.3	55.2	79.1	133.8
用品加工修理服务费	1.7	0.9	1.0	0.9	0.9	2.8
其他	28.0	39.5	59.6	35.6	58.0	104.3
其他商品和服务	43.9	48.6	62.8	74.9	68.6	84.8
商品性支出	27.9	28.8	34.4	38.4	41.0	50.1
化妆品	3.5	5.0	4.8	5.4	9.1	8.0
首饰饰品	5.3	6.5	7.4	10.5	10.3	9.9
其他	19.1	17.3	22.2	22.5	21.6	32.2
服务支出	16.0	19.7	28.5	36.6	27.6	34.7
旅店住宿费	1.1	0.7	0.4	0.8	1.2	1.1
殡殓费	4.3	3.1	7.8	4.1	2.2	4.8
其他	10.6	15.9	20.7	31.7	24.2	28.8

10-10 农村每百户居民家庭主要耐用消费品拥有量

Number of Major Durable Consumer Goods Owend Per 100 Rural Households

商品名称	单位	2008年	2009年	2010年	2011年	2012年	2013年
自行车	辆	153	151	155	143	142	137
洗衣机	台	70	75	79	82	86	88
电冰箱	台	70	76	83	88	91	92
摩托车	辆	88	85	85	71	62	65
黑白电视机	台	3	3	2	2	1	1
彩色电视机	台	118	119	120	116	118	119
照相机	架	12	12	14	15	14	16
抽油烟机	台	18	19	22	27	28	34
空调器	台	26	28	36	36	39	46
热水器	台	38	48	55	64	69	69
电话机	部	87	81	80	60	58	55
移动电话	部	128	139	153	175	186	195
影碟机	台	73	71	65	56	43	24
家用计算机	台	19	23	28	36	39	43

10-11 农村居民人均购买商品情况

Average Goods Purchasing of Peasant Household

指标名称	单位	2008年	2009年	2010年	2011年	2012年	2013年
购买生活消费品情况	元	2923.89	3202.86	3742.66	4202.42	4892.92	5369.58
食品类	元	1180.07	1199.76	1331.66	1675.91	1919.72	2092.96
购买谷物数量	公斤	36.15	38.32	43.16	56.98	75.27	80.62
购买谷物金额	元	73.06	88.40	112.86	161.06	229.17	307.28
其中：购买小麦	公斤	0.46	0.99	0.30	18.15	21.88	27.85
金额	元	0.84	1.82	0.77	58.53	74.30	122.07
购买面粉	公斤	17.37	18.67	23.98	23.53	30.16	32.97
金额	元	29.44	34.16	55.40	50.89	71.25	85.36
购买稻谷	公斤	0.06	0.11	0.07	0.99	1.06	0.33
金额	元	0.29	0.39	0.48	4.91	5.33	2.04
购买大米	公斤	6.22	6.10	7.01	5.75	13.98	8.41
金额	元	14.08	15.18	20.06	17.71	44.65	44.20
购买玉米	公斤	3.47	3.56	2.21	1.98	1.31	3.69
金额	元	4.96	5.28	4.47	5.30	5.24	8.87
购买玉米面	公斤	0.13	0.15	0.18	0.40	0.50	0.06
金额	元	0.35	0.45	0.48	0.87	1.16	0.26
购买高粱	公斤	0.01	0.01	0.01	0.14	0.01	
金额	元	0.04	0.02	0.05	0.31	0.04	
购买谷子	公斤	0.41	0.46	0.60	1.59	1.08	1.66
金额	元	1.74	2.00	3.24	6.74	6.17	11.12
购买薯类	公斤	0.63	0.47	0.44	0.65	0.65	0.84
金额	元	7.77	6.30	7.56	11.60	12.98	17.97
其中：购买红薯	公斤	0.28	0.20	0.19	0.25	0.24	0.32
金额	元	1.81	1.47	1.75	2.87	2.89	3.63
购买马铃薯	公斤	0.10	0.10	0.09	0.22	0.20	0.28
金额	元	0.93	0.93	1.28	2.85	2.21	4.37
购买豆类	公斤	2.24	3.93	2.94	3.85	4.44	5.44
金额	元	9.36	12.38	13.96	18.18	23.39	31.26
其中：购买大豆	公斤	0.48	1.55	0.81	1.01	0.83	1.20
金额	元	2.30	2.80	4.16	4.41	5.69	7.25
购买食用油	公斤	8.45	8.45	7.59	7.58	9.56	9.33
金额	元	104.61	94.46	89.94	112.10	140.30	131.70
其中：购买植物油	公斤	8.28	8.34	7.52	7.50	9.47	9.27
金额	元	102.22	93.57	89.17	111.13	139.15	130.81
购买动物油	公斤	0.17	0.11	0.07	0.08	0.09	0.06
金额	元	2.38	0.89	0.77	0.97	1.15	0.89
购买蔬菜及制品金额	元	126.89	127.28	162.05	200.63	202.50	237.83
购买蔬菜	公斤	64.40	60.20	57.31	66.04	61.07	59.13
金额	元	121.81	122.45	156.29	194.64	193.94	230.50
购买肉、禽、蛋、奶及其制品金额	元	398.83	390.25	422.00	548.23	604.32	644.65
购买猪肉	公斤	8.58	9.97	10.58	10.87	11.21	12.25
金额	元	173.14	166.01	186.75	250.37	272.70	284.32
购买牛肉	公斤	0.42	0.44	0.38	0.49	0.46	0.34
金额	元	10.53	11.30	12.05	16.47	19.04	16.25
购买羊肉	公斤	0.63	0.49	0.44	0.25	0.27	0.34
金额	元	10.91	11.81	13.81	9.52	13.93	21.40

10-11 续 1

指　标　名　称	单　位	2008 年	2009 年	2010 年	2011 年	2012 年	2013 年
购买鸡	公斤	3.31	2.84	2.67	3.16	3.01	2.76
金额	元	39.08	32.16	33.86	49.51	47.81	45.59
购买鸭	公斤	0.12	0.11	0.13	0.18	0.14	0.19
金额	元	2.02	1.87	1.79	3.33	2.59	2.85
购买鹅	公斤	0.00	0.00	0.00	0.00	0.00	0.01
金额	元	0.01	0.03	0.00	0.01	0.01	0.14
购买生畜下水	公斤	0.66	0.84	0.93	0.91	1.18	0.59
金额	元	10.75	14.89	17.63	18.62	25.61	12.07
购买禽下水	公斤	0.09	0.12	0.12	0.18	0.23	0.12
金额	元	0.87	0.93	1.18	3.03	4.06	1.69
购买鲜鸡蛋	公斤	10.31	9.71	9.01	9.59	10.58	10.58
金额	元	65.96	62.07	64.99	84.52	89.52	92.46
购买鲜鸭蛋	公斤	0.16	0.13	0.11	0.17	0.18	0.18
金额	元	0.81	0.66	0.77	1.23	1.28	1.50
购买鲜奶	公斤	4.67	4.25	4.09	5.31	6.12	6.88
金额	元	24.58	24.85	26.60	38.42	47.75	60.54
购买酥油	公斤	0.00	0.00	0.00	0.02	0.03	0.04
金额	元	0.05	0.04	0.00	0.25	0.32	0.29
购买水产品及制品金额	元	41.27	43.01	46.78	48.85	54.31	59.39
其中：购买海水鱼类	公斤	1.41	1.55	1.33	1.43	1.44	2.40
金额	元	13.93	14.83	15.08	19.26	21.34	35.77
购买海水虾类	公斤	0.65	0.36	0.32	0.31	0.27	0.42
金额	元	5.95	7.29	7.87	7.41	8.30	11.10
购买海水贝类	公斤	0.02	0.04	0.02	0.01	0.01	0.01
金额	元	0.19	0.24	0.22	0.08	0.12	0.05
购买海水蟹类	公斤	0.00	0.00	0.00	0.00	0.00	0.02
金额	元	0.14	0.02	0.07	0.04	0.04	0.25
购买海水藻类	公斤	0.04	0.06	0.05	0.06	0.05	0.04
金额	元	0.31	0.60	0.52	0.58	0.43	0.39
购买淡水鱼类	公斤	1.79	1.66	1.80	1.36	1.44	0.63
金额	元	15.15	13.50	16.31	15.16	18.10	7.76
购买淡水虾类	公斤	0.13	0.12	0.11	0.07	0.07	0.03
金额	元	2.22	2.40	3.28	1.66	1.89	0.77
购买淡水贝类	公斤	0.01	0.00	0.00	0.00	0.01	0.01
金额	元	0.05	0.02	0.02	0.08	0.04	0.03
购买淡蟹	公斤	0.00	0.00	0.00	0.00	0.00	
金额	元	0.06	0.06	0.01	0.06	0.02	
购买烟酒金额	元	193.40	208.16	222.70	271.49	297.53	294.99
其中：购买卷烟	盒	22.62	22.32	20.76	21.82	20.67	18.46
金额	元	85.35	93.00	97.36	125.76	137.52	142.05
购买烟丝、烟叶	公斤	0.04	0.04	0.03	0.06	0.05	0.03
金额	元	0.27	0.27	0.34	0.91	0.71	0.48
购买啤酒	公斤	8.55	8.86	8.01	7.85	7.11	6.60
金额	元	34.89	37.45	38.36	35.24	40.02	36.84
购买白酒	公斤	5.66	5.39	5.15	6.54	5.87	4.80
金额	元	70.70	75.38	84.53	106.84	115.19	113.59
购买果酒	公斤	0.02	0.02	0.04	0.03	0.03	0.01
金额	元	0.35	0.25	0.57	0.42	0.62	0.48
购买茶叶、饮料金额	元	36.81	32.85	36.46	38.61	45.50	51.24

10-11 续 2

指 标 名 称	单 位	2008 年	2009 年	2010 年	2011 年	2012 年	2013 年
其中：购买茶叶	公斤	1.01	0.81	0.71	0.80	0.60	0.70
金额	元	24.82	21.53	24.59	24.30	30.24	30.77
购买冷饮金额	元	2.83	2.61	2.53	3.35	4.05	1.33
购买碳酸类饮料金额	元	2.98	2.41	2.69	2.78	2.70	1.75
购买果汁类饮料金额	元	3.55	3.28	3.84	4.91	5.59	6.60
购买瓶(桶)装水金额	元	0.89	1.20	0.85	0.95	0.99	2.31
购买其他种类食品金额	元	188.09	196.66	217.34	265.17	309.72	316.66
其中：购买豆制品	元	11.18	11.35	13.11	11.68	12.94	6.77
购买调味	元	26.57	29.36	32.44	35.37	43.28	40.92
购买食糖	公斤	0.68	0.95	0.75	0.91	0.70	0.51
金额	元	3.73	3.33	3.67	5.35	5.70	4.69
购买西瓜	公斤	9.57	10.21	10.92	7.89	8.85	4.65
金额	元	9.81	11.69	11.04	12.05	15.69	8.18
购买其他果用瓜	公斤	0.73	0.88	0.79	2.15	1.69	0.74
金额	元	1.52	2.04	2.32	7.84	7.70	2.83
购买水果	公斤	15.53	15.74	15.21	16.71	19.16	26.49
金额	元	39.91	43.36	50.68	69.87	84.83	109.83
购买坚果、果仁及制品	元	17.95	18.10	19.80	24.19	31.32	31.21
购买糖果	元	4.65	3.43	4.08	5.52	5.33	4.67
购买糕点	元	22.56	22.11	22.33	28.46	30.93	34.88
购买营养滋补品	元	5.99	6.19	5.70	9.56	12.38	3.24
衣着类	元	244.91	266.87	286.36	357.81	411.02	450.22
其中：购买服装	件	3.30	3.36	3.38	3.84	4.19	2.24
金额	元	155.80	176.27	195.61	242.55	267.37	305.48
购买鞋类	双	2.49	2.48	2.34	2.43	2.64	2.53
金额	元	69.57	69.46	72.29	82.54	102.94	116.19
居住类	元	590.56	733.00	752.52	757.43	930.16	920.68
购买建筑生活用房材料支出	元	162.49	201.09	164.04	263.12	256.41	168.58
其中：购买水泥	公斤	45.36	91.74	51.53	96.52	57.78	17.79
金额	元	20.50	26.54	22.90	44.22	41.32	15.54
购买木材	立方米	0.04	0.02	0.05	0.01	0.11	0.31
金额	元	1.87	2.65	3.11	2.30	5.07	4.49
购买钢材	公斤	4.68	6.69	3.55	7.03	7.57	3.83
金额	元	15.56	18.50	12.99	25.12	37.59	23.86
购买水泥预制件	件	0.36	0.58	0.74	1.32	0.40	0.03
金额	元	6.42	5.76	9.95	5.91	13.53	0.90
购买玻璃	平方米	0.02	0.05	0.11	0.05	0.01	0.04
金额	元	0.21	0.73	0.13	0.42	1.24	10.47
购买砖	块	117.53	208.11	169.05	214.15	91.17	42.66
金额	元	24.22	51.95	39.67	74.31	37.26	21.71
购买瓦	块	4.68	2.41	1.98	3.54	3.46	0.79
金额	元	3.78	6.45	3.23	4.58	6.04	0.67
购买沙石	立方米	1.78	2.43	1.81	1.32	0.99	0.11
金额	元	16.12	30.01	25.54	32.49	30.61	6.52
购买生活用房支出	元	193.64	316.17	295.75	119.80	222.68	253.59
其中：购买砖木结构房屋间数	间	0.01	0.00	0.00	0.00	0.00	0.00
面积	平方米	0.10	0.09	0.01	0.03	0.00	0.02
金额	元	18.72	19.88	1.12	64.53	4.81	21.98

10-11续3

指标名称	单位	2008年	2009年	2010年	2011年	2012年	2013年
购买钢筋混凝土房屋间数	间	0.01	0.00	0.02	0.00	0.01	0.00
面积	平方米	0.11	0.13	0.10	0.04	0.14	0.02
金额	元	174.92	289.42	294.63	53.74	217.87	5.28
购买其他结构房屋间数	间		0.00		0.00		0.00
面积	平方米		0.00		0.04		0.00
金额	元		6.87		1.54		226.33
购买生活用燃料	元	157.16	168.53	193.58	290.61	341.21	400.38
其中：购买柴	公担	0.38	0.04	0.17	0.27	0.02	0.02
金额	元	0.35	0.04	0.08	0.90	0.31	0.22
购买草	公担		0.09		0.12		
金额	元		0.09		0.25		
购买煤	公斤	174.36	167.77	145.24	191.58	154.66	157.99
金额	元	125.46	136.05	155.45	246.39	295.02	335.12
液化气	元	29.69	30.04	35.35	38.66	39.86	55.03
购买生活用水	吨	4.18	5.09	3.87	3.74	3.99	5.20
金额	元	5.68	7.07	6.89	8.65	7.53	10.83
购买生活用电	度	168.02	185.41	218.69	224.27	267.63	313.37
金额	元	94.08	105.81	127.45	126.72	151.15	179.64
家用设备和日用品	元	273.70	260.84	320.44	358.98	403.03	523.36
其中：购买洗涤及卫生用品	元	36.24	41.25	47.00	48.56	59.13	63.19
购买厨具、餐具、茶具	元	15.85	15.53	13.07	23.67	37.79	31.98
购买家具及做家具材料	元	61.44	54.73	67.09	66.56	75.28	87.33
购买洗衣机	台	0.01	0.01	0.01	0.01	0.01	0.01
金额	元	12.00	13.07	10.82	11.33	12.15	4.58
购买缝纫机	台	0.00	0.00	0.00		0.00	0.00
金额	元	0.24	0.26	0.50		0.75	0.02
购买电风扇	台	0.02	0.03	0.03	0.02	0.03	0.02
金额	元	1.95	2.19	2.32	1.95	3.50	1.26
购买电冰箱	台	0.01	0.02	0.02	0.02	0.01	0.01
金额	元	26.76	30.59	41.48	40.69	26.27	26.32
购买空调机	台	0.01	0.00	0.01	0.01	0.01	0.02
金额	元	17.08	12.33	42.24	24.00	23.29	64.65
购买吸尘器	台			0.00			0.00
金额	元			0.10			1.86
购买抽油烟机	台	0.01	0.12	0.00	0.01	0.01	0.01
金额	元	2.03	0.49	1.42	3.19	2.95	10.45
购买热水器	台	0.01	0.01	0.01	0.01	0.01	0.01
金额	元	8.15	14.55	16.55	18.71	13.14	19.71
微波炉	台	0.00	0.00	0.00	0.00	0.00	0.01
金额	元	1.04	0.42	0.46	1.77	0.84	2.53
购买电饭锅	个	0.03	0.01	0.02	0.02	0.02	0.01
金额	元	4.05	1.83	2.28	2.87	3.82	1.65
购买液化气炉具	套	0.02	0.01	0.02	0.03	0.02	0.02
金额	元	2.71	2.00	3.47	5.46	2.66	11.48
交通、通讯工具和用品	元	398.46	499.31	777.99	687.69	785.48	984.62
其中：购买自行车	辆	0.04	0.03	0.02	0.03	0.02	0.02

10-11 续 4

指 标 名 称	单 位	2008 年	2009 年	2010 年	2011 年	2012 年	2013 年
金额	元	7.50	6.60	3.64	7.84	5.35	7.73
购买电动自行车	辆	0.02	0.12	0.03	0.06	0.05	0.08
金额	元	48.95	50.95	62.48	136.98	101.88	92.31
购买摩托车	辆	0.01	0.01	0.01	0.01	0.01	0.01
金额	元	36.59	36.45	33.50	29.19	30.61	34.74
购买汽车(生活用)	辆	0.00	0.01	0.01	0.01	0.01	0.07
金额	元	194.30	294.65	458.31	266.11	304.96	355.64
购买电话	部	0.04	0.02	0.02	0.02	0.02	0.01
金额	元	1.24	1.47	0.88	5.69	2.81	1.84
购买手机	部	0.06	0.07	0.06	0.10	0.10	0.14
金额	元	30.09	25.92	22.59	43.06	47.94	63.44
文化、教育、娱乐用品	元	98.49	109.66	119.79	156.59	142.66	155.03
其中：购买收录机	台	0.01	0.01	0.01	0.01	0.02	0.01
金额	元	0.34	0.20	0.18	0.62	0.83	0.56
购买组合音响	台	0.00	0.00	0.00	0.00	0.00	0.00
金额	元	1.45	0.94	0.40	0.32	0.47	0.70
购买电子游戏机	台	0.00		0.00	0.00	0.00	0.00
金额	元	0.54		0.02	0.19	0.01	5.16
购买黑白电视机	台	0.00	0.00	0.00	0.00		
金额	元	0.26	0.57	0.61	0.02		
购买彩色电视机	台	0.02	0.01	0.01	0.01	0.01	0.01
金额	元	19.68	27.65	26.32	18.56	25.49	32.81
购买录放像机	台					0.00	0.00
金额	元					0.16	0.02
购买影碟机	台	0.00	0.00	0.00	0.00	0.00	0.00
金额	元	1.29	1.11	0.55	0.18	0.25	0.56
购买摄像机	台		0.00	0.00			0.00
金额	元		0.50	6.25			1.47
购买照相机	只	0.00	0.00	0.00	0.00	0.00	0.00
金额	元	1.34	1.03	2.18	2.89	2.65	1.78
购买家用计算机(电脑)	台	0.01	1.66	0.01	0.02	0.02	0.01
金额	元	41.17	38.75	42.18	49.50	43.01	42.07
购买家用计算机外部设备	元	0.56	2.00	0.18	1.75	1.45	0.06
购买中高档乐器	元	0.08	1.40	0.14	0.03	0.02	
购买体育健身器材	元	0.03	0.16	0.11	7.44	0.20	0.84
购买观赏盆栽植物	盆	0.02	0.02	0.02	0.03	0.04	0.03
金额	元	0.28	0.31	0.42	0.37	0.95	1.13
购买宠物	只	0.02	0.02	0.03	0.02	0.01	0.02
金额	元	0.05	0.05	0.05	1.14	0.31	0.93
医疗卫生保健用品	元	109.79	104.60	119.55	169.65	259.84	192.61
其中：购买药品	元	105.76	93.76	113.25	160.91	198.08	157.01
购买医疗卫生器械	元	0.36	0.41	0.34	0.76	1.35	5.44
购买药品类保健品	元	1.78	6.29	3.23	4.31	7.22	18.54
购买保健器材	元	1.15	3.78	1.89	1.16	2.75	6.63
其他杂项商品	元	27.91	28.81	34.36	38.36	41.00	50.10
其中：购买首饰	元	5.30	6.46	7.42	10.52	6.06	9.08
购买手表	只	0.01	0.01	0.01	0.01	0.02	0.00
金额	元	0.44	0.40	0.74	1.97	4.26	0.85
购买化妆品	元	3.47	5.01	4.76	5.36	9.12	7.95

10-11 续 5

指标名称	单位	2008 年	2009 年	2010 年	2011 年	2012 年	2013 年
购买迷信、宗教用品	元	3.76	4.13	4.77	5.16	5.91	3.41
购买生产资料情况	元	1234.74	1229.67	1056.36	2257.19	2536.34	2579.34
购买农业用种籽	公斤	19.57	14.58	19.35	20.28	19.11	21.69
金额	元	53.82	53.78	64.89	119.58	116.00	125.48
购买小麦种籽	公斤	6.44	7.51	7.67	10.19	8.54	9.07
金额	元	15.46	17.29	20.00	28.92	27.67	33.63
购买稻谷种籽	公斤	0.28	0.13	0.33	0.23	0.09	0.18
金额	元	0.77	0.50	1.45	1.49	0.26	0.95
购买玉米种籽	公斤	4.09	3.58	3.07	2.73	2.13	2.77
金额	元	20.50	21.57	24.95	34.79	38.98	38.70
购买其他粮食种籽	公斤	3.15	0.81	0.62	0.31	0.43	0.73
金额	元	4.39	3.42	3.54	3.41	4.49	7.58
购买其他种籽	公斤	5.62	2.54	7.67	6.82	7.92	8.94
金额	元	12.70	11.00	14.96	50.97	44.60	44.62
购买农业用饲料	公斤	5.51	13.54	11.88	7.88	9.57	8.86
金额	元	11.86	25.64	25.99	20.90	39.27	68.47
购买小麦饲料	公斤	0.01	0.05	0.01	0.67	0.34	0.25
金额	元	0.03	0.09	0.07	0.89	0.75	0.60
购买稻谷饲料	公斤	0.01	0.01	0.01	0.01	0.02	0.02
金额	元	0.01	0.02	0.02	0.01	0.04	0.12
购买玉米饲料	公斤	0.37	1.70	0.39	0.91	0.11	2.35
金额	元	0.33	2.77	0.82	2.04	0.58	6.48
购买其他生产饲料	公斤	5.13	11.78	11.47	6.30	9.11	6.25
金额	元	11.48	22.77	25.08	17.96	37.89	61.27
购买农业用其他生产资料	元	499.57	433.03	484.07	723.49	824.78	762.90
其中：购买化肥	公斤	147.79	140.68	246.27	170.36	145.39	156.32
金额	元	350.40	291.12	309.09	471.84	474.96	493.37
购买微量元素肥	克	8.17	11.59	10.54	22.79	7.83	3.53
金额	元	8.62	14.04	23.24	16.73	37.01	39.32
购买饼肥	公斤	1.97	1.43	3.50	0.19	0.22	0.61
金额	元	2.94	2.64	10.88	1.65	2.82	11.20
购买农药	元	29.69	30.39	37.71	59.14	61.95	62.25
购买薄膜	公斤	3.20	1.15	1.77	4.30	3.63	2.45
金额	元	19.01	13.08	19.45	30.10	35.91	36.06
购买燃料	公斤	7.51	8.19	5.74	9.13	8.35	7.80
金额	元	51.37	44.99	38.02	67.02	68.78	61.07
购买林业用饲料	公斤	0.09	0.27	0.15	0.11	0.07	0.09
金额	元	0.17	0.36	0.25	1.07	0.36	0.33
购买小麦饲料	公斤			0.00	0.04	0.04	0.04
金额	元			0.03	0.22	0.11	0.14
购买稻谷饲料	公斤						0.02
金额	元						0.02
购买玉米饲料	公斤		0.23	0.06	0.00	0.02	0.00
金额	元		0.33	0.11	0.00	0.17	0.09
购买其他生产饲料	公斤	0.09	0.04	0.09	0.07	0.02	0.03
金额	元	0.17	0.03	0.11	0.84	0.09	0.08

10-11 续 6

指 标 名 称	单 位	2008 年	2009 年	2010 年	2011 年	2012 年	2013 年
购买林业用其他生产资料	元	16.99	9.82	9.86	75.44	79.12	42.76
其中：购买树种	公斤	0.45	0.00	0.01	0.27	0.07	0.10
金额	元	0.38	0.01	0.01	0.69	0.10	0.21
购买树苗	株	7.56	3.59	2.88	2.08	2.11	2.77
金额	元	8.87	4.80	5.00	7.21	10.63	6.64
购买化肥	公斤	1.99	1.61	1.03	10.72	5.56	3.10
金额	元	5.91	3.80	3.09	43.06	16.68	25.35
购买微量元素肥	克	0.11	0.01	0.01	2.04	0.00	0.00
金额	元	0.08	0.03	0.02	0.98	0.02	0.09
购买农药	元	1.13	0.72	1.10	8.67	10.64	4.49
购买燃料	公斤	0.04	0.02	0.01	0.18	0.00	0.10
金额	元	0.26	0.10	0.07	1.26	0.08	0.72
购买牧业用饲料	公斤	121.32	325.59	118.48	164.26	135.76	150.12
金额	元	273.81	322.70	271.68	370.18	376.89	422.87
购买小麦	公斤	0.11	0.00	0.09	0.02	1.35	0.20
金额	元	0.14	0.12	0.26	0.05	3.50	0.42
购买稻谷	公斤	0.01		0.00	0.04		0.02
金额	元	0.01		0.01	0.05		0.02
购买玉米	公斤	17.67	32.13	22.82	36.62	15.77	37.80
金额	元	26.52	60.79	43.16	69.18	39.37	84.75
购买其他生产饲料	公斤	103.53	293.46	95.57	127.59	118.63	112.11
金额	元	247.16	261.79	228.24	300.91	334.02	337.68
购买牧业用其他生产资料	元	55.56	54.14	36.82	42.99	94.66	64.30
其中：购买仔、幼畜	头	0.13	0.11	0.04	1.05	0.08	0.16
金额	元	16.00	17.17	2.89	13.33	42.52	35.08
购买育肥周转畜	头	0.01	0.01	0.00	0.00	0.00	0.00
金额	元	10.47	6.09	3.76	2.97	4.92	0.31
仔、幼禽	元	7.89	5.25	14.92	3.17	24.82	10.48
仔、幼小动物	元	1.07	2.40	1.56	1.47	0.29	0.43
购买种蛋	公斤	0.00			0.00		0.03
金额	元	0.08			0.02		0.33
兽药	元	11.03	20.49	9.91	14.95	10.69	8.47
燃料	元	0.16	0.15	0.30	0.62	0.30	0.21
购买渔业用生产饲料	公斤	0.63	0.24	0.13	6.89	3.24	0.62
金额	元	1.81	0.45	1.36	18.96	13.68	2.17
购买小麦饲料	公斤	0.13	0.01	0.02	0.00		0.11
金额	元	0.42	0.02	0.02	0.01		0.13
购买玉米饲料	公斤				0.00	0.01	0.02
金额	元				0.02	0.02	0.05
购买其他生产资料	公斤	0.50	0.23	0.11	6.89	3.23	0.50
金额	元	1.39	0.43	1.34	18.93	13.66	1.99
购买渔业用生产资料	元	0.19	1.99	0.56	6.70	1.28	2.83
其中：购买种苗	元	0.03	1.47	0.43	6.44	0.28	1.26
购买渔用药	元	0.04			0.14	0.18	

10-11 续7

指 标 名 称	单 位	2008 年	2009 年	2010 年	2011 年	2012 年	2013 年
购买燃料	元	0.03	0.02		0.07	0.80	0.18
购买工业生产用原料	元	39.56	40.62	20.92	656.74	677.97	709.25
购买工业用燃料	公斤	0.69	0.28	0.16	0.40	0.18	0.03
金额	元	4.03	1.44	0.77	2.93	1.39	0.20
购买建筑业生产用原料	元	14.94	49.97	13.49	4.85	0.29	12.52
购买建筑业生产用燃料	公斤	4.32	4.42	2.41	1.47	0.80	2.52
金额	元	25.37	28.36	14.47	9.87	5.85	18.46
购买交通运输业邮电业燃料	公斤	13.14	13.31	5.24	7.12	3.76	4.83
金额	元	77.66	66.49	27.26	52.23	30.02	38.43
购买批零贸易业用原料	元	122.33	87.57	18.42	37.93	122.57	190.39
购买批零贸易业用燃料	公斤	1.30	1.12	2.67	0.40	0.55	0.57
金额	元	7.42	7.39	16.29	2.81	3.93	4.04
购买社会服务业用原料	元	6.89	16.41	10.70	3.88	0.15	0.36
购买社会服务业用燃料	公斤	0.21	0.00	0.75	0.23	0.01	0.05
金额	元	1.73	0.01	9.51	2.00	0.10	0.34
购买文教卫生业用原料	元	4.05	3.81	4.75			
购买其他行业用原料	元	1.39	4.37	0.44	7.14	0.36	0.02
购买其他行业用燃料	公斤	0.24	0.28	0.36	0.01	0.07	0.00
金额	元	1.39	1.50	2.26	0.11	2.49	0.02
购买生产用电情况	度	9.48	13.71	13.90	37.38	27.62	43.52
金额	元	5.82	8.93	8.75	24.05	18.86	26.20
农业生产用电	度	6.61	9.79	9.87	15.44	13.41	8.80
金额	元	4.03	6.34	6.09	10.96	9.21	5.37
林业生产用电	度	0.18	0.29		0.08		0.39
金额	元	0.13	0.21		0.07		0.22
牧业生产用电	度	1.33	0.83	0.16	0.19	0.03	3.24
金额	元	0.76	0.45	0.09	0.11	0.01	1.71
渔业生产用电	度				3.30	1.04	
金额	元				2.00	0.76	
工业生产用电	度	0.83	0.96	2.27	11.74	10.97	25.83
金额	元	0.55	0.56	1.43	7.01	7.28	15.19
建筑业生产用电	度		0.06	0.43	5.08	0.47	0.06
金额	元		0.04	0.35	2.70	0.29	0.03
交通运输邮电业生产用电	度	0.07	0.02	0.02			
金额	元	0.06	0.01	0.01			
批零贸易业生产用电	度	0.02	0.19		0.01	0.84	4.84
金额	元	0.01	0.19		0.02	0.63	3.49
社会服务业生产用电	度	0.30	1.57	1.15	1.41	0.86	0.37
金额	元	0.18	1.12	0.78	1.01	0.68	0.20
文教卫生业生产用电	度				0.02		
金额	元				0.01		
其他行业生产用电	度	0.14			0.10		
金额	元	0.10			0.16		
购买生产性固定资产情况	元	226.77	322.55	161.69	259.39	238.79	323.84
购买建筑生产用建筑物材料	元	20.56	16.08	9.54	80.54	113.80	172.22

指 标 名 称	单 位	2008 年	2009 年	2010 年	2011 年	2012 年	2013 年
其中：购买水泥	公斤	2.79	9.03	0.18	11.18	4.26	0.42
金额	元	2.96	4.17	0.25	5.45	1.79	1.13
购买木材	立方米	0.00	0.00		0.03	1.37	
金额	元	0.12	0.01		14.28	68.66	
购买钢材	公斤	1.03	0.10	0.23	1.76	0.57	0.11
金额	元	4.19	1.47	0.91	9.76	2.72	3.61
购买水泥预制作	件	0.05	0.05		0.04	0.03	0.62
金额	元	0.72	0.68		1.83	0.74	0.32
购买玻璃	平方米		0.01	0.00	0.00		
金额	元		0.19	0.01	0.06		
购买砖瓦	块	16.71	19.14	10.68	54.80	12.29	22.09
金额	元	4.51	4.14	2.39	21.34	12.75	5.92
购买沙石	立方米	0.09	0.02	0.33	0.07	0.02	0.00
金额	元	2.63	1.43	0.22	4.14	2.84	0.26
购买生产用房间数	间	0.00				0.00	
面积	平方米	0.49				0.01	
金额	元	49.11				6.53	
购买役畜	头	0.00	0.00		0.00		
金额	元	7.32	7.25		0.04		
购买产品畜	差别	0.01	0.03	0.01			0.01
金额	元	0.13	0.87	0.52			0.08
购买农林牧渔业机械支出	元	71.71	127.55	65.51	76.63	77.17	90.70
其中：购买大中型铁木家具	元	1.78	2.94	0.81	11.63	8.17	2.19
购买小型拖拉机	台	0.00	0.00	0.00	0.00	0.00	0.00
金额	元	6.60	10.66	2.73	5.17	23.95	9.77
购买大中型拖拉机	台	0.00	0.00	0.00	0.00		0.00
金额	元	0.67	23.67	49.93	11.72		12.54
购买机动脱粒机	台		0.00	0.00	0.00	0.01	0.00
金额	元		1.57	0.11	1.31	5.89	1.44
购买收割机	…	0.00	0.00	0.00	0.00	0.00	0.00
金额	元	39.48	67.00	0.03	14.52	10.17	5.71
购买动力机	台	0.00	0.00	0.00	0.00	0.00	0.00
金额	元	2.53	1.08	2.06	3.67	9.98	0.38
购买胶轮大车	辆	0.00			0.00	0.00	
金额	元	3.28			10.88	0.17	
购买水泵	台	0.01	0.01	0.00	0.01	0.00	0.00
金额	元	2.21	2.80	1.02	4.50	2.33	2.03
购买风力发电机	台						
金额	元						
购买工业机械支出	元		8.75		15.70	20.31	10.45
购买运输机械支出	元	21.38	69.33	85.81	49.50	13.34	35.28
其中：购买小型拖拉机	辆	0.00	0.00		0.00		
金额	元	3.37	4.17		4.87		
购买汽车	辆	0.00	0.00	0.00	0.00	0.00	0.00
金额	元	17.25	65.14	82.08	15.54	11.37	19.79

10-12 农村居民人均现金收支

Averge Cash Income and Experditure of Peasant Household Per Capital

单位：元

指标名称	2008年	2009年	2010年	2011年	2012年	2013年
期内现金收入	8509.5	9343.2	10565.6	12646.0	14461.8	15753.5
工资性收入	3175.1	3475.1	4123.7	4956.0	5852.0	6946.7
在非企业组织中得到收入	541.3	584.8	638.6	290.8	291.3	299.9
在本地企业中得到收入	1735.3	1922.4	2280.7	3281.6	3835.3	4744.6
#在本地乡企得到收入						
常住人口外出从业得到收入	898.5	967.9	1204.3	1383.7	1725.4	1902.2
家庭经营收入	4651.6	5113.6	5546.6	6586.1	7105.7	7307.9
出售产品的收入	2652.0	2685.3	2799.9	4003.3	4100.9	3718.0
出售农业产品收入	1630.2	1670.0	1989.1	2769.8	3044.6	2680.3
#种植业						
出售林业产品收入	123.3	98.8	137.7	157.0	171.1	175.3
出售牧业产品收入	879.1	894.4	652.2	798.0	809.8	845.8
出售渔业产品收入	16.9	17.2	18.9	31.7	14.5	9.7
出售工业产品的收入	1.0	4.7	1.3	231.7	58.9	6.8
出售其他产品的收入	1.5	0.2	0.7	15.1	2.0	0.1
工业加工费	248.2	405.0	644.0	716.9	1217.1	1472.4
建筑业	395.3	616.0	615.2	427.7	331.4	380.4
交通运输、邮电	345.0	357.2	312.8	401.5	481.0	440.8
批发和零售贸易、餐饮业	528.6	539.0	653.5	410.9	560.7	675.2
社会服务业	118.8	149.0	171.6	201.0	160.6	162.9
文教卫生业	20.0	19.3	16.1	23.7	19.8	22.2
其他家庭经营收入	343.7	343.0	333.5	401.1	234.2	43.8
财产性收入	363.3	401.0	541.1	436.8	466.9	471.0
利　息	10.7	18.4	29.2	24.4	21.9	40.9
股　息	37.5	45.4	56.4	72.6	85.9	51.8
租　金	50.3	34.8	63.8	252.4	247.3	280.9
红　利	1.4	6.4	8.5	11.9	13.1	10.1
土地征用补偿	190.3	195.5	318.1			
其　他	73.1	100.5	65.2	75.6	98.7	87.4
转移性收入	319.5	353.5	354.3	667.1	1037.3	1028.0
家庭非常住人口寄回或带回	15.1	26.4	14.9			
亲友赠送	80.5	107.3	82.2	108.7	317.8	187.3
#其中：农村外部亲友赠送	10.5	20.8	54.4	7.5	19.5	15.7
调查补贴	25.8	34.0	37.6	56.0	101.4	101.0
救济金	4.4	1.0	0.3	0.1	2.6	17.8

10-12 续1

指 标 名 称	2008年	2009年	2010年	2011年	2012年	2013年
退休金	74.1	73.6	79.2	198.9	326.1	221.9
抚恤金	5.8	2.8	4.0	7.1	6.8	5.9
其他	113.8	108.4	136.0	288.8	282.6	494.1
非收入所得	774.9	1270.6	1174.5	1122.1	1320.3	1050.0
从银行信用社得到的贷款	99.2	53.3	81.9	116.8	91.4	27.5
借入款	159.6	293.3	220.7	319.8	440.1	141.0
收回借出款	32.7	45.8	32.9	47.0	39.8	31.7
从银行信用社取回存款	294.0	644.4	567.2	230.2	314.8	418.9
收回投资款	0.5	0.3	4.5	12.8	11.8	3.0
出售财产得款	38.6	36.4	31.5	30.9	26.8	87.4
一次性工伤补贴		0.6			4.4	
保险公司赔付	1.8		1.2	1.6	7.4	1.5
其他	148.5	196.5	234.6	363.1	383.8	338.9
期内现金支出	6341.6	6988.6	7783.2	9265.9	10727.5	11921.5
生产费用支出	1906.6	2192.0	2268.4	2954.2	3340.3	3421.7
家庭经营费用支出	1672.6	1861.1	2106.6	2686.2	3098.9	3097.4
农业生产支出	726.2	684.6	796.3	1128.6	1291.2	1233.1
#种植业支出						
林业生产支出	18.4	10.7	10.3	77.3	83.7	44.2
牧业生产支出	339.8	387.0	311.9	424.6	477.3	496.1
渔业生产支出	2.1	3.7	2.9	28.1	15.8	6.1
工业生产支出	150.7	232.2	407.8	736.4	800.5	846.1
建筑业生产支出	119.3	217.3	291.1	63.8	68.2	91.3
交通运输支出	124.1	130.6	76.4	72.5	109.0	78.2
批发和零售贸易、餐饮业	170.7	155.7	168.0	123.7	204.9	263.0
社会服务业支出	11.1	23.0	26.5	13.6	33.7	22.1
文教卫生业	4.1	6.1	8.6	1.7	3.9	4.8
其他经营支出	6.0	10.0	6.7	16.0	10.7	12.5
购置生产性固定资产支出	226.8	322.6	161.7	259.4	238.8	323.8
其中：房屋及建筑物	69.7	16.1	9.5	80.5	120.3	172.2
农林牧渔业机械	71.7	127.6	65.5	76.6	77.2	90.7

10–12 续 2

指 标 名 称	2008 年	2009 年	2010 年	2011 年	2012 年	2013 年
工业机械	0.0	8.7		15.7	20.3	10.4
运输机械	21.4	69.3	85.8	49.5	13.3	35.3
役 畜	7.3	7.2				
产品畜	0.1	0.9	0.5	0.0		0.1
税费支出	12.8	17.0	9.7	25.5	18.3	18.1
缴纳生产税	2.9	1.2	2.0	2.9		
第一产业						
第二产业	1.2	0.7				
第三产业	1.7	0.5				
缴纳其他直接税	9.9	15.8	7.7	22.6	18.3	18.1
生活消费支出	4125.7	4477.0	5152.9	5702.4	6728.2	7657.7
财产性支出	9.1	14.1	30.3	9.0	6.2	9.8
转移性支出	287.4	288.5	321.8	574.8	634.1	813.9
寄给或带给家庭非常住人口	24.1	6.6	16.1			
赠送亲友支出	156.4	147.4	163.8	173.9	188.4	136.9
#赠送农村外部亲友	8.4	9.0	8.5	17.8	24.4	25.6
支付保险费支出	60.4	70.9	102.1	181.8	238.6	343.0
缴纳罚款	8.6	0.8	14.2	20.3	17.7	68.5
其他	37.9	62.8	25.6	181.0	189.5	265.5
非消费性现金支出	1332.5	1747.0	2158.5	1349.1	1490.8	1167.8
归还银行信用社贷款	45.4	78.0	32.6	119.7	157.5	77.1
借出款	27.6	39.4	66.7	29.7	117.5	10.0
归还借款	148.6	137.7	173.8	213.4	220.7	223.2
存入银行信用社	764.1	1089.4	1446.4	281.5	199.7	272.8
购买股票支出	2.2	3.7	3.3	6.8		
其他	344.6	398.8	435.7	698.0	795.5	584.9
期末金融资产余额	7883.9	8970.5	10105.0	8231.9	8927.6	8946.5
债券				25.0	1.7	
股票	11.6	9.6	18.5			
银行存款	7179.9	8192.7	9184.4	7507.4	8098.2	8709.3
手存现金	675.8	757.6	902.1	696.3	827.7	237.2
其他	16.6	10.6		3.2		
期末债务余额	269.9	327.5	328.2	696.3	393.0	289.9
银行、信用社贷款	177.3	229.8	210.8	291.7	244.6	205.4
乡村集体组织、企业借款						
个人借（欠）款	87.0	87.5	94.9	391.7	130.3	82.1
其他	5.6	10.2	22.5	3.3	18.1	2.4

10-13 农村不同收入层次居民家庭收支（2013 年）

Income and Experditure of Peasant Household by Level of Income（2013）

单位：元

指标名称	平均	低 20%	较低 20%	中间 20%	较高 20%	高 20%
人均总收入	16923.29	7457.44	10950.98	14532.00	17155.31	30807.02
工资性收入	6953.19	3316.55	6181.03	8508.61	10595.31	10199.76
在非企业组织中劳动得到收入	303.85	35.55	464.57	269.23	816.73	385.14
在本乡地域内劳动得到收入	4747.16	2385.57	3321.45	6196.29	6328.27	6980.53
外出从业得到收入	1902.19	895.43	2395.02	2043.09	3450.32	2834.08
家庭经营收入	8386.77	3272.85	3892.34	4593.03	4407.82	17259.77
第一产业收入	5182.10	2293.12	3216.25	3074.18	3630.60	6546.50
农业收入	3982.12	1987.10	3046.26	2790.48	3166.45	4665.46
林业收入	159.85	24.92	72.55	55.21	145.21	184.00
牧业收入	1030.42	267.96	93.22	228.48	308.04	1696.26
渔业收入	9.72	13.14	4.23		10.91	0.78
第二产业收入	1859.60	152.32	85.44	486.86	190.17	5202.44
工业收入	1479.21	20.44	77.07	80.96	33.67	1092.58
建筑业收入	380.39	131.89	8.37	405.89	156.50	4109.86
第三产业收入	1345.07	827.41	590.65	1032.00	587.04	5510.83
其他产品收入	0.09	0.30	0.01	0.39		0.19
第三产业服务性收入	1344.98	827.11	590.64	1031.61	587.04	5510.64
交通.运输.邮电业收入	440.78	642.27	161.35	594.87	105.99	2110.75
批零贸易业.饮食业收入	675.22	70.69	325.71	400.96	287.74	1923.42
社会服务业收入	162.90	79.36	47.50	23.27	87.07	614.37
文教卫生业收入	22.24	11.56	53.91		91.38	133.33
其他行业收入	43.85	23.23	2.17	12.52	14.86	728.77
财产性收入	533.20	168.09	234.19	695.55	1105.00	2013.07
转移性收入	1050.12	699.94	643.42	734.81	1047.18	1334.43
人均总支出	12080.67	7461.37	7452.28	8802.98	9696.02	15410.25
家庭经营费用支出	3108.88	1155.89	1310.31	1346.67	1083.95	3853.17
第一产业生产费用支出	1790.92	894.52	1236.71	933.83	984.42	1672.93
农业生产费用支出	1236.08	686.74	1176.49	796.54	838.79	936.16
林业生产费用支出	44.23	10.58	27.22	29.32	33.87	41.18
牧业生产费用支出	504.54	192.78	30.88	106.81	104.03	694.89
渔业生产费用支出	6.07	4.41	2.12	1.16	7.73	0.70
第二产业生产费用支出	937.33	70.52	20.94	134.18	10.34	1187.42
工业生产费用支出	846.06	0.01	11.76	49.60	0.40	575.43
建筑业生产费用支出	91.26	70.51	9.18	84.58	9.94	611.99
第三产业生产费用支出	380.63	190.85	52.65	278.66	89.20	992.81
交通运输邮电业生产费用支出	78.23	159.50	2.93	169.09	6.02	288.88
批零贸易餐饮业生产费用支出	262.97	27.31	41.46	106.96	38.20	316.12
社会服务业生产费用支出	22.09	2.92	7.43	2.14	34.58	29.88
文教卫生业生产费用支出	4.81	0.09	0.26		10.33	1.56
其他行业生产费用支出	12.54	1.02	0.58	0.47	0.06	356.37
购置生产性固定资产支出	323.84	552.92	122.15	118.67	161.26	147.94
建.造生产性固定资产雇工支出	0.42			3.81		
税费支出	18.42	0.20	13.71	20.00	13.52	10.30
生活消费支出	7798.73	5350.42	5455.26	6619.32	7675.52	10598.10
食品消费支出	2640.78	2149.89	2171.24	2721.65	2789.30	3630.47
衣着消费支出	452.15	308.23	319.85	529.73	436.04	692.44
居住消费支出	1386.68	1091.05	884.09	772.93	1678.65	1371.55
家庭设备.用品消费支出	553.94	277.41	477.29	494.97	484.95	813.89
交通和通讯消费支出	1251.57	552.92	584.33	693.59	1023.92	1861.11
文化教育.娱乐消费支出	583.30	379.09	427.98	673.44	412.79	1109.78
医疗保健消费支出	845.51	505.29	533.75	654.33	766.40	1008.36
其他商品和服务消费支出	84.79	86.54	56.72	78.67	83.46	110.52
财产性支出	9.81	0.40	7.41	1.71	21.12	14.42
转移性支出	820.57	401.54	543.44	692.80	740.64	786.33
人均纯收入	13247.64	5852.58	9352.57	12578.55	15773.16	25670.15
工资性收入	6953.19	3316.55	6181.03	8508.61	10595.31	10199.76
家庭经营纯收入	4899.61	1817.58	2373.89	2684.62	3174.70	12244.73
财产性纯收入	533.20	168.09	234.19	695.55	1105.00	2013.07
转移性纯收入	861.63	550.34	563.45	689.77	898.14	1212.59

10-14 农村居民家庭人均主要食品消费量

Consumption of Major Foods by Peasant Household Per Capital

指 标 名 称	单位	2008 年	2009 年	2010 年	2011 年	2012 年	2013 年
粮 食	公斤	184.89	176.35	164.26	149.27	154.02	156.13
谷 物	公斤	180.31	171.04	159.68	143.70	148.42	148.15
#小 麦	公斤	131.49	120.39	110.99	108.64	110.25	111.74
稻 谷	公斤	6.83	8.60	8.68	6.04	15.42	9.22
玉 米	公斤	31.09	31.40	29.32	22.36	15.84	19.02
薯 类	公斤	0.78	0.55	0.53	0.71	0.71	0.85
豆 类	公斤	3.80	4.76	4.05	4.86	4.88	7.13
油脂类	公斤	8.45	8.51	7.68	7.62	9.56	9.33
植物油	公斤	8.28	8.40	7.62	7.54	9.47	9.27
动物油	公斤	0.17	0.11	0.07	0.08	0.09	0.06
豆制品	公斤	3.23	3.20	3.65	2.55	2.62	1.28
蔬菜及菜制品	公斤	119.61	113.81	103.45	114.56	106.45	101.27
瓜 类	公斤	11.38	11.66	12.80	11.87	11.17	5.39
西 瓜	公斤	10.58	10.66	11.98	9.69	9.48	4.65
其他瓜果	公斤	0.80	1.00	0.83	2.19	1.69	0.74
水果类	公斤	16.37	16.61	16.69	17.86	19.80	26.96
消费茶叶	公斤	1.01	0.81	0.71	0.80	0.60	0.70
坚 果	公斤	2.31	2.57	2.48	2.24	3.12	2.64
肉禽及其制品	公斤	17.28	17.56	17.99	18.42	19.63	19.98
猪 肉	公斤	8.58	9.97	10.58	10.90	11.21	12.28
牛 肉	公斤	0.42	0.44	0.38	0.50	1.05	0.34
羊 肉	公斤	0.63	0.49	0.44	0.25	0.27	0.34
家 禽	公斤	3.55	3.01	2.82	3.38	3.21	3.25
其他肉禽及制品	公斤	4.12	3.65	3.77	3.39	3.88	3.76
蛋类及蛋制品	公斤	11.24	10.52	9.74	10.20	11.22	9.72
奶和奶制品	公斤	7.80	7.32	7.04	8.24	8.67	9.00
水产品	公斤	4.45	4.07	3.85	3.46	3.50	3.76
食 糖	公斤	0.68	0.95	0.75	0.91	0.70	0.51
酒 类	公斤	14.25	14.31	13.21	14.46	13.02	11.42
#白 酒	公斤	5.66	5.39	5.15	6.54	5.87	4.80
啤 酒	公斤	8.55	8.86	8.01	7.85	7.11	6.60

主要统计指标解释

Explanatory Notes on Main Statistical Indicators

城镇居民家庭就业人口 指城镇居民从事社会劳动并取得劳动报酬或经营收入的人口。就业人口包括通过国家统筹规划和指导由劳动部门介绍就业,自愿组织起来就业和自谋职业等方式,在国有制、集体所有制、中外合资、中外合作、外资在华独资的企事业单位和私营企业单位工作或从事个体劳动的有固定性职业或临时性职业的人口。被聘用和留用的离退休人员也计入就业人口。

城镇居民家庭全部收入 指被调查城镇居民家庭全部的实际现金收入,包括经常或固定得到的收入和一次性收入。不包括周转性收入,如提取银行存款、向亲友借入款、收回借出款以及其他各种暂收款。

城镇居民家庭可支配收入 指被调查城镇居民家庭在支付个人所得税之后,所余下的实际收入。

可支配收入=实际收入-个人所得税-家庭副业生产支出-记帐补贴

现金收入 包括实际收入和借贷收入。

（1）实际收入 指调查户的全部实际的现金收入；不包括借贷收入,如提银行存款、向亲友借入款、收回借出款以及其他各种暂收款。

（2）借贷收入 指周转性收入。包括提取银行存款、储金会款、借入款、收回借出款、兑售有价证券、赊购、为购买房屋从银行贷款等。

城镇居民家庭生活费收入 指被调查的城镇居民家庭全部收入中能用于安排家庭日常生活的实际收入。即城镇居民家庭的全部实际收入除"赡养支出"、"赠送支出"和缴纳的各种税款以及被调查户非本家庭人口的经济用饭人口所交的"搭伙费"。

现金支出 包括现金的实际支出和借贷支出

（1）实际支出 包括消费性支出、非消费性支出和家庭副业生产支出。

（2）借贷支出 包括存入储蓄款、存入储金会款、归还借款、借出款、储蓄性保险支出、购买有价证券、预购、归还为购买住房的银行贷款等。

城镇居民家庭消费性支出 指被调查的城镇居民家庭用于日常生活的全部支出,包括购买商品支出和文化生活、服务等非商品性支出。不包括罚没、丢失款和缴纳的各种税款(如个人所得税、牌照税、房产税等),也不包括个体劳动者生产经营过程中发生的各项费用。

城镇居民家庭购买商品支出 指被调查的城镇居民家庭为自用或赠送亲友而购买商品的全部支出，包括从商店、工厂、饮食业、工作单位食堂、集市以及直接从农民手中购买各种商品的开支。商品支出分为以下八类：食品；衣着；家庭设备用品及服务；医疗保健；交通与通信；娱乐、教育、文化服务；居住；杂项商品和服务。

农民总收入 是指农村住户年内从各种来源得到的全部实际收入(包括现金收入和实物收入)。由基本收入,转移性收入和财产性收入等三部分组成。

基本收入：包括劳动者报酬收入和家庭经营收入。

劳动者报酬收入：指受雇于单位或个人,出卖劳动而得到的报酬收入。包括在乡村组织中劳动得到的报酬收入、在企业劳动得到的报酬收入和在其他单位劳动得到的报酬收入。

工资性收入：指农村住户成员受雇于单位或个人，靠出卖劳动而获得的收入。按来源渠道划分为，在非企业组织中劳动得到的收入、在本地企业劳动得到的收入、常住人口外出务工收入和从其他单位劳动得到的收入。

家庭经营收入主要用来反映以家庭为生产单位的收入水平、生产规模和经济效益情况。它是农村住户从事各项生产的收入,包括种植业收入、林业收入、牧业收入、渔业收入、手工业收入、采集捕猎收入、工业收入、建筑业收入、运输业收入、商业收入、饮食业收入、服务业收入和其他家庭经营收入。

转移性收入：包括在外人口寄回和带回、农村外部亲友赠送的收入、调查补贴、保险赔款、救济金、救灾款、退休金、抚恤金、五保户的供给、奖励收入、土地征用补偿收入和其他转移性收入。

财产性收入：包括利息收入、股息收入、租金收入、出让特许权收入、集体财产收入、其他财产收入。

农民纯收入 是总收入扣除相应的各项费用性支出后归农民所有的收入。它既可以用于生产、非生产投资，改善个指标用来观察农民实际收入水平，以及农民扩大再生产和改善生活的能力。

全年纯收入 = 总收入 – 家庭经营费用支出 – 生产用固定资产折旧 – 税收 – 上交集体承包任务 – 调查补贴 – 赠送农村外部亲友的支出

农民总支出 是指农村住户全年用于生产、生活和再分配等方面的全部实际支出。包括家庭经营费用支出、购置生产用固定资产支出、缴纳税款、上交集体承包任务、集体提留和摊派、生活消费支出和其他非借贷性支出。但借贷性支出不包括在内。

农 业

AGRICULTURE

11-1 各时期农业主要经济指标

Major Economic Indicators of Agriculture in Each Period

年份	农村劳动力（万人）	农林牧渔业总产值（亿元）	农用机械总动力（万千瓦）	年末实有耕地面积（千公顷）	蔬菜总产量（万吨）	肉类总产量（万吨）	粮食单产(千克/公顷)
1949	106.51	1.50	…	469.85	10.72	0.24	825
1952	112.35	1.91	…	481.17	8.61	0.40	960
1957	121.09	2.79	0.32	479.58	15.86	0.66	1065
1962	108.44	1.33	2.98	412.34	27.67	0.72	765
1965	111.74	2.61	4.84	410.02	29.12	1.12	1350
1970	123.91	2.75	14.32	396.49	31.81	1.21	1470
1975	141.00	4.07	48.04	382.05	42.00	2.07	2025
1978	140.05	6.57	69.70	373.19	49.19	2.50	2475
1979	141.60	7.48	80.63	372.45	49.42	2.92	2610
1980	143.19	7.79	88.45	370.87	58.13	3.69	2565
"六五"时期							
1981	146.52	11.73	94.47	369.80	49.85	3.99	2865
1982	149.07	14.47	106.60	369.22	63.45	4.31	3060
1983	152.39	18.07	112.19	368.45	65.66	4.66	3570
1984	158.23	19.00	123.92	367.35	86.91	5.03	3915
1985	162.51	18.36	130.41	357.41	84.11	5.43	3915
"七五"时期							
1986	165.86	20.91	147.36	353.96	118.86	6.44	3855
1987	168.56	24.65	156.23	352.18	101.52	7.13	3945
1988	171.44	34.24	172.89	350.56	122.83	8.68	4080
1989	173.38	35.14	182.40	349.59	117.99	9.70	3945
1990	176.83	36.92	183.40	347.56	126.09	11.38	4273
"八五"时期							
1991	180.09	40.13	191.00	344.76	146.87	13.50	4779
1992	182.51	45.14	191.50	343.29	170.61	15.36	4655
1993	183.78	57.81	194.40	341.54	205.62	19.12	4963
1994	183.42	85.37	207.40	339.97	226.39	26.14	5237
1995	183.55	114.07	241.20	339.30	253.54	28.68	5512
"九五"时期							
1996	184.68	117.65	247.07	337.25	350.36	30.43	5602
1997	186.68	131.69	258.50	335.90	328.64	24.75	5064
1998	186.54	141.45	273.30	334.83	344.67	27.38	5634
1999	188.27	148.61	297.55	333.72	366.78	29.89	5752
2000	189.15	154.30	349.47	333.72	405.95	31.82	5354
"十五"时期							
2001	189.87	162.27	409.07	331.75	435.20	33.23	5480
2002	190.98	167.99	410.17	329.35	478.34	31.87	4440
2003	192.71	180.30	417.43	325.18	504.81	33.29	5448
2004	191.31	204.39	418.54	324.89	515.26	35.35	5807
2005	190.21	230.46	426.76	366.99	529.37	37.93	5932
"十一五"时期							
2006	190.80	247.70	429.62	361.74	536.28	38.74	6042
2007	191.16	265.50	446.60	358.80	522.24	31.85	6064
2008	190.45	308.70	466.00	361.33	548.36	36.20	6230
2009	195.56	329.00	486.00		591.18	37.61	6246
2010	196.85	378.43	509.68	362.30	601.44	38.08	6192
"十二五"时期							
2011	197.38	422.99	527.39	361.25	617.82	38.85	6315
2012	198.74	451.86	538.66	361.08	633.62	39.80	6285
2013	199.80	508.84	552.06	361.81	657.12	40.24	5997

注：1、自2005年始年末实有耕地面积有国土资源局提供，暂无2009年数据。

2、依据2006年农业普查数据，对1997年至2007年蔬菜面积、产量做了相应调整。

3、粮食作物产量、播种面积自2012年开始由山东调查总队反馈。

11-2 农村基层组织和农业基本情况

Basic Conditions of Rural Grassroots Units and Agriculture

指　　标	单　位	2008 年	2009 年	2010 年	2011 年	2012 年	2013 年
乡镇数量	个	61	61	55	55	55	53
#镇	个	50	50	49	51	51	51
村民委员会	个	4600	4608	4552	4538	4532	4532
乡村户数	万户	98.34	99.92	99.68	100.05	100.62	101.11
乡村人口	万人	350.80	353.86	353.59	354.2	355.41	357.43
家庭从业人员	万人	190.45	195.56	196.85	197.37	198.74	199.81
男	万人	101.81	104.33	105.27	105.07	105.56	106.34
女	万人	88.64	91.23	91.58	92.31	93.18	93.47
按行业分家庭从业人员							
农林牧渔业	万人	76.46	76.48	76.66	74.95	74.32	73.44
工　业	万人	31.34	33.12	32.56	34.02	34.51	35.27
建筑业	万人	27.51	28.70	29.69	29.97	30.40	30.91
交通运输、仓储及邮电通讯业	万人	13.50	13.67	13.6	13.41	13.35	13.32
批零贸易及餐饮业	万人	22.37	23.63	23.96	24.71	25.49	25.78
其他非农行业	万人	19.27	19.96	20.38	18.38	20.66	21.07
地类面积	公顷			799841	799841	799841	799841
耕地	公顷			362303	361251	360279	361012
其中水浇地	公顷			266913	266031	265366	265725
园地	公顷			26790	26632	26485	26233
林地	公顷			86663	86070	85682	85100
草地	公顷			58894	58404	58193	57520
城镇村及工矿用地	公顷			135194	137306	139087	140218
交通运输用地	公顷			28190	28459	28742	28740
水域及水利设施用地	公顷			51195	51324	51246	51155
其它土地	公顷			50612	50395	50127	49863
年末耕地总资源	公顷			390152	388724	387564	398999
农业机械总动力	万千瓦	466.02	486.00	509.68	527.39	538.66	552.06
农用大中型拖拉机	台	15376	16523	17952	19611	21415	22717
农用小型拖拉机	台	41734	42219	42103	42791	65647	65999
联合收割机	台	5170	6795	7567	8608	9416	10902
柴油机	台	83277	85453	85107	85157	84971	84915
割晒机	台	3048	4483	4083	4042	3873	3783
脱粒机	台	18534	18276	18948	18996	18934	19464
农村用电量	亿千瓦小时	24.03	25.32	25.57	25.68	26.02	26.35
农作物总播种面积	千公顷	606.00	618.50	620.94	622.32	606.88	591.69

注：2012 年粮食播种面积数据为山东调查总队反馈数据。

11-3 分地区农村基层组织

Basic Conditions of Rural Grassrootsunits

指　　标	单　位	济南市	历下区	市中区	槐荫区
乡镇数量	个	53			
#镇	个	51			
村民委员会	个	4532	19	77	92
乡村户数	万户	101.11		4.27	3.32
乡村总人口	万人	357.43		14.68	11.64
乡村劳动力	万人	199.81		7.13	6.58
男	万人	106.34		3.84	3.46
女	万人	93.47		3.29	3.12
按行业分乡村劳动力					
农林牧渔业	万人	73.44		2.29	2.39
工　业	万人	35.27		0.94	0.93
建筑业	万人	30.91		1.45	0.55
交通运输、仓储及邮电通讯业	万人	13.32		0.47	0.49
批零贸易及餐饮业	万人	25.78		1.10	1.11
其他非农行业	万人	21.07		0.85	1.12
地类面积	公顷	799841	10118	28149	15161
耕地	公顷	361012	367	5598	3691
其中水浇地	公顷	265725	107	1488	1624
园地	公顷	26233	30	1187	45
林地	公顷	85100	1924	3762	458
草地	公顷	57520	448	4188	138
城镇村及工矿用地	公顷	140218	7110	9730	7251
交通运输用地	公顷	28740	59	822	706
水域及水利设施用地	公顷	51155	40	362	2712
其它土地	公顷	49863	139	2501	162
年末耕地总资源	公顷	39899	367	6928	4024
农业机械总动力	万千瓦	552.06	6.27	12.39	9.10
农用大中型拖拉机	台	22717	535	499	304
农用小型拖拉机	台	65999	756	65	230
联合收割机	台	10902	95	85	133
柴油机	台	84915	70	65	5
割晒机	台	3783			
脱粒机	台	19464	55	130	2772
农村用电量	亿千瓦小时	26.35		2.29	0.67
农作物总播种面积	千公顷	591.69		6.77	3.72

和农业基本情况（2013年）

and Agriculture by Region (2013)

天桥区	历城区	长清区	平阴县	济阳县	商河县	章丘市
2	6	6	6	8	11	14
2	6	6	6	8	9	14
120	648	585	337	812	948	894
2.49	19.41	13.02	8.62	12.06	13.41	24.51
8.72	64.61	44.93	29.29	48.96	52.31	82.29
4.49	37.36	23.38	16.07	28.30	28.32	48.18
2.46	19.41	12.56	8.36	15.78	15.21	25.26
2.03	17.96	10.81	7.71	12.52	13.11	22.92
1.45	12.60	9.89	7.15	10.96	14.45	12.26
0.65	6.38	2.92	2.64	5.01	2.68	13.12
0.59	6.08	4.51	2.42	3.59	3.83	7.89
0.20	2.34	1.27	0.89	1.43	1.02	5.21
1.07	5.14	2.50	1.12	3.69	3.10	6.95
0.53	4.82	2.30	1.84	3.61	3.25	2.75
25897	130121	120859	71506	109881	116240	171909
9818	34203	46748	33400	71122	76232	79833
9262	19225	20972	16250	67721	75721	53355
94	13863	4431	2059	394	292	3838
1867	23342	20795	10531	4527	2992	14904
163	15860	15225	4056	522	355	16566
8546	26856	14085	9369	15047	15085	27140
1265	4768	3651	2630	3824	5173	5840
3880	4683	4923	3222	11633	11585	8117
264	6546	11002	6238	2813	4527	15671
11070	41975	53257	37310	74283	77908	91876
19.74	62.92	51.22	47.51	121.72	96.81	124.37
577	2590	2451	3173	4135	3193	5260
3300	3044	4503	9551	19308	11810	13432
305	1143	1086	702	1954	2449	2950
4510	1969	1370	1950	27105	34439	13432
		70	90	1702	1921	
	1319	890	1020	5735	4223	3320
0.55	5.18	2.51	2.07	1.08	1.37	10.63
12.55	53.69	64.11	52.85	122.96	127.28	147.77

11-4 各时期农林牧渔业增加值（按当年价格计算）

Added Value of Farming、Animal Husbandry and Fishery in Each Period

单位：亿元

年份地区	合计	农业	林业	牧业	渔业	农林牧渔服务业
1952	1.45	1.09	…	0.36	…	–
1957	1.89	1.42	…	0.47	…	–
1962	1.01	0.76	…	0.25	…	–
1965	1.85	1.39	…	0.46	…	–
1970	2.11	1.58	…	0.53	…	–
1975	2.84	2.13	…	0.71	…	–
1978	4.08	2.94	0.19	0.89	0.06	–
1980	5.84	4.21	0.27	1.28	0.08	–
1985	12.16	8.75	0.57	2.66	0.18	–
"七五"时期						
1986	13.94	10.03	0.65	3.05	0.21	–
1987	16.21	11.66	0.76	3.55	0.24	–
1988	22.05	15.87	1.03	4.83	0.32	–
1989	22.74	16.37	1.06	4.98	0.33	–
1990	22.70	16.34	1.06	4.97	0.33	–
"八五"时期						
1991	24.68	18.00	0.95	5.31	0.42	–
1992	27.74	19.52	1.31	6.38	0.53	–
1993	35.66	23.83	1.45	9.72	0.66	–
1994	49.44	33.39	2.02	13.48	0.55	–
1995	67.24	49.59	1.97	14.95	0.75	–
"九五"时期						
1996	72.74	55.35	2.68	13.49	1.22	–
1997	81.07	62.25	2.95	14.66	1.21	–
1998	88.06	67.07	2.67	16.92	1.40	–
1999	92.52	67.30	2.21	21.33	1.68	–
2000	95.01	67.57	2.51	23.56	1.37	–
"十五"时期						
2001	97.17	68.96	2.25	24.49	1.47	–
2002	98.74	68.88	2.44	25.99	1.43	–
2003	104.90	70.71	2.87	28.51	1.22	1.60
2004	120.47	80.17	3.15	33.86	1.50	1.77
2005	134.34	88.66	4.05	38.14	1.59	1.90
"十一五"时期						
2006	145.12	95.80	4.54	40.32	1.77	2.69
2007	150.30	97.13	5.31	42.46	1.90	3.50
2008	175.00	108.91	7.71	51.79	2.88	3.71
2009	187.07	120.34	8.34	51.22	2.88	4.29
2010	215.17	149.43	4.73	53.08	3.02	4.91
2011	237.86	152.55	5.69	70.61	3.35	5.66
2012	252.92	160.77	6.68	75.28	3.54	6.65
2013	284.70	186.98	7.89	78.08	4.03	7.72
2013年分地区						
历下区						
市中区	3.95	1.16	0.32	2.35		0.12
槐荫区	4.03	2.22	0.31	0.97	0.50	0.03
天桥区	3.84	2.02	0.05	1.59	0.16	0.02
历城区	43.95	29.91	1.65	10.98	0.49	0.92
长清区	29.95	21.80	1.27	6.22	0.10	0.56
平阴县	29.28	19.32	0.64	8.26	0.18	0.88
济阳县	49.18	32.78	0.87	14.09	0.72	0.72
商河县	43.36	30.06	0.99	9.13	0.69	2.49
章丘市	77.16	47.71	1.79	24.49	1.19	1.98

11 - 5 各时期农林牧渔业总产值（按当年价格计算）

Gross Output Value of Farming、Forestry、Animal Husbandry in Each Period

单位：亿元

年份地区	合计	农业	林业	牧业	渔业	农林牧渔服务业
1952	1.91	1.67	0.04	0.18	0.02	–
1957	2.79	2.41	0.09	0.28	0.01	–
1962	1.33	1.18	0.03	0.12	…	–
1965	2.61	2.25	0.07	0.28	0.01	–
1970	2.75	2.32	0.10	0.32	0.01	–
1975	4.07	3.48	0.13	0.44	0.02	–
1978	6.57	5.63	0.20	0.72	0.02	–
1980	7.78	6.66	0.18	0.93	0.01	–
1985	18.36	14.63	0.75	2.93	0.05	–
"七五"时期						
1986	20.91	16.81	0.79	3.23	0.08	–
1987	24.65	19.50	0.99	4.05	0.11	–
1988	34.24	24.83	1.42	7.67	0.32	–
1989	35.14	25.04	1.24	8.47	0.39	–
1990	36.92	24.70	1.41	10.36	0.45	–
"八五"时期						
1991	40.13	26.44	1.47	11.64	0.58	–
1992	45.14	29.01	1.70	13.71	0.72	–
1993	57.81	36.00	1.98	18.86	0.97	–
1994	85.37	52.36	2.80	29.38	0.83	–
1995	114.07	71.48	2.71	38.69	1.19	–
"九五"时期						
1996	117.65	77.16	3.35	35.25	1.89	–
1997	131.69	87.91	3.86	38.04	1.88	–
1998	141.45	93.56	3.55	42.17	2.17	–
1999	148.61	96.81	3.12	46.27	2.41	–
2000	154.30	100.18	3.64	48.34	2.14	–
"十五"时期						
2001	162.27	105.54	3.27	51.16	2.30	–
2002	167.99	106.27	3.51	55.84	2.37	–
2003	180.30	109.41	4.11	60.90	2.05	3.83
2004	204.39	121.28	4.49	71.87	2.50	4.25
2005	230.46	137.01	5.56	80.56	2.69	4.64
"十一五"时期						
2006	247.72	147.98	6.44	84.86	2.89	5.55
2007	265.49	156.88	7.34	91.90	3.06	6.31
2008	308.68	179.13	10.82	105.85	4.20	8.68
2009	329.00	202.74	11.46	100.84	4.26	9.70
2010	378.43	246.82	7.12	109.10	4.54	10.85
"十二五"时期						
2011	422.99	261.48	8.34	135.74	4.97	12.45
2012	451.86	277.71	9.49	145.26	5.44	13.96
2013	508.83	319.46	10.99	156.16	6.09	16.13
2013 年分地区						
历下区						
市中区	6.31	1.86	0.41	3.87		0.17
槐荫区	5.73	2.92	0.40	1.63	0.73	0.05
天桥区	6.06	3.09	0.07	2.66	0.21	0.03
历城区	77.64	51.70	2.35	21.09	0.86	1.64
长清区	48.23	32.20	1.80	13.10	0.16	0.97
平阴县	55.04	35.33	0.85	16.76	0.28	1.82
济阳县	96.69	63.53	1.17	29.65	1.05	1.29
商河县	86.22	59.02	1.39	19.44	1.18	5.19
章丘市	126.91	69.81	2.55	47.96	1.62	4.97

11－6 各时期农林牧渔业总产值定基指数（以1952年为100）

Gross Output Value and Indices of Farming、Forestry、Animal Husbandry in Each Period

年　份	合 计	农　业	林　业	牧　业	渔　业
1952	100.00	100.00	100.00	100.00	100.00
1957	116.18	114.55	170.35	119.90	109.96
1962	73.32	74.42	69.10	69.25	20.68
1965	123.31	121.76	147.34	141.38	28.95
1970	151.35	146.28	254.82	184.02	58.65
1975	201.09	196.80	317.61	226.74	78.38
"五五"时期					
1976	198.67	185.64	340.19	269.52	118.70
1977	197.95	190.19	373.20	218.87	56.26
1978	208.10	203.90	304.32	239.93	57.89
1979	233.93	224.05	316.47	293.89	53.70
1980	264.53	259.07	286.30	330.80	43.98
"六五"时期					
1981	279.36	279.29	281.28	377.56	55.36
1982	312.68	308.75	346.83	460.13	51.95
1983	402.03	369.18	434.91	460.59	57.98
1984	493.28	436.59	572.67	651.29	69.52
1985	505.48	460.68	992.56	841.94	161.47
"七五"时期					
1986	531.29	488.47	964.62	857.25	229.32
1987	560.14	506.85	1075.00	960.76	291.92
1988	585.14	510.86	992.11	1191.92	383.08
1989	571.95	483.32	886.96	1320.55	495.30
1990	607.77	449.63	1126.99	1931.15	695.49
"八五"时期					
1991	670.19	488.17	1189.04	2204.93	830.45
1992	712.62	491.78	1298.34	2574.55	1007.33
1993	844.31	566.55	1420.51	3221.58	1209.21
1994	945.74	603.90	1671.10	2864.71	1064.29
1995	1093.57	657.49	1508.72	4905.57	1945.11
"九五"时期					
1996	1197.20	727.03	1818.36	5258.95	2224.25
1997	1273.56	820.27	2002.99	5116.96	2202.07
1998	1426.28	914.05	1858.14	5907.41	2516.54
1999	1486.09	934.64	2110.21	6277.65	2639.47
2000	1569.90	991.58	2255.81	6620.62	2441.73
"十五"时期					
2001	1599.32	1005.16	1700.16	6905.18	2646.43
2002	1638.09	997.16	1826.57	7349.57	2712.97
2003	1711.88	1072.24	1977.78	7726.93	2324.25
2004	1804.32	1132.29	1979.76	8121.00	2803.05
2005	1930.62	1188.90	2237.13	8770.68	2802.30
"十一五"时期					
2006	2046.15	1249.31	2454.25	9245.35	3003.10
2007	2046.15	1334.26	2610.83	9006.43	3540.65
2008	2148.45	1422.32	2783.14	9231.59	3204.85
2009	2260.17	1524.73	2964.04	9342.35	3323.43
2010	2367.76	1584.02	1815.08	10311.68	3416.48
"十二五"时期					
2011	2471.94	1658.47	2016.56	10600.40	3508.72
2012	2588.12	1724.80	2216.20	11151.62	3768.36
2013	2689.05	1762.74	2491.01	11809.56	3877.64

11-7 农业"四化"情况（2013年）

Basic Statistics on Four Modernization of Agriculture（2013）

指　标	机耕作业面积（千公顷）	有效灌溉面积（千公顷）	化肥施用量（吨折纯）	每公顷耕地化肥施用量（公斤折纯）	农药施用量（吨）	每公顷耕地农药施用量（公斤）
全　市	291.7	250.9	231393	639.5	3228.9	8.9
历下区	6.4					
市中区	5.9	2.4	1237	219.3	52.1	9.2
槐荫区	3.7	2.5	861	232.8	53.3	14.4
天桥区	7.6	8.5	5545	563.7	52.2	5.3
历城区	25.4	20.9	17898	518.0	500.5	14.5
长清区	30.7	23.1	14206	303.1	424.6	9.1
平阴县	26.0	16.5	15242	455.8	149.9	4.5
济阳县	45.6	53.5	46775	657.1	952.6	13.4
商河县	59.0	67.1	69970	917.4	464.8	6.1
章丘市	81.3	56.5	59659	746.4	578.9	7.2

11-8 主要农副产品产量与上年和历史最高年份比较

Output of Major Agricultral Products in Comparision with Last Year and Maximum Year

指　标	2013 年	2012 年	历史最高年		2013 年为历史最高年的%	2013 年为 2012 年的%
			年　份	产　量		
农产品产量（万吨）						
粮食总产量	266.61	286.03	2011	295.84	90.1	93.2
#小　麦	123.86	128.53	2011	128.95	96.1	96.4
稻　谷	2.89	5.30	2000	9.89	29.2	54.5
玉　米	131.40	139.78	2011	143.96	91.3	94.0
薯　类	4.76	7.47	1995	23.10	20.6	63.7
经济作物（万吨）						
#棉　花	1.98	2.72	1999	5.00	39.6	72.8
油料花生	5.33	5.67	2009	6.07	87.8	94.0
蔬菜总产量	657.12	633.62	2012	633.62	103.7	103.7
水果总产量	52.22	50.56	2012	50.56	103.3	103.3
水产品总产量（万吨）	4.6	4.52	2012	4.52	101.8	101.8

11-9 分地区主要农作物

Sown Areas and Output of

指标	济南市	历下区	市中区	槐荫区	天桥区
农作物播种总面积（公顷）	591694		6774	3723	12550
粮食	444667		6467	3467	11333
谷物					
小麦	210400		3067	1667	5000
稻谷	4472			890	741
玉米	208506		3092	895	5469
谷子	4964		168		
高粱	882				
其他	117				
豆类	6895		77	15	123
薯类	8431		63		
油料作物	15161		45		256
#花生	13316		45		256
棉花	16162		26		382
蔬菜	99853		233	257	526
果用瓜	13113		4		52
其他作物	1850				
果园种植面积（公顷）	33048		186		23
#苹果	15351		51		3
梨	1851				17
葡萄	1286		54		1
桃	5576		45		1
农作物产量（吨）					
粮食作物产量	2666085		29000	20000	51500
谷物					
小麦	1238585		12500	9000	30000
稻谷	28944			5479	2550
玉米	1314006		15669	5485	18700
谷子	15903		375		
高粱	1958				
其他	417				

播种面积及产量（2013年）

Main Farm Crops by Region（2013）

历城区	长清区	平阴县	济阳县	商河县	章丘市
53686	64108	52847	122957	127282	147767
37000	48333	35433	89133	103600	109900
16333	20333	15200	45800	50000	53000
410			2326		105
17480	21987	14887	39918	53322	51455
1234	1254	841			1468
138	23	47			675
14	103				
713	900	2169	1048	30	1821
679	3733	2289	41	248	1377
888	5485	2960	2829	219	2478
886	4797	1971	2829	219	2312
196	546	3352	3450	3820	4390
14387	8921	8302	22849	18851	25527
1053	290	1047	4648	552	5468
125		1489		237	
11604	3602	9272	1892	788	5683
3872	262	6802	1339	268	2752
955	120	56	61	348	294
41	12	432	124	160	463
3751	326	283	112	12	1045
202000	287500	197000	543083	681500	654502
89500	110000	77000	280083	320500	310002
2516			18003		397
99114	150226	98824	241637	358427	325924
4233	4702	2945			3647
380	86	125			1366
40	377				

11-9 续

指　　标	济南市	历下区	市中区	槐荫区	天桥区
豆　类	18710		172	36	250
薯　类	47563		284		
油料作物	56909		75		669
#花　生	53313		75		669
棉　花	19769		41		573
蔬　菜	6571182		10638	7455	22594
果用瓜	787527		378		2443
水果总产量（吨）	522228		2762		609
#苹　果	253691		1023		47
梨	39922		5		186
葡　萄	21258		634		15
桃	108449		714		23
杏	43662		276		8
枣（鲜）	9808		101		329
柿子（鲜）	20696		10		
山　楂	10996		1		
其　他	4826				
农作物单位面积产量（公斤/公顷）					
粮食作物单位面积产量	5995		4485	5769	4544
谷　物					
小　麦	5887		4076	5400	6000
稻　谷	6473			6156	3441
玉　米	6302		5067	6126	3419
谷　子	3204		2240		
高　粱	2220				
其　他	3575				
豆　类	2714		2217	2475	2039
薯　类	5642		4500		
油料作物	3753		1650		2610
#花　生	4004		1650		2610
棉　花	1222		1575		1500
蔬　菜	65808		45723	29039	42927
果用瓜	60055		106982		47100

历城区	长清区	平阴县	济阳县	商河县	章丘市
2082	2700	5607	3097	68	4699
4136	19409	12500	262	2505	8467
3523	17561	11241	14513	1154	8174
3522	16786	8759	14513	1154	7836
288	703	3832	3954	4000	6378
1044906	676667	606598	1359238	952365	1890721
54554	15813	66472	353172	27014	267681
184419	47139	134747	49724	31194	71634
40971	5453	112781	38835	10906	43674
23849	3634	1602	683	7898	2065
1820	364	5446	2416	7183	3381
85810	6388	3748	1111	469	10187
22736	14024	1851	510	1497	2759
102	398	412	1143	2217	5106
3873	11380	2922	423	1025	1064
3653	225	1428	4603		1086
168	71	4536			50
5460	5949	5561	6093	6578	5955
5480	5411	5066	6116	6410	5849
6135			7740		3786
5670	6833	6639	6054	6722	6335
3432	3750	3501			2486
2756	3740	2696			2025
2850	3672				
2922	3000	2585	2957	2277	2580
6090	5199	5460	6345	10086	6150
3969	3201	3797	5130	5268	3299
3975	3500	4443	5130	5268	3389
1470	1287	1143	1146	1047	1454
72629	75852	73064	59487	50520	74067
51815	54578	63461	75990	48921	48953

11 - 10 分地区林、牧、渔

Basic Statistics on Forestry、

指　　标	单　位	济南市	历下区	市中区	槐荫区
林业生产					
造林面积	公顷	13637		537	
迹地更新	公顷	120			
四旁植树	万株	1377	95	91	80
本年育苗面积	公顷	8900	38	85	36
幼林抚育面积	公顷				
成林抚育	公顷				
果品产量	吨	535625		11607	
木材采伐量	立方米	167433			50
牧业生产					
大牲畜存栏	万头	77.23		0.53	0.20
#役　畜	万头	1.49			
#牛	万头	76.64		0.53	0.20
猪存栏	万头	210.05		3.93	0.62
羊存栏	万只	150.39		1.75	0.34
家禽存栏	万只	3662.78		118.10	12.50
猪出栏数	万头	316.10		6.61	1.85
羊出栏数	万只	224.78		2.92	0.58
肉类总产量	吨	402436		7373	2171
#猪牛羊肉	吨	321471		5790	1654
猪　肉	吨	229684		4977	1410
牛　肉	吨	68114		385	189
羊　肉	吨	23673		428	55
禽　肉	吨	76373.00		1553	518
奶　类	吨	318240		17312	8957
#牛　奶	吨	318240		17312	8957
禽　蛋	吨	355883		10947	1310
#鸡　蛋	吨	339787		10947	1310
渔业生产					
水产品产量	吨	46048			3250
捕　捞	吨	905			
养　殖	吨	45143			3250
养殖面积	公顷	7428			340
养殖单产	公斤/公顷	6077			956

业生产情况（2013年）

Animal、Husbandry and Fishery by Region（2013）

天桥区	历城区	长清区	平阴县	济阳县	商河县	章丘市
89	1910	3458	1488	1253	1299	3603
		50			70	
20	168	160	130	150	163	320
278	3010	2200	166	1300	988	799
2075	311170	70123	55924	26636	17588	40502
2164	17710	28352	14688	25388	62380	16701
0.78	4.38	6.77	8.30	20.91	9.10	26.26
	0.08	0.41	0.47	0.06	0.40	0.07
0.78	4.38	6.74	8.07	20.81	8.99	26.14
1.25	30.25	25.27	19.17	30.23	40.13	59.20
0.86	11.81	25.50	35.63	22.54	23.18	28.78
33.66	488.50	295.96	263.76	410.59	485.99	1553.72
3.20	44.42	31.72	33.41	35.30	67.11	92.48
2.88	11.33	27.22	65.10	30.80	47.09	36.86
5957	44940	30629	46660	60386	81012	123308
4954	35983	25100	38383	56034	66294	87279
2561	31668	19568	23970	28668	52560	64302
2047	2961	3254	6717	24498	8716	19347
346	1354	2278	7696	2868	5018	3630
1003	8306	5206	7188	4243	14184	34172
2902	97402	35151	33654	39251	6508	77103
2902	97402	35151	33654	39251	6508	77103
4012	50672	29572	32259	48968	32348	145795
4003	50388	27800	31835	46155	24922	142427
2150	5290	1180	2155	9955	10508	11560
	90	165		146	457	47
2150	5200	1015	2155	9809	10051	11513
275	1028	348	456	1502	1326	2153
782	515	339	473	663	792	537

主要统计指标解释

Explanatory Notes on Main Statistical Indicators

农林牧渔业产值 是以货币表现的农、林、牧、渔业全部产品的总量,它反映一定时期内农林牧渔业生产的总规模和总成果。

农、林、牧、渔四业的统计范围是辖区内各种经济组织类型、各个系统的全部农林牧渔业生产单位和非农行业单位附属的农林牧渔业生产活动单位。不包括农业科学试验机构进行的农业生产。

农林牧渔业总产值的核算范围是本辖区内在一定时期内生产的农业、林业、牧业、渔业产品的价值和对农林牧渔业生产活动进行的各种支持性服务活动的价值总和,执行日历年度。

(1)农业产值,包括谷物和其他作物产值:蔬菜,园艺作物产值:水果,坚果,饮料和香料产值;中药材产值。其中谷物和其他作物产值包括谷物、薯类、豆类、棉花、油料,糖料,麻类、烟叶和其他农作物的产值。其他农作物包括青饲料,绿肥、牧草、桑叶及采集的野生植物。

(2)林业,包括林木的培育和种植(不包括茶园、桑园和果园的栽培,管理和收获等活动)。林产品的采集和竹木采伐。

(3)牧业,包括除渔业养殖以外的一切动物饲养和放牧以及捕猎野兽野禽产值。

(4)渔业,包括水生动物和海藻类植物的养殖和捕捞。

(5)农林牧渔服务业,包括灌溉,农产品初加工。农机服务,病虫害防治、森林防火、兽医服务、鱼苗及鱼种场等对农林牧渔业生产活动进行的各种支持性服务活动。但不包括各种科学技术和专业技术服务活动。农林牧渔业总产值核算采用"产品法"进行计算,即用产品产量乘以价格以求出各种产品产值,然后加总求得各业产值,最后各业相加求得农林牧渔业总产值。

1957 年以前的农业总产值中包括了厩肥和农民自给性手工业(如农民自制衣服、鞋、袜,自己从事粮食初步加工等)。1958 年及以后的农业总产值,林业中增加了村及村以下竹木采伐产值;牧业中取消了厩肥产值;副业中取消了农民自给性手工业产值,增加了村及村以下办的工业产值;渔业中增加了海洋捕捞水产品产值。1980 年及以后的农业总产值,在副业中增加了农民家庭兼营工业商品性部分的产值。从1984 年起村及村以下办工业产值划归工业。从1993年起取消副业,将采集野生植物产值和农民家庭兼营商品性工业产值划归农业产值,捕猎野兽、野禽产值划入牧业产值。2003 年根据新的国民经济行业分类,农林牧渔服务业划归第一产业。原农业产值中的农民家庭兼营商品性工业产值划归工业产值;林业中竹木采伐产值统计范围由村及村以下改为全社会。

农林牧渔业增加值 是指农、林、牧、渔及农林牧渔服务业生产货物或提供服务活动而增加的价值,为农林牧渔业现价总产值扣除农林渔业现价中间投入后的余额。

农林牧渔业增加值的核算范围同农林牧渔业总产值的核算范围相同。

农林牧渔业增加值的计算方法:采用生产法和分配法(收入法)两种。

1. 生产法计算公式:

农林牧渔业增加值=农林牧渔业总产值—农林牧渔业中间消耗

2. 分配法计算公式:

农林牧渔业增加值=固定资产折旧+劳动者报酬+生产税净额+营业盈余

其中:生产税净额=生产税收—生产补贴

农林牧渔业中间消耗 指在农林牧渔业生产过程中投入(或消耗)的各种物质产品和劳务价值的总和。包括中间物质消耗和对非物质生产部门的劳务支出两部分。计算中间消耗有两个原则:一是计算的口径范围要与总产值保持一致,二是本期消耗的不属于固定资产的低值易耗品。某些小农具即使使用年限超过一年,但价值在50元以下,也作为中间物质消耗处理。

粮食产量 指全社会的粮食作物产量。包括国营农场等全民所有制经营的、集体统一经营和农民家庭经营的粮食产量,还包括工矿企业家属办的农场和其他生产单位的产量粮食除包括稻谷、小麦、玉米、高粱、谷子及其他杂粮外,还包括薯类和大豆。其产量计算方法,豆类按去豆荚后的干豆计算;薯类包括甘薯和马铃薯,不包括芋头和木薯。1963年以前按每4公斤鲜薯1公斤粮食计算,从1964年以后按5公斤鲜薯折1公斤粮食计算。其他粮食一律按脱粒后的原粮计算。

油料产量 指全部油料作物的生产量。包括花生、油菜籽、芝麻、向日葵籽、胡麻籽(亚麻籽)和其他油料。不包括大豆、木本油料和野生油料。花生以带壳干花生计算。

水产品产量 指人工养殖的水产品和天然生长的水产的捕捞量。包括海水的鱼类、虾蟹类、贝类和藻类以及淡水的鱼类、虾蟹类和贝类,不包括淡水水生植物。

猪、牛、羊肉产量 指当年出栏并已屠宰的猪、牛、羊的肉产量。即屠宰后除去头蹄下水后带骨肉(即胴体重)的重量。

耕地面积 指年初可以用来种植农作物、经常进行耕锄的田地,包括熟地、当年新开荒地、连续撂荒未满三年的耕地和当年的休闲地(轮歇地),还包括以种植农作物为主并附带种植桑树、茶树、果树和其他林木的土地,以及沿海、沿湖地区已围垦利用的"海涂"、"湖田"等面积。

不包括属于专业性的桑园、茶园、果园、果木苗圃、林地、芦苇地、天然或人工草地面积。

农作物播种面积 指实际播种或移植有农作物的面积。凡是实际种植有农作物的面积，不论种植在耕地上还是种植在非耕地上，均包括在农作物播种面积中。在播种季节基本结束后，因遭灾而重新改种和补种的农作物面积，也包括在内。

灌溉面积 指有效灌溉面积，即具有一定的水源，地块比较平整，灌溉工程或设备已经配套，在一般年景下半年能够进行正常灌溉的耕地面积。

农用化肥施用量 指本年内实际用于农业生产的化肥数量，包括氮肥、磷肥、钾肥和复合肥。化肥施用量要求按折纯量计算数量。折纯量是指把氮肥、磷肥、钾肥分别按含氮、含五氧化二磷、含氧化钾的百分之一百成份进行折算后的数量。复合肥按其所含主要成分折算。

农业机械总动力 指主要用于农、林、牧、渔业的各种动力机械的动力总和。包括耕作机械、排灌机械、收获机械、农产品加工机械、运输机械、植物保护机械、牧业机械、林业机械、渔业机械和其他农业机械（内燃机按引擎马力折成瓦(特)计算），电动机按功率折成瓦特计算。不包括专门用于乡办工业、基本建设、非农业运输、科学试验和教学等非农业生产方面用的动力机械与作业机械。

工 业

INDUSTRY

12 - 1　各时期全部工业基本情况

Basic Statistics on Total Industry in Each Period

年　份	全部工业单位数(个)	#国有单位	工业总产值(亿元)	#国有单位	工业增加值(亿元)	#国有单位	国有独立核算工业（万元）	
							利润总额	利税总额
1949	52	—	1.20	0.52	0.40	0.15	190	541
1952	92	—	2.97	1.65	1.09	0.52	1616	2761
1957	399	—	6.90	6.13	2.18	1.84	5742	10065
1962	847	286	6.67	5.61	2.36	1.80	3293	8242
1965	724	247	11.99	10.09	4.34	3.39	16246	22906
1970	828	285	23.12	17.93	7.56	5.64	19347	31834
1975	1041	326	26.41	18.87	8.46	5.50	11555	27846
1978	1319	398	39.06	25.87	12.89	7.11	28852	53031
1979	1353	359	42.95	28.90	14.10	8.01	31875	57532
1980	1535	356	45.31	30.37	14.24	8.85	32909	59572
“六五”时期								
1981	1538	350	47.61	31.72	15.11	9.47	35077	62657
1982	1619	357	51.98	33.91	15.79	10.01	32062	64673
1983	1674	369	59.06	36.99	17.96	11.49	35870	60308
1984	1981	325	66.96	39.78	20.10	13.17	45869	83520
1985	2584	477	74.41	44.66	27.54	16.97	61274	112154
“七五”时期								
1986	3005	369	86.93	48.71	28.69	17.53	54804	115006
1987	3957	361	107.63	56.16	32.88	19.40	58715	125775
1988	5252	372	138.05	68.58	47.49	25.09	80173	156056
1989	7655	380	158.53	76.19	54.66	30.51	76571	170703
1990	11020	394	222.63	116.92	60.43	37.11	25084	125522
“八五”时期								
1991	12211	376	245.73	131.35	67.73	43.35	36715	151718
1992	15374	373	303.33	162.35	86.85	48.97	55463	193000
1993	19392	376	448.25	230.93	115.36	69.65	57984	223445
1994	22009	366	614.08	236.40	154.49	69.64	60393	240473
1995	24621	495	752.23	279.16	194.16	83.12	65335	316289
“九五”时期								
1996	32902	425	834.45	260.16	238.31	91.30	79615	337807
1997	33000	325	897.59	263.34	278.87	92.99	95267	343426
1998	32793	227	966.62	234.03	298.41	94.28	42152	292991
1999	29319	211	981.78	212.95	318.80	79.51	-2340	254619
2000	30899	195	994.00	237.14	336.61	81.00	34824	292198
“十五”时期								
2001	34135	169	1090.70	140.44	356.72	64.69	49222	226242
2002	30064	155	1302.00	144.78	410.98	49.16	28011	234986
2003	30258	126	1544.50	167.30	494.55	68.80	53363	302975
2004	31163	115	1981.80	150.70	620.14	37.21	-3943	72684
2005	31370	102	2447.51	177.00	786.11	66.49	268573	354111
“十一五”时期								
2006	35370	86	2806.94	193.10	861.48	73.95	315323	458191
2007	36112	76	3389.09	283.32	985.78	103.65	364790	751182
2008	36416	80	4829.16	338.24	1140.14	136.55	418265	853091
2009	37656	77	5096.98	345.44	1191.36	166.36	422898	885006
2010	37521	66	5800.39	404.38	1352.42	284.75	643216	1162785
“十二五”时期								
2011	36750	54	5544.60	478.10	1507.88		561683	1217350
2012	35917	52	5535.25	491.20	1603.08		646193	1401892
2013	38443	30	5711.48	280.63	1960.93		551967	665206

注：1、工业增加值、工业总产值按当年价格计算。
2、1985、1995 年因工业普查对教育局校办工厂统计方法的规定，故国有单位较多。
3、2001 年后炼油、浪潮、将军等原国有企业陆续改制，故国有数字较以前年份有所减小。
4、2004 年第一次经济普查后，统计年鉴包含济南供电公司年报数据。

12-2 各时期规模以上工业基本情况

Basic Statistics of Industrial Enterprises Above Designated Size in Each Period

年 份	单位数(个)	工业总产值(亿元)	工业增加值(亿元)	主营业务收入(亿元)	利税总额(亿元)	利润总额(亿元)	资产总计(亿元)	所有者权益(亿元)
1949	52	1.06	0.40	0.91	0.07	0.03	0.58	0.17
1952	92	2.83	1.02	2.40	0.32	0.18	1.89	0.55
1957	399	6.04	2.08	5.85	1.04	0.60	2.85	0.83
1962	847	6.65	2.15	6.87	0.92	0.39	5.66	1.65
1965	724	11.89	4.07	9.49	2.47	1.73	5.93	1.73
1970	828	22.94	7.29	19.30	3.66	2.22	10.67	3.10
1975	1041	26.16	7.94	19.70	3.47	1.55	17.21	5.01
1978	1319	37.67	9.94	31.39	6.80	3.88	25.68	7.47
1979	1353	38.79	11.18	35.51	7.21	4.13	27.19	7.91
1980	1535	43.60	12.15	36.90	7.51	4.26	29.22	8.50
“六五”时期								
1981	1538	42.26	12.77	39.84	7.98	4.37	31.49	9.20
1982	1619	45.58	13.63	42.94	8.13	4.18	34.52	10.08
1983	1674	49.64	14.86	46.38	8.84	4.74	38.09	11.12
1984	1981	55.95	17.91	52.16	10.46	5.82	41.66	12.16
1985	1915	66.98	23.10	64.76	13.98	7.62	47.09	13.75
“七五”时期								
1986	2036	75.67	24.54	73.98	14.38	7.07	56.79	16.70
1987	2004	88.17	27.24	86.19	15.88	7.52	64.21	18.88
1988	1984	107.76	35.39	113.84	19.65	10.37	81.67	24.01
1989	1993	118.88	43.20	131.86	20.88	9.73	104.34	30.68
1990	2008	174.89	41.63	136.29	15.57	3.23	125.25	36.82
“八五”时期								
1991	1985	194.29	44.84	160.58	18.46	4.97	138.34	40.81
1992	1941	236.37	60.16	200.54	23.48	7.84	167.44	49.39
1993	2156	319.49	104.43	309.91	31.88	10.26	338.15	99.61
1994	2202	414.81	113.71	346.13	41.69	13.61	462.34	136.14
1995	2648	526.48	130.88	432.17	53.59	16.30	578.55	180.86
“九五”时期								
1996	2301	549.40	175.21	494.99	66.82	27.83	705.50	225.53
1997	1843	603.30	194.42	605.81	70.12	26.99	882.36	286.59
1998	1060	593.83	189.88	539.29	58.56	18.62	882.38	297.81
1999	1064	628.59	201.38	579.64	59.17	15.97	931.22	302.21
2000	1038	680.04	219.19	629.72	64.62	21.69	958.10	363.37
“十五”时期								
2001	1015	786.70	252.61	746.92	77.79	28.45	984.71	369.40
2002	1125	1009.04	325.98	917.31	92.71	32.13	1120.60	407.36
2003	1319	1318.54	426.30	1223.76	132.84	54.71	1312.97	440.85
2004	1512	1781.78	560.15	1677.93	175.98	83.68	1473.90	507.63
2005	1670	2237.51	722.11	2142.84	244.61	131.30	1868.06	630.06
“十一五”时期								
2006	1752	2591.65	797.70	2490.94	289.78	153.74	2000.62	702.78
2007	1820	3189.09	926.58	3086.85	358.87	199.73	2337.09	903.87
2008	2016	3862.64	1052.48	3766.93	425.72	220.79	2899.47	1123.03
2009	2156	3950.77	1154.01	3868.70	500.63	275.85	3478.94	1572.11
2010	2021	4485.61	1313.00	4497.17	584.53	339.76	3904.42	1481.75
“十二五”时期								
2011	1417	4028.49	–	4165.19	453.47	242.63	3932.90	1407.89
2012	1647	4248.29	–	4454.97	498.24	253.06	4109.29	1582.77
2013	1901	4777.47	–	4926.11	539.49	312.95	4249.79	1671.91

注：1、工业增加值、工业总产值按当年价格计算。
2、1997 年及以前统计口径为乡及乡以上工业企业，1998 年及以后为全部国有及年销售收入 500 万元以上工业企业，2011 年及以后为年主营业务收入 2000 万元以上工业企业。
3、1991 年及以前“工业增加值”指标为“工业净产值”指标。
4、2004 年第一次经济普查后，统计年鉴包含济南供电公司年报数据。

12-3 各时期主要工业产品产量

Output of Major Industrial Products in Each Period

年份	钢（万吨）	发电量（亿千瓦小时）	水泥（万吨）	化肥（万吨）	金切机床（台）	汽车（辆）	电视机（万台）	布（万米）
1949	—	0.29	0.15	—	40	—	—	2682
1952	—	0.55	1.08	1.62	565	—	—	5104
1957	0.03	1.07	1.29	0.48	2312	—	—	5573
1962	0.57	4.20	4.85	0.81	1140	12	—	2160
1965	0.54	5.65	19.24	3.79	2061	335	—	4853
1970	7.01	11.28	38.06	4.87	4718	1775	—	11665
1975	22.81	11.07	58.48	9.06	3994	3507	0.04	12547
1978	34.54	12.65	87.55	18.02	3610	4025	0.48	13806
1979	33.19	11.92	93.77	11.07	3771	4515	3.03	14300
1980	36.34	11.95	98.86	12.78	4414	5641	4.63	15236
“六五”时期								
1981	34.23	11.12	96.50	11.62	3336	5099	5.50	16290
1982	34.96	11.15	104.64	13.23	4262	5993	3.44	17657
1983	41.24	13.01	112.38	15.37	4816	7249	4.60	17963
1984	43.80	23.49	117.17	14.53	5533	7947	6.77	16522
1985	52.64	26.44	135.10	11.44	6686	9400	10.84	18082
“七五”时期								
1986	57.24	27.01	154.51	12.31	7472	7600	5.05	12346
1987	64.09	28.83	158.92	13.00	7007	5225	10.00	20137
1988	75.23	42.97	182.80	13.69	7280	6741	10.93	19374
1989	81.58	43.98	198.95	14.48	6806	7701	13.60	21744
1990	87.68	44.71	211.56	14.44	5121	6239	13.90	20155
“八五”时期								
1991	105.42	56.43	248.33	14.90	5330	7096	15.80	20119
1992	113.34	61.46	335.61	14.64	7443	8544	16.05	14896
1993	139.35	69.00	340.35	14.47	6724	10132	15.59	13205
1994	166.19	66.87	384.00	15.62	3297	9380	18.00	16062
1995	172.72	68.75	425.02	14.03	4109	5657	19.72	15046
“九五”时期								
1996	205.49	63.50	379.32	13.73	3855	7125	15.20	13710
1997	237.70	59.14	392.23	13.89	2526	5656	32.69	14213
1998	267.33	60.06	379.40	17.29	1508	3615	47.25	11286
1999	265.29	64.24	474.47	22.91	1955	3738	60.60	14782
2000	277.04	69.29	485.12	28.41	2908	3078	41.46	16493
“十五”时期								
2001	293.83	69.81	572.28	28.71	3528	7395	50.83	14107
2002	394.41	69.12	867.71	28.29	4522	12152	44.56	16027
2003	507.70	77.60	925.20	28.50	6751	19989	44.30	17040
2004	688.30	74.70	1343.90	40.30	8904	29648	42.00	16336
2005	1046.60	90.80	1595.70	28.90	7166	42214	31.70	14018
“十一五”时期								
2006	1131.26	100.14	1960.64	31.44	10057	59242	32.16	22852
2007	1214.90	130.37	733.98	40.31	9473	100133	20.99	27469
2008	1123.20	124.25	734.58	48.52	5110	109107	24.08	11786
2009	1051.67	128.76	761.72	57.77	2400	129900	25.32	7500
2010	959.33	131.45	729.79	49.09	2165	212047	26.49	8191
“十二五”时期								
2011	835.80	154.48	824.70	44.20	2024	170717	67.80	11461
2012	694.50	156.60	776.00	55.20	4237	141269	33.60	14908
2013	711.14	162.55	782.20	33.29	4297	165963	29.50	14574

注：按经济普查规定汽车产量不含底盘。

12-4 规模以上工业主要经济指标（2013年）

Main Economic Indicators of Industrial Enterprises Above Designated Size（2013）

指　　　标	企　业 单位数 （个）	#亏　损 企业数 （个）	工业总产值 （现价） （万元）	工业销售产值 （现价） （万元）	全部从业人员 年平均人数 （人）
总　　计	1901	185	47774737	46737062	420408
按登记注册类型分					
内资企业	1725	155	43134429	42273962	369310
国有企业	30	9	2806259	2782773	19724
中央企业	10	1	2048092	2026215	10929
地方企业	20	8	758168	756559	8795
集体企业	30	3	365495	361760	5456
股份合作企业	9	1	177479	177615	1587
联营企业	3	1	2975685	2966425	27844
国有联营企业	1	1	2914726	2912025	27650
集体联营企业	1	0	17360	12546	129
国有与集体联营企业	1	0	43598	41854	65
其他联营企业	0	0	0	0	0
有限责任公司	687	78	21327731	20751726	183978
国有独资公司	23	9	6845642	6684936	53848
其他有限责任公司	664	69	14482089	14066790	130130
股份有限公司	68	5	4377627	4292549	30165
私营企业	872	56	10747987	10587464	97941
私营独资企业	74	2	1303573	1296002	10786
私营合伙企业	4	1	18811	18507	467
私营有限责任公司	753	50	8297913	8156643	77723
私营股份有限公司	41	3	1127691	1116313	8965
其他企业	26	2	356167	353649	2615
港、澳、台商投资企业	50	11	1147365	1106220	17047
合资经营企业（港或澳、台资）	24	6	517668	496515	7060
合作经营企业（港或澳、台资）	1	0	26118	25538	1390
港澳台商独资经营企业	24	5	535364	514184	7798
港澳台商投资股份有限公司	1	0	68214	69984	799
其他港澳台商投资企业	0	0	0	0	0
外商投资企业	126	19	3492942	3356880	34051
中外合资经营企业	72	7	1899233	1847364	20533
中外合作经营企业	6	1	162026	168254	1692
外资企业	46	11	1062275	1011644	10820
外商投资股份有限公司	2	0	369408	329619	1006
其他外商投资企业	0	0	0	0	0
独资企业	204	30	6072966	5966363	54584
国有企业	30	9	2806259	2782773	19724

12-4 续 1

指　　标	企业单位数（个）	#亏损企业数（个）	工业总产值（现价）（万元）	工业销售产值（现价）（万元）	全部从业人员年平均人数（人）
集体企业	30	3	365495	361760	5456
私营独资企业	74	2	1303573	1296002	10786
港澳台商独资经营企业	24	5	535364	514184	7798
外资企业	46	11	1062275	1011644	10820
合作、合伙企业	49	6	3716286	3709988	35595
股份合作企业	9	1	177479	177615	1587
国有联营企业	1	1	2914726	2912025	27650
集体联营企业	1	0	17360	12546	129
国有与集体联营企业	1	0	43598	41854	65
其他联营企业	0	0	0	0	0
私营合伙企业	4	1	18811	18507	467
合作经营企业（港或澳、台资）	1	0	26118	25538	1390
中外合作经营企业	6	1	162026	168254	1692
其他企业（内资）	26	2	356167	353649	2615
其他港澳台商投资企业	0	0	0	0	0
其他外商投资企业	0	0	0	0	0
股份有限公司	112	8	5942940	5808464	40935
股份有限公司（内资）	68	5	4377627	4292549	30165
私营股份有限公司	41	3	1127691	1116313	8965
港澳台商投资股份有限公司	1	0	68214	69984	799
外商投资股份有限公司	2	0	369408	329619	1006
有限责任公司	1536	141	32042545	31252247	289294
国有独资公司	23	9	6845642	6684936	53848
私营有限责任公司	753	50	8297913	8156643	77723
合资经营企业（港或澳、台资）	24	6	517668	496515	7060
中外合资经营企业	72	7	1899233	1847364	20533
其他有限责任公司	664	69	14482089	14066790	130130
按轻重工业分					
轻工业	535	54	9588829	9309592	106636
重工业	1366	131	38185908	37427470	313772
按企业规模分					
大型企业	43	7	22010199	21615330	157283
中型企业	199	36	9047014	8703921	112470
小型企业	1659	142	16717524	16417811	150655
按工业行业分					
煤炭开采和洗选业	7	6	80614	81783	7834
石油和天然气开采业	3	0	176336	176336	1074
黑色金属矿采选业	3	0	52809	52802	605

12-4 续 2

指　　标	企　业单位数（个）	#亏　损企业数（个）	工业总产值（现价）（万元）	工业销售产值（现价）（万元）	全部从业人员年平均人数（人）
有色金属矿采选业	0	0	0	0	0
非金属矿采选业	14	0	242931	243169	1894
开采辅助活动	0	0	0	0	0
其他采矿业	0	0	0	0	0
农副食品加工业	78	6	996524	984477	8219
食品制造业	53	2	1086979	1045064	13666
酒、饮料和精制茶制造业	23	0	999358	1013987	11856
烟草制品业	2	0	1204989	1161893	1866
纺织业	55	10	823161	790017	10920
纺织服装、服饰业	31	3	250810	245391	7129
皮革、毛皮、羽毛及其制品和制鞋业	8	2	66780	65318	1870
木材加工和木、竹、藤、棕、草制品业	19	0	139637	135253	1229
家具制造业	13	2	90379	89312	1421
造纸和纸制品业	28	2	224982	219855	3504
印刷和记录媒介复制业	40	7	337674	335650	6703
文教、工美、体育和娱乐用品制造业	23	2	159087	154501	2558
石油加工、炼焦和核燃料加工业	15	1	2793933	2769718	3525
化学原料和化学制品制造业	138	14	3385043	3352024	25818
医药制造业	65	6	1580512	1506453	16881
化学纤维制造业	2	0	26593	25893	168
橡胶和塑料制品业	70	7	764575	744895	5983
非金属矿物制品业	186	14	2952189	2840428	27327
黑色金属冶炼和压延加工业	33	5	3677796	3656682	35077
有色金属冶炼和压延加工业	14	2	174322	172617	2392
金属制品业	210	15	3294631	3263949	30962
通用设备制造业	266	31	3946973	3862015	48984
专用设备制造业	139	7	1366583	1309162	17587
汽车制造业	83	3	6113380	5999328	45894
铁路、船舶、航空航天和其他运输设备制造业	28	3	983852	961809	12256
电气机械和器材制造业	91	12	2698272	2592413	18507
计算机、通信和其他电子设备制造业	48	3	3628739	3456105	20369
仪器仪表制造业	52	6	460223	445853	6801
其他制造业	4	0	8904	8888	102
废弃资源综合利用业	3	1	26180	26180	309
金属制品、机械和设备修理业	5	1	96000	89034	1813
电力、热力生产和供应业	23	6	2529574	2528529	11825
燃气生产和供应业	16	3	214568	212060	2815
水的生产和供应业	10	3	118848	118223	2665

12-5 规模以上国有及国有控股工业主要经济指标（2013年）

Main Economic Indicators of State-Owned and State-Controlled Industrial Enterprises Above Designated Size（2013）

指　　标	企业单位数（个）	#亏损企业数（个）	工业总产值(现价)(万元)	工业销售产值(现价)(万元)	全部从业人员年平均人数(人)
总　　计	148	36	20523577	20097354	150313
按登记注册类型分：					
内资企业	134	32	20098843	19676454	143397
国有企业	30	9	2806259	2782773	19724
中央企业	10	1	2048092	2026215	10929
地方企业	20	8	758168	756559	8795
联营企业	1	1	2914726	2912025	27650
国有联营企业	1	1	2914726	2912025	27650
有限责任公司	93	22	11677600	11307172	87531
国有独资公司	22	9	6842821	6682515	53815
其他有限责任公司	71	13	4834779	4624656	33716
股份有限公司	10	0	2700257	2674485	8492
港、澳、台商投资企业	4	1	118066	118806	2619
合资经营企业(港或澳、台资)	4	1	118066	118806	2619
外商投资企业	10	3	306669	302095	4297
中外合资经营企业	8	2	227526	226416	3262
中外合作经营企业	1	0	10798	10798	55
外资企业	1	1	68345	64881	980
按轻重工业分					
轻工业	37	11	1900728	1864622	18818
重工业	111	25	18622849	18232732	131495
按企业规模分					
大型企业	18	6	17093542	16795637	102081
中型企业	55	19	2270105	2200814	37284
小型、微型企业	75	11	1159931	1100904	10948
按工业行业分					
煤炭开采和洗选业	4	4	71027	72142	6723
石油和天然气开采业	2	0	61621	61621	379
黑色金属矿采选业	1	0	45458	45458	546
非金属矿采选业	1	0	6633	6633	56
农副食品加工业	2	1	16205	16430	395
食品制造业	3	0	7885	7885	734
酒、饮料和精制茶制造业	3	0	93353	107471	1393
烟草制品业	2	0	1204989	1161893	1866
纺织业	4	2	47119	44139	2232
纺织服装、服饰业	1	0	5592	5407	422
造纸和纸制品业	1	0	4530	4530	297
印刷和记录媒介复制业	6	2	64624	65281	1886
石油加工、炼焦和核燃料加工业	4	0	2678776	2653439	2871
化学原料和化学制品制造业	11	2	405873	393644	4540
医药制造业	2	0	75538	75746	679
橡胶和塑料制品业	1	0	4078	3485	72
非金属矿物制品业	7	0	105999	106168	1407
黑色金属冶炼和压延加工业	3	2	3036963	3014294	28509
有色金属冶炼和压延加工业	1	1	16366	16482	1371
金属制品业	11	3	281533	274906	3457
通用设备制造业	14	7	687933	673721	13950
专用设备制造业	4	0	102075	93680	2871
汽车制造业	6	0	4734425	4637132	32195
铁路、船舶、航空航天和其他运输设备制造业	8	2	766902	765425	8770
电气机械和器材制造业	11	1	552072	496357	6018
计算机、通信和其他电子设备制造业	6	1	2707005	2563009	10701
仪器仪表制造业	2	0	55915	47887	751
废弃资源综合利用业	1	0	10796	10796	105
金属制品、机械和设备修理业	1	0	22799	22799	80
电力、热力生产和供应业	15	4	2440360	2440360	10697
燃气生产和供应业	6	1	129646	129646	2144
水的生产和供应业	4	3	79490	79490	2196

12 - 6 规模以上私营工业企业主要经济指标（2013 年）

Main Economic Indicators of Private Industrial Enterprises Above Designated Size (2013)

指　　标	企业单位数（个）	#亏损企业数（个）	工业总产值（现价）(万元)	工业销售产值（现价）(万元)	全部从业人员年平均人数（人）
总　　计	872	56	10747987	10587464	97941
按登记注册类型分					
内资企业	872	56	10747987	10587464	97941
私营企业	872	56	10747987	10587464	97941
私营独资企业	74	2	1303573	1296002	10786
私营合伙企业	4	1	18811	18507	467
私营有限责任公司	753	50	8297913	8156643	77723
私营股份有限公司	41	3	1127691	1116313	8965
独资企业	74	2	1303573	1296002	10786
私营独资企业	74	2	1303573	1296002	10786
合作、合伙企业	4	1	18811	18507	467
私营合伙企业	4	1	18811	18507	467
股份有限公司	41	3	1127691	1116313	8965
私营股份有限公司	41	3	1127691	1116313	8965
有限责任公司	753	50	8297913	8156643	77723
私营有限责任公司	753	50	8297913	8156643	77723
按轻重工业分					
轻工业	239	13	2282705	2225920	27903
重工业	633	43	8465282	8361545	70038
按企业规模分					
大型企业	3	0	946897	946635	8785
中型企业	44	7	1695481	1643396	20238
小型企业	825	49	8105608	7997434	68918
按工业行业分					
煤炭开采和洗选业	1	1	6058	6058	800
石油和天然气开采业	0	0	0	0	0
黑色金属矿采选业	0	0	0	0	0
有色金属矿采选业	0	0	0	0	0
非金属矿采选业	4	0	108390	108390	999
开采辅助活动	0	0	0	0	0
其他采矿业	0	0	0	0	0
农副食品加工业	42	3	434618	424539	3355

12–6 续

指　　标	企　业 单位数 （个）	#亏　损 企业数 （个）	工业总产值 (现价) (万元)	工业销售产值 (现价) (万元)	全部从业人员 年平均人数 (人)
食品制造业	16	0	269074	258114	2436
酒、饮料和精制茶制造业	6	0	272354	272126	4390
烟草制品业	0	0	0	0	0
纺织业	25	2	208009	200319	2656
纺织服装、服饰业	13	0	69072	66331	2017
皮革、毛皮、羽毛及其制品和制鞋业	4	0	22033	21104	696
木材加工和木、竹、藤、棕、草制品业	8	0	35988	34836	428
家具制造业	10	1	69130	68486	1004
造纸和纸制品业	18	1	144084	141367	1816
印刷和记录媒介复制业	21	2	126993	123825	2479
文教、工美、体育和娱乐用品制造业	10	0	76922	73909	1184
石油加工、炼焦和核燃料加工业	7	0	98110	99395	526
化学原料和化学制品制造业	68	7	1480696	1465565	9455
医药制造业	22	0	271371	269294	1858
化学纤维制造业	0	0	0	0	0
橡胶和塑料制品业	34	1	409223	398205	2349
非金属矿物制品业	92	7	923569	904590	8875
黑色金属冶炼和压延加工业	17	1	140186	140782	1436
有色金属冶炼和压延加工业	5	0	24425	23974	219
金属制品业	104	3	1454796	1460245	11398
通用设备制造业	120	12	1411157	1391686	12821
专用设备制造业	77	3	696213	674743	8031
汽车制造业	37	1	759399	751606	4689
铁路、船舶、航空航天和其他运输设备制造业	11	1	122344	111188	1236
电气机械和器材制造业	44	5	671547	665555	3935
计算机、通信和其他电子设备制造业	20	1	228837	224053	3878
仪器仪表制造业	24	2	161592	155403	2477
其他制造业	3	0	4135	4120	102
废弃资源综合利用业	1	0	6086	6086	40
金属制品、机械和设备修理业	1	1	96	308	45
电力、热力生产和供应业	0	0	0	0	0
燃气生产和供应业	4	1	26454	26404	120
水的生产和供应业	3	0	15028	14858	191

12-7 分隶属关系规模以上工业主要经济指标（2013年）

Main Economic Indicators of Industrial Enterprises Above Designated Size (2013)

指　标	全　市	中央属企业	省属企业	市属企业	县及县以下企业
企业单位数（个）	1901	36	39	95	1731
工业总产值（万元）	47774737	7063171	11454560	2285298	26971707
资产与负债（万元）					
资产总计	42497882	5080063	14141022	4058956	19217842
流动资产合计	24390561	1710054	9067366	2078960	11534181
应收账款	5055408	664524	914351	313852	3162681
存货	6055681	505834	2521965	540904	2486978
固定资产合计	14243682	2719477	5311341	1231593	4981271
流动负债合计	19703894	2404689	6902282	2176067	8220856
非流动负债合计	5125604	1241263	2512862	466884	904595
所有者权益合计	16719134	1431353	4656352	1391305	9240124
实收资本	8290554	1392207	2409385	848545	3640417
国家资本	2026404	1157137	207739	374186	287342
损益及分配（万元）					
主营业务收入	49261097	7149930	13400652	2440132	26270384
主营业务成本	39945111	4676800	11836008	2107761	21324542
主营业务税金及附加	1335799	1011582	58280	27358	238579
管理费用	2327575	222024	685469	209056	1211026
税金	107679	13953	27012	11538	55177
利润总额	3129530	723272	139780	82381	2184097
应交所得税	418452	3927	60227	30737	323563
亏损企业亏损总额	325507	48195	119503	69801	88008
利税总额	5394894	1409472	464927	174063	3346433
本年应交增值税	1551669	299539	273665	64245	914221

指 标	流动资产合计			固定资产合计	固定资产原价
		应收账款	存货		
总 计	24390561	5055408	6055681	14243682	16983665
按登记注册类型分					
内资企业	21934562	4519917	5550142	12826762	14857440
国有企业	1006450	320312	216843	2143088	2665524
中央企业	767971	289018	187599	1722254	1974189
地方企业	238479	31294	29244	420833	691335
集体企业	97298	20682	28952	48372	62430
股份合作企业	21000	13779	2407	38877	52879
联营企业	884470	77549	161190	3060407	1294159
国有联营企业	879920	77331	157576	3052646	1284843
集体联营企业	4338	176	3581	7762	9316
国有与集体联营企业	211	42	33	0	0
其他联营企业	0	0	0	0	0
有限责任公司	14718728	2703386	3973550	5302490	7556446
国有独资公司	7847721	681789	2298145	2215557	2946238
其他有限责任公司	6871007	2021596	1675406	3086933	4610208
股份有限公司	1472246	390442	368937	803189	1337417
私营企业	3640933	975971	778664	1410903	1866878
私营独资企业	134636	31208	39203	102685	146056
私营合伙企业	11094	2684	4405	1720	2493
私营有限责任公司	2885164	766700	634394	1045580	1488240
私营股份有限公司	610040	175380	100662	260918	230089
其他企业	93438	17798	19600	19437	21708
港、澳、台商投资企业	864886	127421	135296	642478	944664
合资经营企业(港或澳、台资)	458717	39244	47701	284719	427735
合作经营企业(港或澳、台资)	7535	1248	3177	5702	13844
港澳台商独资经营企业	341586	81530	77323	308701	435107
港澳台商投资股份有限公司	57048	5400	7096	43356	67978
其他港澳台商投资企业	0	0	0	0	0
外商投资企业	1591113	408070	370243	774441	1181561
中外合资经营企业	798365	267889	201492	433642	698453
中外合作经营企业	86242	15022	17955	45326	76929
外资企业	524191	110778	129220	271797	374575
外商投资股份有限公司	182314	14382	21576	23677	31605
其他外商投资企业	0	0	0	0	0
独资企业	2104159	564508	491541	2874642	3683692
国有企业	1006450	320312	216843	2143088	2665524
集体企业	97298	20682	28952	48372	62430
私营独资企业	134636	31208	39203	102685	146056

业 资 产 实 力（2013年）

Above Designated Size（2013）

单位：万元

流动负债合计	非流动负债合计	所有者权益合计		
			实收资本	国家资本
19703894	5125604	16719134	8290554	2026404
18367263	4840834	14149949	7087853	1925122
1498749	1128257	879946	655854	617890
1150759	1022650	593038	565307	543599
347990	105607	286909	90547	74290
61012	26556	97610	21923	1027
11891	147	50737	14549	422
806092	125177	442483	120832	0
801487	125177	414810	94884	0
4605	0	7508	6000	0
0	0	20165	19948	0
0	0	0	0	0
11561185	3226777	8786829	4335298	994437
6022368	2367855	3869406	2342273	434261
5538818	858922	4917422	1993024	560176
1251885	76242	1396494	707139	303272
3094846	254609	2413634	1203867	6474
83373	1864	170312	41266	400
10253	303	2041	1843	0
2470031	182423	1889776	1053384	2697
531188	70019	351504	107373	3377
81602	3070	82215	28392	1600
408296	173410	975259	430771	47175
178904	48304	437242	186947	47175
3622	0	6885	508	0
195113	125106	423085	212988	0
30657	0	108047	30328	0
0	0	0	0	0
928335	111361	1593926	771929	54107
524214	82757	706306	414476	52271
39987	0	95586	20541	0
279737	24601	529777	257817	1836
84399	4003	262257	79095	0
0	0	0	0	0
2117985	1306384	2100730	1189849	621153
1498749	1128257	879946	655854	617890
61012	26556	97610	21923	1027
83373	1864	170312	41266	400

12-8 续 1

指　　标	流动资产合计			固定资产合计	固定资产原价
		应收账款	存货		
港澳台商独资经营企业	341586	81530	77323	308701	435107
外资企业	524191	110778	129220	271797	374575
合作、合伙企业	1103780	128079	208733	3171469	1462011
股份合作企业	21000	13779	2407	38877	52879
国有联营企业	879920	77331	157576	3052646	1284843
集体联营企业	4338	176	3581	7762	9316
国有与集体联营企业	211	42	33	0	0
其他联营企业	0	0	0	0	0
私营合伙企业	11094	2684	4405	1720	2493
合作经营企业(港或澳、台资)	7535	1248	3177	5702	13844
中外合作经营企业	86242	15022	17955	45326	76929
其他企业（内资）	93438	17798	19600	19437	21708
其他港澳台商投资企业	0	0	0	0	0
其他外商投资企业	0	0	0	0	0
股份有限公司	2321647	585603	498271	1131140	1667089
股份有限公司(内资)	1472246	390442	368937	803189	1337417
私营股份有限公司	610040	175380	100662	260918	230089
港澳台商投资股份有限公司	57048	5400	7096	43356	67978
外商投资股份有限公司	182314	14382	21576	23677	31605
有限责任公司	18860974	3777218	4857137	7066431	10170874
国有独资公司	7847721	681789	2298145	2215557	2946238
私营有限责任公司	2885164	766700	634394	1045580	1488240
合资经营企业(港或澳、台资)	458717	39244	47701	284719	427735
中外合资经营企业	798365	267889	201492	433642	698453
其他有限责任公司	6871007	2021596	1675406	3086933	4610208
按轻重工业分					
轻工业	3898035	644528	832104	2008254	2948704
重工业	20492526	4410880	5223576	12235428	14034961
按企业规模分					
大型企业	12954259	1802181	3521156	8577478	8759718
中型企业	5529529	1456062	1200187	3014590	4548544
小型企业	5906772	1797166	1334338	2651615	3675404
按工业行业分					
煤炭开采和洗选业	66945	5065	6575	123865	187036
石油和天然气开采业	282888	275004	68	108249	242824

单位：万元

流动负债合计	非流动负债合计	所有者权益合计		
			实收资本	国家资本
195113	125106	423085	212988	0
279737	24601	529777	257817	1836
953447	128697	679948	186665	2022
11891	147	50737	14549	422
801487	125177	414810	94884	0
4605	0	7508	6000	0
0	0	20165	19948	0
0	0	0	0	0
10253	303	2041	1843	0
3622	0	6885	508	0
39987	0	95586	20541	0
81602	3070	82215	28392	1600
0	0	0	0	0
0	0	0	0	0
1898129	150264	2118303	923936	306649
1251885	76242	1396494	707139	303272
531188	70019	351504	107373	3377
30657	0	108047	30328	0
84399	4003	262257	79095	0
14734334	3540259	11820153	5990105	1096580
6022368	2367855	3869406	2342273	434261
2470031	182423	1889776	1053384	2697
178904	48304	437242	186947	47175
524214	82757	706306	414476	52271
5538818	858922	4917422	1993024	560176
2685588	382765	3889918	1432780	260126
17018307	4742839	12829215	6857773	1766278
10416867	3866354	7865202	3757067	1264512
5004264	704085	4180525	1877846	434270
4282764	555166	4673407	2655640	327621
132185	3263	80482	41965	13734
27433	8368	355412	48800	48800

12-8 续 2

指　　标	流动资产合计			固定资产合计	固定资产原价
		应收账款	存货		
黑色金属矿采选业	59788	7444	3000	7665	19917
有色金属矿采选业	0	0	0	0	0
非金属矿采选业	27336	7987	3405	23598	28139
开采辅助活动	0	0	0	0	0
其他采矿业	0	0	0	0	0
农副食品加工业	163116	43366	58168	87426	136554
食品制造业	360633	70966	83583	237218	344330
酒、饮料和精制茶制造业	235935	40973	89312	286851	397433
烟草制品业	109269	1495	2	54615	101703
纺织业	310668	35341	99722	172125	237683
纺织服装、服饰业	72427	20569	21897	106026	114122
皮革、毛皮、羽毛及其制品和制鞋业	21180	3472	9943	5356	6450
木材加工和木、竹、藤、棕、草制品业	23520	9827	7941	15340	19134
家具制造业	56439	7389	25801	12020	13028
造纸和纸制品业	63195	13242	22427	37193	53144
印刷和记录媒介复制业	244025	64751	40476	167645	240673
文教、工美、体育和娱乐用品制造业	31805	7042	9866	10541	16772
石油加工、炼焦和核燃料加工业	300587	72312	175997	437940	732953
化学原料和化学制品制造业	1423355	260971	330189	801798	1111370
医药制造业	1376788	199962	209573	449999	662860
化学纤维制造业	17676	2140	11428	8043	11159
橡胶和塑料制品业	224104	87738	51410	87630	145457
非金属矿物制品业	1735211	493315	229011	599826	1038217
黑色金属冶炼和压延加工业	1090652	99723	231922	3176810	1448173
有色金属冶炼和压延加工业	41864	10590	20206	12840	29797
金属制品业	1193334	377777	277822	400399	545849
通用设备制造业	2345315	624551	705617	1070485	1330185
专用设备制造业	632755	190445	207794	197663	241309
汽车制造业	7184155	658489	2092228	1694799	2210158
铁路、船舶、航空航天和其他运输设备制造业	462643	209053	129554	264857	432910
电气机械和器材制造业	1852775	578438	432850	406169	552232
计算机、通信和其他电子设备制造业	1115452	342540	340699	400387	568764
仪器仪表制造业	286137	98338	57889	78957	86659
其他制造业	8884	870	1419	1170	1684
废弃资源综合利用业	15418	3068	4206	2904	7641
金属制品、机械和设备修理业	29863	10737	6469	35264	55684
电力、热力生产和供应业	426194	68494	44541	2258014	3075897
燃气生产和供应业	240878	18138	5933	174493	210708
水的生产和供应业	257355	33789	6742	227503	325057

单位：万元

流动负债合计	非流动负债合计	所有者权益合计		
			实收资本	国家资本
45239	2760	36830	15897	0
0	0	0	0	0
15148	800	62020	9941	1750
0	0	0	0	0
0	0	0	0	0
121645	11098	145662	34706	30
246023	23211	369811	123097	200
187548	17182	350686	152193	3372
85359	8583	193901	126201	126201
275393	25461	228306	84684	2349
48592	27979	107995	61603	0
16763	463	9316	4609	0
19944	5705	26637	8765	0
17775	3000	29346	13401	5
60694	6239	40434	28793	300
228640	38353	227148	128613	7503
23207	191	17991	9577	675
496742	159	286748	402622	311911
1685978	355814	737196	345477	47013
742178	50939	1402502	294889	8279
12389	122	13444	7259	0
151785	5531	174750	86219	0
1402917	186469	892004	370276	5399
1004447	144387	557799	198718	3627
80345	217	-23866	6473	0
718692	57861	970034	369897	25691
1876143	233211	1702608	984796	570770
437609	34683	531546	228421	11768
5463899	2109054	3417870	2182821	162467
559935	73174	340827	218451	119340
1219358	71791	1280397	556749	45762
655205	202934	913406	287582	56468
204062	9158	193850	111597	27718
4937	85	3933	4180	0
12024	0	6446	2189	854
15304	7600	45797	20654	300
1036466	1244021	520685	448199	284672
133093	27905	250543	133223	47835
238804	127836	218636	137019	91613

12 - 9 规模以上国有及

Capital Power of State-Owned and State-Controlled

指　　标	流动资产合计	应收账款	存货	固定资产合计	固定资产原价
总　　计	12402302	1819706	3511636	9354520	9872112
按登记注册类型分					
内资企业	12026597	1761784	3465670	9120765	9525727
国有企业	1006450	320312	216843	2143088	2665524
中央企业	767971	289018	187599	1722254	1974189
地方企业	238479	31294	29244	420833	691335
联营企业	879920	77331	157576	3052646	1284843
国有联营企业	879920	77331	157576	3052646	1284843
有限责任公司	9783896	1244523	2935750	3500904	4770566
国有独资公司	7844907	679589	2297933	2213423	2944180
其他有限责任公司	1938989	564934	637817	1287481	1826386
股份有限公司	356331	119619	155500	424128	804794
港、澳、台商投资企业	182633	13111	3828	156552	202646
合资经营企业(港或澳、台资)	182633	13111	3828	156552	202646
外商投资企业	193073	44810	42139	77203	143740
中外合资经营企业	126954	41300	28611	70519	138274
中外合作经营企业	20320	3510	1401	2437	2480
外资企业	45800	0	12127	4247	2986
按轻重工业分					
轻工业	721610	83838	105636	483862	754267
重工业	11680693	1735868	3406000	8870658	9117845
按企业规模分					
大型企业	10018219	1228685	2960137	7409550	6994115
中型企业	1625735	354293	387533	1430904	2083230
小、微型企业	758348	236727	163966	514066	794767
按工业行业分					
煤炭开采和洗选业	59579	4942	5607	118805	179727
石油和天然气开采业	31101	23288	0	17125	37001
黑色金属矿采选业	57629	7168	2750	7099	18771

国有控股工业资产实力（2013年）

Industrial Enterprises Above Designated Size（2013）

单位：万元

流动负债合计	非流动负债合计	所有者权益合计		
			实收资本	国家资本
11009343	4219484	7224600	4541627	1913929
10817013	4157045	6828834	4327961	1839138
1498749	1128257	879946	655854	617890
1150759	1022650	593038	565307	543599
347990	105607	286909	90547	74290
801487	125177	414810	94884	0
801487	125177	414810	94884	0
7984157	2894814	5221326	3231122	928168
6019895	2367855	3867746	2341273	434261
1964262	526959	1353580	889848	493907
532620	8797	312753	346102	293081
69096	25507	210924	110970	43500
69096	25507	210924	110970	43500
123235	36932	184842	102696	31290
88630	36932	132331	95480	29454
860	0	21896	2216	0
33744	0	30615	5000	1836
670837	192411	729577	444150	247876
10338506	4027073	6495024	4097477	1666052
8545591	3611900	5326813	3258051	1247384
1779548	438741	1224038	820545	372318
684205	168843	673750	463031	294227
127299	3263	81697	41532	13734
12734	699	34870	13800	13800
43612	2760	35273	14580	0

12-9 续

指 标	流动资产合计			固定资产合计	固定资产原价
		应收账款	存货		
非金属矿采选业	763	389	157	2371	3589
农副食品加工业	19753	2497	7905	6306	9011
食品制造业	3452	42	767	1600	2721
酒、饮料和精制茶制造业	34812	1565	9570	43769	61083
烟草制品业	109269	1495	2	54615	101703
纺织业	42013	3261	17981	16228	31399
纺织服装、服饰业	9973	221	169	17547	2737
造纸和纸制品业	5787	575	1066	134	324
印刷和记录媒介复制业	59893	29374	7097	52255	75032
石油加工、炼焦和核燃料加工业	252448	61475	156394	418572	708523
化学原料和化学制品制造业	205565	19441	73633	200661	274236
医药制造业	46466	6628	10472	19572	21723
橡胶和塑料制品业	1279	238	571	81	153
非金属矿物制品业	46340	25907	11584	36006	67883
黑色金属冶炼和压延加工业	898987	79368	166206	3079229	1315923
有色金属冶炼和压延加工业	940	0	803	3344	16129
金属制品业	186839	76946	69523	55870	90733
通用设备制造业	1059066	241650	357275	559802	582777
专用设备制造业	106788	27759	41055	23967	41686
汽车制造业	6694743	503345	1959665	1456074	1901377
铁路、船舶、航空航天和其他运输设备制造业	378447	186296	98978	205532	340756
电气机械和器材制造业	645567	232130	210265	200361	232982
计算机、通信和其他电子设备制造业	661231	167671	247013	282442	374846
仪器仪表制造业	40427	24459	8044	28041	27020
废弃资源综合利用业	5599	1125	1159	548	2735
金属制品、机械和设备修理业	1499	643	714	5288	7403
电力、热力生产和供应业	332851	59011	39323	2123648	2912280
燃气生产和供应业	179635	10222	3781	139264	170905
水的生产和供应业	223562	20578	2108	178363	258945

流动负债合计	非流动负债合计	所有者权益合计		
			实收资本	国家资本
1367	0	1768	1500	0
23014	1691	1590	2426	30
3074	553	1426	510	200
10570	4985	69620	56711	372
85359	8583	193901	126201	126201
43750	1597	26678	15010	2349
2277	118	25126	800	0
5426	0	576	505	300
36825	5918	75064	50275	7121
448988	159	263777	388119	311911
457008	159507	82739	55912	38945
64116	7897	49002	23257	4250
1187	0	173	150	0
45106	11524	48609	23928	2258
834715	126337	426073	101884	3000
57629	0	–49386	500	0
159197	16635	67560	53320	25420
1009150	185743	644287	548750	544222
74733	–941	67308	32127	11493
4857471	2069270	3128957	2022255	161935
396009	70664	283630	174751	119340
525558	38375	336589	85861	27104
415526	173164	490260	94359	51354
30487	1511	43338	39040	26818
2555	0	3604	1139	854
958	0	5829	300	300
953442	1186004	406852	365380	282672
58470	15633	207813	101335	46335
221733	127836	169997	105413	91613

12 - 10 规模以上工

Profit、Loss and Distribution of Industrial

指　　标	主营业务收入	主营业务成本	销售费用	主营业务税金及附加	管理费用	税金
总　　计	49261097	39945111	1678328	1335799	2327575	107679
按登记注册类型分						
内资企业	44723865	36319576	1449498	1290542	2087318	95741
国有企业	2849784	2116271	72264	9302	143576	6962
中央企业	2082514	1425244	27500	5239	79389	5094
地方企业	767270	691028	44764	4063	64187	1868
集体企业	398203	337662	9713	5222	18553	566
股份合作企业	172983	121754	3454	2570	3568	8
联营企业	3679406	3547838	11198	12645	49201	2616
国有联营企业	3648309	3520239	10952	12204	48990	2616
集体联营企业	8681	7370	246	53	160	0
国有与集体联营企业	22416	20229	0	389	51	0
其他联营企业	0	0	0	0	0	0
有限责任公司	22677381	17970813	923063	793322	1263875	55372
国有独资公司	8163085	6175804	273955	658588	358879	22191
其他有限责任公司	14514296	11795009	649109	134734	904997	33182
股份有限公司	4322098	3443759	79923	380880	186912	9661
私营企业	10313469	8519888	345399	81200	414542	19873
私营独资企业	1245226	1045596	25683	9073	29088	1672
私营合伙企业	18663	16924	372	88	896	43
私营有限责任公司	7957808	6562521	268044	65639	328986	15857
私营股份有限公司	1091772	894847	51300	6401	55571	2301
其他企业	310542	261592	4484	5402	7091	684
港、澳、台商投资企业	1092891	846314	63851	6658	70642	4659
合资经营企业(港或澳、台资)	503593	381050	40033	3265	34363	1846
合作经营企业(港或澳、台资)	25929	22229	594	189	2463	121
港澳台商独资经营企业	501400	398933	18933	2708	27524	2226
港澳台商投资股份有限公司	61969	44103	4292	497	6291	467
其他港澳台商投资企业	0	0	0	0	0	0
外商投资企业	3444341	2779221	164979	38598	169615	7279
中外合资经营企业	1884151	1575694	63162	31361	90069	4490
中外合作经营企业	159565	109388	20638	1087	4249	367
外资企业	1072589	830011	42057	5272	66680	1896
外商投资股份有限公司	328036	264129	39121	878	8617	527
其他外商投资企业	0	0	0	0	0	0
独资企业	6067202	4728473	168650	31577	285421	13321
国有企业	2849784	2116271	72264	9302	143576	6962

业 损 益 及 分 配（2013年）

Enterprises Above Designated Size（2013）

单位：万元

利息支出	利润总额	应交所得税	亏损企业亏损总额	利税总额	应交增值税
523835	3129530	418452	325507	5394894	1551669
504632	2685230	327989	295908	4738439	1385129
40977	551967	9664	27730	665207	103197
33320	541043	125	15486	604022	57260
7657	10924	9539	12244	61185	45937
2241	25690	2144	495	46022	15111
1133	37130	641	49	41821	2112
38063	-93669	804	95923	4799	92686
37882	-95923	637	95923	1466	92048
181	672	168	0	975	251
0	1582	0	0	2358	387
0	0	0	0	0	0
321756	1200175	198213	137363	2013457	644958
171609	289098	44871	21929	584678	262779
150147	911077	153342	115435	1428779	382179
32371	207736	26938	11173	734470	145441
66620	733056	85402	22264	1181155	363000
2708	122401	12640	70	182073	50598
102	510	0	30	889	291
48196	543472	62057	22042	875731	262751
15614	66673	10705	122	122463	49359
1472	23146	4182	911	51508	18624
5379	120831	25644	8312	177662	49973
1816	57112	13356	2296	83954	23575
113	116	0	0	345	40
3450	49924	11054	6016	75373	22545
0	13680	1233	0	17991	3813
0	0	0	0	0	0
13824	323469	64820	21288	478793	116568
8199	114044	21675	9723	216275	70867
179	23111	5207	2731	26899	2701
5418	138489	33693	8835	180813	36898
28	47826	4246	0	54805	6101
0	0	0	0	0	0
54793	888471	69196	43145	1149488	228350
40977	551967	9664	27730	665207	103197

12-10 续 1

指　　标	主营业务收入	主营业务成本	销售费用	主营业务税金及附加	管理费用	税金
集体企业	398203	337662	9713	5222	18553	566
私营独资企业	1245226	1045596	25683	9073	29088	1672
港澳台商独资经营企业	501400	398933	18933	2708	27524	2226
外资企业	1072589	830011	42057	5272	66680	1896
合作、合伙企业	4367088	4079724	40740	21981	67468	3838
股份合作企业	172983	121754	3454	2570	3568	8
国有联营企业	3648309	3520239	10952	12204	48990	2616
集体联营企业	8681	7370	246	53	160	0
国有与集体联营企业	22416	20229	0	389	51	0
其他联营企业	0	0	0	0	0	0
私营合伙企业	18663	16924	372	88	896	43
合作经营企业(港或澳、台资)	25929	22229	594	189	2463	121
中外合作经营企业	159565	109388	20638	1087	4249	367
其他企业（内资）	310542	261592	4484	5402	7091	684
其他港澳台商投资企业	0	0	0	0	0	0
其他外商投资企业	0	0	0	0	0	0
股份有限公司	5803876	4646836	174636	388656	257391	12955
股份有限公司(内资)	4322098	3443759	79923	380880	186912	9661
私营股份有限公司	1091772	894847	51300	6401	55571	2301
港澳台商投资股份有限公司	61969	44103	4292	497	6291	467
外商投资股份有限公司	328036	264129	39121	878	8617	527
有限责任公司	33022932	26490078	1294302	893586	1717294	77565
国有独资公司	8163085	6175804	273955	658588	358879	22191
私营有限责任公司	7957808	6562521	268044	65639	328986	15857
合资经营企业(港或澳、台资)	503593	381050	40033	3265	34363	1846
中外合资经营企业	1884151	1575694	63162	31361	90069	4490
其他有限责任公司	14514296	11795009	649109	134734	904997	33182
按轻重工业分						
轻工业	9375874	6476531	467435	699908	447462	17724
重工业	39885223	33468581	1210892	635890	1880113	89955
按企业规模分						
大型企业	24137807	19280228	756543	1087896	1077804	47025
中型企业	8864645	7181900	403357	96553	565084	28451
小型企业	16258645	13482983	518428	151350	684686	32204
按工业行业分						
煤炭开采和洗选业	82015	69681	581	1503	26211	827
石油和天然气开采业	176336	73298	0	27245	9299	271
黑色金属矿采选业	79739	66708	1343	629	8204	188

利息支出	利润总额	应交所得税	亏损企业亏损总额	利税总额	应交增值税
2241	25690	2144	495	46022	15111
2708	122401	12640	70	182073	50598
3450	49924	11054	6016	75373	22545
5418	138489	33693	8835	180813	36898
41062	–9658	10834	99644	126261	116454
1133	37130	641	49	41821	2112
37882	–95923	637	95923	1466	92048
181	672	168	0	975	251
0	1582	0	0	2358	387
0	0	0	0	0	0
102	510	0	30	889	291
113	116	0	0	345	40
179	23111	5207	2731	26899	2701
1472	23146	4182	911	51508	18624
0	0	0	0	0	0
0	0	0	0	0	0
48013	335915	43122	11295	929728	204715
32371	207736	26938	11173	734470	145441
15614	66673	10705	122	122463	49359
0	13680	1233	0	17991	3813
28	47826	4246	0	54805	6101
379967	1914803	295300	171424	3189417	1002150
171609	289098	44871	21929	584678	262779
48196	543472	62057	22042	875731	262751
1816	57112	13356	2296	83954	23575
8199	114044	21675	9723	216275	70867
150147	911077	153342	115435	1428779	382179
47065	926037	124705	32686	1412326	412024
476770	2203493	293748	292821	3982568	1139645
318747	1361512	161689	152197	2524365	706862
127179	595031	107646	112574	1019195	326859
77909	1172987	149118	60737	1851334	517948
1733	–19129	15	20124	–10163	7463
28	66278	16656	0	118831	25308
1569	2867	719	0	10977	3144

12-10 续 2

指　　标	主营业务收入	主营业务成本	销售费用	主营业务税金及附加	管理费用	税金
有色金属矿采选业	0	0	0	0	0	0
非金属矿采选业	211256	175523	2604	2292	2667	72
开采辅助活动	0	0	0	0	0	0
其他采矿业	0	0	0	0	0	0
农副食品加工业	978072	844557	29479	4796	31546	1217
食品制造业	1051769	815382	59319	9416	41107	2026
酒、饮料和精制茶制造业	970455	782584	51741	19609	26600	1907
烟草制品业	1207532	6307	314	626032	6309	497
纺织业	797785	715520	11003	4338	21566	1219
纺织服装、服饰业	255207	215733	3692	1245	18591	285
皮革、毛皮、羽毛及其制品和制鞋业	65824	54056	2009	2029	4238	114
木材加工和木、竹、藤、棕、草制品业	144272	123615	2966	1725	3521	42
家具制造业	88180	70519	1671	403	3793	55
造纸和纸制品业	222278	190048	6742	1375	12405	925
印刷和记录媒介复制业	325725	260891	12869	1602	25718	1094
文教、工美、体育和娱乐用品制造业	152318	123590	4415	1399	4776	158
石油加工、炼焦和核燃料加工业	2776917	2323092	6055	373427	52456	3092
化学原料和化学制品制造业	3475261	2940791	103022	36948	152252	6205
医药制造业	1569426	971499	175292	14135	154659	4200
化学纤维制造业	31284	25960	398	49	1293	76
橡胶和塑料制品业	768200	642943	20667	5311	25342	1264
非金属矿物制品业	2784346	2246458	106067	21605	117835	9626
黑色金属冶炼和压延加工业	4471048	4284692	22660	15151	70587	4260
有色金属冶炼和压延加工业	172393	160253	982	713	13003	485
金属制品业	3226755	2650266	69701	27554	111282	6324
通用设备制造业	3879586	3069212	209368	31454	269118	11847
专用设备制造业	1253400	1004588	47337	9856	82985	4850
汽车制造业	7391565	6567350	240513	39801	315224	22513
铁路、船舶、航空航天和其他运输设备制造业	957003	806704	25538	12618	79018	4515
电气机械和器材制造业	2640207	2206562	127740	8217	115702	5349
计算机、通信和其他电子设备制造业	3547411	2785375	260785	17937	349901	4651
仪器仪表制造业	440247	322974	34506	3573	45221	1736
其他制造业	15665	13437	288	321	355	8
废弃资源综合利用业	32562	28036	581	179	3728	171
金属制品、机械和设备修理业	88055	66078	911	1252	12930	658
电力、热力生产和供应业	2575074	1931719	14298	8212	80303	3692
燃气生产和供应业	242463	201581	15525	972	14766	365
水的生产和供应业	113471	107531	5347	873	13064	894

利息支出	利润总额	应交所得税	亏损企业亏损总额	利税总额	应交增值税
0	0	0	0	0	0
401	23133	4359	0	32746	7320
0	0	0	0	0	0
0	0	0	0	0	0
3119	57082	4945	1573	91712	29834
2608	126496	25849	503	171751	35836
2783	98443	25249	0	156435	38383
409	161749	0	0	290794	128827
10195	35550	4607	2377	62910	23015
472	15200	2568	383	23056	6611
243	2847	474	654	5856	980
448	11485	1238	0	17794	4584
283	5381	279	24	9446	3661
861	11962	1534	234	20211	6874
5147	28057	5910	831	40069	10410
620	10371	920	131	16894	5124
13709	12180	961	27	457788	72181
58258	172072	26407	39670	301586	92513
10342	284168	42651	6444	376925	78611
228	3090	330	0	3488	349
3997	51620	11663	3761	85082	27341
35906	212094	33540	13035	343275	106673
41124	–77883	3139	96485	36482	106073
1257	–2222	812	7940	731	2237
20095	310490	42173	4930	481544	143286
20518	257433	43316	74303	449847	160042
8972	96310	12923	2399	139664	33395
162723	157347	42922	5443	321898	124565
8441	20992	6248	18554	60474	26757
20294	190314	20532	5410	260442	61494
26955	135740	16224	432	208404	54693
2988	35116	4129	3984	55821	17121
50	787	30	0	1226	118
220	62	109	214	1539	1298
269	6738	644	206	11263	3273
47196	595630	5662	9450	695147	90934
894	29081	7402	649	36933	6876
8479	600	1315	5336	6019	4468

12 - 11 规模以上国有及国有

Profit、Loss and Distribution of State-Owned and State-Controlled

指　　标	主营业务收入	主营业务成本	主营业务税金及附加	销售费用	管理费用	税金
总　　计	22591920	18329112	1098190	662491	1103878	48277
按登记注册类型分						
内资企业	22177248	17981052	1093155	632134	1065987	46567
国有企业	2849784	2116271	9302	72264	143576	6962
中央企业	2082514	1425244	5239	27500	79389	5094
地方企业	767270	691028	4063	44764	64187	1868
联营企业	3648309	3520239	12204	10952	48990	2616
国有联营企业	3648309	3520239	12204	10952	48990	2616
有限责任公司	12998804	10133617	700113	534829	812810	34983
国有独资公司	8160653	6173490	658507	273955	358773	22191
其他有限责任公司	4838151	3960127	41606	260874	454037	12792
港、澳、台商投资企业	125442	104741	830	10434	13022	627
合资经营企业(港或澳、台资)	125442	104741	830	10434	13022	627
外商投资企业	289230	243320	4205	19923	24869	1083
中外合资经营企业	226226	192617	4053	11031	20903	859
中外合作经营企业	6260	4998	57	45	84	84
外资企业	56744	45706	95	8847	3882	140
按轻重工业分						
轻工业	1888904	557047	643902	71860	81072	4044
重工业	20703016	17772066	454289	590631	1022806	44232
按企业规模分						
大型企业	19114586	15335290	1062241	516585	788936	32473
中型企业	2260937	1963814	22185	115951	239138	9477
小、微型企业	1216398	1030008	13764	29955	75805	6327
按工业行业分						
煤炭开采和洗选业	72403	60616	1356	581	24063	814
石油和天然气开采业	61621	44198	2793	0	4072	172
黑色金属矿采选业	72381	59512	614	1343	8113	187
非金属矿采选业	8833	8385	20	0	236	0

控股工业损益及分配（2013年）

Industrial Enterprises Above Designated Size（2013）

单位：万元

利息支出	利润总额	应交所得税	亏损企业亏损总额	利税总额	应交增值税
339092	864530	83594	227096	1974914	643545
337491	846066	77556	219556	1938934	631067
40977	551967	9664	27730	665207	103197
33320	541043	125	15486	604022	57260
7657	10924	9539	12244	61185	45937
37882	–95923	637	95923	1466	92048
37882	–95923	637	95923	1466	92048
243840	380788	66355	95903	813421	358139
171609	289019	44871	21929	584517	262779
72231	91769	21484	73974	228904	95360
498	15470	5042	911	21291	4988
498	15470	5042	911	21291	4988
1102	2994	996	6629	14689	7491
586	2882	728	5639	13577	6642
39	1102	193	0	1282	124
477	–991	75	991	–170	726
11851	159855	5186	19748	327617	149569
327241	704675	78409	207348	1647298	493976
278905	813102	57066	131028	1754374	511156
48291	–14780	10576	85555	92696	84642
11896	66207	15952	10513	127844	47747
1705	–18092	15	18092	–10011	6724
27	10527	2718	0	23213	9893
1566	2781	711	0	6455	3061
2	190	48	0	366	156

12-11 续

指　　标	主营业务收入	主营业务成本	主营业务税金及附加	销售费用	管理费用	税金
农副食品加工业	24402	21940	29	1906	1116	101
食品制造业	10862	6624	71	539	368	4
酒、饮料和精制茶制造业	107325	83800	10346	3010	4415	384
烟草制品业	1207532	6307	626032	314	6309	497
纺织业	44918	38804	672	1669	5117	254
纺织服装、服饰业	5349	1589	84	27	2030	0
造纸和纸制品业	4339	3773	126	464	1478	0
印刷和记录媒介复制业	60860	48522	273	631	7531	272
石油加工、炼焦和核燃料加工业	2660091	2223251	373034	2911	48548	2863
化学原料和化学制品制造业	454046	396131	1512	13065	23940	840
医药制造业	62394	24130	846	34622	8717	209
橡胶和塑料制品业	3707	3522	17	0	124	3
非金属矿物制品业	103928	87712	691	3550	7079	146
黑色金属冶炼和压延加工业	3772169	3636100	12343	11162	51833	2966
有色金属冶炼和压延加工业	16378	16930	20	154	7750	271
金属制品业	301806	278318	1294	3242	16283	1896
通用设备制造业	686377	539721	5192	56912	105324	6063
专用设备制造业	100241	81362	452	2576	10277	721
汽车制造业	6041107	5393594	25817	219860	269685	17893
铁路、船舶、航空航天和其他运输设备制造业	764720	642550	11369	21461	68668	3543
电气机械和器材制造业	498338	401006	604	37795	42642	2165
计算机、通信和其他电子设备制造业	2664055	2094612	13027	213271	276040	1110
仪器仪表制造业	47495	33151	254	3519	8072	250
废弃资源综合利用业	10796	9059	59	249	1081	0
金属制品、机械和设备修理业	19897	17304	280	108	121	0
电力、热力生产和供应业	2486634	1865443	7705	11558	72853	3576
燃气生产和供应业	143823	121254	637	11717	10484	271
水的生产和供应业	73097	79896	620	4276	9510	806

利息支出	利润总额	应交所得税	亏损企业亏损总额	利税总额	应交增值税
538	–287	20	307	–110	148
1	941	223	0	1256	244
425	6534	937	0	21455	4575
409	161749	0	0	290794	128827
203	–103	38	392	921	352
0	1768	0	0	2553	700
0	34	9	0	210	50
387	5247	3281	365	7478	1959
11840	4336	510	0	448494	71124
21933	–3343	920	10409	9198	11029
1505	1253	506	0	5847	3748
0	51	13	0	198	129
785	6253	719	0	12455	5512
37941	–93126	1115	95981	5832	93478
662	–7939	0	7939	–7718	201
2566	4117	889	1951	14774	9363
6922	–15820	8372	64984	21010	31221
2251	4860	703	0	8809	3497
154603	96615	36709	0	222333	99802
7777	10084	3333	12356	42682	21123
8690	11433	704	991	22272	9935
24162	75290	10460	296	117414	29098
71	4607	649	0	6686	1825
121	220	95	0	731	452
12	2072	622	0	2869	517
46076	579450	3516	7336	675098	87617
0	18166	5761	361	21679	2877
5913	–5336	0	5336	–328	4310

12 - 12 分地区规模以上

Main Economic Indicators of Industrial

指 标	全 市				
		历下区	市中区	槐荫区	天桥区
企业单位数（个）	1901	32	48	61	72
工业总产值（万元）	47774737	3236686	3330424	1651985	752194
资产与负债（万元）					
资产总计	42497882	1471436	6962767	2122248	1548428
流动资产合计	24390561	713981	4566544	1375259	695911
存货	6055681	238716	1321064	377621	215904
应收账款	5055408	183910	557607	353980	158223
固定资产合计	14243682	628104	1124132	341527	479821
流动负债合计	19703894	834004	3481649	1110610	772713
非流动负债合计	5125604	61871	1278751	101989	254481
所有者权益合计	16719134	569277	2189339	901848	483987
实收资本	8290553	430496	1476352	366171	258671
国家资本	2026404	343891	261929	167877	130341
损益及分配（万元）					
主营业务收入	49261097	3281098	4014060	1724081	750228
主营业务成本	39945112	2730509	3565528	1384887	626884
主营业务税金及附加	1335799	374877	18460	9213	3068
管理费用	2327574	109448	222763	113803	75909
税金	107679	7130	12663	6588	2193
利润总额	3129530	19151	47065	114605	26006
应交所得税	418452	4927	25099	14784	5431
亏损企业亏损总额	325507	10912	25250	2902	1630
利税总额	5394894	477858	134208	173114	46963
本年应交增值税	1551669	83761	68673	49206	17876

工业主要经济指标（2013年）

Enterprises Above Designated Size（2013）

历城区	长清区	平阴县	济阳县	商河县	章丘市	高新区
216	197	173	196	152	534	219
6282169	1728813	2607011	3396483	1354407	13541817	8662143
5648124	2601985	2291037	1879698	1008489	9065153	7156959
3431350	1431810	1489646	906678	539010	4933231	4303778
624728	343112	312859	178182	114121	1231077	1098298
705871	496525	282405	374771	109267	848653	984197
4193603	813269	659442	803263	280070	2730361	1451968
3041579	1142405	966302	612877	527900	3835256	3246141
389501	325108	126628	133130	70627	1112739	661678
2096976	1098626	1086801	1090035	372299	3774328	3055619
873292	797064	260807	403100	161035	1900424	1363142
280949	420258	14896	38950	15823	133094	218395
7059315	1780717	2602878	3237500	1364501	13617260	8572214
6307823	1515115	1981671	2528016	1191683	11578203	5820079
33616	9240	15656	47741	10174	132872	678877
249994	132808	137331	156532	45001	448278	635130
11567	10743	8222	4006	2883	27041	14644
156675	28418	317402	377536	69767	889934	542114
42127	10667	46666	64750	8521	136246	59234
112711	43923	8814	15603	723	61338	41702
387633	88908	429790	555322	112142	1541765	880467
200897	50165	96461	129982	32140	518114	280563

12－13 规模以上大中型

Main Indicators of Large and

指 标	企业单位数（个）	亏损企业（个）	工业总产值（当年价格）(万元)	工业销售产值（当年价格）(万元)
总 计	242	43	31057212	30319251
按登记注册类型分				
内资企业	198	35	28046292	27463432
国有企业	19	6	2650816	2627616
中央企业	9	1	2041097	2019128
地方企业	10	5	609718	608489
集体企业	5	1	103530	105629
股份合作企业	1	0	134171	134171
联营企业	1	1	2914726	2912025
国有联营企业	1	1	2914726	2912025
有限责任公司	95	18	15538996	15102630
国有独资公司	14	7	6707348	6549467
其他有限责任公司	81	11	8831648	8553163
股份有限公司	29	2	3994093	3923749
私营企业	47	7	2642379	2590031
私营独资企业	3	0	277753	279474
私营有限责任公司	39	7	1676275	1620944
私营股份有限公司	5	0	688352	689614
其他企业	1	0	67582	67582
港、澳、台商投资企业	16	3	820910	787068
合资经营企业(港或澳、台资)	9	3	395951	374324
合作经营企业(港或澳、台资)	1	0	26118	25538
港澳台商独资经营企业	5	0	330627	317223
港澳台商投资股份有限公司	1	0	68214	69984
外商投资企业	28	5	2190010	2068751
中外合资经营企业	17	2	1233268	1187818
中外合作经营企业	2	0	132101	139206
外资企业	8	3	479749	436138
外商投资股份有限公司	1	0	344892	305589
按轻重工业分				
轻工业	74	13	5797996	5591933
重工业	168	30	25259217	24727319
按企业规模分				
大型企业	43	7	22010199	21615330
中型企业	199	36	9047014	8703921

工业企业经营情况（2013年）

Medium-Sized Enterprises（2013）

资产总计 （万元）	负债合计 （万元）	主营业务收入 （万元）	利润总额 （万元）	利税总额 （万元）	从业人员平均人数 （人）
32337235	20263546	33002452	1956543	3543560	269753
29250300	19017857	30028810	1626720	3075082	233787
3367599	2553899	2687892	538178	635540	17546
2760671	2171099	2075466	541026	603873	10653
606928	382799	612427	–2848	31667	6893
49382	36088	160854	6675	11964	2350
42243	3416	128429	33725	36768	761
1341474	926664	3648309	–95923	1466	27650
1341474	926664	3648309	–95923	1466	27650
19725194	12632105	16857194	829591	1450105	130292
12093149	8269481	7989550	287922	575132	52948
7632045	4362624	8867644	541670	874973	77344
2462573	1223741	3961889	177128	689458	25765
2243642	1641788	2533930	135717	239142	29023
100202	41546	245167	25713	38309	4917
1413234	1093745	1591104	70102	121604	19147
730206	506498	697658	39902	79230	4959
18193	156	50313	1629	10640	400
1301840	544153	779561	100966	143055	13518
716293	316687	387572	51385	74499	5896
13688	6802	25929	116	345	1390
433156	190007	304090	35786	50221	5433
138703	30657	61969	13680	17991	799
1785095	701536	2194081	228857	325423	22448
946777	452132	1251167	73346	137853	14127
94599	26217	134555	24381	27746	1348
408490	144273	504424	83638	105666	6177
335229	78914	303936	47492	54158	796
4853933	2076164	5630809	668947	1021551	63465
27483302	18187382	27371643	1287596	2522009	206288
22150685	14285398	24137807	1361512	2524365	157283
10186550	5978148	8864645	595031	1019195	112470

12-13 续

指　　标	企业单位数（个）	亏损企业（个）	工业总产值（当年价格）(万元)	工业销售产值（当年价格）(万元)
按工业行业分				
煤炭开采和洗选业	5	5	77085	78200
石油和天然气开采业	1	0	114715	114715
黑色金属矿采选业	1	0	45458	45458
非金属矿采选业	1	0	82351	82351
农副食品加工业	6	0	323765	324130
食品制造业	10	0	677281	642694
酒、饮料和精制茶制造业	9	0	892038	908953
烟草制品业	1	0	1197800	1154704
纺织业	7	2	385954	360163
纺织服装、服饰业	7	1	121956	119331
皮革、毛皮、羽毛及其制品和制鞋业	3	1	33085	32817
家具制造业	1	0	4380	4350
造纸和纸制品业	3	0	43249	42316
印刷和记录媒介复制业	6	3	133134	133184
石油加工、炼焦和核燃料加工业	2	0	2639301	2613085
化学原料和化学制品制造业	15	4	1625224	1621206
医药制造业	11	2	1126335	1060440
非金属矿物制品业	21	3	1544919	1447641
黑色金属冶炼和压延加工业	7	3	3478774	3457706
有色金属冶炼和压延加工业	2	1	47478	47594
金属制品业	17	2	936278	919627
通用设备制造业	27	5	1693077	1692120
专用设备制造业	14	0	347025	320759
汽车制造业	12	1	5284122	5182360
铁路、船舶、航空航天和其他运输设备制造业	7	3	723368	703712
电气机械和器材制造业	14	2	1529528	1432688
计算机、通信和其他电子设备制造业	12	1	3290457	3127289
仪器仪表制造业	4	1	82037	79133
金属制品、机械和设备修理业	1	0	48308	41800
电力、热力生产和供应业	11	2	2380888	2380888
燃气生产和供应业	2	0	80813	80813
水的生产和供应业	2	1	67031	67031

资产总计(万元)	负债合计(万元)	主营业务收入(万元)	利润总额(万元)	利税总额(万元)	从业人员平均人数(人)
221298	140021	78461	-20075	-11212	7523
342911	22369	114715	55751	95618	695
81645	46372	72381	2781	6455	546
12263	1721	74516	5272	7587	552
80734	26806	302131	9861	22952	3441
489922	204687	653478	93363	119826	9360
487977	175983	856515	85535	138018	10382
0	0	1197800	160742	288920	1700
270731	199605	382500	11071	30521	5880
116485	42504	126637	9018	13313	4045
11538	7762	32817	1772	2078	1362
4588	791	4350	570	716	315
38765	19547	42378	4164	6141	1207
294209	172670	121899	16331	22866	3337
658402	440244	2616860	3700	446497	2720
2127185	1666180	1735355	66943	132146	16177
1912908	620439	1117647	240025	310068	11415
1687820	1139754	1470970	123278	191074	14275
1618680	1111012	4288804	-88624	20258	33115
36590	61662	46490	-4181	-3731	1908
787832	335984	946032	132849	189302	12939
2422884	1388727	1696619	100459	195094	25874
390915	188268	339547	26753	40067	7825
10641722	7367691	6588399	99546	237673	38460
878951	594560	696091	1022	25081	10145
1883365	1020090	1483119	111349	142063	11058
1490150	752194	3217344	99583	163055	16580
108645	47483	79255	3865	5861	1463
57762	20396	43946	3302	6544	1620
2414527	2018510	2427311	586766	677280	10333
322141	134252	87449	14666	17765	1763
443691	295265	60638	-911	3666	1738

12-14 规模以上大中型工业企业一览表（2013年）

Summary of Large and Medium-Sized Enterprises（2013）

企业名称	登记注册类型	企业规模	所属行业
华能济南黄台发电有限公司	国有	大型	火力发电
浪潮集团有限公司	其他有限责任公司	大型	计算机整机制造
济南锅炉集团有限公司	其他有限责任公司	大型	锅炉及辅助设备制造
济钢集团有限公司	国有联营	大型	钢压延加工
中国石油集团济柴动力总厂	国有	大型	内燃机及配件制造
山东电力集团公司济南供电公司	国有	大型	电力供应
济南热电有限公司	国有独资公司	大型	热力生产和供应
山东晋煤明水化工集团有限公司	其他有限责任公司	大型	氮肥制造
山东省章丘鼓风机股份有限公司	股份有限公司	大型	风机、风扇制造
山东晋煤日月化工有限公司	其他有限责任公司	大型	氮肥制造
济南利民制药有限责任公司	其他有限责任公司	大型	化学药品制剂制造
济南圣泉集团股份有限公司	私营有限股份公司	大型	初级形态塑料及合成树脂制造
章丘海尔电机有限公司	其他有限责任公司	大型	微电机及其他电机制造
山东福胶集团有限公司	其他有限责任公司	大型	中成药生产
齐鲁宏业纺织集团有限公司	其他有限责任公司	大型	棉纺纱加工
山东小鸭集团有限责任公司	国有独资公司	大型	制冷、空调设备制造
济南二机床集团有限公司	国有独资公司	大型	金属成形机床制造
济南重工股份有限公司	股份有限公司	大型	矿山机械制造
山东齐鲁电机制造有限公司	国有独资公司	大型	发电机及发电机组制造
济南轻骑摩托车有限公司	国有独资公司	大型	摩托车整车制造
济南轻骑铃木摩托车有限公司	中外合资经营	大型	摩托车整车制造
济南玫德铸造有限公司	股份有限公司	大型	建筑装饰及水暖管道零件制造
齐鲁制药有限公司	其他有限责任公司	大型	化学药品制剂制造
中国重型汽车集团有限公司	国有独资公司	大型	汽车整车制造
济南轨道交通装备有限责任公司	其他有限责任公司	大型	铁路机车车辆及动车组制造
山东太古飞机工程有限公司	中外合资经营	大型	航空航天器修理
山东中创软件工程股份有限公司	股份有限公司	大型	其他计算机制造
中国石油化工股份有限公司济南分公司	股份有限公司	大型	原油加工及石油制品制造
济南庚辰钢铁有限公司	其他有限责任公司	大型	炼铁
山东大汉建设机械有限公司	其他有限责任公司	大型	起重机制造
山东力诺瑞特新能源有限公司	中外合资经营	大型	光学玻璃制造
山东山水水泥集团有限公司	港澳台商独资	大型	水泥制造
济南裕兴化工有限责任公司	国有	大型	专项化学用品制造
山东旺旺食品有限公司	外资企业	大型	乳制品制造
山东闽源钢铁有限公司	其他有限责任公司	大型	钢压延加工
费斯托气动有限公司	外资企业	大型	液压和气压动力机械及元件制造
山东佳宝集团有限公司	其他有限责任公司	大型	乳制品制造
中粮可口可乐饮料(济南)有限公司	中外合作经营	大型	果菜汁及果菜汁饮料制造
济南达利食品有限公司	私营独资	大型	含乳饮料和植物蛋白饮料制造
济南伊利乳业有限责任公司	其他有限责任公司	大型	乳制品制造
山东同欣电子有限公司	私营有限责任公司	大型	电子元件及组件制造
山东银鹭食品有限公司	中外合资经营	大型	含乳饮料和植物蛋白饮料制造
山东中烟工业有限责任公司济南卷烟厂	国有独资公司	大型	卷烟制造
济南艾尔维制衣有限公司	私营有限责任公司	中型	羽毛（绒）制品加工
济南隆泰纺织科技有限公司	私营有限责任公司	中型	棉纺纱加工
山东新华印务有限责任公司	其他有限责任公司	中型	书、报刊印刷
山东重骑摩托车(集团)厂	国有	中型	摩托车整车制造
山东天鹅棉业机械股份有限公司	股份有限公司	中型	棉花加工机械制造
山东电力设备有限公司	国有	中型	变压器、整流器和电感器制造

12–14 续 1

企业名称	登记注册类型	企业规模	所属行业
山东福瑞达医药集团公司	国有	中型	生物药品制造
山东胜利股份有限公司	股份有限公司	中型	生物药品制造
山东桑乐太阳能有限公司	外资企业	中型	燃气、太阳能及类似能源家用器具制造
山东省兴业发展有限公司	国有独资公司	中型	机织服装制造
济南长城炼油有限责任公司	其他有限责任公司	中型	原油加工及石油制品制造
中闻集团济南印务有限公司	国有独资公司	中型	书、报刊印刷
济南镇海机械厂	国有	中型	液压和气压动力机械及元件制造
济南市冶金科学研究所有限责任公司	其他有限责任公司	中型	有色金属合金制造
山东宏济堂制药集团有限公司	其他有限责任公司	中型	中成药生产
济南风机厂有限责任公司	其他有限责任公司	中型	风机、风扇制造
济南沃德汽车零部件有限公司	中外合资经营	中型	汽车零部件及配件制造
济南济钢铁合金厂	集体	中型	铁合金冶炼
中国人民解放军六四五五厂	国有	中型	改装汽车制造
济南一机床集团有限公司	其他有限责任公司	中型	金属切削机床制造
济南金钟电子衡器股份有限公司	股份有限公司	中型	衡器制造
中国人民解放军第七四二三工厂（液压泵）	国有	中型	液压和气压动力机械及元件制造
济南元首针织股份有限公司	股份有限公司	中型	针织或钩针编织物织造
济南水务集团有限公司	国有独资公司	中型	自来水生产和供应
济南瑞通铁路电务有限责任公司	其他有限责任公司	中型	电线、电缆制造
国网山东济南市历城区供电公司	国有	中型	电力供应
济南周家实业总公司	集体	中型	加工纸制造
济南镁碳砖厂有限公司	股份有限公司	中型	耐火陶瓷制品及其他耐火材料制造
济南沃德机械制造有限公司	股份有限公司	中型	汽车零部件及配件制造
济南野风酥食品有限公司	私营有限责任公司	中型	饼干及其他焙烤食品制造
济南钢铁集团新事业有限公司	其他有限责任公司	中型	环境污染处理专用药剂材料制造
山东银鹰炊事机械有限公司	其他有限责任公司	中型	食品、酒、饮料及茶生产专用设备制造
章丘市铜铝铸造厂	集体	中型	汽车零部件及配件制造
山东省章丘市卫东电信工具厂	集体	中型	供应用仪表及其他通用仪器制造
章丘东风煤炭集团总公司	国有	中型	烟煤和无烟煤开采洗选
国网山东章丘市供电公司	国有	中型	电力供应
章丘市金属颜料有限公司	其他有限责任公司	中型	锻件及粉末冶金制品制造
山东汇丰铸造科技股份有限公司	股份有限公司	中型	锻件及粉末冶金制品制造
山东明威起重设备有限公司	其他有限责任公司	中型	起重机制造
章丘华明水泥有限公司	其他有限责任公司	中型	水泥制造
济南冶金化工设备有限公司	股份有限公司	中型	其他专用设备制造
山东宏达科技集团有限公司	股份有限公司	中型	气体、液体分离及纯净设备制造
山东平阴丰源炭素有限责任公司	其他有限责任公司	中型	石墨及碳素制品制造
济南市平阴县玛钢厂	集体	中型	建筑装饰及水暖管道零件制造
济南市琦泉热电有限责任公司	其他有限责任公司	中型	火力发电
济南黄河特钢有限责任公司	其他有限责任公司	中型	钢压延加工
平阴鲁西化工第三化肥厂有限公司	其他有限责任公司	中型	金属压力容器制造
济南乐喜施肥料有限公司	私营有限责任公司	中型	复混肥料制造
国网山东商河县供电公司	国有	中型	电力供应
济南市商河县织布厂	国有	中型	棉织造加工
济阳县供电公司	国有	中型	电力供应
山东明仁福瑞达制药股份有限公司	其他有限责任公司	中型	中成药生产
济南天辰机器集团有限公司	私营有限责任公司	中型	其他专用设备制造
保利民爆济南科技有限公司	其他有限责任公司	中型	炸药及火工产品制造
济南晶恒电子有限责任公司	私营有限责任公司	中型	半导体分立器件制造

12-14 续 2

企业名称	登记注册类型	企业规模	所属行业
山东绿霸化工股份有限公司	股份有限公司	中型	化学试剂和助剂制造
济南群康食品有限公司	股份有限公司	中型	冷冻饮品及食用冰制造
济南四机数控机床有限公司	其他有限责任公司	中型	金属切削机床制造
济南德佳机器控股有限公司	私营有限责任公司	中型	玻璃、陶瓷和搪瓷制品生产专用设备制造
山推建友机械股份有限公司	股份有限公司	中型	建筑材料生产专用机械制造
山东中德设备有限公司	股份有限公司	中型	食品、酒、饮料及茶生产专用设备制造
西电济南变压器股份有限公司	股份有限公司	中型	变压器、整流器和电感器制造
山东电工电气日立高压开关有限公司	中外合资经营	中型	配电开关控制设备制造
济南铸造锻压机械研究所有限公司	其他有限责任公司	中型	其他金属加工机械制造
国网山东济南市长清区供电公司	国有	中型	电力供应
济南帅潮实业有限公司	私营有限责任公司	中型	弹簧制造
济南大阳食品有限公司	私营有限责任公司	中型	禽类屠宰
济南吉优箱包有限公司	外资企业	中型	皮箱、包（袋）制造
中电装备山东电子有限公司	中外合资经营	中型	电工仪器仪表制造
济南统一企业有限公司	港澳台商独资	中型	茶饮料及其他饮料制造
商河三亿制衣有限公司	私营有限责任公司	中型	机织服装制造
中集车辆（山东）有限公司	中外合资经营	中型	改装汽车制造
山东松下电子信息有限公司	中外合资经营	中型	电视机制造
济南西门子变压器有限公司	中外合资经营	中型	变压器、整流器和电感器制造
东港股份有限公司	港澳台商投资股份有限公司	中型	包装装潢及其他印刷
济南台有玻璃制品有限公司	与港澳台商合作经营	中型	日用玻璃制品制造
济南弘正科技有限公司	港澳台商独资	中型	摩托车零部件及配件制造
山东圣泉化工股份有限公司	股份合作	中型	初级形态塑料及合成树脂制造
济阳县济北石化有限责任公司	其他有限责任公司	中型	石油开采
济南银花纺织有限公司	其他有限责任公司	中型	棉纺纱加工
山东鲁信天一印务有限公司	港澳台商独资	中型	包装装潢及其他印刷
山东科兴生物制品有限公司	其他有限责任公司	中型	生物药品制造
济南华鲁食品有限公司	私营有限责任公司	中型	食品及饲料添加剂制造
山东胜邦绿野化学有限公司	其他有限责任公司	中型	化学农药制造
山东博士伦福瑞达制药有限公司	与港澳台商合资经营	中型	生物药品制造
山东兴牛乳业有限公司	其他有限责任公司	中型	乳制品制造
福士汽车零部件（济南）有限公司	外资企业	中型	汽车零部件及配件制造
济南六和双利食品有限公司	其他内资	中型	禽类屠宰
济南联德重工机械有限公司	其他有限责任公司	中型	锻件及粉末冶金制品制造
济南汇丰炭素有限公司	其他有限责任公司	中型	石墨及碳素制品制造
章丘市顺营冶金辅料有限公司	私营有限责任公司	中型	石灰石、石膏开采
济南华阳炭素有限公司	其他有限责任公司	中型	石墨及碳素制品制造
济南万瑞炭素有限公司	其他有限责任公司	中型	石墨及碳素制品制造
山东力诺太阳能电力股份有限公司	股份有限公司	中型	技术玻璃制品制造
济南金麒麟刹车系统有限公司	股份有限公司	中型	铁路机车车辆配件制造
济南娃哈哈恒枫饮料有限公司	中外合资经营	中型	含乳饮料和植物蛋白饮料制造
山东华芯半导体有限公司	其他有限责任公司	中型	集成电路制造
山东三龙智能技术有限公司	其他有限责任公司	中型	供应用仪表及其他通用仪器制造
济南二机床铸造有限公司	国有独资公司	中型	黑色金属铸造
山东省鲁棉集团天元纺织有限公司	其他有限责任公司	中型	棉纺纱加工
济南方大重弹汽车悬架有限公司	股份有限公司	中型	汽车零部件及配件制造
山东美鹰食品设备有限公司	私营有限责任公司	中型	食品、酒、饮料及茶生产专用设备制造
济南趵突泉酿酒有限责任公司	其他有限责任公司	中型	白酒制造

12-14 续 3

企业名称	登记注册类型	企业规模	所属行业
济南腾龙排气管有限公司	其他有限责任公司	中型	风机、风扇制造
华电章丘发电有限公司	其他有限责任公司	中型	火力发电
山东科芯电子有限公司	其他有限责任公司	中型	通信系统设备制造
华熙福瑞达生物医药有限公司	中外合作经营	中型	生物药品制造
山东星科智能科技股份有限公司	股份有限公司	中型	其他电子设备制造
山东华凌电缆有限公司	私营有限责任公司	中型	电线、电缆制造
济南第二汽车配件有限公司	私营有限责任公司	中型	汽车零部件及配件制造
济南银鹰食品机械有限公司	中外合资经营	中型	食品、酒、饮料及茶生产专用设备制造
济南中维世纪科技有限公司	私营有限责任公司	中型	其他计算机制造
济南盛源化肥有限责任公司	私营有限责任公司	中型	氮肥制造
济南钢城矿业有限公司	其他有限责任公司	中型	铁矿采选
济南泉华包装制品有限公司	与港澳台商合资经营	中型	纸和纸板容器制造
济南民泰煤矿有限公司	私营有限责任公司	中型	烟煤和无烟煤开采洗选
积成电子股份有限公司	股份有限公司	中型	其他计算机制造
山东通发实业有限公司	其他有限责任公司	中型	建筑工程用机械制造
山东鲁能智能技术有限公司	其他有限责任公司	中型	配电开关控制设备制造
济南龙山炭素有限公司	私营有限责任公司	中型	石墨及碳素制品制造
济南宝世达实业发展有限公司	其他有限责任公司	中型	电线、电缆制造
山东山大华天科技集团股份有限公司	股份有限公司	中型	配电开关控制设备制造
章丘重型锻造有限公司	私营独资	中型	锻件及粉末冶金制品制造
山东宏业纺织股份有限公司	股份有限公司	中型	棉纺纱加工
山东百脉泉酒业有限公司	其他有限责任公司	中型	白酒制造
济南恒升工程机械有限公司	私营有限责任公司	中型	起重机制造
山东同力达智能机械有限公司	其他有限责任公司	中型	其他金属工具制造
济南信和家具有限公司	私营有限责任公司	中型	木质家具制造
济南中燃科技发展有限公司	其他有限责任公司	中型	其他金属加工机械制造
济阳元首针织有限责任公司	其他有限责任公司	中型	针织或钩针编织服装制造
济南天辰铝机制造有限公司	私营有限责任公司	中型	其他专用设备制造
济南澳海炭素有限公司	其他有限责任公司	中型	石墨及碳素制品制造
济南金魁工程机械有限公司	私营有限责任公司	中型	起重机制造
济南力诺玻璃制品有限公司	私营有限责任公司	中型	玻璃仪器制造
山东中孚信息产业股份有限公司	私营有限股份公司	中型	电子元件及组件制造
山东华森混凝土有限公司	私营有限责任公司	中型	水泥制品制造
山东大旺食品有限公司	外资企业	中型	饼干及其他焙烤食品制造
济南希尔康印务有限公司	私营有限股份公司	中型	包装装潢及其他印刷
山东法因数控机械股份有限公司	股份有限公司	中型	金属切削机床制造
九阳股份有限公司	外商投资股份有限公司	中型	家用厨房电器具制造
济南百事可乐饮料有限公司	与港澳台商合资经营	中型	碳酸饮料制造
济南万方炭素有限责任公司	其他有限责任公司	中型	石墨及碳素制品制造
济南明鑫制药股份有限公司	股份有限公司	中型	化学药品原料药制造
山东奥太电气有限公司	其他有限责任公司	中型	金属切割及焊接设备制造
济南莱钢钢结构有限公司	其他有限责任公司	中型	金属结构制造
山东力诺光伏高科技有限公司	私营有限责任公司	中型	光学玻璃制造
济南巨鑫机车车辆配件有限公司	私营有限责任公司	中型	锻件及粉末冶金制品制造
济南鲍德钢结构有限公司	其他有限责任公司	中型	金属结构制造
平阴建昌机械制造厂	私营独资	中型	建筑材料生产专用机械制造
济南港华燃气有限公司	与港澳台商合资经营	中型	燃气生产和供应业
山东嘉元食用菌科技有限公司	私营有限责任公司	中型	蔬菜加工
济南喜哥马服装有限公司	与港澳台商合资经营	中型	羽毛（绒）制品加工

12–14 续 4

企业名称	登记注册类型	企业规模	所属行业
济南巨能铁塔制造有限公司	私营有限责任公司	中型	金属结构制造
山东鲍德翼板有限公司	国有独资公司	中型	锻件及粉末冶金制品制造
山东明龙建筑机械有限公司	其他有限责任公司	中型	起重机制造
章丘矿业有限公司	国有独资公司	中型	烟煤和无烟煤开采洗选
平阴山水水泥有限公司	与港澳台商合资经营	中型	水泥制造
山东中氟化工科技有限公司	中外合资经营	中型	化学试剂和助剂制造
山东爱普电气设备有限公司	其他有限责任公司	中型	其他输配电及控制设备制造
山东和美华集团有限公司	其他有限责任公司	中型	饲料加工
章丘鑫岳有限责任公司	其他有限责任公司	中型	烟煤和无烟煤开采洗选
济南圣泉倍进陶瓷过滤器有限公司	中外合资经营	中型	特种陶瓷制品制造
富美科技集团有限公司	私营有限责任公司	中型	装订及印刷相关服务
山东神思电子技术股份有限公司	股份有限公司	中型	其他计算机制造
济南东海水泥有限公司	其他有限责任公司	中型	水泥制造
济南巨峰液压机械有限公司	私营有限责任公司	中型	液压和气压动力机械及元件制造
济南思迈迩制衣有限公司	私营有限责任公司	中型	机织服装制造
山东新阳能源有限公司	国有独资公司	中型	烟煤和无烟煤开采洗选
济钢集团重工机械有限公司成套设备事业部	国有	中型	起重机制造
济南中森机械制造有限公司	其他有限责任公司	中型	轴承制造
济南青年汽车有限公司	私营有限责任公司	中型	汽车整车制造
重汽集团济南考格尔专用汽车有限公司	其他有限责任公司	中型	改装汽车制造
济南圣泉铸造材料有限公司	中外合资经营	中型	初级形态塑料及合成树脂制造
山东济华燃气有限公司	与港澳台商合资经营	中型	燃气生产和供应业
山东冠世针织有限公司	外资企业	中型	针织或钩针编织服装制造
山东北辰机电设备股份有限公司	私营有限股份公司	中型	金属压力容器制造
山东华氟化工有限责任公司	其他有限责任公司	中型	化学试剂和助剂制造
安莉芳(山东)服装有限公司	港澳台商独资	中型	针织或钩针编织服装制造
中车集团济南车辆有限公司	私营有限责任公司	中型	铁路专用设备及器材、配件制造
济南宇飞食品有限公司	其他有限责任公司	中型	禽类屠宰
山东伊莱特重工有限公司	中外合资经营	中型	锻件及粉末冶金制品制造
济南万润肉类加工有限公司	其他有限责任公司	中型	牲畜屠宰
济南吉利汽车有限公司	其他有限责任公司	中型	汽车整车制造
济南时代试金试验机有限公司	其他有限责任公司	中型	电工仪器仪表制造
山东真旺包装材料有限公司	外资企业	中型	初级形态塑料及合成树脂制造
山东天玉墙体材料有限公司	其他有限责任公司	中型	粘土砖瓦及建筑砌块制造
肥矿集团平阴铝业有限公司	其他有限责任公司	中型	铝压延加工
青岛啤酒(济南)有限公司	其他有限责任公司	中型	啤酒制造
济南金牛砖瓦机械有限公司	私营有限责任公司	中型	其他非金属加工专用设备制造
济南泓泉制水有限公司	与港澳台商合资经营	中型	自来水生产和供应
济南海川投资集团有限公司	其他有限责任公司	中型	石墨及碳素制品制造
济南佳明正远服装有限公司	与港澳台商合资经营	中型	机织服装制造
山东金德利集团快餐连锁配送有限责任公司	其他有限责任公司	中型	米、面制品制造
济南宜和食品有限公司	中外合资经营	中型	酱油、食醋及类似制品制造
山东新纪元重工有限公司	私营有限股份公司	中型	黑色金属铸造
济南金百利包装用品有限公司	私营有限责任公司	中型	纸和纸板容器制造
济南新峨嵋实业有限公司	私营有限责任公司	中型	锻件及粉末冶金制品制造
章丘市热力公司	国有	中型	热力生产和供应
济南吉隆锻造有限公司	私营有限责任公司	中型	锻件及粉末冶金制品制造

12-15 主要工业产品生产量(2013年)

Output of Major Industrial Products (2013)

主要工业产品名称	单 位	生产量	主要工业产品名称	单 位	生产量
铁矿石原矿	万吨	63.7	大型型钢	万吨	14.5
小麦粉	万吨	17.9	中小型型钢	万吨	37.5
饲料	万吨	53.8	棒材	万吨	95.2
配合饲料	万吨	25.4	钢筋	万吨	86.6
混合饲料	万吨	10.7	特厚板	万吨	93.9
精制食用植物油	万吨	0.2	厚钢板	万吨	132.7
鲜、冷藏肉	万吨	10	中板	万吨	149.1
速冻米面食品	吨	3545	中厚宽钢带	万吨	90.4
乳制品	万吨	36.5	冷轧薄宽钢带	万吨	32.1
液体乳	万吨	10.9	镀层板（带）	万吨	9.6
酱油	万吨	7.9	焊接钢管	万吨	6.6
冷冻饮品	万吨	3.9	其它钢材	万吨	1
食品添加剂	万吨	1.2	用外购国产钢材再加工生产的钢材	万吨	40.4
饮料酒	万千升	32.1	铁合金	万吨	1
白酒(折65度,商品量)	万千升	2.7	铝合金	万吨	0.3
啤酒	万千升	27.1	铜材	万吨	0.3
软饮料	万吨	130.8	铝材	万吨	3.9
碳酸饮料类(汽水)	万吨	19.4	金属切削工具	万件	21.6
包装饮用水类	万吨	21.7	不锈钢日用制品	吨	181.4
果汁和蔬菜汁饮料类	万吨	15.5	锻件	万吨	75.8
纱	万吨	11.4	粉末冶金零件	吨	342.5
棉纱	万吨	6.5	电站锅炉	蒸发量吨	11343
棉混纺纱	万吨	4.1	工业锅炉	蒸发量吨	2786
化学纤维纱	万吨	0.8	发动机	万千瓦	1735
布	亿米	1.5	汽车用发动机	万千瓦	1524.9
棉布	亿米	0.9	电站用汽轮机	万千瓦	43.9
棉混纺布	亿米	0.4	金属切削机床	台	4297
化学纤维布	亿米	0.2	数控金属切削机床	台	2972
无纺布(无纺织物)	万吨	1.2	金属成形机床	台	273
服装	万件	6724.8	数控金属成形机床(数控锻压设备)	台	214
梭织服装	万件	2002.5	铸造机械	万台	4.9
衬衫	万件	131.3	机床数控装置	套	354
针织服装	万件	4722.4	起重机	万吨	100.9
人造板	万立方米	8.5	泵	万台	1.4

12–15 续 1

主要工业产品名称	单　位	生产量	主要工业产品名称	单　位	生产量
纤维板	万立方米	8.5	真空泵	万台	0.6
人造板表面装饰板	万平方米	18.5	气体压缩机	台	848
家具	万件	53.2	阀门	万吨	1.4
木质家具	万件	40.3	液压元件	万件	1.7
金属家具	万件	12.9	气动元件	万件	207.5
机制纸及纸板（外购原纸加工除外）	万吨	4.1	滚动轴承	万套	35.6
未涂布印刷书写用纸	万吨	1	齿轮	万吨	10.7
纸制品	万吨	11.9	工业电炉	台	55
瓦楞纸箱	万吨	2.7	风机	万台	2.7
单色印刷品	万令	252.2	鼓风机	万台	1.6
多色印刷品	万对开色令	479.5	衡器（秤）	万台	0.6
原油加工量	万吨	508.3	包装专用设备	台	1625
汽油	万吨	123.8	金属密封件	万件	0.5
柴油	万吨	220.7	金属紧固件	万吨	2
燃料油	万吨	23.3	弹簧	万吨	0.4
石脑油	万吨	19.8	矿山专用设备	万吨	2.3
溶剂油	万吨	1.1	挖掘、铲土运输机械	台	353
液化石油气	万吨	29.5	水泥专用设备	吨	27298
石油焦	万吨	40.9	混凝土机械	台	4668
石油沥青	万吨	8.1	金属冶炼设备	吨	36516
焦炭	万吨	271.8	炼油、化工生产专用设备	吨	609
盐酸（氯化氢,含量 31%）	万吨	0.5	模具	万套	53.4
浓硝酸(折 100%)	万吨	11	农产品初加工机械	万台	5.8
烧碱（折 100%）	万吨	3.6	收获后处理机械	台	947
精甲醇	万吨	24.3	棉花加工机械	台	3523
合成氨（无水氨）	万吨	68.4	环境污染防治专用设备	台（套）	217
农用氮、磷、钾化学肥料总计(折纯)	万吨	33.3	大气污染防治设备	台	66
氮肥（折含 N100%）	万吨	33.3	汽车	万辆	16.6
尿素（折含 N100%）	万吨	32.7	基本型乘用车(轿车)	万辆	5.6
化学农药原药(折有效成分 100%)	万吨	3.1	1 升<排量≤1.6 升	万辆	3.8
杀虫剂原药	吨	552.45	2.0 升<排量≤2.5 升	万辆	1.7
杀菌剂原药	吨	6.76	改装汽车	万辆	0.8
除草剂原药	万吨	2	铁路货车	辆	3976
涂料	万吨	2.6	摩托车整车	万辆	41
初级形态的塑料	万吨	45.5	发电机组(发电设备)	万千瓦	873.5

12–15 续 2

主要工业产品名称	单 位	生产量	主要工业产品名称	单 位	生产量
聚丙烯树脂	万吨	9.4	汽轮发电机	万千瓦	873.5
合成橡胶	万吨	1.5	交流电动机	万千瓦	241.8
化学试剂	万吨	2.8	变压器	万千伏安	7121.1
合成洗涤剂	万吨	3.2	电力变压器(额定容量≥8000kVA，电压≥500kV）	万千伏安	718
化学药品原药	万吨	1.4	高压开关板	面	413
中成药	万吨	0.4	低压开关板	面	1766
化学纤维	万吨	1.8	通信及电子网络用电缆	万对千米	13.4
合成纤维	万吨	1.8	电力电缆	万千米	18.4
涤纶纤维	万吨	1.8	绝缘制品	吨	508.4
橡胶轮胎外胎	万条	132.8	家用洗衣机	万台	33.1
塑料制品	万吨	14.9	家用燃气灶具	万台	6.2
塑料薄膜	万吨	2.5	太阳能热水器	万平方米	221.7
农用薄膜	万吨	0.9	灯具及照明装置	万套(台、个)	3.3
泡沫塑料	万吨	4.7	电子计算机整机	万台	39.4
硅酸盐水泥熟料	万吨	605.5	微型计算机设备	万台	22.3
窑外分解窑水泥熟料	万吨	605.5	显示器	万台	0.9
水泥	万吨	782.2	微波终端机	部	35882
强度等级 42.5 水泥(含 R 型)	万吨	29.5	彩色电视机	万台	29.5
商品混凝土	万立方米	827.2	液晶（LCD）电视机	万台	13.1
水泥混凝土压力管	千米	1020.1	等离子（PDP）电视机	万台	16.4
预应力混凝土桩	万米	77.7	半导体分立器件	亿只	30
砖	亿块	2.5	光电子器件	万只(片、套）	5.87
天然花岗石建筑板材	万平方米	0.5	电子元件	亿只	17.7
钢化玻璃	万平方米	17.1	印制电路板	万平方米	40.8
夹层玻璃	万平方米	28.8	工业自动调节仪表与控制系统	万台(套)	1.3
中空玻璃	万平方米	29	电工仪器仪表	万台	1.6
日用玻璃制品	万吨	12	分析仪器及装置	万台（套）	0.9
玻璃包装容器	万吨	1.8	试验机	万台	0.7
耐火材料制品	万吨	72.8	汽车仪器仪表	万台	1.3
石墨及炭素制品	万吨	162.5	钟	万只	285.8
生铁	万吨	759.1	发电量	亿千瓦小时	162.5
粗钢	万吨	711.1	火力发电量	亿千瓦小时	159.3
铸铁件	万吨	3.9	风力发电量	亿千瓦小时	2.9
铸钢件	万吨	2.1	煤气生产量	亿立方米	32.9
钢材	万吨	749.1	自来水生产量	亿立方米	4.7

12 - 16 工业企业能源购进、消费及库存（2013 年）

Purchases、Consumption and Invetory of Main Energy Source in Industrial Enterprises(2013)

能源名称	计量单位	年初库存量	本年购进量	本年消费			年末库存量
					工业生产消费	非工业生产消费	
能源合计	吨标准煤	–	–	27545722.84	27454309.18	91413.98	–
原煤	吨	849709.12	8414002.56	8368501.54	8342269.83	26231.71	855873.84
洗精煤	吨	186710.53	4162525.00	3984601.53	3984401.53	200.00	364634.00
其他洗煤	吨	109616.00	2820033.52	2751868.52	2751868.52	0.00	177781.00
煤制品	吨	69978.09	683867.19	674378.87	674378.87	0.00	79457.06
焦炭	吨	33100.42	384996.09	3494289.66	3494270.40	19.26	57942.31
天然气	万立方米	0.00	33659.25	34227.54	34140.65	86.89	0.00
液化天然气	吨	0.35	169.06	168.56	168.56	0.00	0.85
原油	吨	111360.43	5045363.68	5082745.88	5082733.90	11.98	73998.63
汽油	吨	200.29	14269.15	14805.80	10938.89	3866.91	144.29
煤油	吨	30.71	1313.16	1263.54	1254.14	9.40	83.37
柴油	吨	1348.95	33937.49	34167.84	20573.79	13594.09	1334.38
燃料油	吨	3427.12	277048.69	304027.74	304027.74	0.00	6114.68
液化石油气	吨	208.83	30256.85	30281.74	30248.79	32.95	183.94
炼厂干气	吨	0.00	0.00	132989.00	132989.00	0.00	0.00
其他石油制品	吨	2869.20	26707.21	369467.31	369455.71	11.60	8157.60
热力	百万千焦	0.00	6548986.46	8917946.11	8763198.04	154748.07	0.00
电力	万千瓦时	0.00	1091861.01	1454618.98	1422206.60	32412.48	0.00
其他燃料	吨标准煤	88.00	2208.07	2669.58	2667.12	2.46	5.00

注：按照经济普查要求，免填能源合计中，年初库存、购进量、年末库存。

12 - 17 工业分行业主要能源消费量（2013年）

Consumption of Main Energy Source in Industrial Enterprises by Sector（2013）

	原煤（吨）	汽油（吨）	煤油（吨）	柴油（吨）	燃料油（吨）	热力（百万千焦）	电力（万千瓦时）
总计	8368501.54	14805.80	1263.54	34167.84	304027.74	8917946.11	1454618.98
采矿业	1925.04	220.19	0.00	446.73	0.00	0.00	16698.65
煤炭开采和洗选业	1325.00	51.33	0.00	201.83	0.00	0.00	8728.62
石油和天然气开采业	174.04	168.86	0.00	44.90	0.00	0.00	4889.06
黑色金属矿采选业	426.00	0.00	0.00	0.00	0.00	0.00	1273.00
非金属矿采选业	0.00	0.00	0.00	200.00	0.00	0.00	1807.97
制造业	4147294.54	13494.95	1263.54	31012.29	304027.74	8916935.01	1243342.67
农副食品加工业	6506.50	464.01	0.00	128.20	0.00	0.00	8296.62
食品制造业	21811.58	374.39	0.00	737.76	0.00	273670.06	13480.09
饮料制造业	30332.30	57.14	0.00	268.93	0.00	256046.00	22131.18
纺织业	3427.81	263.65	1.39	100.79	1.16	112657.00	34259.37
纺织服装、鞋、帽制造业	568.00	242.75	0.00	6.50	0.00	134020.39	4323.19
皮革、毛皮、羽毛(绒)及其制品业	2403.61	23.50	0.00	0.00	0.00	0.00	677.36
木材加工及木、竹、藤、棕、草制品业	2272.00	180.44	0.00	91.83	0.00	0.00	3224.30
家具制造业	0.00	108.84	18.20	38.96	0.00	0.00	597.91
造纸及纸制品业	2866.94	127.75	0.00	23.43	0.00	8555.00	5497.26
印刷业和记录媒介的复制	0.00	153.59	0.00	100.30	0.00	7666.12	5914.69
文教体育用品制造业	22.00	213.73	0.00	124.70	0.00	0.00	993.95
石油加工、炼焦及核燃料加工业	1837.60	520.00	0.00	121.00	303539.22	1240184.84	47765.13
化学原料及化学制品制造业	1545117.02	877.55	1040.00	625.10	213.86	2930499.85	215466.45
医药制造业	82502.72	604.90	0.00	515.93	0.00	3186523.93	63901.23
化学纤维制造业	0.00	0.00	0.00	0.00	0.00	0.00	1606.00
橡胶和塑料制品业	2240.97	289.33	2.12	95.26	0.00	0.00	11259.85
非金属矿物制品业	961860.84	922.21	0.00	12268.18	273.50	40850.00	121148.33
黑色金属冶炼及压延加工业	1274090.12	600.71	0.00	7032.95	0.00	102000.00	444817.01
有色金属冶炼及压延加工业	2447.96	184.72	0.00	82.31	0.00	0.00	3529.70
金属制品业	94345.98	494.26	2.70	1287.49	0.00	0.00	62784.22
通用设备制造业	31540.06	2193.71	89.54	2468.71	0.00	14635.50	41860.01
专用设备制造业	6871.70	658.49	0.32	348.80	0.00	1120.00	12279.17
汽车制造业	41338.00	460.84	40.33	3450.45	0.00	548216.28	61921.03
铁路、船舶、航空航天和其他运输设备制造业	15758.00	319.23	10.64	289.60	0.00	47832.00	11421.83
电气机械及器材制造业	16097.78	1267.01	58.30	133.43	0.00	0.00	21203.40
计算机、通信和其他电子设备制造业	0.00	977.48	0.00	98.70	0.00	3355.74	12877.00
仪器仪表制造业	635.05	719.15	0.00	408.20	0.00	9102.30	3636.19
其他制造业	0.00	20.28	0.00	9.73	0.00	0.00	65.67
金属制品、机械和设备修理业	400.00	67.00	0.00	71.00	0.00	0.00	529.60
电力、热力、燃气及水生产和供应业	4219281.96	1090.66	0.00	2708.82	0.00	1011.10	194577.66
电力、热力生产和供应业	4219281.96	583.93	0.00	2550.91	0.00	1011.10	178489.97
燃气生产和供应业	0.00	284.77	0.00	91.90	0.00	0.00	1337.39
水的生产和供应业	0.00	221.96	0.00	66.01	0.00	0.00	14750.30

主要统计指标解释

Explanatory Notes on Main Statistical Indicators

按照国家统计方法制度规定，1998 年独立核算工业统计范围由原乡及乡以上调整为全部国有及年销售收入500万元以上非国有工业企业，2011 年规模以上工业企业统计范围调整为年主营业务收入2000 万元以上。同时，统计分类中的原经济组织类型分组相应地调整为按企业登记注册类型分组。

工业 指从事自然资源的开采，对采掘品和农产品进行加工和再加工的物质生产部门。具体包括：（1）对自然资源的开采，如采矿、晒盐、森林采伐等（但不包括禽兽捕猎和水产捕捞）；（2）对农副产品的加工、再加工，如粮油加工、食品加工、轧花、缫丝、纺织、制革等；（3）对采掘品的加工、再加工，如炼铁、炼钢、化工生产、石油加工、机器制造、木材加工等，以及电力、自来水、煤气的生产和供应等；（4）对工业品的修理、翻新，如机器设备的修理、交通运输工具（包括小卧车）的修理等。

1984 年以前农村的村及村以下办工业归属农业，1984 年以后划归工业。

工业统计调查单位 工业统计调查单位分为两类：独立核算法人工业企业和工业活动单位。

（1）独立核算法人工业企业是指从事工业生产经营活动的单位。独立核算法人工业企业应同时具备以下条件：①依法成立，有自己的名称、组织机构和场所，能够承担民事责任；②独立拥有和使用资产，承担负债，有权与其他单位签订合同；③独立核算盈亏，并能够编制资产负债表。

（2）工业活动单位是指在一个场所从事一种或主要从事一种工业生产活动的经济单位。它包括独立核算工业企业按主营业务活动（即工业生产活动）划分的主营业务活动单位和非工业企业所属的工业生产活动单位（即原非独立核算工业生产单位）。工业活动单位，一般应同时具备以下三个条件：①具有一个场所，从事一种或主要从事一种工业活动；②单独组织工业生产、经营或业务活动；③单独核算收入和支出。

企业登记注册类型 是指具有法人资格的各类企业在工商行政管理机关登记注册的类型。本年鉴中，国有经济、集体经济、股份制经济、国有控股等概念与过去含义有所区别。

（一）国有企业：是指企业全部资产归国有家所有，并按《中华人民共和国企业法人登记管理条例》规定登记注册的非公司制的经济组织。不包括有限责任公司中的国有独资公司。

（二）集体企业：是指企业资产归集体所有，并按《中华人民共和国企业法人登记管理条例》规定登记注册的经济组织。

（三）股份合作企业：是指以合作制为基础，由企业职工共同出资入股，吸收一定比例的社会资产投资组建，实行自主经营，自负盈亏，共同劳动，民主管理，按劳分配下按股分红相结合的一种集体经济组织。

（四）联营企业：是指两个及两个以上相同或不同所有制性质的企业法人或事业单位法人，按自愿、平等、互利的原则，共同投资组成的经济组织。联营企业包括：

1.国有联营企业：指国有企业与国有企业间的联营；

2.集体联营企业：指集体企业与集体企业间的联营；

3.国有与集体联营企业：指国有企业与集体企业间的联营；

4.其他联营企业：指国有企业与私人企业间的联营，集体企业与私人企业间的联营，国有、集体与私人企业间的联营。

（五）有限责任公司：是指根据《中华人民共和国公司登记管理条例》规定登记注册，由两个以上，五十个以下的股东共同出资，每个股东以其所认缴的出资额对公司承担有限责任，公司以其全部资产对其债务承担责任的经济组织。有限责任公司包括国有独资公司以及其他有限责任公司。

1.国有独资公司：是指国家授权的投资机构或者国家授权的部门单独投资设立的有限责任公司。

2.其他有限责任公司：是指国有独资公司以外的其他有限责任公司。

（六）股份有限公司：是指根据《中华人民共和国公司登记管理条例》规定登记注册，其全部注册资本由等额股份构成并通过发行股票筹集资本，股东以其认购的股份对公司承担有限责任，公司以其全部资产对其债务承担责任的经济组织。

（七）私营企业：是指由自然人投资设立或由自然人控股，以雇佣劳动为基础的营利性经济组织。包括按照《公司法》、《合伙企业法》、《私营企业暂行条例》规定登记注册的私营有限责任公司、私营股份有限公司、私营合伙企业和私营独资企业。

1.私营独资企业：是指按《私营企业暂行条例》的规定，由一名自然人投资经营，以雇佣劳动为基础，投资者对企业债务承担无限责任的企业。

2.私营合伙企业：是指按《合伙企业法》或《私营企业暂行条例》的规定，由两个以上自然人按照协议共同投资、共同经营、共负盈亏，以雇佣劳动为基础，对债务承担无限责任的企业。

3.私营有限责任公司：是指按《公司法》、《私营企业暂行条例》的规定，由两个以上自然人投资或由单个自然人控股的有限责任公司。

4.私营股份有限公司：是指按《公司法》的规定，由五个以上自然人投资，或由单个自然人控投的股份有限公司。

（八）其他企业：是指上述第（一）至第（七）之处的其他内资经济组织。

（九）合资经营企业（港或澳、台资）：是指港澳台地区投资者也内地的企业依照《中华人民共和国中外台资经营企业法》及有关法律的规定，按合同规定的比例投资设立、分享利润和分担风险的企业。

（十）合作经营企业（港和澳、台资）：是指港澳台地区投资者与内地企业依照《中华人民共和国中外合作经营企业法》及有关法律的规定，依照合作合同的约定进行投资或提供条件设立、分配利润和分担风险的企业。

（十一）港、澳、台商独资经营企业：是指依照《中华人民共和国外资企业法》及有关法律的规定，在内地由港澳台地区投资者全额投资设立的企业。

（十二）港、澳、台投资股份有限公司：是指根据国家有关规定，经外经贸部依法批准设立，其中港、澳、台商的股本占公司注册资本的比例达25%以上（含25%）的股份有限公司。凡其中港、澳、台商的股本占公司注册资本的比例小于25%的，属于内资企业中的股份有限公司。

（十三）中外合资经营企业，是指外国企业或外国人与中国内地企业依照《中华人民共和国外合资经营企业法》及有关法律的规定，按合同规定的比例投资设立、分享利润和分担风险的企业。

（十四）中外合作经营企业：是指外国企业或外国人与中国内地企业依照《中华人民共和国中外合作经营企业法》及有关法律的规定，依照合作合同的约定进行投资或提供条件设立、分配利润和分担风险的企业。

（十五）外资企业：是指依照《中华人民共和国外资企业法》及有关法律的规定，在中国内地由外国投资者全额投资设立的企业。

（十六）外商投资股份有限公司：是指根据国家有关规定，经外经贸部依法批准设立，其中外资的股本占公司注册资本的比例达25%以上（含25%）的股份有限公司。凡其中外资股本占公司注册资本的比例小于25%的，属于内部企业中的股份有限公司。

轻工业　指主要提供生活消费品和制作手工工具的工业。按其所使用的原料不同，可分为两大类：（1）以农产品为原料的轻工业，是指直接或间接以农产品为基本原料的轻工业。主要包括食品制造、饮料制造、烟草加工、纺织、缝纫、皮革和毛皮制作、造纸以及印刷等工业；（2）以非农产品为原料的轻工业，是指以工业品为原料的轻工业。主要包括文教体育用品、化学药品制造、合成纤维制造、日用化学制品、日用玻璃制品、日用金属制品、手工工具制造、医疗器械制造、文化和办公用机械制造等工业。

重工业　是指为国民经济各部门提供物质技术基础的主要生产资料的工业。按其生产性质和产品用途，可以分为下列三类：（1）采掘（伐）工业，是指对自然资源的开采，包括石油开采、煤炭开采、金属矿开采、非金属矿开采和木材采伐等工业；（2）原材料工业，指向国民经济各部门提供基本材料、动力和燃料的工业。包括金属冶炼及加工、炼焦及焦炭、化学、化工原料、水泥、人造板以及电力、石油和煤炭加工等工业；（3）加工工业，是指对工业原材料进行再加工制造的工业。包括装备国民经济各部门的机械设备制造工业、金属结构、水泥制品等工业，以及为农业提供的生产资料如化肥、农药等工业。

根据上述划分原则，修理业中以重工业产品为修理作业对象的划为重工业，反之划为轻工业。

工业总产值　是以货币表现的工业企业在一定时期内生产的已出售或可供出售工业产品总量，它反映一定时间内工业生产的总规模和总水平。它包括：在本企业内不再进行加工，经检验、包装入库（规定不需包装的产品除外）的成品价值，对外加工费收入，自制半成品、在产品期末初差额价值。工业总产值采用“工厂法”计算，即以工业企业作为一个整体，按企业工业生产活动的最终成果来计算，企业内部不允许重复计算，不能把企业内部各个车间（分厂）生产的成果相加。但在企业之间、行业之间、地区之间存在着重复计算。

轻重工业总产值的划分也是按“工厂法”计算的，即一个工业企业在正常情况下生产的主要产品的性质属于轻工业，则该企业的全部总产值作为轻工业总产值。如生产的主要产品的性质属于重工业，则该企业的全部总产值作为重工业总产值。

工业增加值　是指工业行业在报告期内以货币表现的工业生产活动的最终成果。

实收资本　指企业实际收到的投资人投入的资本。按投资主体可分为国家资本、集体资本、法人资本、个人资本、港澳台资本和外商资本等。

资产合计　指企业拥有或控制的能以货币计量的经济资源。包括各种财产、债权和其他权利。资产按其流动性划分为流动资产、长期投资、固定资产、无形及递延资产和其他资产。

（1）流动资产指企业可以在一年内或者超过一年的一个生产周期内变现或耗用的资产合计。包括现金及各种存款、短期投资、应收及预付款项、存货等。

（2）固定资产指企业固定资产净值、固定资产清理、在建工程、待处理固定资产损失所占用的资金合计。

（3）无形资产指企业长期使用而没有实物形态的资产。包括专利权、非专利技术、商标权、著作权、土地使用权、商誉等。

负债合计　指企业承担的能以货币计量，将以资产或劳务偿付的债务。负债一般按偿还期长短分为流动负债和长期负债、递延税项等。

（1）流动负债指企业在一年内或者超过一年的一个营

业周期内需要偿还的债务合计，其中包括短期借款、应付及预收款项、应付工资、应交税金和应交利润等。

（2）长期负债指企业在一年以上或者超过一年的一个营业周期以上需要偿还的债务合计，其中包括长期借款、应付债务、长期应付款项等。

所有者权益 指企业投资人对企业净资产的所有权。企业净资产等于企业全部资产减去全部负债后的余额，其中包括投资者对企业的最初投入，以及资本公积金、盈余公积金和未分配利润，对股份制企业即为股东权益。

固定资产原价 指企业在建造、购置、安装、改建、扩建、技术改造某项固定资产时所支出的全部货币总额。它一般包括买价、包装费、运杂费和安装费等。

固定资产净值 是指固定资产原价减去历年已提折旧额后的净额。

产品销售收入 指企业销售产品和提供劳务等主要经营业务取得的业务总额。

产品销售成本 指企业销售产品和提供劳务等主要经营业务的实际成本。

产品销售税金及附加 指企业销售产品和提供工业性劳务等主要经营业务应负担的城市维护建设税、消费税、资源税和教育费附加。

产品销售利润 指企业销售产品和提供工业性劳务等主要经营业务收入扣除其成本、费用、税金后的利润。

利润总额 指企业实现的利润。

应交增值税 指企业在报告期内应交纳的增值税额。

总资产贡献率 反映企业全部资产的获利能力，是企业经营业绩和管理水平的集中体现，是评价和考核企业盈利能力的核心指标。计算公式为：

总资产贡献率（%）=（利润总额＋税金总额＋利息支出）/平均资产总额×100%

资产负债率 该指标既反映企业经营风险的大小，也反映企业利用债权人提供的资金从事经营活动的能力。计算公式为：

资产负债率（%）=负债总额/资产总额×100%

工业成本费用利润率 指在一定时期内实现的利润与成本费用之比，是反映工业生产成本及费用投入的经济效益指标，同时也是反映降低成本的经济效益的指标。计算公式为：

工业成本费用利润率（%）=利润总额/成本费用总额×100%

工业增加值率 指在一定时期内工业增加值占同期工业总产值的比重，反映降低中间消耗的经济效益。计算公式为：

工业增加值率（%）=工业增加值（现价）/工业总产值（现价）×100%

流动资产周转次数 指在一定时期内流动资产完成的周转次数，反映流动资产的周转速度。计算公式为：

流动资金周转次数=产品销售收入/全部流动资产平均余额

产品销售率 指报告期工业销售产值与同期全部工业总产值之比，是反映工业产品已实现销售的程度，分析工业产销衔接情况，研究工业产品满足社会需求程度的指标。计算公式为：

产品销售率（%）=工业销售产值/工业总产值（现价）×100%

全员劳动生产率 指根据产品的价值量指标计算的平均每一个从业人员在单位时间内的产品生产量。是考核企业经济活动的重要指标，是企业生产技术水平、经营管理水平、职工技术熟练程度和劳动积极性的综合表现。目前我国的全员劳动生产率是将工业企业的工业增加值除以同一时期全部从业人员的平均人数来计算的。计算公式为：

全员劳动生产率=工业增加值/全部从业人员平均人数

利润总额=营业利润＋投资收益＋补贴收入＋营业外收入－营业外支出＋以前年度损益调整

利税总额 指企业产品销售税金及附加、利润总额和应交增值税之和。

资本金 指企业在工商行政管理部门登记的注册资金合计。企业资本金按投资主体可分为国家资本金、法人资本金、个人资本金和外商资本金等。资本金合计包括企业各种投资主体注册的全部资本金。

总资产 指企业拥有或控制的全部资产。包括流动资产、长期投资、固定资产、无形及递延资产、其他资产等，即为企业资产负债表的资产总计项。

13

建筑业

CONSTRUCTION

13-1 建筑业主要指标

Main Indicators of Construction Enterprises

指标	单位	2008年	2009年	2010年	2011年	2012年	2013年
汇总单位数	个	747	737	739	488	492	486
建筑业增加值	万元	1509502	1553274	2151997	1791905	2126738	2986331
建筑业总产值	万元	6687058	7800224	8943039	11291079	12094163	13867631
按隶属关系分							
中央属	万元	2791559	3473978	4111266	5258069	5597652	6026998
省属	万元	795537	974431	1089652	1217025	1283292	1497316
市属	万元	1118838	1349695	1467098	1935696	2169003	2723246
县及县以下	万元	628573	680112	791904	1130731	1432745	1525039
其他	万元	1352551	1322008	1483119	1749558	1611471	2095032
按工程性质分							
建筑工程	万元	4541550	5617047	7040234	10000822	10688363	12174551
安装工程	万元	1233279	2069364	1447613	928959	966527	1190377
其他产值	万元	912229	113812	455192	361298	439273	502703
竣工产值	万元	3703164	3473307	3994976	4742897	5172005	6457841
房屋施工面积	万平方米	4013	4373	4655	5805	6556	7696
#本年新开工	万平方米	1708	1740	1943	2692	2570	3008
房屋竣工面积	万平方米	1602	1417	1306	1185	1638	2012
#住宅	万平方米	920	758	773	693	1081	1281
自有机械设备总台数	台	54928	80816	56478	51275	53481	48546
自有机械设备总功率	万千瓦	122.45	127.08	129.85	154.95	154.18	161.14
自有机械设备净值	万元	229913	299349	238903	390822	359498	394660
所有者权益	万元	1622684	1680636	1963818	2287009	2516989	3214727
利润总额	万元	237782	266340	414811	344352	433249	499818
上缴税金	万元	237743	274807	381884	366796	405920	460475
工资总额	万元	800835	824305	1109175	942251	1155489	1711089

注：建筑业增加值2006年起采用以企业营业利润为主的收入法计算。

13-2 建筑业增加值构成（2013年）

Value Added of Construction by Structure（2013）

单位：万元

指　　标 （总承包与专业承包）	建筑业增加值	本年提取固定资产折旧	营业税金及附加	管理费中的税金	营业利润	应付职工薪酬（本年贷方累计发生额
总计	2986331	146074	439825	15690	488077	1896666
其中：国有及国有控股企业	1825518	112233	287104	6811	291566	1127803
一、按登记注册类型分组						
内资企业	2955155	145126	431025	15614	486839	1876551
国有企业	562096	33008	97502	2818	45640	383127
集体企业	83434	744	7237	1208	19690	54554
股份合作企业	4505	114	657	22	1473	2240
联营企业	213	5	45	1	1	161
其他联营企业	213	5	45	1	1	161
有限责任公司	1848042	90501	266940	8421	327522	1154658
国有独资公司	377531	7627	52809	1713	52454	262928
其他有限责任公司	1470511	82874	214131	6708	275068	891730
股份有限公司	177333	11561	17581	658	32305	115229
私营企业	279253	9022	41040	2486	60253	166452
私营独资企业	22	0	11	11	0	0
私营有限责任公司	265469	8406	39751	2462	58184	156667
私营股份有限公司	13762	617	1278	13	2069	9786
其他企业	280	171	24	0	-45	130
港、澳、台商投资企业	30497	930	8678	74	1217	19599
与港澳台商合资经营	30499	930	8678	74	1223	19595
港、澳、台商独资	-2	0	0	0	-6	4
外商投资企业	679	18	122	2	21	517
中外合资经营企业	689	17	122	2	41	507
外资企业	-11	1	0	0	-21	10
二、按国民经济行业分组						
房屋建筑业	1574248	30412	213512	7685	211589	1111050
土木工程建筑业	1128555	98878	187414	5054	207892	629317
建筑安装业	108470	11027	12964	1257	18522	64700
建筑装饰和其他建筑业	175058	5757	25934	1694	50074	91599
三、按隶属关系分组						
中央	1188071	76715	187450	2812	192296	728799
省（自治区、直辖市）	256667	23654	43015	1451	40873	147675
地区（州、盟、省辖市）及以下、其他	1541593	45705	209360	11427	254909	1020192
四、按企业资质等级分组						
施工总承包	2689411	134306	396136	12372	417243	1729354
特级	476138	41800	75789	1638	101460	255451
一级	1764071	76055	270143	5881	223743	1188248
二级	238471	12710	27267	2645	48715	147134
三级及以下	210731	3740	22937	2208	43325	138521
专业承包	296920	11768	43689	3318	70834	167312
一级	127907	4710	20301	788	25301	76807
二级	126232	3822	17787	1380	37793	65451
三级及以下	41980	3193	5207	1147	7586	24848

指　　标 （总承包与专业承包）	增加值 （万元）	企业个数 （个）	自有机械设备净值 （万元）	自有机械设备总台数 （台）
总计	2986331	463	394660	48546
其中：国有及国有控股企业	1825518	85	262528	26117
一、按登记注册类型分组				
内资企业	2955155	456	369743	48085
国有企业	562096	49	92438	11742
集体企业	83434	34	7148	1735
股份合作企业	4505	3	300	40
联营企业	213	1	15	1
其他联营企业	213	1	15	1
有限责任公司	1848042	181	217580	26200
国有独资公司	377531	5	5013	877
其他有限责任公司	1470511	176	212567	25323
股份有限公司	177333	20	25547	1280
私营企业	279253	167	21726	7054
私营独资企业	22	1	0	0
私营有限责任公司	265469	157	20894	6564
私营股份有限公司	13762	9	832	490
其他企业	280	1	4988	33
港、澳、台商投资企业	30497	3	24917	461
与港澳台商合资经营	30499	2	24917	461
港、澳、台商独资	-2	1	0	0
外商投资企业	679	4	0	0
中外合资经营企业	689	3	0	0
外资企业	-11	1	0	0
二、按国民经济行业分组				
房屋建筑业	1574248	186	85272	17666
土木工程建筑业	1128555	83	273714	24743
建筑安装业	108470	84	9467	3844
建筑装饰和其他建筑业	175058	110	26207	2293
三、按隶属关系分组				
中央	1188071	22	176481	11138
省（自治区、直辖市）	256667	38	68739	11464
地区（州、盟、省辖市）及以下、其他	1541593	403	149439	25944
四、按企业资质等级分组				
施工总承包	2689411	246	358848	43009
特级	476138	5	93035	11420
一级	1764071	49	227858	19610
二级	238471	74	19849	5944
三级及以下	210731	118	18106	6035
专业承包	296920	217	35812	5537
一级	127907	23	16577	2116
二级	126232	98	13156	2577
三级及以下	41980	95	5943	776

主要经济效益指标（2013年）

Indicators of Construction（2013）

自有机械设备总功率（千瓦）	年末从业人员（万人）	技术装备率（元/人）	动力装备率（千瓦/人）
1611352	42.03	9390.2	3.83
1038702	21.54	12188.8	4.82
1588678	41.51	8906.6	3.83
472724	6.86	13479.5	6.89
24420	1.55	4626.7	1.58
120	0.08	3571.4	0.14
80	0.00	3195.7	1.74
80	0.00	3195.7	1.74
784473	25.27	8610.3	3.10
29672	5.99	837.5	0.50
754801	19.28	11023.2	3.91
60318	2.68	9528.0	2.25
243941	5.06	4290.3	4.82
0	0.00	0.0	0.00
240526	4.82	4335.8	4.99
3415	0.24	3439.7	1.41
2602	0.01	692819.4	36.14
22674	0.50	49458.1	4.50
22674	0.50	49517.1	4.51
0	0.00	0.0	0.00
0	0.01	0.0	0.00
0	0.01	0.0	0.00
0	0.00	0.0	0.00
480857	26.25	3248.9	1.83
995026	11.83	23130.2	8.41
65172	1.61	5878.4	4.05
70297	2.34	11208.8	3.01
458607	15.11	11679.5	3.04
431710	3.01	22837.8	14.34
721035	23.91	6250.4	3.02
1504807	37.98	9448.3	3.96
474811	5.68	16381.3	8.36
812458	24.41	9334.4	3.33
133000	4.15	4787.6	3.21
84538	3.74	4835.2	2.26
106545	4.05	8845.6	2.63
46189	1.66	9981.8	2.78
31747	1.75	7504.2	1.81
28557	0.63	9450.5	4.54

13-4 建筑企业
Assets of Construction

指　　标（总承包与专业承包）	流动资产合计	存货	固定资产合计	固定资产原价
总计	12815091	2907412	1312173	1609171
其中：国有及国有控股企业	8924230	2073726	967734	1164745
一、按登记注册类型分组				
内资企业	12439643	2875095	1303367	1591965
国有企业	3460055	700232	207154	386743
集体企业	106007	27366	21033	21959
股份合作企业	16661	1121	1313	2079
联营企业	2567	103	15	42
其他联营企业	2567	103	15	42
有限责任公司	6948306	1753575	501284	877421
国有独资公司	763813	239385	55186	68560
其他有限责任公司	6184494	1514190	446098	808862
股份有限公司	1123564	241280	450985	170144
私营企业	782020	151318	121420	133387
私营独资企业	609	466	6	25
私营有限责任公司	759465	142808	113814	122648
私营股份有限公司	21946	8043	7600	10715
其他企业	463	100	162	190
港、澳、台商投资企业	369208	30787	8577	16424
与港澳台商合资经营	368952	30781	8575	16415
港、澳、台商独资	256	6	1	9
外商投资企业	6240	1530	230	782
中外合资经营企业	5910	1530	230	732
外资企业	330	0	0	50
二、按国民经济行业分组				
房屋建筑业	4861952	999986	291147	377435
土木工程建筑业	7149678	1756218	897302	1080245
建筑安装业	405332	93115	63957	82220
建筑装饰和其他建筑业	398130	58093	59768	69271
三、按隶属关系分组				
中央	5084871	1318459	768262	819078
省（自治区、直辖市）	1939101	490654	105300	209436
地区（州、盟、省辖市）及以下、其他	5791119	1098299	438612	580656
四、按企业资质等级分组				
施工总承包	11905621	2713850	1197526	1449809
特级	3815962	825301	572149	437962
一级	6517488	1471583	472745	812833
二级	1181211	352930	84897	118579
三级及以下	390961	64036	67735	80436
专业承包	909470	193562	114647	159362
一级	363254	102944	35557	42479
二级	361295	60262	50648	69305
三级及以下	175317	25365	27996	46846

资 产 实 力（2013 年）

Enterprises (2013)

单位：万元

流动负债合计	非流动负债合计	负债合计	所有者权益合计	
				国家资本
11463042	651079	12290172	3214727	759272
8149189	616814	8779159	1930921	721695
11103073	645586	11924710	3157647	753478
3311852	32691	3356002	787101	463213
88329	2234	102393	49462	12450
5077	80	5157	13539	0
1422	0	1422	1160	0
1422	0	1422	1160	0
6267232	264568	6584018	1619231	165882
625482	54803	680285	166123	48836
5641749	209765	5903733	1453108	117046
980356	340274	1332018	264517	111933
448463	5740	543358	420925	0
124	0	124	491	0
428182	5700	522382	403841	0
20157	41	20852	16594	0
342	0	342	1713	0
356132	5493	361625	54447	5546
356132	5488	361620	54195	5250
0	5	5	252	296
3837	0	3837	2634	249
3834	0	3834	2307	249
4	0	4	327	0
4288657	101287	4524789	1145874	107351
6623755	544330	7181484	1652360	622379
295602	991	311715	180481	22158
255029	4471	272185	236013	7384
4719379	461191	5181263	939274	304217
1725382	86763	1822687	399142	35244
5018282	103125	5286222	1876311	419812
10819669	645744	11595160	2810783	737491
3499431	476660	3976091	729132	116250
6111030	157956	6289003	1531401	566994
935096	7683	1020556	352572	32265
274112	3445	309510	197678	21982
643374	5336	695012	403944	21781
289120	3906	309384	112094	2420
207545	667	235976	200270	11170
138275	762	141218	89965	8192

13－5 建筑业施工产值构成（2013年）

Output Value of Construction by Structure（2013）

单位：万元

指标（总承包与专业承包）	合计	建筑工程	安装工程	其他产值	竣工产值
总计	13848207	12164488	1188702	495017	6457841
其中：国有及国有控股企业	9276908	8213721	665612	397575	3791163
一、按登记注册类型分组					
内资企业	13596061	11915092	1186370	494599	6257736
国有企业	3416389	2658468	536390	221531	1640861
集体企业	269510	243184	24358	1968	162710
股份合作企业	12530	8800	3730	0	530
联营企业	1329	1329	0	0	1000
其他联营企业	1329	1329	0	0	1000
有限责任公司	8099483	7418125	446142	235217	3718750
国有独资公司	1500115	1455815	4986	39314	815377
其他有限责任公司	6599368	5962310	441156	195903	2903373
股份有限公司	589173	560694	14244	14234	67193
私营企业	1207226	1024070	161507	21649	666271
私营独资企业	317	0	317	0	201
私营有限责任公司	1156275	986647	147979	21649	649661
私营股份有限公司	50635	37423	13212	0	16409
其他企业	421	421	0	0	421
港、澳、台商投资企业	249396	249396	0	0	200105
与港澳台商合资经营	249396	249396	0	0	200105
港、澳、台商独资	0	0	0	0	0
外商投资企业	2750	0	2332	418	0
中外合资经营企业	2750	0	2332	418	0
外资企业	0	0	0	0	0
二、按国民经济行业分组					
房屋建筑业	6521216	6224845	125010	171362	3756843
土木工程建筑业	6071011	5178783	687817	204410	2037294
建筑安装业	431156	111178	313880	6099	227301
建筑装饰和其他建筑业	824824	649682	61996	113146	436404
三、按隶属关系分组					
中央	6026998	5354816	534398	137783	2436783
省（自治区、直辖市）	1497316	1160807	83293	253217	483772
地区（州、盟、省辖市）及以下、其他	6323893	5648865	571012	104017	3537287
四、按企业资质等级分组					
施工总承包	12566298	11386167	907573	272559	5797049
特级	2355949	2343534	751	11664	650989
一级	8643853	7733602	715478	194773	4326119
二级	830557	672605	133395	24557	382710
三级及以下	735939	636426	57949	41565	437231
专业承包	1281909	778321	281130	222458	660792
一级	545227	264323	106168	174737	260281
二级	559875	407096	116657	36122	270362
三级及以下	167506	98902	57005	11599	113974

13－6 建筑企业损益及分配（2013年）

Output Value of Construction by Structure（2013）

单位：万元

指标（总承包与专业承包）	营业收入	利税总额	营业利润	利润总额	应付职工薪酬（本年贷方累计发生额）
总计	13867067	943592	488077	499384	1896666
其中：国有及国有控股企业	9301844	585482	291566	299160	1127803
一、按登记注册类型分组					
内资企业	13588910	933479	486839	498153	1876551
国有企业	3290668	145961	45640	49079	383127
集体企业	244132	28136	19690	19631	54554
股份合作企业	17414	2151	1473	1471	2240
联营企业	1329	47	1	1	161
其他联营企业	1329	47	1	1	
有限责任公司	8186748	602884	327522	334921	1154658
国有独资公司	1679396	106976	52454	52389	262928
其他有限责任公司	6507352	495907	275068	282532	891730
股份有限公司	616441	50543	32305	32133	115229
私营企业	1231677	103779	60253	60964	166452
私营独资企业	316	22	0	0	0
私营有限责任公司	1191368	100397	58184	58912	156667
私营股份有限公司	39993	3360	2069	2052	9786
其他企业	500	–21	–45	–45	130
港、澳、台商投资企业	275364	9969	1217	1209	19599
与港澳台商合资经营	275364	9974	1223	1215	19595
港、澳、台商独资	0	–6	–6	–6	4
外商投资企业	2793	144	21	21	517
中外合资经营企业	2793	165	41	42	507
外资企业	0	–21	–21	–20	10
二、按国民经济行业分组					
房屋建筑业	6420767	432786	211589	218353	1111050
土木工程建筑业	6143344	400360	207892	210991	629317
建筑安装业	485814	32744	18522	18416	64700
建筑装饰和其他建筑业	817142	77701	50074	51624	91599
三、按隶属关系分组					
中央	6178070	382558	192296	194586	728799
省（自治区、直辖市）	1389284	85339	40873	43249	147675
地区（州、盟、省辖市）及以下、其他	6299713	475696	254909	261549	1020192
四、按企业资质等级分组					
施工总承包	12457954	825752	417243	426428	1729354
特级	2365115	178887	101460	102026	255451
一级	8530656	499768	223743	231674	1188248
二级	886625	78627	48715	49334	147134
三级及以下	675558	68470	43325	43394	138521
专业承包	1409114	117840	70834	72956	167312
一级	634689	46389	25301	26835	76807
二级	567525	56959	37793	37729	65451
三级及以下	195224	13940	7586	8239	24848

13－7 施工工程个数及施工面积（2013年）

Number of Projects and Floor Space Under Construction（2013）

指标（总承包与专业承包）	房屋建筑施工面积（万平方米）	#本年新开工面积（万平方米）	房屋建筑竣工面积（万平方米）	#住宅房屋（万平方米）	竣工房屋价值（万元）
总计	7696	3008	2012	1281	3667979
其中：国有及国有控股企业	4463	1467	898	436	1941724
一、按登记注册类型分组					
内资企业	7696	3008	2012	1281	3667979
国有企业	676	215	164	71	333323
集体企业	193	100	87	69	125416
股份合作企业	7	7	0	0	0
有限责任公司	6200	2332	1517	978	2863318
国有独资公司	1897	602	398	174	768981
其他有限责任公司	4303	1730	1119	803	2094337
股份有限公司	83	43	53	40	52146
私营企业	537	312	190	124	293776
私营有限责任公司	524	302	182	121	284970
私营股份有限公司	13	10	8	3	8806
二、按国民经济行业分组					
房屋建筑业	7471	2907	1910	1264	3462182
土木工程建筑业	158	73	87	17	189052
建筑安装业	28	21	14	1	15565
建筑装饰和其他建筑业	39	7	2	0	1180
三、按隶属关系分组					
中央	2804	953	486	197	1245169
省（自治区、直辖市）	248	214	193	183	135673
地区（州、盟、省辖市）及以下、其他	4644	1841	1333	901	2287137
四、按企业资质等级分组					
施工总承包	7654	2971	1985	1278	3642602
特级	335	144	90	50	193897
一级	6258	2251	1487	928	2882902
二级	506	241	160	121	238632
三级及以下	556	335	248	179	327171
专业承包	42	38	27	4	25377
二级	20	18	16	0	12809
三级及以下	3	1	1	0	583

13－8　济南市建筑业特级、一级资质企业一览表（2013年）

Summary of Construction Enterprises with Grade Ⅰ Qualification（2013）

企业名称	隶属关系	经济类型	所属行业
济钢集团山东建设工程有限公司	省	国有	电气安装
济南诚谊建筑劳务有限公司	其他	其他有限责任公司	其他未列明建筑业
济南城建集团有限公司	市	国有	铁路工程建筑
济南二建集团工程有限公司	市	其他有限责任公司	房屋建筑业
济南港基泰和劳务工程有限公司	市	股份有限公司	房屋建筑业
济南宏铁建筑装饰工程有限公司	中央	国有	房屋建筑业
济南黄河路桥工程公司	市	国有	市政道路工程建设
济南汇通联合市政工程有限责任公司	中央	其他有限责任公司	市政道路工程建设
济南建工总承包集团有限公司	市	其他有限责任公司	房屋建筑业
济南建功建筑劳务有限公司	其他	私营有限责任公司	其他未列明建筑业
济南建华建筑施工有限公司	其他	其他有限责任公司	房屋建筑业
济南建设设备安装有限责任公司	市	其他有限责任公司	管道和设备安装
济南金鼎电力安装有限公司	县	其他有限责任公司	电气安装
济南金曰公路工程有限公司	市	其他有限责任公司	公路工程建筑
济南科信达建筑安装有限公司	其他	私营有限责任公司	其他未列明建筑业
济南坤华建筑有限公司	其他	私营有限责任公司	房屋建筑业
济南民惠劳务有限公司	其他	其他有限责任公司	其他未列明建筑业
济南胜杰建设劳务有限公司	县	其他有限责任公司	其他建筑安装业
济南市黄河工程局	中央	国有	管道工程建筑
济南舜联建设集团有限公司	其他	私营有限责任公司	房屋建筑业
济南四建集团有限责任公司	市	其他有限责任公司	房屋建筑业
济南通达公路工程有限公司	县	其他有限责任公司	公路工程建筑
济南祥瑞建筑安装有限责任公司	其他	私营有限责任公司	其他未列明建筑业
济南消防工程有限公司	市	其他有限责任公司	其他工程准备活动
济南一建集团总公司	市	国有	房屋建筑业
济南英雄山建筑劳务有限公司	其他	股份有限公司	房屋建筑业
济南永辰工程劳务有限公司	县	其他有限责任公司	房屋建筑业
济南永盛兴建筑劳务有限责任公司	其他	私营有限责任公司	房屋建筑业
济南勇拓建筑劳务有限公司	其他	私营有限责任公司	房屋建筑业
济南长兴建设集团有限公司	市	其他有限责任公司	房屋建筑业
济南振鲁建筑劳务有限公司	其他	私营有限责任公司	其他未列明建筑业
济南振业建筑劳务有限公司	其他	私营有限责任公司	房屋建筑业

13-8 续 1

企业名称	隶属关系	经济类型	所属行业
济南中海建筑劳务有限公司	其他	私营有限责任公司	房屋建筑业
济南铸诚集团劳务管理有限公司	县	其他有限责任公司	房屋建筑业
济南铸诚建筑工程集团有限公司	县	其他有限责任公司	房屋建筑业
普利置业有限公司	省	其他有限责任公司	房屋建筑业
山东德泰装饰有限公司	其他	私营有限责任公司	建筑装饰业
山东电建建设集团有限公司	其他	其他有限责任公司	架线及设备工程建筑
山东电力建设第二工程公司	中央	国有	架线及设备工程建筑
山东电力建设第一工程公司	中央	国有	架线及设备工程建筑
山东福思特建筑装饰有限公司	其他	私营有限责任公司	建筑装饰业
山东福缘来装饰有限公司	其他	私营有限责任公司	建筑装饰业
山东港基建设集团有限公司	县	其他有限责任公司	房屋建筑业
山东高速齐鲁建设集团公司	省	国有	房屋建筑业
山东国舜建设集团有限公司	县	其他有限责任公司	管道和设备安装
山东海威装饰工程有限公司	其他	私营有限责任公司	建筑装饰业
山东宏雁电子系统工程有限公司	其他	私营有限责任公司	电气安装
山东华森建筑消防项目管理有限公司	其他	私营有限责任公司	电气安装
山东黄河工程集团有限公司	中央	国有	港口及航运设施工程建筑
山东嘉林建设工程有限公司	其他	私营有限责任公司	房屋建筑业
山东剑桥装饰工程有限公司	省	其他有限责任公司	建筑装饰业
山东津单幕墙有限公司	其他	私营有限责任公司	建筑装饰业
山东平安建设集团济南劳务有限公司	其他	其他有限责任公司	房屋建筑业
山东平安建设集团有限公司	县	其他有限责任公司	房屋建筑业
山东琴通路桥集团有限公司	市	其他有限责任公司	公路工程建筑
山东三箭建设工程股份有限公司	市	国有独资公司	房屋建筑业
山东三箭建设工程管理有限公司	市	国有	房屋建筑业
山东省城建工程集团公司	省	股份有限公司	房屋建筑业
山东省城乡建设勘察院	省	国有	其他工程准备活动
山东省工业设备安装总公司	省	国有	工矿工程建筑
山东省公路建设（集团）有限公司	其他	与港澳台商合资经营	公路工程建筑
山东省鸿鑫工程有限公司	其他	私营有限责任公司	建筑装饰业
山东省机械施工有限公司	市	其他有限责任公司	其他工程准备活动
山东省建设集团有限公司	其他	私营有限责任公司	房屋建筑业

13-8 续 2

企业名称	隶属关系	经济类型	所属行业
山东省建设建工（集团）有限责任公司	市	其他有限责任公司	房屋建筑业
山东省鲁美建材装饰有限公司	其他	私营有限责任公司	建筑装饰业
山东省路桥集团有限公司	省	国有	架线及设备工程建筑
山东省齐鲁装饰设计院	省	其他联营	建筑装饰业
山东省水利工程局	省	国有	河湖治理及防洪设施工程建筑
山东省永隆装饰工程有限公司	其他	私营有限责任公司	建筑装饰业
山东省邮电工程有限公司	其他	其他有限责任公司	架线及设备工程建筑
山东省装饰集团总公司	省	国有	建筑装饰业
山东盛顺装饰有限公司	其他	私营有限责任公司	建筑装饰业
山东水利工程总公司	省	国有	河湖治理及防洪设施工程建筑
山东送变电工程公司	中央	国有	架线及设备工程建筑
山东天宝建设集团有限公司	其他	私营有限责任公司	房屋建筑业
山东万得福装饰工程有限公司	其他	其他有限责任公司	建筑装饰业
山东优士科技发展有限公司	其他	私营有限责任公司	电气安装
山东长箭建设集团济南建设劳务有限公司	县	其他有限责任公司	房屋建筑业
山东长箭建设集团有限公司	县	其他有限责任公司	房屋建筑业
山东长泰建设集团有限公司	县	其他有限责任公司	房屋建筑业
山东正元建设工程有限责任公司	中央	国有	房屋建筑业
山东中恒建设集团有限公司	其他	私营有限责任公司	房屋建筑业
山东中直建筑装饰有限公司	其他	私营有限责任公司	建筑装饰业
章丘市第二建筑安装（集团）有限责任公司	县	其他有限责任公司	房屋建筑业
中建八局第二建设有限公司	中央	其他有限责任公司	房屋建筑业
中建八局第一建设有限公司	中央	国有独资公司	房屋建筑业
中铁十局集团电务工程有限公司	中央	其他有限责任公司	铁路工程建筑
中铁十局集团济南铁路工程有限公司	中央	其他有限责任公司	公路工程建筑
中铁十局集团建筑工程有限公司	中央	其他有限责任公司	房屋建筑业
中铁十局集团有限公司	中央	其他有限责任公司	铁路工程建筑
中铁十四局集团第四工程有限公司	中央	国有	铁路工程建筑
中铁十四局集团电气化工程有限公司	中央	其他有限责任公司	架线及设备工程建筑
中铁十四局集团隧道工程有限公司	中央	其他有限责任公司	铁路工程建筑
中铁十四局集团有限公司	中央	股份有限公司	铁路工程建筑

主要统计指标解释

Explanatory Notes on Main Statistical Indicators

建筑业统计单位 指从事房屋、构筑物建造和设备安装活动的法人企业。建筑业法人企业应同时具备的条件是：①依法成立，有自己的名称、组织机构和场所，能够承担民事责任；②独立拥有和使用资产，承担负债，有权与其他单位签订合同；③独立核算盈亏，能够编制资产负债表。

建筑业总产值（即自行完成施工产值） 是以货币表现的建筑安装企业在一定时期内生产的建筑业产品的总和。建筑业总产值包括：

（1）建筑工程产值：指列入建筑工程预算内的各种工程价值。

（2）设备安装工程产值：指设备安装工程价值，不包括被安装设备本身价值。

（3）房屋、构筑物修理产值：指房屋、构筑物修理所完成的价值，但不包括被修理房屋、构筑物本身的价值和生产设备的修理价值。

（4）非标准设备制造产值：指加工制造没有定型的、非标准的生产设备的加工费和原材料价值，以及附属加工厂为本企业承建工程制作的非标准设备的价值。

建筑业增加值 指建筑业企业在报告期内以货币表现的建筑业生产经营活动的最终成果。目前建筑业增加值采用分配法（收入法）计算，即从收入的角度出发，根据生产要素在生产过程中应得的收入份额计算。具体计算公式为：

建筑业增加值＝本年提取的固定资产折旧+应付工资+应付福利费+管理费用中的劳动待业保险金、税金+工程结算税金及附加+工程结算利润

房屋建筑施工面积 指在报告期内施工的全部房屋建筑面积，包括本期新开工的房屋面积、上期施工跨入本期继续施工的房屋面积、上期停缓建在本期恢复施工的房屋面积、本期竣工的房屋面积及本期施工后又停缓建的房屋面积。

房屋建筑竣工面积 指在报告期内房屋建筑按照设计要求全部完工，达到了住人和使用条件，经验收鉴定合格，正式移交使用单位的房屋建筑面积。

自有机械设备年末总台数 指归本企业所有，属于本企业固定资产的生产性机械设备年末总台数。包括施工机械、生产设备、运输设备以及其他设备。

自有机械设备年末总功率 指本企业自有施工机械、生产设备、运输设备以及其他设备等列为在册固定资产的生产性机械设备年末总功率，按设定能力或查定能力计算。包括机械本身的动力和为该机械服务的单独动力设备，如电动机等。计算单位用千瓦，动力换算可按1 马力＝0.735 千瓦折合成千瓦数。电焊机、变压器、锅炉不计算动力。

营业收入 指企业经营主要业务和其他业务所确认的收入总额。营业收入合计包括“主营业务收入”和“其他业务收入”。根据会计“利润表”中“营业收入”项目的本期总额数填报。

营业利润 指企业从事生产经营活动所取得的利润。执行2006 年《企业会计准则》的企业，营业利润为营业收入减去营业成本、营业税金及附加、销售费用、管理费用、财务费用、资产减值损失，再加上公允价值变动收益和损益收益。未执行2006 年《企业会计准则》的企业，营业利润为主营业务收入减去主营业务成本、主营业务税金及附加，加上其他业务利润后，再减支销售费用、管理费用、财务费用后的金额。

企业总收入 指与企业生产经营直接有关的各项收入，包括工程结算收入和其他业务收入。计算公式为：

企业总收入＝工程结算收入＋其他业务收入

14

运输与邮电

TRANSPORTATION POST AND TELECOMMUNICATION SERVICES

14-1 邮电业务量

Postal and Telecommunications Services

指　　标	单 位	2008年	2009年	2010年	2011年	2012年	2013年
国内分类业务量							
长途电话	万次	89052	92892				
年末市内电话	万户	189.7	192	177.4	152.1	161.1	150.3
本地网电话通话量	万次	504981	575369				
年末农村电话	万户	44.30	45.00	35.90	34.70	32.18	29.73
年末住宅电话	万户	156.90	138	137.50	117.39	120.26	103.57
年末移动电话用户	万户	505.5	582.1	857.60	931.10	978.0	1243.57
宽带网及互联网拨号注册电话	户	886818	1009065	1173000	1327000	1736200	1758710
每百人互联网用户数	户/百人	14.69	16.73	19.42	21.90	28.5	28.68
邮电局所	处	222	208	211	211	203	215
国际及港澳分类业务量							
函　件	万件	10.40	7.20	6.18	5.00	8.49	42.70
包　件	万件	1.10	1.20	1.36	1.48	1.48	1.26
特快专递	万件	7.40	15.40				
国际电话	万次	92.60	95.30				
港澳电话	万次	30.40	31.20				

注：自2013年起，我市国际及港澳函件中的小包业务量增长幅度较大，带动了函件业务量的增长。

14-2 邮电通信设备拥有量

Telecommunications Facilities

年份	交换机总容量(万门)			电话机(万部)		
	全市	市话	农话	全市	市话	农话
1978				2.68	2.27	0.41
1980				3.56	3.10	0.46
1981				3.69	3.22	0.47
1982				3.95	3.48	0.47
1983				4.57	4.08	0.49
1984	3.31	2.46	0.85	4.98	4.48	0.50
1985	3.75	2.82	0.93	6.16	5.65	0.51
1986	4.50	3.48	1.02	6.56	5.99	0.57
1987	5.57	4.46	1.11	7.60	7.00	0.60
1988	6.04	4.55	1.49	8.65	8.02	0.63
1989	6.08	4.56	1.52	8.97	8.31	0.66
1990	6.35	4.95	1.40	9.87	9.12	0.75
1991	9.37	7.88	1.49	10.48	9.64	0.84
1992	13.69	12.02	1.67	14.03	13.25	0.78
1993	18.36	15.27	3.09	19.44	18.05	1.39
1994	31.96	29.07	2.89	28.60	26.68	1.92
1995	50.16	42.43	7.73	39.18	36.48	2.70
1996	57.45	51.82	5.63	57.92	54.03	3.89
1997	72.43	57.70	14.73	64.34	59.44	4.90
1998	108.00	98.20	9.90	73.00	66.60	6.40
1999	124.00	95.00	29.00	89.75	71.55	18.20
2000	173.72	133.31	40.41	106.34	83.08	23.26
2001	176.80	130.44	46.36	131.62	97.33	34.29
2002	182.60	105.90	38.60	156.90	118.30	38.60
2003	212.00	162.09	49.91	203.30	161.10	42.20
2004	235.30	179.90	55.40	252.10	203.90	48.20
2005	253.95	195.66	58.29	258.90	206.30	52.60
2006	253.80	203.80	50.00	243.90	194.00	49.90
2007	224.50	197.50	48.00	243.20	194.90	48.30
2008	238.60	178.30	60.30	234.00	189.70	44.30
2009	237.20	192.20	45.00	237.00	192.00	45.00
2010	151.00	122.40	28.60	213.30	177.40	35.90
2011	–	–	–	186.80	152.10	34.70
2012	–	–	–	193.28	161.10	32.18
2013	–	–	–	180.05	150.32	29.73

14-3 交通运输业基本情况

Basic Conditions of Transportation

指　　标	2008年	2009年	2010年	2011年	2012年	2013年
铁路客运量(万人)	2844.8	3072.4	3327.4	3340.0	3824.0	8483.5
铁路客运周转量(亿人公里)	264.7	278.1	307.9	311.9	344.0	549.9
铁路货运量(万吨)	8344.2	9028.4	9913.2	10053.4	10103.6	19042.7
铁路货运周转量(亿吨公里)	965.8	1046.1	1131.9	1118.3	1090.3	1389.1
公路客运量(万人)	12785.5	11246.0	12758.0	11165.0	13084.0	12262.0
公路旅客周转量(亿人公里)	70.4	144.2	138.5	144.1	140.3	141.2
公路货运量(万吨)	13588.0	11827.0	13029.0	14574.0	15922.0	17570.0
公路货物周转量(亿吨公里)	80.7	206.7	231.5	253.6	275.4	305.8
民航客运量(万人)	268.7	322.0	379.2	433.0	426.0	452.8
民航客运周转量(亿人公里)	77.8	95.6	115.9	142.9	158.1	176.2
民航货运量(万吨)	2.3	2.6	3.4	3.8	3.9	3.8
公路通车里程(公里)						
公路通车里程	11011	11347	11611	11940	12297	12697
#高速公路	343	347	347	347	347	355
有铺装、简易铺装路面	10531	10823	11191	11669	11997	12422
未铺装路面	480	524	421	271	300	274
民用航空						
始发航线(条)	116	156	140	99	68	150
通航城市(个)	40	57	45	50	56	59
起飞架次(架次)	52557	63602	69961	77856	78465	80746
民用车辆(辆)						
民用汽车	532549	659209	807378	928553	1059056	1213611
私人汽车	422572	541943	671567	786802	910043	1051529
载客汽车	374396	490449	627849	755966	897092	1052540
#大型	9895	10317	10928	11624	10949	11205
载货汽车	80668	100173	117994	126250	126393	136874
#重型	19989	18052	22572	25614	22926	24860
其它汽车	77485	68587	61535	46337	35571	24197
摩托车	493790	460987	421347	380518	329476	197767
挂车	4259	5231	6382	7233	7085	7299

注：1、公路通车里程自2006年起调整统计口径，增加了村道公路统计。
2、民用航空的相关统计口径2007年有所调整。
3、自2009年5月起，全省实施新的运输量月度调查方案，调查范围较老口径有所扩大，与之相比的去年同期数据采用交通部反馈的2008年公路运输量专项调查反馈数据。2007公路客运量及公路旅客周转量口径调整。
4、因省交通厅公路局统计口径变化，自2012年起，公路通车里程按路面类型分为有铺装路面、简易铺装路面和未铺装路面。
5、2013年3月铁路系统改革，铁路系统统计数据按新口径执行。

14-4 独立核算公路交通运输企业财务指标（2013年）

Main Indicators of Road Enterprises with Independent Accounting System (2013)

指　　标	单位	合计	国有	集体	其他
单位个数	个	297	16	3	278
#亏损个数	个	35	5	0	30
资本金合计	万元	648871	536038	761	112071
流动资产合计	万元	1379077	1152634	1407	225037
其中：存货	万元	12315	10896	61	1358
固定资产合计	万元	1844268	1426966	1531	415770
固定资产原价合计	万元	2833504	2316852	3372	513279
累计折旧	万元	907959	772629	1991	133340
其中：本年折旧	万元	165856	122802	130	42924
资产合计	万元	4915256	4197633	2943	714680
流动负债合计	万元	924500	665051	1776	257673
长期负债合计	万元	656225	618667	4	37553
负债合计	万元	1345349	1003695	1780	339874
所有者权益合计	万元	2777724	2400913	1173	375639
其中：股本	万元	587082	532791	0	54291
主营业务收入	万元	1130591	749161	2380	379051
主营业务成本	万元	680304	442413	2150	235741
营运费用	万元	18405	172	0	18233
业务税金及附加	万元	29183	18540	32	10610
主营业务利润	万元	356907	264111	181	92616
管理费用	万元	102330	72814	134	29382
其中：税金	万元	4490	1035	0	3455
财产保险费	万元	68	12	0	56
劳动、待业保险费	万元	2936	937	0	2000
财务费用	万元	33187	27446	0	5740
利息支出	万元	59274	52052	0	7223
营业利润	万元	346977	282502	49	64426
利润总额（亏损为－）	万元	390166	324089	94	65983
应交所得税	万元	63805	59858	20	3928
转作奖金的利润	万元	4	0	0	4
应付利润	万元	62471	60653	0	1818
其中：已分配股利	万元	60892	60621	0	272
本年应付工资总额（贷方累计发生额）	万元	1016794	620113	1117	395564
本年应付福利费总额（贷方累计发生额）	万元	96598	61404	123	35071

14-5 分地区公路交通（2013年）

Road Transportation by Region（2013）

指　　　标	济南市	市　区	平阴县	济阳县	商河县	章丘市
公路通车里程(公里)	12697	4665	1269	1967	2368	2429
#高速公路	355	270	37	0	0	48
有铺装、简易铺装路面	12422	4532	1252	1934	2353	2350
未铺装路面	274	129	17	34	19	75
公路客运量(万人)	12262	10807	276	370	173	635
旅客周转量(万人公里)	1412000	1302939	17200	36253	20374	35234
公路货运量(万吨)	17570	13017	1136	179	414	2825
货运周转量(万吨公里)	3057500	2346361	205405	40849	109990	354895

注：公路通里程自2006年起调整统计口径，增加了村道公路统计。

主要统计指标解释

Explanatory Notes on Main Statistical Indicators

公路里程　指在一定时期内实际达到《公路工程技术标准JTJ01-88》规定的等级公路，并经公路主管部门正式验收交付使用的公路里程数。包括大中城市的郊区公路以及通过小城镇街道部分的公路里程和桥梁、渡口的长度，不包括大中城市的街道、厂矿、林区生产用道和农业生产用道的里程。两条或多条公路共同经由同一路段，只计算一次，不得重复计算里程长度。它是反映公路建设发展规模的重要指标，也是计算运输网密度等指标的基础资料。

民用航空航线里程　指民航运输定期班机飞行的航线长度的总和。航线长度按机场之间的距离计算，通常有两种计算方法：一是将每条航线长度相加称为重复计算航线里程；一是将两线或两条以上航线经过同一区段里程，只计算一次航线长度称为不重复计算航线里程。一般常用的是后者，它能确切反映民航运输网的规模，是表明民航事业为国民经济服务和方便人民生活程度的主要指标。

货（客）运量　指在一定时期内，各种运输工具实际运送的货物（旅客）数量。它是反映运输业为国民经济和人民生活服务的数量指标，也是制定和检查运输生产计划、研究运输发展规模和速度的重要指标。货运按吨计算，客运按人计算。货物不论运输距离长短、货物类别，均按实际重量统计。旅客不论行程远近或票价多少，均按一人一次客运量统计；半价票、小孩票也按一人统计。

货物（旅客）周转量　指在一定时期内，由各种运输工具运送的货物（旅客）数量与其相应运输距离的乘积之总和。它是反映运输业生产总成果的重要指标，也是编制和检查运输生产计划，计算运输效率、劳动生产率以及核算运输单位成本的主要基础资料。计算货物周转量通常按发出站与到达站之间的最短距离，也就是计费距离计算。计算公式为：

货物（旅客）周转量＝Σ货物（旅客）运输量×运输距离

移动电话用户　指在移动电话营业部门登记，通过移动电话交换机进入移动电话网、占有移动电话号码的电话用户。用户数量以实际办理登记手续进入邮电部门移动电话网的户数进行计算，一部或一台移动电话统计为一户。

电话用户　指接入国家公众固定电话网，并按固定电话业务进行经营管理的电话用户。1997年以前，电话用户分为市内电话用户和农村电话用户。市内电话用户是指接入县城及县以上城市电话网上的电话用户；农村电话用户是指接入县邮电局农话台及县以下农村电话交换点，以县城为中心（除市话用户外）联通县、乡（镇）、行政村、村民小组的用户。从1997年起，电话用户数分组调整为以用户所在区域划分为“城市电话用户”和“乡村电话用户”，与过去的按市内电话和农村电话划分方法不同。而电话用户数、电话机部数统计方法不变。

15

国 内 贸 易

DOMESTIC TRADE

15-1 各时期分行业社会消费品零售总额

Total Retail Sales of Consumer Goods by Section in Each Period

单位：万元

年　　份	社会消费品零售总额	批发零售业	住宿业	餐饮业	制造业	其　他	农民对非农业居民
1949	11426	7312		556	3514	–	44
1952	22248	16985		1223	3592	–	448
1957	34568	29279		1935	2381	3	970
1962	41436	35784		1655	2946	266	785
1965	40795	36470		1829	1856	287	353
1970	42993	39397		1537	1468	321	270
1975	60105	53239		2565	2914	1217	170
1978	81335	70661		2907	5120	2222	425
1979	96036	80703		4000	9060	823	1450
1980	119775	95121		4392	16489	1299	2474
"六五时期"							
1981	135236	103303		5388	21353	2157	3035
1982	152094	116241		8165	21398	2778	3512
1983	167948	127884		9225	23569	2953	4317
1984	200301	150233		11342	29563	4506	4657
1985	243080	181867		14823	32342	5535	8513
"七五时期"							
1986	294102	219730		17880	35565	5456	15471
1987	331504	240192		20305	45386	8963	16658
1988	425984	300090		30808	60463	12300	22323
1989	484392	343978		28634	71653	9729	30398
1990	528221	382047		25599	71505	10886	38184
"八五时期"							
1991	597989	424836		27443	78452	14186	53072
1992	732882	535080		37096	77951	21108	61647
1993	1013726	723914		56059	80101	28475	125177
1994	1454386	1037687		86141	99621	27914	203023
1995	1880151	1345321		133501	115105	42533	243691
"九五时期"							
1996	2256851	1570947		176100	141201	22261	346342
1997	2618976	1744014		216727	177219	50392	430624
1998	2911018	1893486		255616	207595	76994	477327
1999	3175983	2043078		305333	225132	83892	518548
2000	3547062	2287545		377550	233128	102535	546304
"十五时期"							
2001	3975320	2574216		485494	237545	118179	559886
2002	4464927	2935804		613178	231947	143702	540296
2003	5371750	4373831		741565	–	256354	–
2004	6984935	5691288	57973	940191	–	295483	–
2005	8078776	6575543	66490	1084425	–	352318	–
"十一五时期"							
2006	9393436	7571831	78098	1324135	–	419372	–
2007	11031462	8791908	86322	1648409	–	504823	–
2008	13566824	10684195	96391	2142271	–	643968	–
2009	15956509	12710608	105378	2438279	–	702244	–
2010	18024610	14022650	150810	3081114	–	770036	–
"十二五时期"							
2011	21142868	16338362	175067	3717616	–	911823	–
2012	24202475	18740304	187466	4308195	–	966510	–
2013	27433506	22006709	177160	4154845	–	1094792	–

15-2 各时期分经济类型社会消费品零售总额

Total Retail Sales of Consumer Goods by Ownership in Each Period

单位：万元

年　份	社会消费品零售总额	国有经济	集体经济	个体私营经济	外商经济	其他经济
1949	11426	858	702	9817		49
1952	22248	4477	3729	13595		447
1957	34568	21263	10281	2056		968
1962	41436	26711	13026	914		785
1965	40795	26497	13073	874		351
1970	42993	28030	14493	201		269
1975	60105	37778	21946	211		170
1978	81335	52570	28140	199		426
1979	96036	62064	32363	159		1450
1980	119775	77023	39067	1211		2474
“六五时期”						
1981	135236	80674	49816	1710		3036
1982	152094	89154	55034	4395		3511
1983	167948	83740	67198	12694		4316
1984	200301	96029	82113	17501		4658
1985	243080	103846	103423	27297		8514
“七五时期”						
1986	294102	119937	119604	39090		15471
1987	331504	132402	142140	40304		16658
1988	425984	171523	181448	50690		22323
1989	484392	189207	207893	56893		30399
1990	528221	194266	235278	60492		38185
“八五时期”						
1991	597989	222732	246294	75892		53071
1992	732882	277528	285520	108186		61648
1993	1013726	359506	295086	151448		207686
1994	1454386	408523	376890	334396		334577
1995	1880151	461009	457112	524465		437565
“九五时期”						
1996	2256851	499440	509011	697406		550994
1997	2618976	392398	673909	892087		660582
1998	2911018	502099	625080	1020020		763819
1999	3175983	493841	656408	1177837		847897
2000	3547062	512597	691345	1392669		950451
“十五时期”						
2001	3975320	522287	717509	1599367		1136157
2002	4464927	535283	740616	1886842		1302186
2003	5371750	807107		3082963		1481680
2004	6984935	558795	279397	4608707	139699	1398337
2005	8078776	599845	298245	5403876	196676	1580134
“十一五时期”						
2006	9393436	674116	342016	6357187	250355	1769762
2007	11031462	892898	456440	9392382	289742	–
2008	13566824	959144	489702	11704387	413591	–
2009	15956509	2794510	1469647	11083176	609176	–
2010	18024610	3180263	1590837	12476406	777104	–
2011	21142868					
2012	24202475					
2013	27433506					

15-3 限额以上批发零售业法人企业商品销售情况（2013年）

Total Purchase Sales and Inventory by Sector Above Designated Size (2013)

单位：万元

指　标	商品销售总额		
	合　计	批 发	零售
总计	42084933	30334140	11750794
一、批发业	31185385	28985378	2200006
1.按批发行业小类分			
农、林、牧产品批发	768606	766713	1893
谷物、豆及薯类批发	37580	37580	
种子批发	16178	16178	
饲料批发	47124	47124	
棉、麻批发	653042	653042	
牲畜批发	5605	5605	
其他农牧产品批发	9078	7185	1893
食品、饮料及烟草制品批发	2699605	2584833	114772
米、面制品及食用油批发	981472	967636	13836
糕点、糖果及糖批发	160763	159779	984
果品、蔬菜批发	427675	362827	64848
肉、禽、蛋、奶及水产品批发	30955	12457	18499
盐及调味品批发	20550	20550	
酒、饮料及茶叶批发	110606	104305	6301
烟草制品批发	908570	908570	
其他食品批发	59014	48709	10306
纺织、服装及家庭用品批发	2117932	1927583	190349
纺织品、针织品及原料批发	51420	50296	1124
服装批发	141134	106592	34542
鞋帽批发	90156	71726	18430
化妆品及卫生用品批发	224302	136566	87736
厨房、卫生间用具及日用杂货批发	13665	9209	4457
灯具、装饰物品批发	5997	5817	180
家用电器批发	1591259	1547377	43881
文化、体育用品及器材批发	955346	792877	162468
文具用品批发	243930	197140	46790
体育用品及器材批发	7160	6355	805
图书批发	450397	336587	113810
音像制品及电子出版物批发	210	210	
首饰、工艺品及收藏品批发	237298	237266	32
其他文化用品批发	16351	15320	1031
医药及医疗器材批发	3958113	3144864	813249
西药批发	2353611	1860282	493330
中药批发	1113132	793214	319918
医疗用品及器材批发	491370	491369	1
矿产品、建材及化工产品批发	16203736	15454056	749680
煤炭及制品批发	4560419	4532447	27972

15–3 续 1

指　　标	商品销售总额		
	合　　计	批 发	零售
石油及制品批发	5460235	4861668	598567
非金属矿及制品批发	221382	221382	
金属及金属矿批发	3718635	3685339	33295
建材批发	463229	379015	84213
化肥批发	632890	632890	
农药批发	221535	221535	
其他化工产品批发	925412	919780	5632
机械设备、五金产品及电子产品批发	3720144	3572690	147454
农业机械批发	46616	26535	20082
汽车批发	984224	965452	18772
汽车零配件批发	263420	251987	11433
摩托车及零配件批发	33055	32945	110
五金产品批发	102066	79894	22172
电气设备批发	781557	780634	923
计算机、软件及辅助设备批发	281881	263610	18271
通讯及广播电视设备批发	219872	214212	5661
其他机械设备及电子产品批发	1007453	957421	50032
贸易经纪与代理	194487	176727	17760
贸易代理	191532	173772	17760
其他贸易经纪与代理	2955	2955	
其他批发业	567416	565036	2380
再生物资回收与批发	28625	28609	16
其他未列明批发业	538791	536427	2364
2.按登记注册类型分			
内资企业	30239400	28081175	2158225
国有企业	8669783	8277999	391784
集体企业	63891	44904	18987
股份合作企业	47073	29950	17123
有限责任公司	11487054	10684485	802570
国有独资公司	1289137	1289137	
其他有限责任公司	10197917	9395347	802570
股份有限公司	821326	500141	321184
私营企业	8857565	8263971	593594
私营独资企业	29790	25960	3829
私营有限责任公司	8596230	8030657	565574
私营股份有限公司	231546	207354	24191
其他企业	292708	279725	12982
港、澳、台商投资企业	803723	765674	38048
港澳台商独资企业	803723	765674	38048
外商投资企业	142262	138529	3733

15-3 续 2

指　　标	商品销售总额		
	合　　计	批 发	零售
中外合资经营企业	67474	67474	
中外合作经营企业	2419	2419	
外资企业	72369	68636	3733
二、零售业	10899549	1348761	9550788
1.按零售行业小类分			
综合零售	3554654	753048	2801606
百货零售	2388173	28275	2359898
超级市场零售	1134359	724774	409585
其他综合零售	32123		32123
食品、饮料及烟草制品专门零售	309130	17601	291530
粮油零售	22375	393	21982
糕点、面包零售	7857		7857
果品、蔬菜零售	23568		23568
肉、禽、蛋、奶及水产品零售	57268	7695	49573
营养和保健品零售	98691	595	98096
酒、饮料及茶叶零售	72262	941	71321
烟草制品零售	8120	150	7970
其他食品零售	18990	7827	11163
纺织、服装及日用品专门零售	245979	20553	225426
纺织品及针织品零售	3509		3509
服装零售	177652	16389	161264
鞋帽零售	3949	420	3529
化妆品及卫生用品零售	41241	3744	37496
钟表、眼镜零售	16797		16797
厨房用具及日用杂品零售	624		624
自行车零售	1144		1144
其他日用品零售	1062		1062
文化、体育用品及器材专门零售	218149	33136	185013
文具用品零售	7638	3670	3968
图书、报刊零售	15123	854	14268
珠宝首饰零售	168116	28212	139904
工艺美术品及收藏品零售	5348		5348
乐器零售	3883	400	3483
照相器材零售	13030		13030
其他文化用品零售	5012		5012
医药及医疗器材专门零售	221212	4069	217143
药品零售	186973	1873	185099
医疗用品及器材零售	34239	2196	32044
汽车、摩托车、燃料及零配件专门零售	4838757	360984	4477773
汽车零售	3141637	24820	3116817
汽车零配件零售	66093	36940	29153

15–3 续 3

指　　标	商品销售总额		
	合　　计	批 发	零售
摩托车及零配件零售	15944		15944
机动车燃料零售	1615083	299225	1315859
家用电器及电子产品专门零售	1012237	138401	873836
家用视听设备零售	288854	69455	219399
日用家电设备零售	346509	5759	340750
计算机、软件及辅助设备零售	174511	51727	122784
通信设备零售	186692	9148	177544
其他电子产品零售	15671	2313	13359
五金、家具及室内装饰材料专门零售	371629	12647	358982
五金零售	32104	3824	28280
灯具零售	7717	7190	528
家具零售	319605	865	318741
木质装饰材料零售	615		615
陶瓷、石材装饰材料零售	11588	769	10819
货摊、无店铺及其他零售业	127801	8322	119479
邮购及电视、电话零售	80803	6391	74412
生活用燃料零售	30185	492	29694
其他未列明零售业	16813	1439	15374
2.按登记注册类型分			
内资企业	9537162	623719	8913444
国有企业	229920	30299	199621
集体企业	45488	1603	43885
股份合作企业	1837		1837
有限责任公司	2847457	60110	2787347
其他有限责任公司	2847457	60110	2787347
股份有限公司	2814067	9902	2804165
私营企业	2677077	225501	2451575
私营独资企业	33227	143	33084
私营合伙企业	1111		1111
私营有限责任公司	2605605	225355	2380250
私营股份有限公司	37133	3	37130
其他企业	921317	296304	625012
港、澳、台商投资企业	290806	269	290537
与港澳台商合资经营企业	46303		46303
港澳台商独资企业	222273	269	222004
港澳台商投资股份有限公司	22230		22230
外商投资企业	1071581	724774	346807
中外合资经营企业	197606		197606
中外合作经营企业	821894	724774	97121
外资企业	52081		52081

15-4 限 额 以 上 批 发 零

Capital Power of Wholesales and Retail Sales Trade

指标名称	法人企业数（个）	流动资产合计	存货	固定资产原价	累计折旧	本年折旧
总计	1818	14855433	2858942	2405598	846421	148679
一、批发业	1044	10072384	2044944	1521852	563290	84438
1.按批发行业小类分						
农、林、牧产品批发	22	478411	97184	39265	11086	819
谷物、豆及薯类批发	4	36606	27071	14227	3654	355
种子批发	4	11088	5826	3773	1526	171
饲料批发	5	10695	1315	29	26	1
棉、麻批发	5	417793	62442	20809	5769	200
牲畜批发	1	1141	26	133	86	86
其他农牧产品批发	3	1090	506	295	26	6
食品、饮料及烟草制品批发	63	480188	205002	119306	40027	6221
米、面制品及食用油批发	10	200801	118103	41617	14166	2294
糕点、糖果及糖批发	4	28125	9482	2493	588	101
果品、蔬菜批发	16	13359	1357	7198	2474	329
肉、禽、蛋、奶及水产品批发	6	13631	2239	4472	957	201
盐及调味品批发	3	7775	1218	4296	2163	253
酒、饮料及茶叶批发	13	47248	24746	1946	1046	196
烟草制品批发	2	152525	44465	34276	14864	1860
其他食品批发	9	16725	3394	23010	3769	987
纺织、服装及家庭用品批发	75	595045	255661	55943	8825	4835
纺织品、针织品及原料批发	6	3964	1085	322	124	30
服装批发	17	80973	22369	1372	644	194
鞋帽批发	12	36189	8688	2570	730	205
化妆品及卫生用品批发	11	32077	18810	5154	1275	351
厨房、卫生间用具及日用杂货批发	2	9145	2455	223	146	17
灯具、装饰物品批发	2	1602	307	81	75	9
家用电器批发	25	431093	201948	46221	5831	4030
文化、体育用品及器材批发	38	606716	252991	182477	61234	7808
文具用品批发	18	34261	10068	9112	2748	339
体育用品及器材批发	3	4676	702	255	173	25
图书批发	7	537535	222533	171988	57485	7078
音像制品及电子出版物批发	1	141	61	20	15	
首饰、工艺品及收藏品批发	4	25988	19082	1015	750	352
其他文化用品批发	5	4116	545	87	64	15
医药及医疗器材批发	110	1421231	230116	73903	25296	6127
西药批发	54	809033	141314	35824	10427	3075
中药批发	32	420945	63034	26984	9400	1955
医疗用品及器材批发	24	191254	25767	11095	5469	1097
矿产品、建材及化工产品批发	461	4438231	717804	986226	391029	52887
煤炭及制品批发	104	945508	96919	30023	10550	2245
石油及制品批发	36	1106909	288280	870762	346315	45392

售贸易企业资产实力（2013年）

Above Designated Size（2013）

单位：万元

资产总计	负债合计	所有者权益合计					
			实收资本	国家资本	集体资本	法人资本	个人资本
19344263	15500408	3843854	3796438	994417	54750	1562903	907967
13172410	10324611	2847799	3153838	857051	46081	1310453	740102
601080	489461	111619	37219	1767	22818	2458	10176
50673	40919	9754	2167	1767		370	30
18295	8254	10041	8523			296	8227
11781	8870	2911	3150		2000	1050	100
517785	429233	88552	23149		20818	602	1729
1187	1032	155	50			40	10
1359	1153	206	180			100	80
699121	351859	347262	53366	28578	1829	12121	10839
255692	208486	47206	10409	7137	66	2201	1004
30241	21257	8984	4300			3800	500
18955	7848	11107	4129		1441	1001	1687
17161	15492	1669	1940		22	825	1093
11667	4570	7097	1970	1870			100
52672	42918	9754	7888		300	2684	4904
276692	37233	239459	1119	119		1000	
36043	14055	21987	21611	19451		610	1550
668858	640178	28680	42169		128	33788	8254
4250	3059	1192	871		20	551	300
83252	83956	-705	3285			261	3024
38248	33774	4474	3425			2862	563
35984	28617	7367	6597			4717	1880
9311	8841	470	800			800	
1608	905	703	558			200	358
496206	481027	15180	26633		108	24397	2128
834242	583424	250818	71859	45100	60	8838	17861
44092	39108	4985	5988		60	3675	2253
5210	1526	3684	2576				2576
754253	522732	231520	60586	45050		3290	12246
146	72	74	50				50
26403	16760	9644	1700			1165	535
4139	3227	912	959	50		708	201
1706318	1533778	172540	132000	6511	1744	90442	30736
890833	784731	106101	86937	1421	88	64255	18906
608663	564901	43761	34223	4690	1656	20197	7680
206823	184145	22677	10841	400		5990	4150
6376170	4963979	1412191	2396034	769896	18140	1003676	591049
1045961	859971	185989	155545	32275	400	64549	58321
2577517	1623731	953786	795539	731359		47137	4399

15-4 续 1

指标名称	法人企业数(个)	流动资产合计	存货	固定资产原价	累计折旧	本年折旧
非金属矿及制品批发	3	63470	18579	77	28	13
金属及金属矿批发	206	1424286	148815	36861	17383	2921
建材批发	25	140064	15609	10185	3184	435
化肥批发	7	228998	85427	12822	6031	462
农药批发	11	82058	11234	3257	881	371
其他化工产品批发	69	446938	52941	22239	6658	1049
机械设备、五金产品及电子产品批发	245	1821300	232596	46574	19368	4158
农业机械批发	10	19243	6670	1661	827	142
汽车批发	26	415540	81633	3133	1554	277
汽车零配件批发	29	112778	14393	3167	1867	386
摩托车及零配件批发	9	7675	3599	1528	389	119
五金产品批发	21	46134	4325	3171	1771	310
电气设备批发	21	399918	3517	3784	1444	278
计算机、软件及辅助设备批发	38	91757	14885	3173	1707	384
通讯及广播电视设备批发	18	100237	13651	3097	1292	224
其他机械设备及电子产品批发	73	628019	89924	23860	8517	2039
贸易经纪与代理	5	51385	9451	3497	783	336
贸易代理	4	50888	9364	3390	724	310
其他贸易经纪与代理	1	497	87	107	59	26
其他批发业	25	179877	44139	14660	5642	1247
再生物资回收与批发	7	4510	1535	2588	160	41
其他未列明批发业	18	175367	42604	12073	5482	1206
2.按登记注册类型分						
内资企业	1034	9555909	1960223	1517692	560672	84158
国有企业	28	1493000	214826	82443	35215	4249
集体企业	8	6099	4032	9055	2593	344
股份合作企业	4	26285	7969	4450	1303	260
有限责任公司	282	4159232	800595	402625	130431	20614
国有独资公司	8	327223	74160	54223	19650	3184
其他有限责任公司	274	3832010	726435	348402	110781	17430
股份有限公司	12	1015637	277068	837600	330087	43650
私营企业	692	2742106	642588	179209	60151	14796
私营独资企业	8	5699	1488	2663	404	61
私营有限责任公司	669	2621391	622322	161755	57177	14396
私营股份有限公司	15	115016	18778	14791	2570	340
其他企业	8	113551	13145	2310	892	246
港、澳、台商投资企业	5	432861	75846	907	551	61
港澳台商独资企业	5	432861	75846	907	551	61
外商投资企业	5	83615	8874	3254	2067	219
中外合资经营企业	1	57079	8547	2995	1962	169
中外合作经营企业	1	2382	236	86	23	12

资产总计	负债合计	所有者权益合计	实收资本				
				国家资本	集体资本	法人资本	个人资本
65069	65816	-747	4000			1000	3000
1544476	1379464	165012	1365662	2626	1700	872194	488514
158762	139784	18978	25272	3238	3146	5525	13363
265407	234836	30571	5979		2400	560	3019
113250	88395	24855	13602	20	123	6707	6752
605729	571981	33748	30435	379	10371	6005	13681
2016875	1576338	440538	337020	4882	1232	83017	63577
21772	18889	2882	1798	3	185	410	1200
424213	335346	88867	65419	500		6696	2723
209694	59631	150063	135446	2	2	4359	5370
9844	6615	3228	3034			1016	2018
48006	40926	7080	8494			5131	3363
412410	390263	22147	15355			9412	5843
105263	62042	43221	21294	1661	500	5944	13189
114479	87766	26713	23035		545	21027	1463
671197	574860	96337	63146	2716		29022	28408
63666	53388	10278	900			242	659
63121	53164	9957	600			242	359
545	224	321	300				300
206079	132206	73873	83270	316	130	75872	6952
11455	5618	5837	1641	150		1101	390
194624	126588	68036	81629	166	130	74771	6562
12547529	9966075	2581454	2942582	855794	46081	1297605	740102
1708097	1516385	191713	99210	35240	400	63558	12
15139	14490	649	1050	51	974	25	
32146	23629	8518	8090			8010	80
5136027	4129456	1006571	397691	110311	43101	171425	72853
514181	218483	295698	18393	16343		2050	
4621847	3910973	710873	379298	93969	43101	169375	72853
2036110	1218651	817459	722921	709920	185	8120	1696
3377187	2839694	537494	1705423	272	1420	1041170	662561
8045	3183	4863	2197			332	1865
2892868	2404935	487933	1674200	272	1420	1026929	645579
476274	431576	44698	29026			13909	15117
242822	223771	19051	8197			5297	2900
532530	312859	219671	184079				
532530	312859	219671	184079				
92351	45677	46675	27177	1256		12848	
65612	22396	43215	25193			12848	
2446	81	2365	1884	1256			

15–4 续 2

指标名称	法人企业数（个）	流动资产合计	存货	固定资产原价	累计折旧	本年折旧
外资企业	3	24154	91	173	82	39
二、零售业	774	4783049	813999	883746	283131	64241
1.按零售行业小类分						
综合零售	52	2827603	246278	443363	150816	28561
百货零售	32	2442977	93184	379689	120538	18425
超级市场零售	16	378650	149187	62722	29707	10010
其他综合零售	4	5976	3907	953	572	127
食品、饮料及烟草制品专门零售	93	81937	25329	28161	7645	1117
粮油零售	13	7626	667	6490	2117	343
糕点、面包零售	3	2141	32	671	276	8
果品、蔬菜零售	15	8678	1470	5724	1708	134
肉、禽、蛋、奶及水产品零售	21	18021	10131	2992	840	123
营养和保健品零售	11	19809	5118	1250	200	29
酒、饮料及茶叶零售	16	18369	5134	8972	1764	399
烟草制品零售	4	2441	1293	80	22	4
其他食品零售	10	4851	1484	1982	718	78
纺织、服装及日用品专门零售	63	101515	34618	5374	2174	577
纺织品及针织品零售	3	6183	1206	184	160	16
服装零售	40	69145	21189	3552	1297	461
鞋帽零售	3	3364	2186	65	17	3
化妆品及卫生用品零售	10	10462	6103	943	443	69
钟表、眼镜零售	4	10963	3533	547	255	25
厨房用具及日用杂品零售	1	183	10	0		
自行车零售	1	402	106			
其他日用品零售	1	813	285	83	3	3
文化、体育用品及器材专门零售	41	62780	31108	9945	3513	741
文具用品零售	4	939	488	524	207	56
图书、报刊零售	11	9695	2677	1481	716	90
珠宝首饰零售	15	38253	21609	6553	1951	480
工艺美术品及收藏品零售	2	9685	4344	936	311	34
乐器零售	3	287	191	48	42	4
照相器材零售	5	3233	1698	297	217	53
其他文化用品零售	1	688	102	107	70	24
医药及医疗器材专门零售	52	79084	23636	13062	5634	1828
药品零售	34	61129	20569	12156	5119	1668
医疗用品及器材零售	18	17955	3067	906	515	160
汽车、摩托车、燃料及零配件专门零售	277	1196280	377366	228698	72288	16532
汽车零售	185	1091603	350193	137500	42499	12664
汽车零配件零售	23	12963	3456	2762	705	176
摩托车及零配件零售	8	5055	1810	297	69	11
机动车燃料零售	61	86659	21907	88139	29016	3681

资产总计	负债合计	所有者权益合计	实收资本				
				国家资本	集体资本	法人资本	个人资本
24294	23199	1095	100				
6171852	5175797	996055	642600	137366	8670	252450	167865
3615732	3231313	384419	212764	113506	2105	32304	23460
3172329	2796278	376051	158507	113506	2005	21679	21317
436917	430107	6810	52815			9325	2100
6486	4928	1558	1443		100	1300	43
109755	73608	36147	42994	5374	3408	10189	9173
16245	3776	12469	7068	4553		148	2367
2551	1664	887	250			50	200
13379	4618	8760	7722		3000	1150	3572
21514	32641	–11127	6685			5867	818
20893	6188	14705	14074		45	133	1322
26291	18275	8016	5553		63	2561	654
2636	1319	1317	842	721	20	51	50
6247	5127	1120	800	100	280	230	190
116687	112290	4397	14069	9		6528	7223
13846	15311	–1465	381			231	150
73053	69383	3670	8926			2970	5647
3432	2930	503	480			60	420
13193	11906	1287	1201	9		487	705
11505	12103	–598	1660			1560	100
184	–15	198	201				201
402	176	226	220			220	
1073	496	576	1000			1000	
77730	38480	39250	24163	715		9551	13897
1711	673	1038	996			700	296
10691	5402	5289	2461	410		1276	775
43731	16822	26910	17677			7474	10203
10380	6459	3921	1305	305			1000
796	426	369	123				123
3313	2090	1223	1101			101	1000
7108	6608	500	500				500
104007	73310	30697	23418	2528		17277	3613
83861	56588	27272	19775	2497		16524	753
20146	16722	3424	3643	31		752	2860
1521806	1170060	351746	216977	11148	1823	101706	82600
1285671	1086942	198729	161322	428	969	79203	67760
18757	15104	3653	5817		50	1057	1710
5284	2541	2743	2385			540	1845
212094	65473	146622	47452	10720	804	20906	11284

15-4 续 3

指标名称	法人企业数（个）	流动资产合计	存货	固定资产原价	累计折旧	本年折旧
家用电器及电子产品专门零售	125	279933	52743	57581	15651	10536
家用视听设备零售	22	99046	9214	1678	534	161
日用家电设备零售	45	86701	21754	52003	13587	9897
计算机、软件及辅助设备零售	38	44825	13854	2035	655	159
通信设备零售	14	44662	7142	1526	716	215
其他电子产品零售	6	4699	780	339	160	103
五金、家具及室内装饰材料专门零售	45	91846	11902	86817	20681	3925
五金零售	23	13139	4163	1126	663	103
灯具零售	3	1540	417	117	22	6
家具零售	13	71140	6348	85307	19916	3792
木质装饰材料零售	1	60	19	50	20	3
陶瓷、石材装饰材料零售	5	5967	955	217	60	20
货摊、无店铺及其他零售业	26	62072	11019	10745	4730	424
邮购及电视、电话零售	2	31989	6595	2627	1448	167
生活用燃料零售	15	19524	2638	7330	2911	183
其他未列明零售业	9	10559	1786	788	371	74
2.按登记注册类型分						
内资企业	758	4352456	652805	807485	253514	53033
国有企业	20	41897	12965	14235	7605	730
集体企业	19	12638	2668	6033	2737	156
股份合作企业	1	128	66	203	58	21
有限责任公司	229	827060	212135	185225	59652	12257
其他有限责任公司	229	827060	212135	185225	59652	12257
股份有限公司	27	2619796	163137	397287	124694	27057
私营企业	441	834094	252826	131412	35498	10117
私营独资企业	26	4365	2084	2613	415	143
私营合伙企业	1	79	33	48	15	13
私营有限责任公司	402	819351	246848	126023	34217	9770
私营股份有限公司	12	10300	3862	2728	852	192
其他企业	21	16844	9008	73091	23270	2694
港、澳、台商投资企业	8	68234	22608	38897	9196	4418
与港澳台商合资经营企业	1	10612	1820	9507	1379	882
港澳台商独资企业	6	45520	16171	17029	4044	2475
港澳台商投资股份有限公司	1	12102	4617	12361	3773	1060
外商投资企业	8	362359	138586	37363	20421	6791
中外合资经营企业	3	40711	12937	7637	3765	775
中外合作经营企业	1	313467	123963	20227	11724	1283
外资企业	4	8181	1687	9499	4932	4732

资产总计	负债合计	所有者权益合计	实收资本				
				国家资本	集体资本	法人资本	个人资本
337600	234357	103243	65054	311	20	49415	15309
103489	83540	19949	5558			3128	2430
130197	81657	48540	32479			30048	2431
50132	23140	26993	18457	311	20	13554	4571
48904	43423	5481	6260			2425	3835
4878	2598	2281	2301			260	2041
205282	184027	21255	24127		1314	16805	6008
22080	19352	2729	3807		29	1140	2638
1636	442	1193	1050			550	500
175350	159851	15499	17680		1285	13825	2570
90		90	30			30	
6126	4382	1744	1560			1260	300
83254	58351	24902	19035	3776		8675	6584
33260	19760	13500	6111			5811	300
38602	28582	10019	10308	3776		1658	4874
11392	10009	1383	2616			1206	1410
5672995	4740034	932961	556049	137366	8670	242148	167865
64763	46474	18290	14694	9044		5650	
17415	10630	6785	5522		5322	200	
273	117	156	156		156		
1103268	875003	228265	184421	16475	2840	115533	49573
1103268	875003	228265	184421	16475	2840	115533	49573
3350856	2932366	418490	182538	111558	63	44616	26301
1015459	852025	163434	163526	202	239	74778	88307
7132	3190	3942	2484			1252	1233
112	62	50	50			50	
995548	839233	156315	158759	202	179	73136	85243
12668	9541	3127	2232		60	341	1831
120960	23419	97541	5193	88	50	1371	3684
104382	107183	–2802	35236			2869	
18801	16569	2232	3831			2869	
62516	35519	26997	18328				
23065	55095	–32030	13077				
394476	328580	65896	51315			7433	
50503	19890	30613	24927			5314	
322323	291392	30932	16388			1618	
21649	17299	4351	10000			500	

15－5 限额以上批发零售

Profit Loss and Distribution of Wholesales and

指标名称	法人企业数（个）	主营业务收入	主营业务成本	主营业务税金及附加
总计	1818	45187564	42369183	143663
一、批发业	1044	35779288	33860399	95530
1.按批发行业小类分				
农、林、牧产品批发	22	686943	667060	130
谷物、豆及薯类批发	4	37281	33200	7
种子批发	4	15977	14049	2
饲料批发	5	40587	39567	12
棉、麻批发	5	579060	567246	103
牲畜批发	1	4960	4488	5
其他农牧产品批发	3	9078	8509	
食品、饮料及烟草制品批发	63	2341861	2014990	50519
米、面制品及食用油批发	10	873259	863639	1128
糕点、糖果及糖批发	4	139307	134702	117
果品、蔬菜批发	16	354409	274407	695
肉、禽、蛋、奶及水产品批发	6	27585	24010	42
盐及调味品批发	3	17575	14201	58
酒、饮料及茶叶批发	13	101685	85791	572
烟草制品批发	2	776562	577425	47031
其他食品批发	9	51480	40814	876
纺织、服装及家庭用品批发	75	1795527	1696072	7679
纺织品、针织品及原料批发	6	44406	43079	46
服装批发	17	124908	112737	163
鞋帽批发	12	75942	68927	270
化妆品及卫生用品批发	11	192105	168861	6181
厨房、卫生间用具及日用杂货批发	2	11680	10683	21
灯具、装饰物品批发	2	5125	4878	5
家用电器批发	25	1341361	1286907	994
文化、体育用品及器材批发	38	832219	696148	3026
文具用品批发	18	208591	200516	197
体育用品及器材批发	3	6141	4891	16
图书批发	7	399121	278245	2658
音像制品及电子出版物批发	1	310	288	5
首饰、工艺品及收藏品批发	4	203718	198294	141
其他文化用品批发	5	14338	13914	10
医药及医疗器材批发	110	3445177	3254983	5186
西药批发	54	1958985	1880262	1782
中药批发	32	978897	937045	1178
医疗用品及器材批发	24	507295	437676	2226
矿产品、建材及化工产品批发	461	22574621	21710337	24115
煤炭及制品批发	104	3943743	3847757	4675
石油及制品批发	36	13142167	12582156	13419

贸易企业损益及分配（2013年）

Retail Sales Trade Above Designated Size（2013）

单位：万元

销售费用	管理费用	财务费用	营业利润	利润总额	应交所得税	应付职工薪酬（本年贷方累计发生额）	应交增值税
1317188	705224	176805	560552	541767	127574	720646	579542
808323	443669	113554	436125	428528	92872	431457	397116
4975	5441	8914	2422	1955	491	3145	776
379	1426	1355	667	667	6	839	24
1511	909	196	1477	658	17	559	2
596	229	103	59	57	47	270	90
1720	2670	7232	188	545	412	1333	621
377	71	0	19	18	7	51	39
393	136	28	12	10	2	94	
84888	69587	5688	133064	137549	30420	55164	53126
12951	4607	4658	1	5880	1312	6098	2133
2267	723	300	2701	2695	600	701	451
43987	17130	781	16846	16843	341	3066	11109
3156	549	367	-527	-456	6	2287	444
1511	1540	19	549	370	106	1311	405
8249	3153	759	3367	3195	783	3906	1428
9664	35914	-1227	109442	108488	27124	29542	36737
3102	5973	30	685	535	149	8253	420
56415	17422	4467	11002	14055	5103	29221	12632
1110	152	72	-58	-64	15	342	232
9258	2847	2387	-2444	299	64	2176	1111
3089	3215	765	-359	-320	2	2404	898
4242	6043	661	10070	10032	2791	3799	3649
965	178	-50	-118	-118		275	139
144	80	8	19	19	5	120	16
37608	4907	624	3890	4208	2227	20105	6589
48291	66372	1306	24278	31762	1210	66300	16737
3128	2175	1416	1221	1228	294	7000	1547
972	136	1	125	123	31	384	417
40142	63368	-328	21956	29391	503	56503	12633
15	155	39	5	12	4	96	34
3805	359	176	954	992	370	2106	2037
228	179	2	17	17	7	213	70
93541	48261	18320	29534	29000	7547	35575	39175
24506	25475	10958	17584	17555	4748	17205	16481
13842	11855	6203	9794	8765	2157	9276	6157
55192	10931	1159	2156	2680	642	9094	16538
393963	182619	54796	205234	187259	42935	191406	246775
39359	14774	20073	18055	18220	4994	13084	16684
252790	118733	-189	164627	147357	32365	154353	133899

15–5 续 1

指标名称	法人企业数（个）	主营业务收入	主营业务成本	主营业务税金及附加
非金属矿及制品批发	3	206111	203153	18
金属及金属矿批发	206	3243494	3130413	3523
建材批发	25	398142	368499	1033
化肥批发	7	651434	637506	591
农药批发	11	192517	176787	79
其他化工产品批发	69	797012	764068	778
机械设备、五金产品及电子产品批发	245	3411378	3186615	3827
农业机械批发	10	41283	37118	550
汽车批发	26	940713	891253	131
汽车零配件批发	29	233307	218815	300
摩托车及零配件批发	9	29587	27318	37
五金产品批发	21	89211	80879	178
电气设备批发	21	670992	661965	259
计算机、软件及辅助设备批发	38	267217	248742	526
通讯及广播电视设备批发	18	192376	176425	172
其他机械设备及电子产品批发	73	946693	844101	1675
贸易经纪与代理	5	184666	167301	336
贸易代理	4	181711	164659	336
其他贸易经纪与代理	1	2955	2642	0
其他批发业	25	506899	466894	713
再生物资回收与批发	7	24135	19843	433
其他未列明批发业	18	482764	447051	281
2.按登记注册类型分				
内资企业	1034	34861763	33000817	95043
国有企业	28	7526935	7323971	2134
集体企业	8	52127	43139	443
股份合作企业	4	41897	39372	59
有限责任公司	282	10072493	9318099	62531
国有独资公司	8	1111536	906266	48105
其他有限责任公司	274	8960957	8411833	14426
股份有限公司	12	9161231	8654782	11859
私营企业	692	7743080	7367596	17766
私营独资企业	8	28731	25845	67
私营有限责任公司	669	7432053	7077826	17319
私营股份有限公司	15	282297	263926	379
其他企业	8	264000	253858	253
港、澳、台商投资企业	5	783706	735888	261
港澳台商独资企业	5	783706	735888	261
外商投资企业	5	133819	123695	226
中外合资经营企业	1	67335	61838	99
中外合作经营企业	1	2067	1590	13

销售费用	管理费用	财务费用	营业利润	利润总额	应交所得税	应付职工薪酬（本年贷方累计发生额）	应交增值税
1904	444	675	–84	–85	1	216	14851
67211	23235	15829	5609	4273	2048	9811	13188
9943	6453	4740	6781	6898	1687	2780	62310
3334	2464	4260	3286	4321	438	948	1190
3789	8504	1809	4441	3625	899	5343	646
15635	8012	7599	2519	2651	503	4872	4008
102305	46261	20279	21409	17674	3711	44776	23874
1367	626	149	1489	1150	251	614	270
34356	5466	10962	–1349	–1170	–1817	7561	914
5175	5784	519	2748	3022	594	3586	2313
1393	821	54	–40	–42	24	657	626
3163	5543	417	–938	–980	80	4068	1484
3025	4307	85	1746	1690	1119	2790	1738
5569	3254	1287	8384	3941	973	3686	2235
7836	5499	2482	501	667	216	2051	709
40423	14959	4325	8867	9396	2272	19762	13585
13650	1074	–46	2366	2431	616	1349	2005
13449	1015	–82	2349	2414	607	1326	2005
201	59	36	17	17	9	23	
10296	6632	–168	6817	6844	840	4521	2016
1307	667	83	1986	1990	174	1140	959
8989	5965	–251	4831	4854	665	3381	1058
772386	435092	103258	433046	424393	93487	422039	392626
69271	23664	19193	40570	46343	7796	21928	13876
2105	1775	701	4002	3999	391	6789	1101
2455	1231	15	258	209	64	1770	290
275351	192848	45769	208079	211819	45447	168681	152275
18779	38615	754	115383	114827	28407	33186	38314
256572	154233	45016	92696	96991	17040	135495	113961
238911	112955	–894	131304	113771	26341	147836	98096
180613	101728	37279	45391	44781	12511	72808	67356
600	535	20	1615	1615	7	651	134
171163	95392	36166	41860	41128	11954	66756	65933
8850	5801	1094	1916	2038	550	5401	1288
3681	892	1193	3444	3471	937	2227	59633
31785	5641	8961	1171	1603	–1194	6951	642
31785	5641	8961	1171	1603	–1194	6951	642
4153	2937	1335	1907	2531	580	2467	3848
1559	1853	1232	1195	1196	330	1088	2847
48	302	–19	126	477	129	81	99

15–5 续 2

指标名称	法人企业数（个）	主营业务收入	主营业务成本	主营业务税金及附加
外资企业	3	64417	60267	115
二、零售业	774	9408276	8508784	48133
1.按零售行业小类分				
综合零售	52	3038710	2689114	18124
百货零售	32	2020044	1757314	16125
超级市场零售	16	991210	907916	1564
其他综合零售	4	27456	23884	434
食品、饮料及烟草制品专门零售	93	274604	219547	1778
粮油零售	13	20932	15846	182
糕点、面包零售	3	7800	6142	49
果品、蔬菜零售	15	21705	17716	290
肉、禽、蛋、奶及水产品零售	21	52703	44367	412
营养和保健品零售	11	84672	63194	451
酒、饮料及茶叶零售	16	62325	50631	312
烟草制品零售	4	7127	6571	5
其他食品零售	10	17341	15081	78
纺织、服装及日用品专门零售	63	214693	176083	790
纺织品及针织品零售	3	4558	3849	15
服装零售	40	153135	120993	605
鞋帽零售	3	3766	2789	3
化妆品及卫生用品零售	10	36360	34085	125
钟表、眼镜零售	4	14454	12289	33
厨房用具及日用杂品零售	1	533	408	1
自行车零售	1	978	868	1
其他日用品零售	1	908	802	7
文化、体育用品及器材专门零售	41	189816	178205	2078
文具用品零售	4	6502	6001	7
图书、报刊零售	11	14366	11961	106
珠宝首饰零售	15	145732	139515	1896
工艺美术品及收藏品零售	2	4838	3999	18
乐器零售	3	2958	2653	9
照相器材零售	5	11137	10451	7
其他文化用品零售	1	4283	3626	35
医药及医疗器材专门零售	52	194186	147254	999
药品零售	34	164113	122300	889
医疗用品及器材零售	18	30073	24955	110
汽车、摩托车、燃料及零配件专门零售	277	4415394	4159635	7077
汽车零售	185	2972591	2780416	4199
汽车零配件零售	23	58047	55063	169
摩托车及零配件零售	8	13798	12450	73
机动车燃料零售	61	1370958	1311706	2636

销售费用	管理费用	财务费用	营业利润	利润总额	应交所得税	应付职工薪酬（本年贷方累计发生额）	应交增值税
2545	782	122	586	859	121	1298	902
508865	261555	63251	124428	113240	34701	289189	182426
212028	105994	24235	51399	48109	17630	116349	36899
145825	73984	25040	41591	39768	12306	84288	30059
65141	30392	-958	9506	8036	5247	31055	6516
1063	1619	154	302	306	77	1006	324
27937	7187	1834	17094	18554	2239	12667	8995
3308	382	3	1344	1412	324	1767	204
1123	426	4	55	55	7	981	378
1079	544	810	1361	770	134	1071	1257
7500	1456	436	-1084	914	189	4236	921
7579	732	18	12684	12680	1005	616	3820
6421	2366	520	2061	2195	464	2842	1520
252	220	29	132	232	65	215	37
676	1061	12	541	296	51	940	860
27469	9894	1579	1958	1683	1038	13155	4966
735	157	508	-655	-657	7	200	34
23379	7199	831	3022	2764	968	10499	4458
736	246	46	-40	-40	2	418	57
968	810	115	260	41	58	1063	266
1064	1195	78	-205	-2	3	651	140
18	111		-4	-4	0	20	1
66	36	2	5	5	1	38	7
504	141	0	-424	-424		265	3
7195	3755	700	-1721	-1747	534	3763	1821
240	185	-50	146	146	40	201	92
1176	592	12	519	526	145	678	190
4626	1598	657	-2553	-2423	328	2159	1210
435	637	-4	-64	-50	6	208	75
163	115	2	16	20	3	142	27
420	228	17	15	15	7	228	48
136	400	66	200	20	5	148	179
18424	19292	202	8512	8117	1661	16963	12000
17005	17389	85	6863	6738	1537	15750	11179
1419	1903	117	1649	1379	124	1213	822
139497	78581	27516	15645	19018	6535	91258	82893
104624	58526	25986	2223	6428	4311	69077	72806
889	1118	-209	1026	988	94	1223	329
327	241	15	696	691	44	337	364
33656	18696	1725	11700	10911	2086	20621	9395

15–5 续 3

指标名称	法人企业数（个）	主营业务收入	主营业务成本	主营业务税金及附加
家用电器及电子产品专门零售	125	854492	772074	14152
家用视听设备零售	22	235332	196201	12341
日用家电设备零售	45	295582	271366	964
计算机、软件及辅助设备零售	38	151722	143473	424
通信设备零售	14	158372	149407	369
其他电子产品零售	6	13484	11626	54
五金、家具及室内装饰材料专门零售	45	112698	76818	2517
五金零售	23	27917	25661	79
灯具零售	3	6596	6282	9
家具零售	13	67754	35515	2357
木质装饰材料零售	1	526	447	3
陶瓷、石材装饰材料零售	5	9904	8913	69
货摊、无店铺及其他零售业	26	113684	90055	618
邮购及电视、电话零售	2	70997	53374	430
生活用燃料零售	15	27913	23361	134
其他未列明零售业	9	14775	13320	54
2.按登记注册类型分				
内资企业	758	8219730	7434869	46315
国有企业	20	201724	177258	4651
集体企业	19	40286	36707	134
股份合作企业	1	1570	1409	5
有限责任公司	229	2375558	2139196	8815
其他有限责任公司	229	2375558	2139196	8815
股份有限公司	27	2608029	2335052	10972
私营企业	441	2216051	2000193	20999
私营独资企业	26	30220	23026	1731
私营合伙企业	1	1111	1063	1
私营有限责任公司	402	2152820	1948670	19033
私营股份有限公司	12	31900	27434	234
其他企业	21	776511	745054	739
港、澳、台商投资企业	8	259333	230145	353
与港澳台商合资经营企业	1	39949	35642	59
港澳台商独资企业	6	197195	175247	294
港澳台商投资股份有限公司	1	22189	19255	
外商投资企业	8	929212	843771	1465
中外合资经营企业	3	170572	130382	840
中外合作经营企业	1	712318	674354	300
外资企业	4	46322	39035	325

销售费用	管理费用	财务费用	营业利润	利润总额	应交所得税	应付职工薪酬（本年贷方累计发生额）	应交增值税
44277	21626	1554	24679	11803	2059	20859	8617
12132	5012	237	17439	4310	452	2936	600
17305	8999	496	4730	4614	1130	8912	2148
4780	2756	354	2615	2660	230	4559	665
8958	4170	438	–268	56	182	4043	4856
1102	689	29	163	163	66	410	348
18196	9659	5366	1505	1444	786	7359	1603
748	964	82	540	585	83	851	255
139	121	2	43	43	10	130	19
16886	8199	5212	785	679	650	6032	1155
27	6	3	41	41	10	32	13
397	370	67	96	96	33	314	160
13841	5569	265	5356	6259	2220	6818	24631
9844	2589	–123	6104	6312	1513	3924	23810
3139	2416	241	–575	–17	695	2334	366
858	564	147	–172	–36	12	560	455
438210	228358	63755	93755	85177	27717	260370	173020
5612	11233	1	4607	5042	1275	8797	8680
1464	1536	138	417	462	113	1373	1352
135	12	0	9	–1		32	19
139202	77038	17281	10542	13756	6990	89529	103521
139202	77038	17281	10542	13756	6990	89529	103521
154560	74034	27817	46982	46302	12691	84977	32390
112978	57462	17875	23424	12665	5157	63223	22708
824	1342	352	3092	3102	327	1069	1017
38	9		1	1	0	30	8
110605	54873	17301	19069	8302	4481	61097	21003
1512	1238	222	1262	1259	350	1027	680
24260	7043	644	7774	6951	1492	12439	4352
31793	4626	1081	–860	–2902	1333	9562	1820
3110	767	714	–264	–482		867	360
19954	3301	42	2999	2019	1333	6457	1460
8730	558	326	–3594	–4439		2238	0
38861	28571	–1585	31533	30965	5652	19258	7586
22686	7359	–153	14893	14898	1471	9350	6164
10218	19648	–1757	16055	16035	4009	7247	752
5958	1564	325	585	32	173	2661	670

15-6 限额以上餐饮业

Main Economic Indicators of Enterprises in

指标名称	法人企业数（个）	资产总计	负债合计	所有者权益合计	实收资本
总计	281	470050	410570	59480	86806
1.按餐饮业行业小类分					
正餐服务	266	427255	375523	51733	78841
快餐服务	13	39442	33181	6261	7255
其他餐饮业	2	3353	1867	1486	709
小吃服务	1	17	54	–37	200
餐饮配送服务	1	3336	1812	1523	509
2.按登记注册类型分					
内资企业	278	448441	384628	63813	84272
国有企业	27	189052	152261	36791	31148
集体企业	5	10010	13913	–3903	2666
股份合作企业	1	1464	504	960	937
有限责任公司	75	114423	89943	24481	25344
国有独资公司	1	6481	2564	3917	2000
其他有限责任公司	74	107943	87379	20564	23344
股份有限公司	9	4463	6442	–1979	2165
私营企业	152	112474	105419	7055	20928
私营独资企业	23	5850	5417	432	823
私营有限责任公司	127	106392	99524	6868	20065
私营股份有限公司	2	232	478	–246	40
其他企业	9	16556	16147	409	1085
港、澳、台商投资企业	3	21609	25941	–4333	2533
港澳台商独资企业	3	21609	25941	–4333	2533

主要经济指标（2013年）

Cataring Trades Above Designated Size （2013）

单位：万元

主营业务收入	主营业务成本	销售费用	管理费用	财务费用	营业利润	利润总额	应付职工薪酬（本年贷方累计发生额）
335208	165148	120289	50007	6636	-24093	-22793	84166
278495	135792	97081	46770	5781	-22399	-20757	72447
54333	27941	22609	2814	837	-1849	-2249	11318
2379	1416	598	423	19	154	213	400
37	25	43	24		-57	57	6
2343	1391	556	399	19	211	156	395
303504	153258	102673	48623	5851	-22419	-20705	76629
46062	20050	13780	12045	489	-2636	-3085	13993
3175	1347	1122	1016	112	-522	-327	1184
1228	454	371	335	0	0	2	323
108356	54541	37798	17165	2106	-8782	-8215	26255
4042	2102		1034	349	397	397	1169
104314	52439	37798	16131	1758	-9179	-8612	25086
6757	3665	3734	456	83	-1480	-1369	1716
131165	69435	43206	17219	2978	-8494	-7490	31092
15449	8880	4476	1616	83	-395	-315	3902
114426	59698	38541	15493	2891	-8151	-7227	26952
1290	858	189	111	5	52	52	238
6761	3768	2663	388	82	-505	-221	2067
31704	11890	17616	1383	785	-1675	-2088	7537
31704	11890	17616	1383	785	-1675	-2088	7537

15-7 限额以上住宿业

Main Economic Indicators of Enterprises in

指标名称	法人企业数（个）	资产总计	负债合计	所有者权益合计	实收资本
总计	101	532962	302087	230875	126919
1.按住宿业行业小类分					
旅游饭店	61	428390	189070	239320	118579
一般旅馆	37	103003	110937	-7934	8141
其他住宿业	3	1570	2080	-510	200
2.按登记注册类型分					
内资企业	97	514190	278739	235451	120381
国有企业	25	225713	89152	136561	47013
集体企业	5	7895	3053	4842	3595
股份合作企业	2	8804	6681	2123	1554
有限责任公司	32	234334	153499	80835	59109
国有独资公司	3	37220	12284	24936	700
其他有限责任公司	29	197114	141215	55899	58409
股份有限公司	5	1223	838	385	467
私营企业	27	34931	23840	11090	7643
私营合伙企业	1	30	18	12	12
私营有限责任公司	26	34901	23822	11079	7631
其他企业	1	1291	1675	-384	1000
港、澳、台商投资企业	3	18289	22915	-4626	6489
与港澳台商合资经营企业	2	18221	22863	-4642	6473
港澳台商独资企业	1	68	52	16	16
外商投资企业	1	483	433	50	50
中外合资经营企业	1	483	433	50	50

主 要 经 济 指 标（2013 年）

Quartering Trades Above Designated Size（2013）

单位：万元

主营业务收入	主营业务成本	销售费用	管理费用	财务费用	营业利润	利润总额	应付职工薪酬（本年贷方累计发生额）
255525	70323	102844	60365	2189	6690	7951	63418
187589	59590	69209	48579	1435	–569	354	46719
58751	9060	29287	10871	676	5592	5926	14339
9185	1674	4348	914	79	1666	1672	2360
248651	69156	100595	57601	2141	6414	7757	61781
93400	25838	35167	26255	–161	1284	1857	25201
3199	950	1307	1506	–8	–775	–646	1198
4603	1933	904	1553	24	–41	–43	581
117917	28822	50084	24157	1937	7297	7435	27834
9983	3865	2158	5579	–5	–2035	–2177	2675
107935	24957	47925	18578	1942	9331	9612	25159
2423	1411	761	146	9	–57	–55	391
24792	9545	11411	3269	297	–1101	–599	5884
145	100		37		0	0	32
24647	9445	11411	3232	297	–1101	–599	5852
2317	659	962	715	42	–192	–191	693
6576	966	2206	2717	49	278	196	1560
6368	856	2199	2712	48	194	196	1491
208	110	8	5	1	84		69
298	201	42	47		–2	–2	78
298	201	42	47		–2	–2	78

15-8 商品交易市场分类情况（2013年）

Free Markets in Urban and Rural Areas (2013)

单位：个

指　标	合　计	城　市	农　村
商品交易市场个数总计（个）	434	264	170
消费品市场	359	210	149
消费品综合市场	33	11	22
农副产品市场	194	73	121
农副产品综合市场	154	58	96
农副产品专业市场	40	15	25
工业消费品市场	129	124	5
工业消费品综合市场	101	98	3
工业消费品专业市场	27	25	2
其　他	4	3	1
生产资料市场	74	53	21
生产资料综合市场	10	3	7
工业生产资料市场	42	34	8
农业生产资料市场	10	4	6
农业生产资料综合市场	6	2	4
农业生产资料专业市场	4	2	2
其　他	12	12	

15-9 销售过亿元的商品交易市场一览表（2013年）

Summary of Consumer Goods Markets with Annual Transaction Value Above 100 Million Rmb Yuan (2013)

序号	市场名称	市场类别	年末营业面积（平方米）	市场总摊位数（个）	年成交额（万元）
1	槐荫区红旗钢材市场	金属材料市场	33000	110	96000
2	济南博茗茶叶市场	茶叶市场	82000	680	164700
3	济南高科技市场	计算机及辅助设备市场	5500	129	15600
4	济南海鲜大市场	水产品市场	30000	850	400000
5	济南黄台家居广场	家具市场	15000	160	11000
6	济南科技市场	计算机及辅助设备市场	12000	221	156005
7	济南泺口服装批发市场	服装市场	208000	3417	372000
8	济南市堤口路果品批发市场	干鲜果品市场	100000	994	173000
9	济南市新世界商城	工业消费品综合市场	27850	960	45900
10	济南西市场小商品批发市场	工业消费品综合市场	30000	697	10530
11	济南永君钢材市场	金属材料市场	37000	30	12000
12	济南中恒商场	工业消费品综合市场	66000	2050	17280
13	济南众鑫鞋城	鞋帽市场	38765	375	87890
14	济阳县曲堤镇黄瓜批发市场	蔬菜市场	31000	765	290011
15	平阴黄河市场管理有限公司	其他农产品市场	2500	550	33243
16	七里堡蔬菜综合批发市场	农产品综合市场	165000	1140	598609
17	山东灯具批发市场	灯具市场	68000	180	16000
18	山东东亚金星家居	家具市场	71536	526	77687
19	山东济南维尔康肉类水产综合批发市场	水产品市场	8000	360	270000
20	山东济南重汽配件城	机动车零配件市场	61938	402	427000
21	山东建材市场	建材市场	50000	520	230000
22	山东匡山钢材市场	金属材料市场	13000	70	28000
23	山东匡山农产品综合交易市场	蔬菜市场	21000	800	180000
24	山东匡山汽车大世界	汽车市场	130000	74	780698
25	山东老屯茶城	茶叶市场	8000	120	15000
26	山东老屯汽车配件城	机动车零配件市场	35000	500	35000
27	山东齐鲁鞋城	鞋帽市场	11176	403	89900
28	山东汽车城	机动车零配件市场	10900	105	77520
29	山东泉胜物流大市场	其他专业市场	236000	807	26500
30	商河县白桥大蒜市场	蔬菜市场	19000	308	31926
31	商河县富东农贸综合市场	农产品综合市场	11000	216	26133
32	商河县小商品批发城	工业消费品综合市场	19000	270	15802
33	章丘市刁镇蔬菜批发市场	蔬菜市场	40500	600	83320
34	章丘市秀水建筑装饰材料市场	装饰材料市场	64500	330	20950
35	章丘市绣惠钢铁设备交易中心	金属材料市场	86000	415	61200

15 - 10 限额以上住宿业和餐

Main Economic Indicators of Enterprises in Quartering

指标名称	法人企业数（个）	从业人员期末人数（人）	营业额（万元）	
				客房收入
总计	382	43457	598504	169993
一、住宿业	101	16645	256287	119183
1.按住宿业行业小类分				
旅游饭店	61	11523	188312	70786
一般旅馆	37	4644	58786	42872
其他住宿业	3	478	9189	5525
2.按登记注册类型分				
内资企业	97	16231	249416	115637
国有企业	25	5835	93200	32149
集体企业	5	393	3132	1577
股份合作企业	2	235	4634	1959
有限责任公司	32	7636	118750	65745
国有独资公司	3	761	9983	3586
其他有限责任公司	29	6875	108767	62159
股份有限公司	5	184	2423	1455
私营企业	27	1723	24962	11795
私营合伙企业	1	14	145	145
私营有限责任公司	26	1709	24817	11650
其他企业	1	225	2317	958
港、澳、台商投资企业	3	390	6572	3483
与港澳台商合资经营企业	2	368	6364	3286
港澳台商独资企业	1	22	208	198
外商投资企业	1	24	298	63
中外合资经营企业	1	24	298	63
二、餐饮业	281	26812	342217	50810
1.按餐饮业行业小类分				
正餐服务	266	22531	282282	50658
快餐服务	13	4132	57288	152
其他餐饮业	2	149	2646	
小吃服务	1	10	37	
餐饮配送服务	1	139	2610	
2.按登记注册类型分				
内资企业	278	23937	310513	50810
国有企业	27	3650	47922	18388
集体企业	5	320	3223	1216
股份合作企业	1	110	1228	563
有限责任公司	75	7828	109517	10485
国有独资公司	1	290	4042	721
其他有限责任公司	74	7538	105475	9765
股份有限公司	9	679	6483	819
私营企业	152	10722	135376	18493
私营独资企业	23	1328	16889	1614
私营有限责任公司	127	9311	117197	16227
私营股份有限公司	2	83	1290	653
其他企业	9	628	6765	847
港、澳、台商投资企业	3	2875	31704	
港澳台商独资企业	3	2875	31704	

饮业法人企业经营情况（2013年）

Trades and Cataring Trades Above Designated Size（2013）

			客房数（间）	床位数（个）	餐位数（位）	年末餐饮营业面积（平方米）
餐费收入	商品销售收入	其他收入				
367066	11744	49701	32299	54362	135543	690777
95005	4696	37404	22477	37067	34934	148550
85584	2636	29307	9131	15175	25260	125272
6538	1693	7683	12946	21406	9354	19525
2883	367	414	400	486	320	3753
93057	4655	36068	21881	36167	33464	143950
36763	1826	22463	3729	6507	11682	61438
1509	24	22	377	752	1972	5735
2324	224	128	236	432	600	2600
39899	1904	11202	14577	23908	15262	57684
5780	31	586	492	765	2562	8900
34119	1873	10616	14085	23143	12700	48784
891	20	57	338	619	248	2820
10353	657	2157	2498	3751	3179	12643
			80	90		
10353	657	2157	2418	3661	3179	12643
1318		40	126	198	521	1030
1713	41	1336	560	830	1150	4100
1702	41	1336	470	700	1100	3600
10			90	130	50	500
236			36	70	320	500
236			36	70	320	500
272060	7048	12298	9822	17295	100609	542227
213432	7048	11144	9786	17237	83908	479658
56249		887	36	58	16651	56369
2379		267			50	6200
37					50	200
2343		267				6000
240357	7048	12298	9822	17295	93822	523486
25444	912	3179	3019	5541	11545	64757
1606	28	372	311	611	1490	13560
621	44		76	140	380	1000
89659	1892	7481	2052	3713	30618	163583
2575	140	606	300	700	600	1527
87084	1752	6875	1752	3013	30018	162056
5579	77	8	308	468	2894	15700
111742	3891	1250	3835	6492	44681	254166
15098	178		257	438	6723	27470
96007	3713	1250	3495	5944	37710	224196
637			83	110	248	2500
5707	204	8	221	330	2214	10720
31704					6787	18741
31704					6787	18741

主要统计指标解释

Explanatory Notes on Main Statistical Indicators

社会消费品零售总额 指企业（单位、个体户）通过交易直接售给个人、社会集团非生产、非经营用的实物商品金额，以及提供餐饮服务所取得的收入金额。个人包括城乡居民和入境人员，社会集团包括机关、社会团体、部队、学校、企事业单位、居委会或村委会等。

商品销售总额 指对本单位以外的单位和个人出售的商品金额（包括售给本单位消费用的商品，含增值税），本指标反映批发和零售业在国内市场上销售商品以及出口商品的总量。

限额以上单位标准 指批发业年主营业务收入在2000万元及以上；零售业年主营业务收入在500万元及以上；住宿业、餐饮业年主营业务收入在200万元及以上。

零售业企业经营方式 （1）独立商店:指独立经营,未与其他商业单位建立连锁关系的商店。（2）连锁商店:指在核心企业或总店的领导下,由分散的、经营同类商品或服务的商业企业,通过规模化经营,实现规模效益的经济联合组织形式,也称为公司联号。一般连锁商店应由10个以上分店组成。其经营特征:①经营同类商品；②使用统一商号；③统一采购配送,采购与销售相分离。

零售业企业业态

——便利店：位于商业中心区、交通要道以及车站、医院、学校、娱乐场所、办公楼、加油站等公共活动区；商圈范围小，顾客步行5 分钟内到达，目标顾客主要为单身者、年轻人，顾客多为有目的的购买；营业面积一般在100平方米左右，利用率高；以即时食品、日用小百货为主，有即时消费性、小容量、应急性等特点，商品品种在3000种左右，售价一般高于市场平均水平；商品销售方式以开架自选为主，结算在收银处统一进行；营业时间一般在16小时以上，提供即时性食品的辅助设施，开设多项服务项目；信息管理系统程度较高。

——折扣店：位于居民区、交通要道等租金相对便宜的地区；辐射半径2 公里左右，目标顾客主要为商圈内的居民；自有品牌占有较大的比例，商品平均价格低于市场平均水平；以开架自选方式进行商品销售，并统一结算；用工精简，为顾客提供有限的服务；信息管理系统程度一般。

——超市：位于市、区商业中心、居住区；辐射半径2公里左右，目标顾客以居民为主；营业面积在6000平方米以下；经营包装食品、生鲜食品和日用品。食品超市与综合超市商品结构有所不同；采用自选销售，出入口分设，在收银台统一结算；营业时间12小时以上；信息管理系统程度较高。

——大型超市：位于市、区商业中心、城郊结合部、交通要道及大型居住区；辐射半径2 公里以上，目标顾客以居民、流动顾客为主；实际营业面积在6000 平方米以上；以大众化衣、食、日用品为主，品种齐全，注重自有品牌开发；采用自选销售方式，出入口分设，在收银台统一结算；设不低于营业面积40%的停车场；信息管理系统程度较高。

——仓储会员店：位于城乡结合部的交通要道；辐射半径5 公里以上，目标顾客以中小零售店、餐饮店、集团购买和流动顾客为主；营业面积一般在6000平方米以上；以大众化衣、食、日用品为主，自有品牌占相当部分，商品在4000种左右，实行低价、批量销售；采用自选销售，出入口分设，在收银台统一结算；设相当于营业面积的停车场；信息管理系统程度较高并对顾客实行会员制管理。

——百货店：位于市、区级商业中心、历史形成的商业集聚地；目标顾客以追求时尚和品味的流动顾客为主；营业面积一般在6000平方米以上；综合性商品结构，门类齐全，以服饰、鞋类、箱包、化妆品、家庭用品、家用电器为主；采取柜台销售和开架面售相结合方式进行商品销售；注重服务，设餐饮、娱乐等服务项目和设施；信息管理系统程度较高。

——专业店：位于市、区级商业中心以及百货店、购物中心内；目标顾客以有目的的选购某类商品的流动顾客为主；营业面积根据商品特点而定；以销售某类商品为主，体现专业性、深度性、品种丰富，选择余地大；采取柜台销售或开架面售方式进行商品销售；从业人员具有丰富的专业知识；信息管理系统程度较高。

——专卖店：一般位于市、区级商业中心、专业街以及百货店、购物中心内；目标顾客以中高档消费者和追求时尚的年轻人为主；以销售某一品牌系列商品为主，具有销售量少、质优、高毛利等特点；采取柜台销售或开架面售方式进行商品销售，商店陈列、照明、包装、广告讲究；注重品牌声誉，从业人员具备丰富的专业知识，提供专业性服务；信息管理系统程度一般。

——家居建材商店：位于城乡结合部、交通要道或消费者自有房产比较高的地区；目标顾客以拥有自有房产的顾客为主；营业面积一般在6000平方米以上；经营商品以改善、建设家庭居住环境有关的装饰、装修等用品、日用杂品、技术及服务为主；采取开架自选方式销售商品；提供一站式购足和一条龙服务，停车位一般在300个以上；信息管理系统程度较高。

——厂家直销中心：一般远离市区；目标顾客多为重视品牌的有目的的购买；单个建筑面积在100-200平方米左右；品牌商品生产商直接设立，商品均为本企业的品牌；采用自选式售货方式进行商品销售；各个租赁店使用各自的信息管理系统。

——其　他：指上述未列明的零售业态。

批发零售贸易业 指不直接从事商品的生产,而是从农业、工业或其他的单位那里购买（或调拨）成品或半成品,未做任何加工,或只做简单的加工（如进行简单的分类、清洗、整理和包装等）,通过转卖以获取利益的单位。

餐饮业 指在一定的场所（永久、半永久或临时性的设施）内,以烹饪、调制等手段,向购买者提供各种主要供现场消费的食品、饮料,并且所提供的这种服务要大于所提供的其他服务（如娱乐）的单位。

住宿业 指有偿为顾客提供临时住宿的服务活动。不包括提供长期住宿场所的活动（如出租房屋、公寓等）

批 发 指除零售以外的一切商品销售活动,包括对生产经营单位批发、对批发零售贸易业批发和出口。

零 售 指售给城乡居民直接用于生活消费的商品和社会集团直接用于公用消费的商品。包括：（1）售给城乡居民生活用的消费品；（2）售给机关、团体、学校、部队、企业、事业单位附设的专供本单位人员食用,不对外营业的食堂的各种食品、燃料；（3）售给部队干部、战士生活用的粮食、副食品、衣着品、日用品、燃料；（4）售给来华外国人、华侨、港澳台同胞的消费品；（5）售给行政事业单位、社会团体的办公、纸张、帐册、文印用品、计算工具、书报杂志和奖品；公共用品的纺织品、针织品；学校用的教学用品；文体用品；非专用的劳动保护用品,如工作服、套袖、围群、手套、毛巾、肥皂等；日用百货和杂品,包括职工食堂用的餐具、炊具、设备和清洁卫生工具等；家具、设备、日用电器、电讯设备、电影器材和照相器材，取暖用的设备和燃料，防暑、降温的饮料；供职工乘用的交通工具和油料;零星修理各种公用消费品、生活用房屋的各种零配件、材料、工具、建筑材料等；中、西药品、中药材和医疗器材；其他非生产性设备和用品。

16

对外贸易与国际旅游

FOREIGN ECONOMY TRADE AND INTERNATIONAL TOURISM

16-1 海关进出口商品总额

Total Value of Imports and Exports by Category of Commodities

单位：万美元

指　　标	2012 年 进出口总额	出　口	进　口	2013 年 进出口总额	出　口	进　口
总　额	913286	571442	341844	957442	548316	409126
按贸易方式分						
一般贸易	665491	379428	286063	712184	430934	281250
援助物资	1124	1124	0	805	805	0
捐赠物资	510	0	510	–	–	–
补偿贸易	–	–	–	–	–	–
来料加工装配贸易	9033	5326	3707	8417	4828	3589
进料加工贸易	71387	60721	10666	67167	52630	14537
对外承包工程出口货物	98700	98700	0	38305	38305	0
投资设备	4488	0	4488	1335	0	1335
出料加工贸易	–	–	–	–	–	–
海关特殊监管区域进口设备	159	0	159	4591	0	4591
海关特殊监管区域物流货物	18753	14794	3959	9271	6314	2957
易货贸易				–	–	–
保税监管场所进出境货物	39115	11230	27885	33326	14340	18986
来料加工装配进口设备	–	–	–	–	–	–
租赁贸易	4080	0	4080	81382	0	81382
其他贸易	446	119	327	659	160	499
按运输方式分						
水路运输	769056	511955	257101	730562	470506	260056
铁路运输	6787	6787	0	6511	6036	475
公路运输	25239	17721	7518	40536	25947	14589
航空运输	71912	28961	42951	85529	37781	47748
邮件运输	144	46	98	94	22	72
其他运输	40148	5972	34176	94210	8024	86186
按企业性质分						
国有企业	355658	181361	174297	265366	88346	177020
集体企业	29704	21610	8094	27500	24126	3374
外商投资企业	237280	152161	85119	297789	160181	137608
中外合资	127058	66350	60708	170918	62425	108493
中外合作	5119	4933	186	5221	5130	91
外商独资	105103	80878	24225	121650	92626	29024
其　他	290644	216310	74334	366787	275663	91124

16-2 主要国别（地区）海关进出口商品总额

Total Value of Imports and Exports of Main Countries or Territories by Categoty of Commodities

单位：万美元

国别（地区）	2012年 进出口总额	出口	进口	2013年 进出口总额	出口	进口
总额	913286	571442	341844	957442	548316	409126
亚洲	359933	285750	74183	305263	231859	73404
香港	6912	6559	353	18285	18101	184
印度	128740	117428	11312	32325	30116	2209
印度尼西亚	12597	9757	2840	27976	17787	10189
日本	53738	35200	18539	50753	34011	16742
马来西亚	13125	8318	4807	17560	14216	3344
巴基斯坦	3058	3032	26	3234	3184	50
菲律宾	7336	7128	208	10411	9894	517
卡塔尔	2138	389	1749	1062	154	908
沙特阿拉伯	6265	4204	2061	9780	6330	3450
新加坡	18443	10640	7803	9599	4543	5056
韩国	22793	14859	7934	25767	18023	7744
泰国	12285	9881	2404	14011	11651	2360
土耳其	6064	4961	1103	6034	5636	398
阿拉伯联合酋长国	8355	4688	3667	11006	7608	3398
越南	4926	4658	268	9317	8815	502
台湾省	11477	7235	4242	16742	8258	8484
非洲	73280	62774	10506	120304	90073	30231
埃及	3710	3641	69	3669	3664	5
南非	10413	5052	5361	7988	5658	2330
尼日利亚	12117	12106	11	20914	20913	1
欧洲	146375	87256	59119	140254	83731	56523
比利时	7107	6566	541	6270	4835	1435
英国	9823	7348	2475	10127	8107	2020
德意志联邦共和国	39570	12194	27376	41226	12360	28866
法国	6215	3645	2570	7696	5201	2495
意大利	12007	8473	3534	15694	10044	5650
荷兰	12905	11443	1462	6376	5155	1221
西班牙	5709	4696	1013	5817	4393	1424
芬兰	1589	1151	438	1673	1234	439
瑞典	5091	838	4253	3530	842	2688
瑞士	3021	441	2580	3084	744	2340
俄罗斯	16540	13155	3385	14660	13403	1257
拉丁美洲	106572	66527	40045	115615	62200	53415
阿根廷	3450	3407	43	3239	2877	362
巴西	27375	9582	17793	30103	8378	21725
智利	21201	4622	16579	21063	3511	17552
墨西哥	5406	5175	231	8159	4799	3360
北美洲	133991	57047	76944	212137	65194	146943
加拿大	18688	6899	11789	37248	8385	28863
美国	115301	50146	65155	174889	56809	118080
大洋洲	93135	12088	81047	63810	15258	48552
澳大利亚	87400	10033	77367	53238	8631	44607
新西兰	4333	666	3667	5010	1076	3934

16-3 海关进出口商品分类金额

Value of Imports and Exports by Category of Commodities

单位：万美元

商品类别	2012年		2013年	
	出口	进口	出口	进口
总额	571442	341844	548316	409126
活动物；动物产品	114	4171	194	3299
活动物	0	0	0	0
肉及食用杂碎	0	185	0	31
鱼、甲壳动物、软体动物及其他水生无脊椎动物	13	770	70	285
乳品；蛋品；天然蜂蜜；其他食用动物产品	40	3215	35	2981
其他动物产品	61	1	89	1
植物产品	2921	2798	4094	7785
活树及其他活植物；鳞茎、根及类似品；插花及装饰用簇叶	7	64	14	37
食用蔬菜、根及块茎	878	63	917	54
食用水果及坚果；柑桔属水果或甜瓜的果皮	1085	762	1731	895
咖啡、茶、马黛茶及调味香料	253	104	336	108
谷物	0	13	0	449
制粉工业产品；麦芽；淀粉、菊粉；面筋	285	13	628	0
含油子仁及果实；杂项子仁及果实；工业用或药用植物；稻草、秸秆及饲料	413	1770	456	6221
虫胶；树胶、树脂及其他植物液、汁	0	9	12	9
编结用植物材料；其他植物产品			0	12
动、植物油、脂及其分解产品；精制的食用油脂；动、植物蜡	150	2377	432	576
动、植物油、脂及其分解产品；精制的食用油脂；动、植物蜡	150	2377	432	576
食品；饮料、酒及醋；烟草、烟草及烟草用品的制品	1592	1553	868	1657
肉、鱼、甲壳动物、软体动物及其他水生无脊椎动物的制品	13	0	0	0
糖及糖食	8	10	3	6
可可及可可制品	0	174	0	0
谷物、粮食粉、淀粉或乳的制品；糕饼点心	150	12	161	23
蔬菜、水果、坚果或植物其他部分的制品	542	23	535	52
杂项食品	82	47	70	24
饮料、酒及醋	0	952	4	1163
食品工业的残渣及废料；配制的动物饲料	797	335	95	389
烟草、烟草及烟草代用品的制品				
矿产品	735	136086	932	137119
盐；硫磺；泥土及石料；石膏料、石灰及水泥	699	122	861	41
矿砂、矿渣及矿灰	9	125990	37	122913
矿物燃料、矿物油及其蒸馏产品；沥青物质；矿物蜡	27	9974	34	14165

16-3 续 1

商　品　类　别	2012年		2013年	
	出　口	进　口	出　口	进　口
化学工业及其相关工业的产品	57261	5588	55998	5735
无机化学品；贵金属、稀土金属、放射性元素及其同位素的有机及无机化合物	699	1891	2654	1573
有机化学品	28783	617	24058	1459
药　品	10576	31	10521	64
肥　料	2873	0	1853	0
鞣料浸膏及染料浸膏；鞣酸及其衍生物；染料、颜料及其他着色料；油漆及清漆；油灰及其他胶粘剂；墨水、油墨	5334	457	4307	574
精油及香膏；芳香料制品及化妆盥洗品	26	592	174	156
肥皂、有机表面活性剂、洗涤剂、润滑剂、人造蜡、调制蜡、光洁剂、蜡烛及类似品、塑料用膏、“牙科用蜡”及牙料用熟石膏制剂	1408	284	1740	329
蛋白类物质；改性淀粉；胶；酶	285	56	334	62
炸药；烟火制品；火柴；引火合金；易燃材料制品	0	0	2	0
照相及电影用品	5	17	27	1
杂项化学产品	7272	1643	10328	1517
塑料及其制品；橡胶及其制品	16515	22021	19953	23194
塑料及其制品	14947	21006	17870	22411
橡胶及其制品	1568	1015	2083	783
生皮、皮革、毛皮及其制品；鞍具及挽具；旅行用品、手提包及类似容器、动物肠线（蚕胶丝除外）制品	2902	54	4834	498
生皮（毛皮除外）及皮革	2	45	16	19
皮革制品；鞍具及挽具；旅行用品、手提包及类似容器；动物肠线（蚕胶丝除外）制品	2872	6	4356	9
毛皮、人造毛皮及其制品	28	3	462	470
木及木制品；木炭；软木及软木制品；稻草、秸秆、针茅或其他编结材料制品；蓝筐及柳条编结品	2753	1499	2951	3037
木及木制品；木炭	1607	1499	1702	3037
软木及软木制品	5	0	10	0
稻草、秸秆、针茅或其他编结材料制品；蓝筐及柳条编结品	1141	0	1239	0
木浆及其他纤维状纤维素浆；回收（废碎）纸或纸板；纸	2012	27615	2744	23812
纸板及其制品			0	0
木浆及其他纤维状纤维素浆；回收（废碎）纸或纸板	0	26865	19	22942
纸及纸板；纸浆、纸或纸板制品	1944	723	2304	847

16-3 续 2

商品类别	2012年		2013年	
	出口	进口	出口	进口
书籍、报纸、印刷图画及其他印刷品；手稿、打字稿及设计图纸	68	27	421	23
纺织原料及纺织制品	31928	7797	38687	6775
蚕丝	155	0	47	0
羊毛、动物细毛或粗毛；马毛纱线及其机织物	139	75	23	105
棉花	663	5090	1402	4280
其他植物纺织纤维；纸纱线及其机织物	8	0	30	19
化学纤维长丝	186	363	301	286
化学纤维短纤	2979	1094	4048	620
絮胎、毡呢及无纺织物；特种纱线；线、绳、索、缆及其制品	1246	616	1066	435
地毯及纺织材料的其他铺地制品	106	33	99	27
特种机织物；簇绒织物；花边；装饰毯；装饰带；刺绣品	122	133	224	98
浸渍、涂布、包覆或层压的纺织物；工业用纺织制品	965	43	497	54
针织物或钩编织物	60	101	533	169
针织或钩编的服装及衣着附件	14723	1	16889	57
非针织或非钩编的服装及衣着附件	6476	8	9180	434
其他纺织制成品；成套物品；旧衣着及旧纺织品；碎织物	4100	240	4348	191
鞋、帽、伞、杖、鞭及其零件；已加工的羽毛及其制品；人造花；人发制品	2571	1	3035	1
鞋靴、护腿和类似品及其零件	821	0	1420	1
帽类及其零件	918	0	718	0
雨伞、阳伞、手杖、鞭子、马鞭及其零件	27	0	80	0
已加工羽毛、羽绒及其制品；人造花；人发制品	805	1	817	0
石料、石膏、水泥、石棉、云母及类似材料的制品；陶瓷产品；玻璃及其制品	16391	758	20592	687
石料、石膏、水泥、石棉、云母及类似材料的制品	2981	171	5301	168
陶瓷产品	6683	77	6830	7
玻璃及其制品	6727	510	8461	512
天然或养殖珍珠、宝石或半宝石、贵金属、包贵金属及其制品；仿手饰；硬币	2500	2037	2214	2066
天然或养殖珍珠、宝石或半宝石、贵金属、包贵金属及其制品；仿手饰；硬币	2500	2037	2214	2066
贱金属及其制品	95395	5720	90181	6034
钢铁	20414	553	14308	302
钢铁制品	69960	1582	67565	1340
铜及其制品	1342	1282	2205	2459

16-3 续 3

商品类别	2012年		2013年	
	出口	进口	出口	进口
镍及其制品	7	15	12	23
铝及其制品	2123	893	2500	1231
铅及其制品	1	2	3	3
锌及其制品	6	3	7	17
锡及其制品	2	1	1	2
其他贱金属、金属陶瓷及其制品	32	144	189	151
贱金属工具、器具、利口器、餐匙、餐叉及其零件	747	1046	1625	264
贱金属杂项制品	761	199	1766	241
机器、机械器具、电气设备及其零件；录音机及放声机、电视图像、声音的录制和重放设备及其零件、附件	196835	57960	159083	74650
核反应堆、锅炉、机器、机械器具及其零件	124875	38579	95786	43101
电机、电气设备及其零件；录音机及放声机、电视图像、声音的录制和重放设备及其零件、附件	71960	19381	63297	31549
车辆、航空器、船舶及有关运输设备	118904	34290	118083	86929
铁道及电车道机车、车辆及其零件；铁道及电车道轨道固定装置及其零件、附件；各种机械（包括电动机械）交通信号设备	3195	102	3727	222
车辆及其零件、附件，但铁道及电车道车辆除外	92456	2135	107319	1724
航空器、航空器及其零件	1537	31789	2939	84764
船舶及浮动结构体	21716	264	4098	219
光学、照相、电影、计量、检验、医疗或外科用仪器及设备、精密仪器及设备；钟表；乐器；上述物品的零件、附件	8274	29084	8333	24369
光学、照相、计量、检验、医疗或外科用仪器及设备、精密仪器及设备；上述物品的零件、附件	7888	29078	7680	24263
钟表及其零件	72	5	327	26
乐器及其零件、附件	314	1	326	80
武器、弹药及其零件、附件			0	0
武器、弹药及其零件、附件	0	0	0	0
杂项制品	11679	434	14707	898
家具；寝具、褥垫、弹簧床垫、软坐垫及类似的填充制品；未列名灯具及照明装置；发光标志、发光铭牌及类似品；活动房屋	8932	315	10899	795
玩具、游戏品、运动用品及其零件、附件	1541	8	1794	19
杂项制品	1206	111	2014	84
艺术品、收藏品及古物	10	1	401	1
特殊交易品及未分类商品	0	0	0	5

16-4 按企业性质分海关进出口商品总额（2013年）

Import and Export Value of Commodities by Ownership（2013）

单位：万美元

指　　标	合　计	国有企业	外商投资企业				集体企业	其　他
			小　计	中外合作	中外合资	外商独资		
进口商品总额	409126	177020	137608	91	108493	29024	3374	91124
一般贸易	281250	164256	36694	38	12162	24494	3269	77031
来料加工装配贸易	3589	1	1254	0	1058	196	0	2334
进料加工贸易	14537	4728	4641	53	1755	2833	0	5168
租赁贸易	81382	0	81382	0	81382	0	0	0
海关特殊监管区域进口设备	4591	4051	0	0	0	0	0	540
海关特殊监管区域物流货物	2957	1096	63	0	0	63	0	1798
投资设备	1335	0	1335	0	25	1310	0	0
保税监管场所进出境货物	18986	2855	11880	0	11880	0	101	4150
国际无偿援助和捐赠物资	0	0	0	0	0	0	0	0
其他贸易	499	33	359	0	231	128	4	103
出口商品总额	548316	88346	160181	5130	62425	92626	24126	275663
一般贸易	430934	35790	114901	5035	39253	70613	20013	260230
国际无偿援助和捐赠物资	805	314	0	0	0	0	491	0
来料加工装配贸易	4828	6	1958	0	1457	501	0	2864
进料加工贸易	52630	17973	23505	95	7822	15588	2164	8988
对外承包工程出口货物	38305	34244	255	0	255	0	1457	2349
保税监管场所进出境货物	14340	0	13578	0	13578	0	0	762
海关特殊监管区域物流货物	6314	0	5845	0	0	5845	0	469
其他贸易	160	19	139	0	60	79	1	1

16-5 历年海关进出口总额

Total Imports and Exports by Category（Customs Statistics）

单位：万美元

年　　份	进出口总额	进口总额	出口总额
1993	27446	21371	6075
1994	41746	23579	18167
1995	66587	29812	36775
1996	91347	48193	43154
1997	104230	52862	51368
1998	79943	45096	34847
1999	96125	60199	35926
2000	143935	86827	57108
2001	150143	90746	59397
2002	149264	79755	69509
2003	201554	117980	83545
2004	304678	167373	137305
2005	376213	198370	177843
2006	438930	194981	243949
2007	621804	278277	343527
2008	802699	342979	459720
2009	565704	260998	304706
2010	743776	338888	404888
2011	1041422	436966	604456
2012	913286	341844	571442
2013	957442	409126	548316

16-6 利用外资情况

Utilization of Foreign Capital

指　　标	2008年	2009年	2010年	2011年	2012年	2013年
利用外资合同数（个）	69	74	87	86	84	86
对外借款	–	–	–	–	–	–
外商直接投资	69	74	87	86	84	86
外商其他投资	–	–	–	–	–	–
合同外资金额（万美元）	146672	115165	120903	141440	162081	165341
对外借款	–	–	–	–	–	–
外商直接投资	146672	115165	120903	141440	162081	165341
外商其他投资	–	–	–	–	–	–
实际使用外资（万美元）	96441	98062	104011	110002	122016	132054
对外借款	9993	–	–	–	–	–
外商直接投资	86448	98062	104011	110002	122016	132054
外商其他投资	–	–	–	–	–	–

16-7 对外经济技术合作

Technological Cooperation with Foreign Countries or Territories

指　　标	单　位	2008年	2009年	2010年	2011年	2012年	2013年
对外承包和劳务合作合同金额	万美元	392137	336350	345291	385394	458996	190515
对外承包	万美元	378661	324203	329172	385394	458996	190515
劳务合作	万美元	13476	12147	16119	–	–	–
设计咨询	万美元	–	–	–	–	–	–
对外承包和劳务合作合同项数	项	427	245	467	–	–	–
对外承包	项	30	28	47	–	–	–
劳务合作	项	397	217	420	–	–	–
设计咨询	项	–	–	–	–	–	–
对外承包和劳务合作营业额	万美元	85655	154792	150697	216052	240406	197113
对外承包	万美元	67614	136805	135079	216052	240406	197113
劳务合作	万美元	18041	17987	15618	–	–	–
设计咨询	万美元	–	–	–	–	–	–
外派劳务人数	人	–	–	–	9908	6187	8339
境外投资企业数	个	–	–	–	44	42	48
中方协议投资额	万美元	–	–	–	24538	53412	54231

16-8 出口1000万美元以上企业一览表（2013年）

Summary of Enterprises with Annual Exports Value Above 10 Million Dollar（2013）

单位：万美元

单位名称	出口额	单位名称	出口额
中国重汽集团	65447	济南华辰实业有限责任公司	1810
济南玫德铸造有限公司	31292	济南轻骑标致摩托车有限公司	2515
山东电力基本建设总公司	17283	济南邦和工贸有限公司	1694
浪潮集团有限公司	14550	济南宏创博展汽车销售有限公司	1609
山东太古飞机工程有限公司	13579	海湾电子（山东）有限公司	1584
济钢集团国际贸易有限责任公司	9559	济南艾伯特商贸有限公司	1576
济南澳海炭素有限公司	8795	济南派克线缆有限公司	1552
齐鲁天和惠世制药有限公司	7742	章丘市瑞烨机械有限公司	1551
中铁十局集团有限公司	7266	山东科润霖化工有限公司	1548
山东集鑫汽车销售有限公司	6995	山东威明汽车产品有限公司	1504
山东电力建设第二工程公司	6957	山东中天重工有限公司	1503
济南二机床集团有限公司	5620	山东省农业生产资料有限责任公司	1501
山东绿霸化工股份有限公司	5448	济南九鼎中泰国际贸易有限公司	1490
齐鲁安替制药有限公司	4709	中铁十四局集团有限公司	1470
中能华辰集团有限公司	4570	山东百利通亚陶科技有限公司	1440
济南圣泉集团股份有限公司	4173	济南市冶金科学研究所	1436
中国电子进出口山东公司	3962	商河宏业棉纺织（集团）有限公司	1435
济南轻骑摩托车有限公司	3922	济南博意达商贸有限公司	1431
山东冠世时装加工有限公司	3902	华熙福瑞达生物医药有限公司	1392
山东古泰进出口贸易有限公司	3893	济南莱福瑞制冷配件有限公司	1374
山东齐发药业有限公司	3378	山东松下电子信息有限公司	1372
济南秦工国际贸易有限公司	3240	济南实达紧固件有限公司	1332
济南金麒麟刹车系统有限公司	3204	济南创凯科技有限公司	1312
济南万方炭素有限责任公司	3180	山东商龙经贸有限公司	1276
济南台有玻璃制品有限公司	3110	山东凯莱（国际）贸易有限公司	1270
济南鲁东耐火材料有限公司	3086	章丘振宇锻造有限公司	1265
山东力诺光伏高科技有限公司	2970	齐鲁制药有限公司	1235
山东源和电站工程技术有限公司	2878	九阳股份有限公司	1192
济南华尔重型汽车销售有限公司	2813	山东华芯微电子科技有限公司	1181
济南大自然化学有限公司	2655	济南扬银洗涤制品有限公司	1165
山东冠世针织有限公司	2610	济南祥瑞化工有限公司	1158
山东球墨铸铁管有限公司	2580	济南思迈迩制衣有限公司	1133
山东科赛怡锐化工有限公司	2555	中集车辆（山东）有限公司	1128
济南弘正科技有限公司	2526	济南沃德汽车零部件有限公司	1125
济南圣泉海沃斯树脂有限公司	2390	济南世纪天邦汽车进出口贸易有限公司	1121
j济南裕兴化工有限责任公司	2381	山东中氟化工科技有限公司	1116
山东冶金设计院股份有限公司	2369	济南星辉数控机械科技有限公司	1107
中国山东对外经济技术合作集团有限公司	2235	济南鑫耐锻造有限公司	1095
山东华民钢球股份有限公司	2115	济南银丰硅制品有限责任公司	1092
章丘海尔电机有限公司	2063	山东恒协经贸有限公司	1079
济阳县华龙饰品有限公司	2059	济南天择食品有限公司	1076
济南西门子变压器有限公司	1884	山东华顺天成经贸有限公司	1064
山东润科国际贸易有限公司	1882	山东金鲁阳重工有限公司	1018
山东电力设备有限公司	1815	济南嘉亚经贸发展有限公司	1009

16-9 涉外宾馆接待国际旅游者

Foreign Tourists Received by Tourist Hotels

指　　标	2008 年	2009 年	2010 年	2011 年	2012 年	2013 年
国际旅游者人数合计（人次）	170263	187303	230985	289953	315949	307244
外国人	107487	116357	153327	193963	205606	194003
#日　本	22000	24848	27226	32498	30438	24457
菲律宾	1464	1176	1262	2461	2351	2231
新加坡	6642	7519	9511	12323	13729	13525
韩　国	23665	26523	26501	31921	33734	32026
加拿大	3909	4088	4097	4986	5272	5283
英　国	2955	3110	7015	8284	9120	8978
德　国	3900	4113	10662	12393	13477	13245
法　国	2929	3024	4539	5404	6040	5873
意大利	1487	1541	2072	3282	3383	3752
瑞　士	536	573	717	837	895	895
澳大利亚	4008	4559	5198	7529	8441	8250
新西兰	874	1149	1151	1445	1445	1448
美　国	12025	12000	13815	17860	19763	19243
港澳和台湾同胞	62776	70946	77658	95990	110343	113241
#台湾同胞	21782	24541	31243	39750	48898	54031
国际旅游者人天数合计（人天）	355482	424977	534367	678516	741043	725144
外国人	236716	267238	357446	446616	481859	453894
港澳和台湾同胞	118766	157739	176921	231900	589184	271250
#台湾同胞	44160	53971	68195	92831	113127	124750
旅游外汇收入（亿美元）	0.83	0.93	1.14	1.42	1.60	1.51
#商品性收入	0.16	0.18	0.22	0.34	0.51	0.32
附：平均每天来济国际旅游人数（人次）	466	513	633	794	866	842
星级宾馆客房出租率（%）	63.8	63.3	65.2	68.0	64.8	61.0

16-10 济南与国外结成友好城市一览表（2013年末）

Foreign Friendly Cities of Jinan（End of 2013）

国　别	城　市	缔结日期
日本	和歌山市	1983.1.14
英国	考文垂市	1983.10.3
美国	萨克拉门托市	1985.5.29
日本	山口市	1985.9.20
加拿大	里贾纳市	1987.8.10
巴布亚新几内亚	首都地区	1988.9.28
韩国	水原市	1993.9.27
俄罗斯	下诺夫哥罗德市	1994.9.25
芬兰	万达市	2001.8.27
法国	雷恩市	2002.7.17
澳大利亚	郡德乐普市	2003.9.4
德国	奥格斯堡市	2004.10.10
乌克兰	哈尔克夫市	2007.5.23
以色列	卡法萨巴市	2009.5.11
白俄罗斯	维捷布斯克市	2009.9.20
佛得角	普拉亚市	2009.9.22
巴西	波多韦柳市	2011.10.13
土耳其	马尔马里斯	2011.10.21
印度尼西亚	徐图利祖	2012.09.21
保加利亚	卡赞勒格	2013.08.29

16-11 济南与各友好城市交流

Basic Statistics of Transmission Between Foreign Friendly Cities and Jinan

指　标	2008年	2009年	2010年	2011年	2012年	2013年
出访交流考察						
批　数	35	16	382	357	374	257
人　次	200	94	1700	1184	1250	866
派出进修生						
批　数	–	–	–	–	–	–
人　次	–	–	–	–	–	–
接待来访团组						
批　数	35	31	295	259	280	140
人　次	450	185	3100	2782	2680	1786

主要统计指标解释

Explanatory Notes on Main Statistical Indicators

海关进出口总额 指实际进出我国国境的货物总金额。包括对外贸易实际进出口货物，来料加工装配进出口货物，国家间、联合国及国际组织无偿援助物资和赠送品，华侨、港澳台同胞和外籍华人捐赠品，租赁期满归承租人所有的租赁货物，进料加工进出口货物，边境地方贸易及边境地区小额贸易进出口货物（边民互市贸易除外），中外合资企业、中外合作经营企业、外商独资经营企业进出口货物和公用物品，到、离岸价格在规定限额以上的进出口货样和广告品（无商业价值、无使用价值和免费提供出口的除外），从保税仓库提取在中国境内销售的进口货物，以及其他进出口货物。进出口总额用以观察一个国家在对外贸易方面的总规模。我国规定出口货物按离岸价格统计，进口货物按到岸价格统计。

利用外资 指我国各级政府、部门、企业和其他经济组织通过对外借款、吸收外商直接投资以及用其他方式筹措的境外现汇、设备、技术等。

对外借款 是我国利用外资的重要部分。指通过对外正式签订借款协议，从境外筹措的资金，包括外国政府贷款、国际金融组织贷款、外国银行商业贷款、出口信贷以及对外发行债券等。1996 年及以前还包括对外发行股票。

外商直接投资 指外国企业和经济组织或个人（包括华侨、港澳台胞以及我国在境外注册的企业）按我国有关政策、法规，用现汇、实物、技术等在我国境内开办外商独资企业、与我国境内的企业或经济组织共同举办中外合资经营企业、合作经营企业或合作开发资源的投资（包括外商投资收益的再投资）。即“外方投资者的投资股本”和总投资与注册资本差额部分的“外方股东对企业的直接贷款”。

外商其他投资 指除对外借款和外商直接投资以外的各种利用外资的形式。包括企业在境内外股票市场公开发行的以外币计价的股票（目前主要是在香港证券市场发行的H股和在境内证券市场发行的B股）发行价总额，国际租赁进口设备的应付款，补偿贸易中外商提供的进口设备、技术、物料的价款，加工装配贸易中外商提供的进口设备、物料的价款，外商投资企业差额借款。

对外承包工程 指各对外承包公司以招标议标承包方式承揽的下列业务：（1）承包国外工程建设项目，（2）承包我国对外经援项目，（3）承包我国驻外机构的工程建设项目，（4）承包我国境内利用外资进行建设的工程项目，（5）与外国承包公司合营或联合承包工程项目时我国公司分包部分，（6）对外承包兼营的房屋开发业务。对外承包工程的营业额是以货币表现的本期内完成的对外承包工程的工作量，包括以前年度签订的合同和本年度新签订的合同在报告期内完成的工作量。

对外劳务合作 指以收取工资的形式向业主或承包商提供技术和劳动服务的活动。我国对外承包公司在境外开办的合营企业，中国公司同时又提供劳务的，其劳务部分也纳入劳务合作统计。劳务合作营业额按报告期内向雇主提交的结算数（包括工资、加班费和奖金等）统计。

对外设计咨询 指以服务成果向业主收费的技术服务项目。包括承担地形地貌测绘，地质资源勘探与普查，建设区域规划，提供设计文件、图纸、生产工艺技术资料和工程技术经济咨询，工程项目的可行性考察、研究和评估，进行技术指导和培训人员等；也包括承担国（境）内利用外资进行建设的工程项目的上述规定的设计咨询项目的收取外币部分。

旅游者人数 包括入境国际旅游者人数、出境居民人数和国内旅游者人数。

（1）入境国际旅游者人数：指来中国参观、访问、旅行、探亲、访友、休养、考察、参加会议和从事经济、科技、文化、教育、宗教等活动的外国人、华侨、港澳同胞和台湾同胞的人数。不包括外国在我国的常驻机构，如使领馆、通讯社、企业办事处的工作人员；来我国常住的外国专家、留学生以及在岸逗留不过夜人员。

（2）出境居民人数：指大陆居民因公务活动或私人事务短期出境的人数。公务活动出境居民人数包括在国际交通工具上的中国服务员工，因私出境居民人数不包括在国际交通工具上的中国服务员工。

（3）国内旅游者人数：指我国大陆居民和在我国常住1年以上的外国人、华侨、港澳台同胞离开常住地在境内其他地方的旅游设施内至少停留一夜，最长不超过6个月的人数。

国际旅游（外汇）收入 指入境旅游的外国人、华侨、港澳同胞和台湾同胞在中国大陆旅游过程中发生的一切旅游支出，对于国家来说就是国际旅游（外汇）收入。

国际旅行社 指经营对外招徕并接待外国人、华侨、港澳同胞和台湾同胞来中国、归国或回内地旅游业务的旅行社。

国内旅行社 指负责经营招徕、组团、接待国内旅客的旅游业务，以及不对外招徕，负责经营接待国际旅行社或其它涉外部门组织的外国人、华侨、港澳同胞和台湾同胞来中国、归国或回内地的旅游业务的旅行社。

涉外饭店 指经有关部门批准，允许接待外国人、华侨、港澳同胞和台湾同胞的饭店。

三资企业 指中外合资经营企业、中外合作经营企业、外资企业、港澳台与大陆合资经营企业、港澳台与大陆合作经营企业，港澳台独资企业。

建成投产企业 指已完成原企业合同中规定的基建规模后已投入正常生产，或已正式开业经营。

从业人员 指在三资企业中工作，并取得劳动报酬或经营收入的全部人员。

外国人 包括加入外国国籍的中国血统华人，外国人的国别按所持护照区分。

华侨 指定居在国外但未加入外国国籍的中国同胞。从2000 年起，华侨统计在外国人内。

港澳同胞和台湾同胞 指居住在我国港澳地区和台湾省的中国同胞，凡已加入外国国籍或定居在其他国家、地区的港澳和台湾同胞，应列为“外国人”或“华侨”。

客房出租率 指报告期客房实际出租天数除以报告期客房可出租天数的百分数。

17

科 技

SCIENCE AND TECHNOLOGY

17－1 科技综合情况

Basic Statistics on Science and Technology

指　标	单位	2008 年	2009 年	2010 年	2011 年	2012 年	2013 年
R&D 活动单位	个	327	413	445	401	446	573
R&D 活动全时人员	人年	26693	30067	33389	37048	37824	41643
R&D 活动经费内部支出	万元	576555	679824	814450	955341	989528	1111522
#基础研究	万元	16065	29891	42834	53609	72717	77918
#应用研究	万元	65516	71432	92867	126146	135575	127176
#试验发展	万元	484491	578501	678750	775586	781236	906428
#日常性支出	万元	566072	59948	719001	852242	859567	967345
人员劳务费	万元	174301	168930	201119	266312	277486	320273
#资产性支出	万元	147612	80340	95450	103101	129961	144177
仪器设备	万元	140704	72182	85139	96654	123932	135607
R&D 活动经费外部支出	万元	51057	46702	41114	40140	38990	46679
科技成果情况							
专利申请数	件	2657	4487	4425	6301	8699	10221
#发明专利申请数	件	1240	1708	1770	2678	3903	4755
拥有发明专利数	件	1943	3348	3717	5624	4973	6087
科技项目（课题）情况							
项目（课题）数	项	11469	12980	13895	11174	15899	17683
项目参加人员折合全时当年	人年	31675	32956	30439	35518	36702	39557

17－2 科技投入情况（2013年）

Basic Statistics on Scientific and Technological Funds（2013）

指　标	单位	合　计	科研机构	高等院校	规模以上工业企业	其　他
有 R&D 活动单位数	个	573	72	33	388	80
R&D 人员	人	62111	5342	12542	33644	10583
#研究人员	人	31045	3558	10437	13072	3978
博士生	人	4631	724	3331	383	193
硕士生	人	11094	1630	3924	3458	2082
本科生	人	20292	2278	3416	13018	1580
其他	人	26094	710	1871	16785	6728
R&D 人员折合全时人员	人年	42871	4756	6444	25710	5961
基础研究	人年	5506	1031	3275	2	1199
应用研究	人年	6519	1998	2777	743	1001
试验发展	人年	30845	1727	392	24965	3761
R&D 经费内部支出	万元	1111522	99821	94067	801135	116499
基础研究	万元	77918	14421	41847	252	21398
应用研究	万元	127176	41499	40221	21635	23822
试验发展	万元	906428	43901	11999	779249	71279
日常性支出	万元	967345	77737	80062	722075	87471
#人员劳务费	万元	320273	35425	14005	214853	55990
资产性支出	万元	144177	22084	14005	79060	29028
#仪器和设备	万元	135607	17454	12621	76980	28551

17－3　规模以上工业企业科技活动情况（2013年）

Main Indicators of Industrial Enterprises Above Designated Size（2013）

单位：个

指　　　标	企业数	#有R&D活动的单位数	R&D活动项目数	企业办科技机构数
总计	1902	388	3400	335
按登记注册类型分				
国有企业	30	10	193	11
集体企业	30	2	4	3
股份合作企业	9	1	1	
国有联营企业	1	1	85	5
集体联营企业	1			
国有与集体联营企业	1			
国有独资公司	23	7	550	17
其他有限责任公司	664	142	1187	129
股份有限公司	69	36	461	45
私营独资企业	74	3	4	4
私营合伙企业	4			
私营有限责任公司	753	132	400	90
私营股份有限公司	41	9	146	10
其他企业	26	2	2	1
合资经营企业(港或澳、台资)	24	3	11	2
合作经营企业(港或澳、台资)	1			
港、澳、台商独资经营企业	24	7	29	
港、澳、台商投资股份有限公司	1	1	1	1
中外合资经营企业	72	19	118	8
中外合作经营企业	6	1	7	1
外资企业	46	9	70	6
外商投资股份有限公司	2	1	30	
按工业行业大类分				
煤炭开采和洗选业	7			
石油和天然气开采业	3			
黑色金属矿采选业	3			
非金属矿采选业	14	1	7	2
农副食品加工业	78	13	33	5
食品制造业	53	8	55	11
酒、饮料和精制茶制造业	23	4	14	5

17-3 续

指　　标	企业数	#有 R&D 活动的单位数	R&D 活动项目数	企业办科技机构数
烟草制品业	2			
纺织业	55	6	50	7
纺织服装、服饰业	31			1
皮革、毛皮、羽毛及其制品和制鞋业	8	2	11	1
木材加工和木、竹、藤、棕、草制品业	19	1	1	
家具制造业	13			
造纸和纸制品业	28	1	1	1
印刷和记录媒介复制业	40	5	34	4
文教、工美、体育和娱乐用品制造业	23	2	2	
石油加工、炼焦和核燃料加工业	15	4	10	7
化学原料和化学制品制造业	138	38	182	34
医药制造业	65	34	454	26
化学纤维制造业	2	1	5	1
橡胶和塑料制品业	70	3	15	3
非金属矿物制品业	186	27	144	19
黑色金属冶炼和压延加工业	34	3	88	6
有色金属冶炼和压延加工业	14	2	6	2
金属制品业	210	16	97	15
通用设备制造业	266	64	486	54
专用设备制造业	139	42	219	33
汽车制造业	83	11	405	16
铁路、船舶、航空航天和其他运输设备制造业	28	8	89	5
电气机械和器材制造业	91	27	326	27
计算机、通信和其他电子设备制造业	48	27	431	27
仪器仪表制造业	52	28	107	19
其他制造业	4	1	1	
废弃资源综合利用业	3			
金属制品、机械和设备修理业	5	2	24	1
电力、热力生产和供应业	23	4	12	
燃气生产和供应业	16			
水的生产和供应业	10	1	1	1

17－4　规模以上工业企业技术改造及引进吸收（2013年）

Innovation and Resorb of Industrial Enterprises Above Designated Size（2013）

单位：万元

指标	技术改造经费支出	引进国外技术经费支出	引进技术的消化吸收经费支出	购买国内技术经费支出
总计	570591	11220	21238	13009
按登记注册类型分				
国有企业	6392		60	40
集体企业	80			
股份合作企业	160			30
国有联营企业	26893	2135	3348	7048
集体联营企业				
国有与集体联营企业				
国有独资公司	99492	266	525	491
其他有限责任公司	305039	2338	1167	3348
股份有限公司	85865	3174	15482	1633
私营独资企业				
私营合伙企业				
私营有限责任公司	5519	10	86	325
私营股份有限公司	37066	180	354	50
其他企业				
合资经营企业(港或澳、台资)				
合作经营企业(港或澳、台资)				
港、澳、台商独资经营企业				
港、澳、台商投资股份有限公司	500			
中外合资经营企业	3172	3118		44
中外合作经营企业				
外资企业	413		216	
外商投资股份有限公司				
按工业行业大类分				
煤炭开采和洗选业				
石油和天然气开采业				
黑色金属矿采选业				
非金属矿采选业	150			30
农副食品加工业	101			
食品制造业	15884	15		

17-4 续

指标	技术改造经费支出	引进国外技术经费支出	引进技术的消化吸收经费支出	购买国内技术经费支出
酒、饮料和精制茶制造业	620			150
烟草制品业				
纺织业	6232			
纺织服装、服饰业				
皮革、毛皮、羽毛及其制品和制鞋业	56		26	
木材加工和木、竹、藤、棕、草制品业				
家具制造业				
造纸和纸制品业				
印刷和记录媒介复制业	500			
文教、工美、体育和娱乐用品制造业				
石油加工、炼焦和核燃料加工业	61912	2100	14932	1600
化学原料和化学制品制造业	37690	190	5	99
医药制造业	19952	909	625	2635
化学纤维制造业	370			
橡胶和塑料制品业	76			
非金属矿物制品业	222224	574	66	145
黑色金属冶炼和压延加工业	26893	2135	3348	7048
有色金属冶炼和压延加工业	200			
金属制品业	1526	225	353	275
通用设备制造业	22513		277	125
专用设备制造业	2796	92	36	88
汽车制造业	92031	3329	538	181
铁路、船舶、航空航天和其他运输设备制造业	3421	563	688	108
电气机械和器材制造业	15298	988	338	454
计算机、通信和其他电子设备制造业	38360			66
仪器仪表制造业	452		5	5
其他制造业				
废弃资源综合利用业				
金属制品、机械和设备修理业		100		
电力、热力生产和供应业	1312			
燃气生产和供应业				
水的生产和供应业	23			

17－5　规模以上工业企业技术资源（2013年）

Technical Resources of Industrial Enterprises Above Desitnated Size（2013）

指　　标	R&D经费内部支出合计（万元）	新产品产值（万元）	研究与试验发展(R&D)人员（人）	R&D人员折合全时当量（人年）
总计	801135	11825754	33644	25710
按登记注册类型分				
国有企业	22478	261377	1137	798
集体企业	593	3410	59	58
股份合作企业	718	1477	15	4
国有联营企业	65029	794400	1790	1416
集体联营企业				
国有与集体联营企业				
国有独资公司	184927	2885948	5749	5174
其他有限责任公司	336130	4598606	13997	10442
股份有限公司	56188	1175732	3784	2387
私营独资企业	455	6503	19	5
私营合伙企业				
私营有限责任公司	56224	370240	2978	2121
私营股份有限公司	21643	377808	970	740
其他企业	152		13	12
合资经营企业(港或澳、台资)	2398	23361	99	44
合作经营企业(港或澳、台资)				
港、澳、台商独资经营企业	6420	27274	224	164
港、澳、台商投资股份有限公司	1385	46885	149	149
中外合资经营企业	16247	339165	1755	1435
中外合作经营企业	406	9835	69	48
外资企业	4550	34360	308	230
外商投资股份有限公司	6345		46	7
按工业行业大类分				
煤炭开采和洗选业				
石油和天然气开采业				
黑色金属矿采选业				
非金属矿采选业	36	2650	4	4
农副食品加工业	7570	32319	216	109
食品制造业	2497	35095	206	130

17–5 续

指　　标	R&D 经费内部支出合计（万元）	新产品产值（万元）	研究与试验发展(R&D)人员（人）	R&D 人员折合全时当量（人年）
酒、饮料和精制茶制造业	1327	20123	101	48
烟草制品业				
纺织业	15383	107855	523	264
纺织服装、服饰业				
皮革、毛皮、羽毛及其制品和制鞋业	858	2998	129	48
木材加工和木、竹、藤、棕、草制品业	62		3	0
家具制造业				
造纸和纸制品业	230	867	10	5
印刷和记录媒介复制业	2513	66206	231	211
文教、工美、体育和娱乐用品制造业	371		9	8
石油加工、炼焦和核燃料加工业	2630	482234	484	200
化学原料和化学制品制造业	37868	542059	1806	1250
医药制造业	60975	783448	2689	2189
化学纤维制造业	419	27302	28	6
橡胶和塑料制品业	1276	9898	91	39
非金属矿物制品业	30309	464341	1632	1227
黑色金属冶炼和压延加工业	65554	803771	1808	1430
有色金属冶炼和压延加工业	1513	21000	139	131
金属制品业	21137	333626	712	297
通用设备制造业	83249	521426	4720	3511
专用设备制造业	20698	247912	1565	1124
汽车制造业	158218	2815722	3948	3648
铁路、船舶、航空航天和其他运输设备制造业	24831	339156	1277	766
电气机械和器材制造业	60020	429442	1981	1203
计算机、通信和其他电子设备制造业	165179	2726539	7142	6035
仪器仪表制造业	13654	77767	900	656
其他制造业	200		2	2
废弃资源综合利用业		10170		
金属制品、机械和设备修理业	2614	16440	695	606
电力、热力生产和供应业	890	36017	105	80
燃气生产和供应业				
水的生产和供应业	207		5	3

17－6 规模以上工业企业科技活动项目（2013年）

Technology Projict Activities of Industrial Enterprises Above Designated Size（2013）

指　　标	R&D活动项目数（项）	R&D活动项目经费内部支出（万元）	新产品开发项目数（项）	新产品开发经费支出（万元）
总计	3400	714842	3671	854558
按登记注册类型分				
国有企业	193	18294	203	23195
集体企业	4	460	5	624
股份合作企业	1	480	1	718
国有联营企业	85	63554	77	62270
集体联营企业				
国有与集体联营企业				
国有独资公司	550	171428	500	189578
其他有限责任公司	1187	297769	1178	338505
股份有限公司	461	49387	584	65202
私营独资企业	4	428	3	527
私营合伙企业				
私营有限责任公司	400	44465	541	73810
私营股份有限公司	146	21272	138	19415
其他企业	2	136	2	152
合资经营企业(港或澳、台资)	11	2179	40	4803
合作经营企业(港或澳、台资)				
港、澳、台商独资经营企业	29	6419	13	1188
港、澳、台商投资股份有限公司	12	1361	22	2303
中外合资经营企业	118	15815	115	18788
中外合作经营企业	7	365	12	2533
外资企业	70	3405	95	8610
外商投资股份有限公司	30	6345	30	6345
按工业行业大类分				
煤炭开采和洗选业				
石油和天然气开采业				
黑色金属矿采选业				
非金属矿采选业	7	33	7	36
农副食品加工业	33	7485	36	7840
食品制造业	55	2314	92	4819

17–6 续

指　　标	R&D 活动项目数（项）	R&D 活动项目经费内部支出（万元）	新产品开发项目数（项）	新产品开发经费支出（万元）
酒、饮料和精制茶制造业	14	1265	14	1060
烟草制品业			3	190
纺织业	50	6423	68	17429
纺织服装、服饰业			1	200
皮革、毛皮、羽毛及其制品和制鞋业	11	639	11	858
木材加工和木、竹、藤、棕、草制品业	1	60	1	62
家具制造业			1	75
造纸和纸制品业	1	215	20	605
印刷和记录媒介复制业	34	2054	55	16534
文教、工美、体育和娱乐用品制造业	2	345	3	251
石油加工、炼焦和核燃料加工业	10	1324	10	1842
化学原料和化学制品制造业	182	32401	168	34576
医药制造业	454	54414	474	65420
化学纤维制造业	5	419	6	789
橡胶和塑料制品业	15	1198	26	2723
非金属矿物制品业	144	28356	121	28560
黑色金属冶炼和压延加工业	88	64060	86	64054
有色金属冶炼和压延加工业	6	1300	6	1513
金属制品业	97	19999	104	16457
通用设备制造业	486	74992	494	77485
专用设备制造业	219	16676	314	28873
汽车制造业	405	146722	388	173814
铁路、船舶、航空航天和其他运输设备制造业	89	21442	96	25803
电气机械和器材制造业	326	51293	298	45444
计算机、通信和其他电子设备制造业	431	152200	502	182053
仪器仪表制造业	107	12222	124	15479
其他制造业	1	200		
废弃资源综合利用业			2	213
金属制品、机械和设备修理业	24	2412	26	2910
电力、热力生产和供应业	12	889		
燃气生产和供应业				
水的生产和供应业	1	207	2	594

17－7 规模以上工业

R&D Funds of Industrial

指标	R&D经费内部支出			
	合计	按活动类型分组		
		基础研究	应用研究支出	试验发展支出
总计	801135	252	21635	779249
按登记注册类型分				
国有企业	22478			22478
集体企业	593			593
股份合作企业	718			718
国有联营企业	65029		1046	63983
集体联营企业				
国有与集体联营企业				
国有独资公司	184927		9102	175825
其他有限责任公司	336130	252	6975	328903
股份有限公司	56188		2281	53908
私营独资企业	455			455
私营合伙企业				
私营有限责任公司	56224		576	55648
私营股份有限公司	21643		29	21614
其他企业	152			152
合资经营企业(港或澳、台资)	2398			2398
合作经营企业(港或澳、台资)				
港、澳、台商独资经营企业	6420			6420
港、澳、台商投资股份有限公司	1385			1385
中外合资经营企业	16247		605	15642
中外合作经营企业	406			406
外资企业	4550		162	4388
外商投资股份有限公司	6345			6345
按工业行业大类分				
煤炭开采和洗选业				
石油和天然气开采业				
黑色金属矿采选业				
非金属矿采选业	36			36
农副食品加工业	7570			7570
食品制造业	2497		162	2335

企业 R&D 经费情况（2013 年）

Enterprises Above Designated Size（2013）

单位：万元

按支出用途分组		按资金来源分组				R&D 经费外部支出
经常费支出	资产性支出	政府资金	企业资金	境外资金	其他资金	
722075	79060	40692	749952	3332	7159	34433
18651	3827	238	22061	81	98	5096
540	53	70	523			
718		28	690			30
64613	417	55	64974			10959
168906	16021	11125	171428	2101	273	3984
303746	32384	19768	311935	1114	3314	11205
49044	7144	2135	53241	37	776	881
396	59		405		50	
45752	10472	4809	49864		1552	1157
21076	567	1252	19312		1079	424
124	28	15	119		18	
2273	126		2398			
6409	10		6420			60
964	421		1385			84
15393	854	1088	15159			76
377	29	54	352			
2929	1621	55	4495			293
6345			6345			
35	1		36			
7396	174	38	7279		253	75
2174	323	103	2393			157

17–7 续

指　　标	R&D经费内部支出			
	合 计	按活动类型分组		
		基础研究	应用研究支出	试验发展支出
酒、饮料和精制茶制造业	1327			1327
烟草制品业				
纺织业	15383		642	14741
纺织服装、服饰业				
皮革、毛皮、羽毛及其制品和制鞋业	858			858
木材加工和木、竹、藤、棕、草制品业	62			62
家具制造业				
造纸和纸制品业	230		230	
印刷和记录媒介复制业	2513			2513
文教、工美、体育和娱乐用品制造业	371			371
石油加工、炼焦和核燃料加工业	2630			2630
化学原料和化学制品制造业	37868		1158	36709
医药制造业	60975		68	60907
化学纤维制造业	419			419
橡胶和塑料制品业	1276			1276
非金属矿物制品业	30309		1791	28518
黑色金属冶炼和压延加工业	65554		1046	64508
有色金属冶炼和压延加工业	1513			1513
金属制品业	21137		1090	20047
通用设备制造业	83249		9172	74077
专用设备制造业	20698		21	20678
汽车制造业	158218		1329	156889
铁路、船舶、航空航天和其他运输设备制造业	24831			24831
电气机械和器材制造业	60020	252	3599	56170
计算机、通信和其他电子设备制造业	165179		422	164757
仪器仪表制造业	13654		46	13609
其他制造业	200			200
废弃资源综合利用业				
金属制品、机械和设备修理业	2614			2614
电力、热力生产和供应业	890			890
燃气生产和供应业				
水的生产和供应业	207			207

按支出用途分组		按资金来源分组				R&D 经费外部支出
经常费支出	资产性支出	政府资金	企业资金	境外资金	其他资金	
1064	263	81	1246			110
6400	8983	11	15372			57
853	5		858			20
62		1	30		30	
150	80		230			
2086	428	15	2498			111
271	100	1	335		35	
1346	1284	40	2590			360
33197	4670	1379	35900		589	927
52751	8224	1987	58538	81	368	5407
419			419			
1147	129	62	1214			3
27564	2746	1409	28428	37	435	442
65055	499	55	65499			10959
1313	200	28	1485			
19433	1704	80	21057			58
68942	14307	11122	70543	169	1414	2555
18988	1710	3335	15923		1441	387
143968	14250	2178	153167	1931	943	3162
23175	1656	257	24484	90		312
52678	7343	1537	58313	170		957
160948	4231	15713	147441	854	1171	2478
13208	446	1228	11947		479	2044
200		5	195			
2340	274	25	2589			
886	5	1	889			3668
207			207			

17－8 规模以上工业企业办科技机构情况（2013年）

Science and Technology Institutions of Industrial Enterprises Above Designated Size （2013）

指　　标	机构数（个）	机构人员（人）				机构经费支出（万元）	仪器和设备原价（万元）
		合计	博士毕业	硕士毕业	本科毕业		
总计	335	25024	466	3977	15843	586718	476036
按登记注册类型分							
国有企业	11	1094	16	150	771	14663	16970
集体企业	3	60		8	45	264	199
股份合作企业							
国有联营企业	5	2176	17	256	1821	87347	17560
集体联营企业							
国有与集体联营企业							
国有独资公司	17	3332	14	402	2253	99712	72872
其他有限责任公司	129	11079	170	1952	6806	277637	208407
股份有限公司	45	2745	75	390	1637	32190	77337
私营独资企业	4	34		1	21	43	91
私营合伙企业							
私营有限责任公司	90	2011	77	317	1114	18728	25713
私营股份有限公司	10	760	30	192	460	20161	14615
其他企业	1	6		2	4	25	28
合资经营企业(港或澳、台资)	2	149		24	61	947	6244
合作经营企业(港或澳、台资)							
港、澳、台商独资经营企业							
港、澳、台商投资股份有限公司	1	170		7	78	1925	7115
中外合资经营企业	8	518	5	19	401	8391	4875
中外合作经营企业	1	177	2	59	39	1723	1231
外资企业	6	167	3	13	103	1933	3773
外商投资股份有限公司							
按工业行业大类分							
煤炭开采和洗选业							
石油和天然气开采业							
黑色金属矿采选业							
非金属矿采选业	2	20	1	2	12	50	6
农副食品加工业	5	146	3	18	54	5874	2700
食品制造业	11	287	15	24	214	2768	47353

17-8 续

指　　标	机构数（个）	机构人员（人）				机构经费支出（万元）	仪器和设备原价（万元）
		合计	博士毕业	硕士毕业	本科毕业		
酒、饮料和精制茶制造业	5	140	3	7	83	3100	1940
烟草制品业							
纺织业	7	162	2	21	39	7055	12062
纺织服装、服饰业	1	15			10	50	16
皮革、毛皮、羽毛及其制品和制鞋业	1	92	1	10	27	552	61
木材加工和木、竹、藤、棕、草制品业							
家具制造业							
造纸和纸制品业	1	130		23	57	517	1200
印刷和记录媒介复制业	4	359	9	44	183	6656	12744
文教、工美、体育和娱乐用品制造业							
石油加工、炼焦和核燃料加工业	7	231	1	25	69	1360	5961
化学原料和化学制品制造业	34	1428	27	214	913	25412	17259
医药制造业	26	2321	75	581	1085	50004	56738
化学纤维制造业	1	8			5	150	173
橡胶和塑料制品业	3	144	3	7	62	1457	1369
非金属矿物制品业	19	704	13	41	319	9597	14421
黑色金属冶炼和压延加工业	6	2210	18	258	1821	87513	18063
有色金属冶炼和压延加工业	2	184		5	38	1233	667
金属制品业	15	581	29	48	345	7077	37687
通用设备制造业	54	3487	28	345	2386	51011	47255
专用设备制造业	33	991	22	82	655	7820	10549
汽车制造业	16	2066	14	282	1240	78585	41106
铁路、船舶、航空航天和其他运输设备制造业	5	626	3	67	498	7787	13487
电气机械和器材制造业	27	1519	29	211	852	42677	52296
计算机、通信和其他电子设备制造业	27	5855	89	1389	4029	159150	57968
仪器仪表制造业	19	535	24	81	395	5599	2630
其他制造业							
废弃资源综合利用业							
金属制品、机械和设备修理业	1	224		5	216	2587	1314
电力、热力生产和供应业							
燃气生产和供应业							
水的生产和供应业	1	13		2	7	49	6

17－9 规模以上工业企业自主知识产权及相关情况（2013 年）

Independent Intellectual Property Rights of Industrial Enterprises Above Designated Size（2013）

指　　标	专利申请数（件）	#发明专利（件）	有效发明专利数（件）	发表科技论文（篇）	拥有注册商标数（件）	#境外注册（件）	形成国家或行业标准数（项）
总计	6606	2603	2488	1467	4208	652	302
按登记注册类型分							
国有企业	220	86	175	134	10	1	11
集体企业	10	4			1		3
股份合作企业	9				2		
国有联营企业	311	184	41	402	167	13	
集体联营企业							
国有与集体联营企业							
国有独资公司	1237	187	247	55	419	10	23
其他有限责任公司	2311	1088	880	207	1573	366	136
股份有限公司	585	244	253	268	441	57	44
私营独资企业	4	1	2		5		
私营合伙企业							
私营有限责任公司	1235	456	378	125	333	55	20
私营股份有限公司	211	163	195	40	158	12	24
其他企业	6	6	6	10	2		
合资经营企业(港或澳、台资)	27	6	6		262	2	5
合作经营企业(港或澳、台资)							
港、澳、台商独资经营企业	5	1	1		2		
港、澳、台商投资股份有限公司	10	1	3		16	2	5
中外合资经营企业	157	46	170	30	72		12
中外合作经营企业	7	6	8	12	42	8	4
外资企业	32	9	8	3	21	3	
外商投资股份有限公司							
按工业行业大类分							
煤炭开采和洗选业							
石油和天然气开采业							
黑色金属矿采选业							
非金属矿采选业	8	8	2		2		1
农副食品加工业	10	6	6	6	54	1	
食品制造业	57	20	21	4	42		1

17-9 续

指　　标	专利申请数（件）	#发明专利（件）	有效发明专利数（件）	发表科技论文（篇）	拥有注册商标数（件）	#境外注册（件）	形成国家或行业标准数（项）
酒、饮料和精制茶制造业	3	1	4	3	53		2
烟草制品业					1		
纺织业	61	24	11	54	47	7	10
纺织服装、服饰业					1		
皮革、毛皮、羽毛及其制品和制鞋业	2	1			7		
木材加工和木、竹、藤、棕、草制品业							
家具制造业							
造纸和纸制品业	9	4	4		1		5
印刷和记录媒介复制业	320	135	20		33	2	9
文教、工美、体育和娱乐用品制造业					2		
石油加工、炼焦和核燃料加工业	25	6	3		12		
化学原料和化学制品制造业	248	197	204	129	719	19	34
医药制造业	215	168	320	135	766	50	42
化学纤维制造业	4				1		
橡胶和塑料制品业	17	5		2	17	1	13
非金属矿物制品业	185	82	217	22	142	85	6
黑色金属冶炼和压延加工业	329	187	43	404	169	13	
有色金属冶炼和压延加工业	15	3	1		1		
金属制品业	99	49	55	139	98	1	21
通用设备制造业	544	186	285	106	187	40	48
专用设备制造业	602	216	256	42	80	19	27
汽车制造业	1255	157	188	49	424	10	23
铁路、船舶、航空航天和其他运输设备制造业	112	41	61	27	47	3	4
电气机械和器材制造业	502	112	184	57	48	2	19
计算机、通信和其他电子设备制造业	1361	788	353	49	531	275	12
仪器仪表制造业	193	36	73	5	41	1	9
其他制造业							
废弃资源综合利用业	9		7	2			1
金属制品、机械和设备修理业	30	7	7	17			
电力、热力生产和供应业	158	47	46	31			
燃气生产和供应业							
水的生产和供应业	4	2	2	3			

主要统计指标解释

Explanatory Notes on Main Statistical Indicators

科技活动：是指在自然科学、农业科学、医药科学、工程与技术科学、人文与社会科学领域（简称科学技术领域）中，与科技知识的产生、发展、传播和应用密切相关的有组织的活动。在企（事）业中只有列入单位工作计划的科技活动才予以统计，而独立发明人等在企（事）业外或计划外进行的科技活动不在统计范围之内。科研活动可分为研究与试验发展（简称R&D，包括基础研究、应用研究和试验发展）、研究与试验发展（R&D）成果应用及相关的科技服务三类活动。

基础研究：是指为了获得关于现象和可观察事实的基本原理的新知识（揭示客观事物的本质、运动规律，获得新发现、新学说）而进行的实验性或理论性研究。基础研究属于科学研究范畴。从研究目的看，基础研究不以任何专门或特定的应用或使用为目的，它只是通过试验分析或理论性研究对事物的特性、结构和各种关系进行分析，加深对客观事物的认识，解释现象的本质，揭示物质运动的规律或提出和验证各种设想、理论和定律。从研究结果看，基础研究的结果具有一般的或普遍的正确性，通常表现为一般的原则、理论和规律，其成果以科学论文和科学著作为主要形式。

应用研究：是指为获得新知识而进行的创造性研究，主要针对某一特定的目的或目标。应用研究也属于科学研究范畴。从研究目的看，应用研究是探索基础研究成果的可能用途，或是为达到预定的目标探索应采取的新方法（原理性）或新途径，为解决实际问题提供科学依据。从研究结果看，应用研究的成果一般只影响科学技术的某些领域和有限范围，并具有专门的性质，针对具体的领域、问题或情况，其成果形式以科学论文、专著、原理性模型或发明专利等为主。

试验发展：是指利用从基础研究、应用研究和实际经验所获得的现有知识，为产生新的产品、材料和装置，建立新的工艺、系统和服务，以及对已产生和建立的上述各项做实质性的改进而进行的系统性工作。在社会科学领域，试验发展是指通过把基础研究、应用研究获得的知识转变成可以实施的计划（包括为检验和评估实施示范项目）的过程。

科技活动人员合计：指企业内部直接参加科技项目以及项目的管理人员和直接服务的人员。不包括全年累计从事科技活动时间不足制度工作时间10%的人员。

科技活动人员合计中全时人员：指企业科技活动人员中在报告期实际从事科技活动的时间占制度工作时间90%及以上的人员。在企业科技活动管理部门（科研管理处、部、科等）专职从事科技管理工作的人员、企业办科技机构中专职从事科技活动以及管理和直接服务人员，以及上述人员以外在报告期主要从事科技项目活动的人员可视作全时人员。

企业内部用于科技活动的经费支出：指在报告期企业内部用于全部科技活动的直接支出，以及用于科技活动的管理费、服务费以及外协加工费等支出。不包括生产性活动支出、归还贷款支出以及与外单位合作或委托外单位进行科技活动而转拨给对方的经费支出，也不包括来自政府部门的科技活动资金和当年形成用于科技活动的固定资产，以及购买专利等无形资产支出。

企业内部用于科技活动的经费支出中人员人工费（包括各种补贴）：指企业在报告期支付给科技活动人员的工资薪金，包括基本工资、奖金、津贴、补贴、各种保险、年终加薪、加班工资以及与科技活动人员任职或者受雇有关的其他支出。

当年形成用于科技活动的固定资产中的仪器和设备：指企业在报告期形成的用于科技活动的固定资产中的仪器和设备原价，其中设备包括用于科技活动的各类机器和设备、试验测量仪器、运输工具、工装工具等。

全部科技项目数：指企业在报告期当年立项并开展研究工作、以前年份立项仍继续进行的科技项目数，包括当年完成和年内研究工作已告失败的科技项目，但不包括委托外单位进行的科技项目数。

全部科技项目经费内部支出：指企业内部在报告期进行科技项目研究和试制等的实际支出。包括劳务费、原材料费、设备购置费、其他日常支出、外协加工费等，不包括委托或与外单位合作进行项目研究而拨付给对方使用的经费，企业科技活动管理部门的费用，用于科技活动目的的基建支出，以及为科技活动提供间接服务人员的费用等。

专利申请数：指企业在报告期内向国内外知识产权行政部门提出专利申请并被受理的件数。

专利申请数中发明专利：指企业在报告期内向国内外知识产权行政部门提出发明专利申请并被受理的件数。

新产品产值：指报告期企业生产的新产品的产值。新产品是指采用新技术原理、新设计构思研制、生产的全新产品，或在结构、材质、工艺等某一方面比原有产品有明显改进，从而显著提高了产品性能或扩大了使用功能的产品。新产品产值、新产品销售收入既包括经政府有关部门认定并在有效期内的新产品，也包括企业自行研制开发，未经政府有关部门认定，从投产之日起一年之内的新产品。

拥有注册商标：指企业在报告期末拥有的注册商标件数。包括在境内和境外注册的商标件数，一件商标在境内外同时注册时只统计一件。

技术改造经费支出：指企业在报告期进行技术改造而发生的费用支出。技术改造指企业在坚持科技进步的前提下，将科技成果应用于生产的各个领域（产品、设备、工艺等），用先进工艺、设备代替落后工艺、设备，实现以内涵为主的扩大再生产，从而提高产品质量、促进产品更新换代、节约能源、降低消耗，全面提高综合经济效益。

18

教育与文化

EDUCATION AND CULTURE

18－1 教育事业

Basic Statistics

指标	1952年	1957年	1962年	1965年	1970年	1975年	1980年
学校数（所）	2679	3106	3731	4318	5359	5412	5066
#高等教育	5	4	12	8	2	4	11
中等教育	37	67	112	410	1204	922	759
#中等职业学校	16	16	15	15	17	21	30
职业中专	—	—	4	227	151	112	6
普通中学	21	51	93	159	1024	783	710
小　学	2636	3034	3606	3899	4152	4485	4295
专任教师（人）	8555	13452	19606	26760	32508	42432	49608
#高等教育	671	1325	2598	2451	922	2468	3744
中等教育	1108	2569	3418	5321	9607	15274	19062
#中等职业学校	311	787	765	685	914	985	1338
职业中专	—	—	24	975	118	640	50
普通中学	797	1782	2629	3502	8445	13571	17294
小　学	6773	9550	13571	18971	21954	24654	26775
在校学生（万人）	26.87	31.95	49.82	68.27	80.20	90.28	83.56
#高等教育	0.43	0.82	1.65	1.40	0.30	0.61	1.58
中等教育	2.73	5.14	5.80	10.43	18.97	25.43	20.24
#中等职业学校	0.69	0.93	0.51	0.65	0.12	0.58	0.31
职业中专	—	—	0.07	2.08	1.04	0.92	0.04
普通中学	2.04	4.21	5.22	7.50	17.81	23.86	19.63
小　学	23.70	25.98	42.35	56.42	60.91	64.22	61.47
各类学校毕业生数（万人）	4.38	8.58	10.60	10.45	12.09	22.66	18.07
#高等教育	0.14	0.11	0.31	0.43	—	0.20	0.03
中等教育	0.60	1.14	1.72	1.90	1.02	11.83	8.41
#中等职业学校	0.13	0.14	0.32	0.03	—	0.20	0.46
普通中学	0.46	1.00	1.40	1.80	0.38	11.58	7.89
每一教师负担学生数（人）	31.41	23.75	25.41	23.27	24.67	21.28	16.84
#高等教育	6.41	6.19	6.35	5.71	3.25	2.47	4.22
中等教育	24.64	20.01	16.97	19.60	19.75	16.65	10.62
#中等职业学校	22.33	11.84	6.64	9.51	1.36	5.95	2.29
普通中学	25.63	23.64	19.84	21.41	21.09	17.58	11.35
小　学	34.99	27.20	31.21	29.74	27.74	26.05	22.96
平均每万人口在校学生（人）	843	922	1418	1829	1968	2062	1822
#大学生	14	24	47	38	7	14	34
中专生	22	27	14	17	3	13	7
中学生	64	122	150	256	463	566	429
小学生	743	750	1206	1513	1494	1466	1339

1985 年	1990 年	1995 年	2000 年	2005 年	2010 年	2011 年	2012 年	2013 年
4511	3924	3360	1725	1251	1025	1010	996	982
16	16	16	16	59	66	72	70	69
593	529	440	423	348	302	295	301	299
40	39	41	40	91	73	70	67	67
44	48	57	55	27	23	25	23	22
491	417	312	297	247	209	205	206	204
3899	3368	2890	1273	832	645	631	613	602
46806	55978	58779	62869	77334	83106	84697	86350	85828
4614	7245	7500	8269	24341	29526	30752	32253	31143
17530	21618	23946	26817	27435	28370	29950	29017	29081
2367	2890	2941	2916	4738	4511	4195	3956	3516
1032	1747	1845	1948	1818	1801	2319	2123	1760
13572	16065	17621	20585	21915	21943	23767	22280	22742
24579	26922	27417	27417	25201	24801	23584	24678	25209
78.38	79.48	91.69	95.79	129.28	144.6	145.15	151.00	156.12
3.02	3.73	5.66	9.30	48.71	64.25	63.96	65.99	72.72
25.34	28.08	36.64	44.99	42.50	41.76	42.04	45.80	43.77
1.92	2.51	4.79	5.75	9.88	8.10	9.21	9.00	7.53
1.63	2.32	2.84	3.80	3.17	2.90	3.36	3.86	2.95
21.49	22.45	27.15	33.82	30.91	30.18	30.47	30.92	30.81
49.98	47.57	49.23	41.40	37.88	38.40	38.97	39.00	39.42
17.31	17.12	20.88	23.65	33.58	38.10	40.10	40.20	38.48
0.45	1.03	1.68	1.55	13.49	17.57	19.64	19.97	16.90
7.36	8.24	10.39	10.80	14.03	13.55	13.72	13.00	14.96
0.52	0.62	1.16	1.84	3.29	3.13	2.90	2.73	3.00
6.39	6.66	7.78	8.16	10.40	9.20	9.70	9.60	10.30
16.75	14.20	15.60	15.24	16.72	17.40	17.14	17.49	18.17
6.55	5.15	7.54	11.25	20.01	21.76	20.80	20.43	23.35
14.46	12.99	15.30	16.78	15.49	14.72	14.04	15.79	15.05
8.12	8.69	16.30	18.84	20.86	17.96	21.95	22.50	21.41
15.83	13.98	15.41	16.43	14.1	13.75	12.82	13.87	13.55
20.33	17.67	18.20	15.10	15.03	15.48	16.52	15.79	15.64
1605	1518	1691	1702	2177	2395	2398	2484	2551
62	71	104	165	820	1064	1057	1085	1190
39	48	88	102	195	192	191	243	212
473	473	553	601	521	500	503	509	504
1024	908	908	736	638	636	644	642	645

18-2 普通高等院校一览表（2013年）

Basic Statistics on Institutions of Higher Education（2013）

单位：人

指　　标	本专科在校学生数	本专科毕业生数	本专科招生数	教职工人数	#专任教师		
					合　计	#正高级	#副高级
总　　计	492075	131111	151129	42553	29491	3919	8575
综合性大学							
山东大学	41103	10284	10088	7782	4126	1132	1380
济南大学	34373	7600	8808	2724	2066	273	638
济南大学泉城学院	5156	1503	1780	534	409	22	99
山东青年政治学院	11214	2731	3829	785	545	56	183
山东女子学院	10874	2558	3824	609	488	40	118
理工院校							
山东建筑大学	23746	4966	6164	2025	1354	184	505
齐鲁工业大学	24753	5647	6923	1562	1394	164	449
山东交通学院	19300	4583	5670	1355	977	88	290
山东电力高等专科学校	1387	480	463	287	126	30	34
医药院校							
山东中医药大学	18134	3650	4689	1147	921	143	302
济南护理职业学院	3584	564	1687	334	202		60
师范院校							
山东师范大学	29923	7021	8171	2296	1837	394	570
齐鲁师范学院	11211	2111	3640	723	536	68	107
济南幼儿师范专科学校	1132		548	422	248		90
山东师范大学历山学院	3299	1041	1225	236	181	23	64
财经院校							
山东财经大学	31312	9047	8171	2522	1911	301	699
山东财经大学燕山学院	6905	1678	1952	414	385	48	150
政法院校							
山东警察学院	3970	843	1255	474	273	24	95
山东司法警官职业学院	5208	804	1799	196	126	2	32
山东政法学院	11856	2876	3618	761	533	47	144
体育院校							
山东体育学院	6875	1660	1861	710	521	50	161
艺术院校							
山东艺术学院	8723	1882	2576	878	678	67	182
山东工艺美术学院	7254	1928	2036	716	493	69	92
职业技术学院							
山东协和学院	14069	2586	2036	1043	794	108	155
山东商业职业技术学院	14371	5477	4417	1137	745	29	254
山东劳动职业技术学院	9326	3470	3417	721	473	21	105
山东职业学院	15587	4956	5576	922	638	29	163
山东力明科技职业学院	13038	4430	5253	864	638	23	129
山东圣翰财贸职业学院	7735	3303	3019	714	387	32	78
山东英才学院	16502	3168	5370	1294	951	117	171
山东杏林科技职业学院	4876	2527	2297	668	439	56	102
山东旅游职业学院	5718	1747	2030	474	364	11	80
济南工程职业技术学院	8637	3225	3228	480	402	12	105
山东电子职业技术学校	6521	2327	2426	380	309	9	83
济南职业学院	9274	3475	3469	649	435	16	128
山东现代职业学院	11693	2918	4266	1005	663	86	135
山东凯文科技职业学院	5990	2028	2277	548	355	51	67
山东城市建设职业学校	9594	2819	3183	598	455	9	102
山东管理学院	7856	3219	3488	600	445	38	101
山东农业工程学院	7168	3115	3453	735	493	45	148
山东传媒职业学院	2828	864	1147	229	175	2	25

注：山东轻工业学院更名为齐鲁工业大学。
　　山东省工会管理干部学院改为山东管理学院。
　　山东农业管理干部学院改为山东农业工程学院。

18－3 中等专业学校一览表（2013年）

Basic Statistics on Specialized Secondary Schools（2013）

单位：人

指标	在校学生数	毕业生数	招生数	教职工人数	#专任教师		
					合计	#正高级	#副高级
总计	18714	5733	6656	1467	1018	307	432
工科学校							
山东省邮电学校				95	34	22	5
济南信息工程学校	1850	255	593	232	155	40	86
山东省特殊教育学校	1245	397	668	101	59	19	32
山东省环境保护学校	622	128	159	88	46	24	9
济南电子机械工程学校	1945	1098	961	212	165	52	76
医药学校							
济南卫生学校	3885	1831	924				
师范学校							
济南幼儿师范专科学校	2332	493	983				
财经学校							
山东省商贸学校	4256	1022	1499	289	241	81	112
体育学校							
济南市体育运动学校	589	99	188				
艺术学校							
山东省文化艺术学校（原电影学校）	664	124	154	109	88	10	26
济南艺术学校	1025	286	362	187	136	32	47
山东济艺术设计学校	301		165	134	82	21	34
其它学校							
山东省人口学校				20	12	6	5

18－4 分县（市）区儿童学前教育基本情况（2013年）

Student Enrollment in Pre-school Education（2013）

指标	幼儿园数（所）	在园人数（人）	入园人数（人）	教职工数（人）	#专任教师（人）
全市	1394	173528	57311	19418	10974
历下区	80	18002	5420	2531	1217
市中区	110	19896	5802	2744	1530
槐荫区	103	18680	6516	2425	1200
天桥区	83	19212	5737	2487	1210
历城区	178	24897	7369	2964	1808
长清区	202	11911	5554	1021	713
高新区	44	5134	1636	754	416
平阴县	97	8916	3269	732	512
济阳县	120	11324	3280	867	487
商河县	200	17845	7877	1107	716
章丘市	177	17711	4851	1786	1165

18－5 图书及出版事业

Basic Statistics on Books and Publishing

指　　标	单　位	2008 年	2009 年	2010 年	2011 年	2012 年	2013 年
公共图书馆							
机构数	个	12	12	12	12	12	12
从业人员	人	417	420	423	426	421	454
总藏量	千册（件）	8761	9084	9412	9890	10764	10932
建筑面积	千平方米	72.0	69.7	69.7	70	70	114
#书　库	千平方米	25.0	24.0	24.0	25	25	26
阅览室	千平方米	22.0	21.1	22.0	22	22	35
阅览室席位数	千　个	4.3	4.5	4.4	4.6	4.5	5.6
书刊外借人次	万人次	135.3	98.0	101.2	123.0	136.4	154.1
书刊外借册数	万册次	215.2	192.2	203.9	230.2	251.0	278.8
出版事业							
出版单位							
图　　书	个	15	15	15	15	15	15
报　　纸	个	52	52	52	52	49	50
杂　　志	个	152	152	152	149	151	150
出版种类							
图　　书	种	4559	6370	6586	8305	8490	10219
报　　纸	种	52	52	52	54	49	50
杂　　志	种	152	152	158	155	157	158
出版数量							
图　　书	万册，万份	21607	23810	26603	31087	28693	30777
报　　纸	万册，万份	144236	156026	184706	157553	155994	156173
杂　　志	万册，万份	7281	6697	6995	8284	8158	9400
报纸出版总印张数							
总　　计	万印张	1065227	899593	900483	660146	732009	716077
综合报	万印张	514920	705436	857132	595239	691797	644015
专业报	万印张	550307	194157	43351	64907	40212	72063
省级报	万印张	1043994	832232	847019	558451	603236	574319
综合报	万印张	507890	647124	811675	493544	563023	506624
专业报	万印张	536104	185108	35344	64907	36936	67695
市级报	万印张	21233	67361	53464	101695	132050	141758
综合报	万印张	7031	58312	45456	101695	128774	137390
专业报	万印张	14202	9049	8008	0	3276	4368

18－6　文化事业机构和人员

Number of Institutions and Persons in Culture

指　　　标	2008 年	2009 年	2010 年	2011 年	2012 年	2013 年
机构数（个）						
电影业	13	9	12	15	22	25
艺术业	26	24	29	28	25	28
文物业	21	26	24	22	32	37
图书馆业	12	12	12	12	12	12
群众文化业	145	146	151	152	153	153
艺术教育业	1	1	1	1	1	1
文艺科研业	2	2	2	2	2	1
非文化产业	2	3	3	3	3	
从业人员数（人）						
电影业	439	382	470	458	561	631
艺术业	1757	1697	1891	1841	1703	1693
文物业	799	812	809	799	957	1057
图书馆业	417	420	423	426	421	454
群众文化业	492	583	552	679	697	693
艺术教育业	93	98	104	107	111	114
文艺科研业	66	70	72	63	65	57
非文化产业	46	46	44	45	34	

主要统计指标解释

Explanatory Notes on Main Statistical Indicators

普通高等学校　指按照国家规定的设置标准和审批程序批准举办，通过国家统一招生考试，招收高中毕业生为主要培养对象，实施高等教育的全日制大学、独立设置的学院和高等专科学校、短期职业大学。

小学学龄儿童入学率　指调查范围内已入小学学习的学龄儿童占校内外学龄儿童总数（包括弱智儿童，不包括盲聋哑儿童）的比重。计算公式为：

小学学龄儿童入学率＝已入学的小学学龄儿童数／校内外小学学龄儿童总数×100%

文化事业机构　指从事专业文化工作和为专业文化工作服务的独立建制的单位。不包括这些单位另外举办独立核算的其他机构和各部门的业余文化组织。

电影放映单位　指具有放映机器设备、固定或不固定的放映场所与专职或兼职的放映技术人员，经有关部门登记批准，经常为一定的观众对象放映电影的机构。包括经批准对外开放进行营业，并与电影发行放映管理机构分帐的专用放映单位和军委系统租片单位。

19

体育与卫生

SPORTS AND PUBLIC HEALTH

19－1 体 育 事 业

Statistics of Sports Instituons

指　　标	单 位	2008 年	2009 年	2010 年	2011 年	2012 年	2013 年
体育部门职工人数	人	743	656	696	660	632	650
#业余体育学校	人	393		247	234	148	156
总计中：教练员	人	232	199	210	208	216	235
等级裁判员	人	35					
一级裁判员	人	10					
二级裁判员	人	25	30	206	175	292	216
三级裁判员	人			1178	263		
二级运动员发展人数	人	380	377	351	372	351	397
少年儿童业余体校在校学生	人	475				692	647
业余体校	所	6	12	12	12	3	3
运动员获奖牌数	枚	459	398	713	633	507	617
#世界级　金　牌	枚	9	6	15	18	10	20
银　牌	枚	8	3	6	8	3	7
铜　牌	枚	0	5	3	5	2	1
#洲　际　金　牌	枚	2	12	17	0	2	4
银　牌	枚	1	2	3	0	7	3
铜　牌	枚	0		8	0	0	2
#全　国　金　牌	枚	28	17	37	19	42	72
银　牌	枚	27	10	20	19	32	31
铜　牌	枚	18	12	19	30	32	34
#全　省　金　牌	枚	121	119	347	172	132	177
银　牌	枚	115	10	112	190	145	141.5
铜　牌	枚	130	12	126	172	100	124.5
体育设施							
体育场	个	5	8	12	12	12	12
体育馆	个	5	10	9	9	9	9
游泳馆	个	2	2	5	5	5	5
室内外游泳池	个	3	3	2	2	2	2
有固定看台的灯光球场	个	2	2	2	2	2	2

注：等级裁判员为当年新评定的人数。

19-2 各时期卫生事业情况

Statistics of Health Institutions in Major Years

年份	卫生机构（个）	医院及卫生院	卫生工作人员（人）	卫生技术人员	卫生机构床位（张）	医院及卫生院
1952	208	22	6277	4778	3160	1906
1957	708	45	10740	7991	5972	3401
1962	1191	98	13705	9648	7917	5662
1965	1144	114	18885	14881	9035	6438
1970	682	130	13273	10341	7878	6462
1975	934	137	20021	14956	9066	8050
1978	1017	148	24949	19198	11496	9856
1979	1078	152	26385	20110	11902	10781
1980	1091	151	27843	21295	12301	11052
"六五"时期						
1981	1188	152	29597	22559	12428	11436
1982	1159	151	30636	22814	12379	11383
1983	1177	156	31924	23948	12966	11674
1984	1160	157	32967	24502	13728	12960
1985	1175	165	34232	26185	14356	13791
"七五"时期						
1986	1184	167	35803	27360	14757	14165
1987	1137	166	37129	28159	15457	14721
1988	1103	171	38384	29167	16165	15580
1989	1137	180	39926	29878	16698	16176
1990	1300	178	41444	31130	18214	17216
"八五"时期						
1991	1233	177	40957	30815	18439	17538
1992	1331	180	41996	31541	18818	18178
1993	1285	193	43274	32871	20243	19320
1994	1228	213	43630	33007	20001	19064
1995	1185	216	43648	32848	20747	19534
"九五"时期						
1996	1674	214	45765	35219	20428	19716
1997	1567	220	44664	34188	21422	20706
1998	1574	227	45110	34596	21965	21130
1999	1570	226	45121	34000	21735	21086
2000	1414	231	45166	35669	21698	20830
"十五"时期						
2001	1414	231	45296	35790	21906	21033
2002	1708	243	39386	31945	21576	21042
2003	1868	246	41925	33803	22674	22262
2004	1917	243	41625	33998	24044	22588
2005	2138	246	41499	34129	24695	23524
"十一五"时期						
2006	2285	240	43023	35124	27695	26101
2007	2265	243	42513	34579	26055	25328
2008	5092	286	44416	36143	28939	27555
2009	5163	281	46311	37648	30920	28749
2010	5086	277	54711	39366	31947	29844
"十二五"时期						
2011	5159	262	58590	42116	34920	31545
2012	5239	243	60426	44331	38834	35194
2013	5368	255	76955	57700	45465	41287

19－3 卫生事业机构及床位

Number of Health Institutions and Beds

指　　标	2008 年	2009 年	2010 年	2011 年	2012 年	2013 年
各类卫生机构数（个）	5092	5163	5086	5159	5239	5368
医院	202	199	196	200	186	197
社区卫生服务中心（站）	137	222	252	253	259	270
卫生院	84	82	81	62	57	58
门诊部	28	22	90	43	41	68
急救中心（站）	1	1	1	1	2	2
采血供应机构	3	3	3	4	4	4
妇幼保健院（所、站）	12	12	11	12	12	12
专科疾病防治院（所、站）	8	8	8	8	8	10
疾病预防控制中心（防疫站）	12	12	12	12	12	12
医学科学研究机构	7	0	0	0	0	0
其他卫生机构	2	2	25	6	6	11
各类卫生机构病床数（张）	28939	30920	31947	34920	38834	45465
医院	22496	23631	24707	27984	32000	38001
社区卫生服务中心（站）	714	743	1317	2625	2465	2774
卫生院	5059	5118	5137	3561	3194	3286
门诊部	55	47	77	89	219	175
妇幼保健院（所、站）	524	614	618	563	758	782
专科疾病防治院（所、站）	91	91	91	98	198	447
千人拥有量						
平均每千人拥有病床（张）	4.79	5.12	5.29	5.77	6.40	7.41
每千人拥有卫生技术人员（人）	5.98	6.24	6.52	6.96	7.28	9.41
每千人拥有医生（人）	2.57	2.73	2.91	3.03	3.20	3.71
每千人拥有护士（人）	2.12	2.22	2.30	2.54	2.65	3.94

注：2011 年以前“医院”包含卫生院。

19－4　分地区卫生事业机构及床位（2013年）

Number of Health Institutions and Beds by District（2013）

指　　标	全　市	市　区	平阴县	济阳县	商河县	章丘市
各类卫生机构数（个）	5368	3188	292	699	411	778
医院	197	179	3	3	3	9
社区卫生服务中心（站）	270	224	11	8	5	22
卫生院	58	18	6	8	12	14
门诊部	68	64	2	1	0	1
诊所、卫生所、医务室	1780	1560	81	8	39	92
急救中心（站）	2	1	0	0	0	1
采血供应机构	4	2	0	0	0	2
妇幼保健院（所、站）	12	8	1	1	1	1
专科疾病防治院（所、站）	10	6	1	1	0	2
疾病预防控制中心（防疫站）	12	8	1	1	1	1
卫生监督所	11	8	1	0	1	1
医学科学研究机构	0	0	0	0	0	0
其他卫生构	11	10	0	0	0	1
各类卫生机构病床数（张）	45465	36222	1639	1584	1260	4760
医院	38001	32936	1048	1248	738	2031
社区卫生服务中心（站）	2774	1602	87	30	0	1055
卫生院	3286	648	478	288	510	1362
门诊部	175	155	0	0	0	20
妇幼保健院（所、站）	782	581	6	18	12	165
专科疾病防治院（所、站）	447	300	20	0	0	127
千人拥有量						
平均每千人拥有病床（张）	7.41	10.19	4.41	2.82	2.01	4.67
每千人拥有卫生技术人员（人）	9.41	13.19	5.16	3.28	3.21	4.95
每千人拥有医生（人）	3.71	5.17	1.91	1.48	1.26	2.01
每千人拥有护士（人）	3.94	5.71	2.02	1.28	1.23	1.61

19－5 分地区卫生技术人员分类情况（2013年）

Medical Technical Personnel by Region（2013）

单位：人

指　　标	全　市	市　区	平阴县	济阳县	商河县	章丘市
各类卫生机构工作人员合计	76955	60329	2922	2877	3231	7596
#卫生技术人员小计	57700	46887	1916	1841	2016	5040
医　　生	22752	18379	708	828	794	2043
执业医师	20484	17019	592	654	550	1669
执业助理医师	2268	1360	116	174	244	374
注册护士	24189	20308	749	716	773	1643
药剂人员	3459	2790	162	90	120	297
检验人员	3217	2661	92	94	89	281
其　　他	4083	2749	205	113	240	776
在合计中：						
医院工作人员合计	49402	42926	1178	1440	1157	2701
#卫生技术人员小计	40568	35074	953	1186	1042	2313
医生	14372	12437	323	428	339	845
执业医师	13672	11873	302	404	297	796
执业助理医师	700	564	21	24	42	49
注册护士	19324	16763	489	604	538	930
药剂人员	2353	2080	70	44	56	103
检验人员	2276	2061	29	51	42	93
其　　他	2243	1733	42	59	67	342
卫生院工作人员合计	3547	857	524	439	620	1107
#卫生技术人员小计	3169	730	469	418	548	1004
医生	1416	356	196	223	235	406
执业医师	994	278	141	121	139	315
执业助理医师	422	78	55	102	96	91
注册护士	815	175	139	92	139	270
药剂人员	336	99	50	38	43	106
检验人员	218	55	33	23	31	76
其　　他	384	45	51	42	100	146

注：检验人员包括技师（士）。

19－6 医院、卫生院工作情况

Basic Statistics on Hospitals and Health Institutions in Rural Areas

指　　标	单　位	2008 年	2009 年	2010 年	2011 年	2012 年	2013 年
医院							
单位数	个	202	199	196	200	167	197
诊疗人次数	万人次	1553	1655	1680	1809	2097	2293
#门诊人次数	万人次	1380	1418	1491	1652	1907	2077
急诊人次数	万人次	76	79	83	81	97	107
健康检查人数	万人次	79	75	89	94	97	108
入院人数	万人	53.2	57.9	61.3	65.8	80.1	94.5
出院人数	万人	53.0	55.1	61.3	65.9	80.2	91.8
平均开放病床数	张	20979	21887	23724	26090	29890	34550
病床使用率	%	83.71	84.22	85.72	84.18	86.33	83.93
病床周转次数	次	25.30	25.17	25.84	25.30	26.8	26..5
出院者平均住院日	日	11.80	12.00	12.10	12.30	11.7	11.4
卫生院							
单位数	个	84	82	81	62	76	58
诊疗人次数	万人次	322	286	313	261	256	269
#门诊人次数	万人次	306	272	298	240	238	255
急诊人次数	万人次	7.3	5.5	5.3	4.7	8.3	5.1
健康检查人数	万人次	15.4	12.8	25.3	36.6	34.5	34.0
入院人数	万人	4.9	7.0	7.6	7.1	8.9	8.4
出院人数	万人	5.8	7.7	7.8	7.1	8.9	8.4
平均开放病床数	张	3057	5019	4490	3309	3086	3136
使用率	%	40.59	31.28	42.67	43.48	52.36	55.02
病床周转次数	次	19.00	15.54	17.41	21.40	28.80	26.70
出院者平均住院日	日	6.10	5.71	7.63	6.40	6.10	7.60

注：2011 年以前“医院”包含卫生院。

19－7　医疗机构年收入与支出（2013年）

Revenue and Expenditure in Health Insititutions（2013）

单位：万元

机构分类	总收入	财政补助收入	上级补助收入	业务收入/事业收入	总支出	财政专项支出	业务支出/事业支出	总支出中：人员支出
合计	2355469	311326	10149	1965880	2282262	167157	1739584	557916
医院	2020102	194033	0	1790273	1961347	112781	1536258	442241
社区卫生服务中心（站）	78929	27731	3146	46783	78079	664	75402	34101
卫生院	60145	23242	1014	34252	57228	1363	54689	20931
门诊部	10566	0	0	9641	9183	0	0	3417
诊所.卫生所.医务室	19311	0	0	16346	13986	0	0	6923
急救中心（站）	1644	1449	115	80	1789	404	981	740
妇幼保健院（所、站）	43079	6362	0	0	39059	3093	29940	14906
专科疾病防治院（所、站）	4586	1310	0	0	3866	452	2175	1897

主要统计指标解释

Explanatory Notes on Main Statistical Indicators

等级裁判员人数　指经考核正式批准授予等级裁判员称号的人数。裁判员等级分为国际裁判、国家级裁判、一级裁判、二级裁判、三级裁判。

体育场　指有400 米跑道（中心含足球场），有固定道牙，跑道6 条以上，并有固定看台的室外田径场地。体育场按看台容纳观众人数分为：甲级25000 人以上，乙级15000-25000人，丙级5000-15000 人，丁级5000 人以下。

体育馆　指有固定看台，可供篮球、排球、羽毛球、乒乓球、体操等项目训练比赛活动用的室内运动场地。体育馆按看台容纳观众人数分为：甲级6000 人以上，乙级4000-6000人，丙级2000-4000 人，丁级2000 人以下。

医院　指设有固定床位，能收容病人住院并能为病人提供医疗、护理服务的医疗机构，包括县及县以上医院、农村乡卫生院和其他医院三部分。医院按所属性质不同分为卫生部门、工业及其他部门和集体经济单位三类。县及县以上医院按业务性质不同分为综合医院和专科医院。

卫生技术人员　指卫生事业机构支付工资的全部职工中现任职务为卫生技术工作的专业人员，包括中医师、西医师、中西医结合高级医师、护师、中药师、西药师、检验师、其他技师、中医士、西医士、护士、助产士、中药剂士、西药剂士、检验士、其他技士、其他中医、护理员、中药剂员、西药剂员、检验员和其他初级卫生技术人员。

医生　指经卫生部门审查合格，从事医疗工作的专业人员。分为中医医生和西医医生。包括卫生技术人员中的中医师、西医师、中西医结合高级医师、中医士、西医士和其他中医。

卫生机构：指从卫生行政部门取得《医疗机构执业许可证》,或从民政和工商行政、机构编制管理部门取得法人单位登记证书,为社会提供医疗保健、疾病控制、卫生监督或从事医学科研和教育等工作的单位。包括医院、疗养院、社区卫生服务中心（站）、乡镇（街道）卫生院、门诊部、诊所（卫生所、医务室）、村卫生室、急救中心（站）、采供血机构、妇幼保健院（所、站）、专科疾病防治院（所、站）、疾病预防控制中心（防疫站）、卫生监督机所（中心）、医学科研机构、医学在职培训机构、健康教育所（站）等其他卫生机构。

医疗机构：指从卫生行政部门取得《医疗机构执业许可证》的机构,包括医院、疗养院、社区卫生服务中心（站）、乡镇（街道）卫生院、门诊部、诊所（卫生所、医务室）、村卫生室、妇幼保健院（所、站）、专科疾病防治院（所、站）、急救中心（站）和临床检验中心。

事业收入：事业单位开展专业业务活动及辅助活动所取得的收入。包括单位收到的从财政专户核拨的预算外资金和部分经财政部门核准不上缴财政专户管理的预算外资金。

20

民政、司法和其它

SOCIAL WELFARE CIVIL ADMINISTRATION AND OTHERS

20－1 社会治安主要指标

Main Indicators of Social Offense

指　　标	单　位	2008 年	2009 年	2010 年	2011 年	2012 年	2013 年
刑事案件							
当年全部立案数	起	40936	60953	53290	53770	50680	47721
当年全部破案数	起	25953	28920	24249	29560	25306	27252
治安案件							
受理数	件	55181	76630	94248	177322	139252	113246
查处数	件	51761	73624	90271	168373	136769	110288
城市交通事故							
交通事故	起	1235	860	774	762	1453	1801
伤亡人数	人	1690	1269	1121	838	1713	2249
#死亡人数	人	290	264	263	259	272	286
损失折款	万元	271	253	189	247	632	443
火灾事故							
火灾起数	起	863	795	791	571	246	2751
伤亡人数	人	8	5	9	1	2	12
#死亡人数	人	5	5	6	1	2	9
损失折款	万元	182	250	462	773	395	1471

20－2 分地区社会治安主要指标（2013年）

Main Indicators of Social Offense by District（2013）

指　　标	单　位	全市	市区	平阴县	济阳县	商河县	章丘市
刑事案件							
当年全部立案数	起	47721	39257	1663	1343	1091	4367
当年全部破案数	起	27252	21697	1472	780	654	2649
治安案件							
受理数	起	113246	88378	4692	4286	6571	9319
查处数	起	110288	85522	4645	4269	6534	9318
城市交通事故							
交通事故	起	1801	1475	51	118	46	111
伤亡人数	人	2249	1840	75	151	61	122
#死亡人数	人	286	200	27	13	9	37
损失折款	万元	443	359	13	39	6	26
火灾事故							
火灾起数	起	2751	2546	61	73	52	19
伤亡人数	人	12	11	0	1	0	0
#死亡人数	人	9	8	0	1	0	0
损失折款	万元	1471	1091	54	31	18	278

指　　标	单　位	济南市(汇总)	济南市（省本级）	济南市(市本级)	历下区	市中区
优抚情况						
享受定期抚恤金人数	人	1428			53	71
#城镇享受人数	人	365			52	71
享受定期补助人数	人	35077			258	868
#在乡复员军人	人	4512			51	136
参战退役人员	人	4765			66	187
社会救济情况						
城镇居民最低生活保障人数	人	32947			3572	6111
农村居民最低生活保障人数	人	76223				2549
民政经费	万元	192840		74312	13325	16159
退役安置费	万元	64014		46383	2913	4043
城市居民最低生活保障费	万元	16064			2186	3147
农村最低生活保障费	万元	14709				583
其它社会救助费	万元	6670		1712	12	251
社会福利费	万元	18975		13786	809	783
自然灾害生活救助费	万元	1295		45		90
医疗救助费	万元	5564			391	380
社会办收养性单位						
收养性单位总数	个	169	3	4	14	16
职工人数	人	2922	945	258	292	195
床位数	张	22583	1200	1750	1206	1922
收养人数	人	11763	477	1080	917	1004
#老　人	人	10973	400	451	917	1004
社会保障及扶贫						
建立社会保障服务网络的乡镇数	个	53				
城市市区居民最低生活保障金标准	元	480			480	480

保 障 和 救 济（2013年）

Receiving Relief Flinds by District（2013）

槐荫区	天桥区	历城区	长清区	高新区	平阴县	济阳县	商河县	章丘市
34	45	236	132	14	85	325	263	170
32	31	32	10		15	20	83	19
498	1262	4457	5079	405	2852	5590	6040	7768
62	159	1173	333	61	384	901	524	728
146	237	493	819	78	319	808	623	989
4218	9165	1438	1959	56	1028	1286	1273	2841
930	2584	6951	11786	1084	3258	11758	16698	18625
9492	12917	11917	10592	1671	6495	10089	9701	16171
2204	1587	890	1145	271	601	864	938	2175
2167	4323	711	885	23	477	540	471	1136
219	555	1510	2362	162	864	2259	2423	3773
80	171	487	710	122	580	882	693	971
198	314	354	355	43	363	675	641	652
15	45	204	170		120	178	173	255
250	662	693	682	44	573	619	577	694
14	15	26	14	2	9	18	12	22
185	323	210	90	9	80	112	78	145
1012	1738	2733	1215	63	1090	2790	1972	3892
629	1303	1095	777	63	694	1053	1972	699
629	1303	1095	763	63	632	1053	1972	691
	2	6	6		6	8	11	14
480	480	480	450	480	400	400	400	400

指　　标	单　位	济南市(汇总)	济南市（省本级）	济南市(市本级)	历下区	市中区
福利企业						
单位数	个	60	1	3	0	4
职工人数	人	3330	33	223	0	170
#残疾职工	人	1432	16	81	0	67
纳税总额	万元	3446	0	105	0	120
#增值税总额	万元	681	0	74	0	49
盈利总额	万元	1394	0	6	0	78
亏损总额	万元	15	10	5	0	0
福利工厂						
单位数	个	60	1	3	0	4
职工人数	人	3330	33	223	0	170
#残疾职工	人	1432	16	81	0	67
纳税总额	万元	3446	0	105	0	120
#增值税总额	万元	681	0	74	0	49
盈利总额	万元	1394	0	6	0	78

企 业 情 况（2013年）

Welfare Institutions（2013）

槐荫区	天桥区	历城区	长清区	高新区	平阴县	济阳县	商河县	章丘市
3	8	7	4	3	7	8	0	12
79	286	314	490	391	274	577	0	493
31	243	206	138	148	106	208	0	188
117	95	0	427	550	1080	816	0	136
68	40	0	74	152	96	62	0	67
95	85	0	240	94	70	582	0	143
0	0	0	0	0	0	0	0	0
3	8	7	4	3	7	8	0	12
79	286	314	490	391	274	577	0	493
31	243	206	138	148	106	208	0	188
117	95	0	427	550	1080	816	0	136
68	40	0	74	152	96	62	0	67
95	85	0	240	94	70	582	0	143

20－5 社会保障和救济

Basic Statistics on Social Security and Receiving Relief Flinds

指　　标	单位	2008年	2009年	2010年	2011年	2012年	2013年
优抚情况							
享受定期补助人数	人	24105	23895	23996	38982	38793	35077
#在乡复员军人	人	11788	11610	11552	11020	8254	4512
参战退役人员	人			5088	5091	4962	4765
社会救济情况							
城镇居民最低生活保障人数	人	58974	57451	59840	55868	40070	32947
农村居民最低生活保障人数	人	66785	73507	79174	82562	75978	76223
收养性单位情况							
收养性单位总数	个	97	107	161	158	163	169
职工人数	人	1913	2050	2862	2621	2974	2922
床位数	张	15432	15182	23291	23016	23508	22583
收养人数	人	13998	13730	17825	16307	14856	11763
#老　人	人	13488	13730	17301	15704	14117	10973
社会保障及扶贫							
建立社会保障服务网络的乡镇数	个	61	61	55	55	55	53
城市市区居民最低生活保障金标准	元	300	330	360	400	480	480

20－6 律师、公证、司法基本情况（2013年）

Basic Statistics on Law、Notarizations and Mendiation（2013）

指　　标	单　位	全　市	市　区	平阴县	济阳县	商河县	章丘市
律师工作							
律师事务所	个	257	245	2	3	2	5
执业律师	人	3972	3876	13	16	9	58
#专职律师	人	3640	3544	13	16	9	58
担任常年法律顾问	家	4119	3836	32	41	29	181
民事诉讼代理	件	24227	21692	398	432	358	1347
刑事诉讼辩护及代理	件	7772	7347	82	103	67	173
行政诉讼代理	件	403	297	20	27	18	41
非诉讼法律事务	件	5059	4017	213	286	191	352
公证工作							
公证处	个	11	7	1	1	1	1
公证处人员	人	230	196	11	6	4	13
#公证员	人	100	83	4	3	4	6
办理公证总数	件	71897	66027	1290	732	682	3166
#国内民事公证	件	28769	24463	618	411	475	2802
国内经济公证	件	34582	33018	672	321	207	364
涉外公证	件	8546	8546	0	0	0	0
办理经济公证涉及金额	亿元	0.28	0.26	0.00	0.00	0.00	0.01
基层司法行政工作							
人民调解委员会	个	5479	2189	374	898	1017	1001
人民调解员	人	19486	8450	1326	2966	3153	3591
调解纠纷总数	件	34765	16226	1918	5007	7554	4060
#调解成功	件	34401	15935	1895	4998	7550	4023
法律服务所	个	123	110	4	3	2	4
基层法律工作者	人	909	837	17	23	12	20
担任法律顾问	家	1197	999	48	47	17	86
民事诉讼代理	件	8340	7086	171	323	165	595
非诉讼代理	件	4144	3755	52	216	35	86
挽回经济损失	万元	31687	28922	330	1450	642	343
法律援助工作							
法律援助机构	个	12	8	1	1	1	1
执业人员	人	93	69	10	3	5	6
办理法律援助案件	件	6491	4609	406	452	534	490

主要统计指标解释

Explanatory Notes on Main Statistical Indicators

社会福利事业单位收养人数 包括民政部门管理和城镇、农村集体举办的社会福利事业单位中收养的老人、少年儿童、缺乏生活自理能力的残疾人员和精神病人。

社会福利企业单位 指以安置城镇有一定劳动能力的盲、聋、哑和肢体残疾人员就业为目的，享受国家减免税待遇的国有或集体企业。包括福利工厂、福利商业和服务业、假肢厂和安置农场等单位。

律师 指受聘参加法律顾问处工作，担任法律顾问、刑（民）事代理人、刑事辩护人，办理非诉讼事件、解答法律询问，代写法律事务文书等主要从事律师业务的专职法律工作者和兼职律师。

公证人员 指在国家公证机关依法办理公证事务的司法人员，包括公证员、助理公证员和在公证处工作的其他人员。

调解人员 指在人民调解委员会担负调解民间一般民事纠纷和轻微违法行为引起纠纷的工作人员，包括调解委员会的委员和调解小组的调解员。

立案 指检察机关对犯罪线索进行初步调查后，认为存在职务犯罪事实并需要追究刑事责任时，依法决定作为刑事案件进行侦查的诉讼活动，是追究犯罪的开始。

附 录

APPENDIX

十五副省级城市

Main Statistical Indicators

城市名称	生产总值（亿元）	第一产业（亿元）	第二产业（亿元）	#工业增加值（亿元）	第三产业（亿元）	固定资产投资额（亿元）	#房地产开发投资额（亿元）	地方公共财政预算收入（亿元）	地方公共财政预算支出（亿元）	金融机构人民币存款余额（亿元）	#城乡储蓄人民币存款余额（亿元）
济南	5230.2	284.7	2053.2	1690.6	2892.3	2638.3	721.2	482.1	519.3	10808.1	3267.8
沈阳	7158.6	335.5	3709.2	3348.5	3113.8	6383.9	2184.0	801.0	881.8	11437.2	4765.5
大连	7650.8	477.6	3892.0	3438.6	3281.3	6478.1	1710.4	850.0	1083.5	11481.7	4483.8
长春	5003.2	332.0	2658.7	2222.2	2012.5	3408.4	613.6	381.8	633.0	7808.3	3107.2
哈尔滨	5010.8	592.6	1743.9	1191.9	2674.3	4640.0	849.7	402.3	709.8	8488.2	3593.6
南京	8011.8	204.6	3450.6	2997.6	4356.6	5093.8	1120.2	831.3	851.0	18050.8	4883.3
杭州	8343.5	265.4	3662.0	3246.7	4416.1	4263.9	1853.3	945.2	855.7	21749.1	6339.8
宁波	7128.9	276.4	3741.7	3378.0	3110.8	3423.0	1123.1	792.8	939.9	12740.5	4562.4
厦门	3018.2	26.0	1434.8	1212.2	1557.4	1347.5	531.8	500.6	528.1	5984.5	1900.3
青岛	8006.6	352.4	3641.4	3248.4	4012.8	5027.9	1048.5	788.7	1014.2	10970.0	4141.0
武汉	9051.3	335.4	4396.2	3645.3	4319.7	6002.0	1905.6	978.5	1103.6	14701.2	5421.8
广州	15420.1	228.9	5227.4	4754.9	9963.9	4454.6	1579.7	1141.8	1384.7	32850.6	12254.0
深圳	14500.2	5.3	6296.8	5889.1	8198.1	2501.0	887.7	1731.3	1690.2	31547.8	9423.1
成都	9108.9	353.2	4181.5	3493.1	4574.2	6501.1	2110.3	898.5	1162.6	23662.0	8152.0
西安	4884.1	217.8	2117.7	1484.6	2548.7	5134.6	1595.6	502.0	729.8	13763.2	5357.1
济南位次	11	8	13	12	11	13	13	13	15	12	13

主要经济指标（2013年）

of 15 Vice-provincial Cities（2013）

金融机构人民币贷款余额（亿元）	规模以上工业利润总额（亿元）	社会消费品零售总额（亿元）	进出口总额（海关）（亿美元）	#出口总额（亿美元）	外商直接投资（亿美元）	城市居民人均可支配收入（元）	城市居民人均消费性支出（元）	农民人均纯收入（元）	居民消费价格指数(%)
7812.5	313.0	2743.4	95.7	54.8	13.2	35648	21667	13248	102.8
8867.1	760.0	3186.1	143.3	70.0	58.1	29074	21819	14467	102.5
9108.6	594.0	2526.5	688.2	374.4	136.0	30238	22516	17717	102.5
6453.3	728.4	1970.0	204.0	32.9	9.4	26034	21929	10060	103.0
6275.9	124.0	2728.3	65.4	29.0	9.8	25197	18729	10800	102.1
13791.1	751.3	3504.2	557.6	322.7	40.3	39881	25647	16531	102.7
18399.5	819.0	3531.2	650.7	447.7	52.8	39310	24833	18923	102.5
12493.3	664.6	2635.7	1003.3	657.1	32.8	41729	24685	20534	102.2
5138.3	224.5	975.0	840.9	523.5	18.7	41360	26864	15008	102.3
8861.0	847.8	2904.3	779.1	419.9	55.2	35227	22060	15731	102.5
11797.3	476.4	3878.6	217.5	119.4	52.5	29821	20157	12713	102.4
20173.0	1043.5	6882.9	1188.9	628.1	48.0	42066	33157	18887	102.6
20632.9	1284.3	4433.6	5373.6	3057.2	54.7	44653	28812	–	102.7
17618.0	617.4	3752.9	506.0	318.8	87.6	29968	20362	12985	103.1
10023.6	181.8	2548.0	179.8	84.8	31.3	33100	23848	12930	102.7
12	12	9	14	13	13	7	12	9	3

二 十 六 省 会 城 市

Main Statistical

城市名称	生产总值（亿元）	第一产业（亿元）	第二产业（亿元）	#工业增加值（亿元）	第三产业（亿元）	固定资产投资额（亿元）	#房地产开发投资额（亿元）	地方公共财政预算收入（亿元）	地方公共财政预算支出（亿元）	金融机构本外币存款余额（亿元）	金融机构本外币贷款余额（亿元）
济南	5230.2	284.7	2053.2	1690.6	2892.3	2638.3	721.2	482.1	519.3	10925.8	9211.2
石家庄	4863.6	488.7	2359.5	2099.5	2015.4	4369.2	928.1	315.2	514.9	8684.4	4556.3
太原	2412.9	38.7	1052.1	772.3	1322.1	1670.7	429.9	247.3	319.1	9948.5	7222.4
呼和浩特	2710.4	134.7	866.7	690.1	1708.9	1504.8	581.7	182.0	292.9	4469.8	4362.0
沈阳	7158.6	335.5	3709.2	3348.5	3113.8	6383.9	2184.0	801.0	881.8	11576.6	9128.7
长春	5003.2	332.0	2658.7	2222.2	2012.5	3408.4	613.6	381.8	633.0	7866.5	6543.2
哈尔滨	5010.8	592.6	1743.9	1191.9	2674.3	4640.0	849.7	402.3	709.8	8588.8	6661.2
南京	8011.8	204.6	3450.6	2997.6	4356.6	5093.8	1120.2	831.3	851.0	18417.9	14538.7
杭州	8343.5	265.4	3662.0	3246.7	4416.1	4263.9	1853.3	945.2	855.7	22174.7	19350.7
合肥	4672.9	247.2	2583.7	2053.6	1842.0	4535.4	1105.8	438.6	630.9	8329.4	7446.0
福州	4678.5	402.3	2133.6	1654.5	2142.6	3834.2	1264.8	454.0	534.4	8950.1	8159.9
南昌	3336.0	157.2	1850.5	1398.6	1328.3	2909.8	406.1	291.9	417.8	6701.8	5562.1
郑州	6201.9	147.0	3470.5	3101.4	2584.4	4400.2	1445.3	723.6	815.7	12908.0	9681.1
武汉	9051.3	335.4	4396.2	3645.3	4319.7	6002.0	1905.6	978.5	1103.6	14916.7	12803.9
长沙	7153.1	291.2	3947.0	3352.3	2915.0	4593.4	1153.6	536.6	695.8	10148.8	9633.0
广州	15420.1	228.9	5227.4	4754.9	9963.8	4454.6	1579.7	1141.8	1384.7	33838.2	22016.2
南宁	2803.5	349.9	1110.9	820.6	1342.7	2432.7	416.4	256.3	418.4	6483.5	6115.9
海口	904.6	58.5	217.0	144.7	629.1	649.3	256.4	86.7	132.0	2955.2	3188.3
成都	9108.9	353.2	4181.5	3493.1	4574.2	6501.1	2110.3	898.5	1162.6	24068.0	18259.0
贵阳	2085.4	81.5	848.6	608.3	1155.3	1958.1	983.1	277.2	393.5	5766.1	4205.0
昆明	3415.3	175.3	1537.1	1100.1	1702.9	2931.5	1291.7	450.8	585.8	10105.4	9178.4
西安	4884.1	217.8	2117.7	1484.6	2548.7	5134.6	1595.6	502.0	729.8	13892.8	10214.8
兰州	1776.8	49.7	820.4	614.5	906.7	1623.7	286.8	124.5	242.3	5499.2	4407.7
西宁	978.5	36.1	514.5	440.8	427.9	854.5	195.3	67.1	207.6	2830.3	2843.2
银川	1273.5	55.7	687.8	524.1	530.0	1149.0	330.8	134.6	223.3	2351.4	2694.2
乌鲁木齐	2400.0	27.0	930.0	794.0	1443.0	1262.4	271.4	301.9	353.2	5644.9	3982.4
济南位次	9	10	14	12	8	17	16	10	15	9	9

主要经济指标（2013年）

Indicators of 26 Provincial Capitals（2013）

规模以上工业利润总额（亿元）	社会消费品零售总额（亿元）	进出口总额（海关）（亿美元）	#出口总额（亿美元）	实际利用外资（亿美元）	城市居民人均可支配收入（元）	城市居民人均消费性支出（元）	农民人均纯收入（元）	居民消费价格指数（%）
313.0	2743.4	95.7	54.8	13.2	35648	21667	13248	102.8
668.8	2154.5	140.0	71.2	9.6	25274		10066	102.9
12.1	1281.5	91.6	53.0	9.4	24000	14338	11288	103.1
110.3	1142.4	16.0	7.4	8.8	35629	23074	12736	103.8
760.0	3186.1	143.3	70.0	58.1	29074	21819	14467	102.5
728.4	1970.0	204.0	32.9	9.4	26034	21929	10060	103.0
124.0	2728.3	65.4	29.0	22.6	25197	18729	10800	102.1
751.3	3504.2	557.6	322.7	40.3	39881	25647	16531	102.7
819.0	3531.2	650.7	447.7	52.8	39310	24833	18923	102.5
450.1	1480.8	181.9	119.0	18.9	28083	20475	10352	102.7
	2611.3	314.3	193.4	14.3	32265	21695	12910	102.6
199.1	1270.0	97.2	73.1	21.2	26151	17944	10806	102.3
948.2	2586.4	427.5	250.7	33.2	26615	18672	14009	102.8
476.4	3878.6	217.5	119.4	52.5	29821	20157	12713	102.4
	2802.0	98.9	61.7	34.0	33662	22346	19713	102.8
	6882.9	1188.9	628.1	48.0	42066	33157	18887	102.6
146.2	1450.8	44.2	23.5	5.8	24817		7685	102.1
27.5	490.1	51.0	18.9	5.1	24461	16856	9155	102.9
617.4	3752.9	506.0	318.8	87.6	29968	20362	12985	103.1
87.6	785.7	63.2	55.8	6.3	23376	17995	9592	103.2
164.0	1702.3	174.2	104.1	18.0	28354	17515	9273	103.9
181.8	2548.0	179.8	84.8	31.3	33100	23848	12930	102.7
20.8	843.9	40.6	35.9		20767		7114	103.5
	365.1	12.4	7.8		19444	13607	9004	103.8
90.6	348.1	24.1	20.8	1.3	23776	16844	9036	103.5
138.0	970.0	78.0	64.0	2.2	20780	16348	12065	103.5
12	9	16	17	15	4	10	7	13

附录三

山东省十七城市

Main Statistical Indicators

城市名称	生产总值（亿元）	第一产业（亿元）	第二产业（亿元）	第三产业（亿元）	固定资产投资额（亿元）	#房地产开发投资额（亿元）	地方公共财政预算收入（亿元）	地方公共财政预算支出（亿元）	金融机构本外币存款余额（亿元）	#城乡储蓄本外币存款余额（亿元）	金融机构本外币贷款余额（亿元）
全　省	54684.3	4742.6	27422.5	22519.2	35875.9	5444.5	4560.0	6692.9	63357.9	29967.3	47952.1
济南市	5230.2	284.7	2053.2	2892.3	2638.3	721.2	482.1	519.3	10925.8	3291.9	9211.2
青岛市	8006.6	352.4	3641.4	4012.8	5027.9	1048.5	788.7	1014.2	11418.3	4195.2	9642.4
淄博市	3801.2	137.8	2171.4	1492.1	2078.5	200.4	273.1	324.2	3484.6	1891.3	2379.5
枣庄市	1830.6	149.8	1037.6	643.3	1238.2	220.4	130.7	207.8	1249.9	781.6	975.1
东营市	3250.2	117.2	2258.4	874.6	2332.1	175.8	183.8	232.2	2848.0	1057.3	2161.3
烟台市	5613.9	421.0	3075.1	2117.8	3538.2	578.4	437.2	541.7	6020.5	3099.3	3943.0
潍坊市	4420.7	433.1	2297.4	1690.2	3429.9	602.1	383.9	494.0	5059.8	2802.5	4005.8
济宁市	3501.5	418.9	1789.8	1292.9	2188.3	275.4	302.2	428.4	3561.1	1956.3	2276.5
泰安市	2790.7	260.1	1367.8	1162.8	1981.8	126.2	168.8	259.1	2278.4	1381.3	1426.3
威海市	2549.7	203.5	1312.9	1033.3	1923.7	411.8	195.2	264.0	2379.3	1351.4	1565.0
日照市	1500.2	131.5	784.3	584.4	1069.0	72.0	100.1	158.2	1780.1	762.5	1489.5
莱芜市	653.5	49.3	366.2	238.0	472.6	36.7	46.8	75.8	761.0	419.4	604.3
临沂市	3336.8	324.3	1583.9	1428.6	2431.6	300.5	216.1	405.5	3710.8	2255.2	2531.1
德州市	2460.6	273.5	1301.7	885.4	1686.6	195.8	150.0	267.3	1933.4	1270.2	1300.3
聊城市	2365.9	287.2	1258.2	820.6	1511.1	146.1	135.6	258.1	1945.8	1187.3	1432.5
滨州市	2155.7	211.0	1106.1	838.6	1517.2	127.1	170.1	251.7	1926.8	835.8	1692.0
菏泽市	2050.0	255.0	1113.5	681.5	810.8	206.2	159.6	321.8	1918.9	1428.9	1230.7
济南位次	3	7	6	2	4	2	2	3	2	2	2

主要经济指标（2013年）

Indicators of 17 Cities in Shandong（2013）

规模以上工业主营业务收入（亿元）	规模以上工业利税总额（亿元）	规模以上工业利润总额（亿元）	社会消费品零售总额（亿元）	出口总额（亿美元）	实际到帐外资金额（亿美元）	城市居民人均可支配收入（元）	城市居民人均消费性支出（元）	农民人均纯收入（元）	农民人均生活费支出（元）	居民消费价格指数（%）
132319.0	13690.0	8507.7	21744.8	1345.1	140.5	28264	17112	10620	7393	102.2
4926.1	539.5	313.0	2743.4	54.8	13.2	35648	21667	13248	7799	102.8
15569.4	1584.9	847.8	2904.3	419.9	55.2	35227	22060	15731	9786	102.5
11113.9	1309.8	784.3	1547.1	52.5	5.3	30889	18425	13932	8133	101.7
3587.1	367.2	191.4	627.0	9.5	1.6	25238	16201	10878	6866	101.8
11793.1	1937.2	1236.6	585.6	58.0	1.9	33983	19569	13000	7813	102.0
14064.3	1409.7	1064.5	2110.7	294.7	16.1	32956	22006	14952	7343	101.8
12180.1	1025.2	675.1	1758.8	116.0	8.1	28386	17482	13273	8556	101.6
5500.4	560.1	343.6	1476.0	33.3	8.3	27956	18502	11348	6262	101.5
6343.5	719.9	448.5	1053.8	13.7	3.1	28201	18201	11547	6319	101.8
6232.6	519.7	322.1	1047.3	107.0	9.2	31442	20127	15582	8493	101.5
2618.0	121.1	75.6	476.2	38.8	5.3	25090	15901	11304	5314	102.1
1840.4	63.9	34.9	257.8	7.5	1.2	29179	16977	12161	6737	101.9
8614.0	733.4	481.2	1780.9	46.4	3.1	30317	15529	10389	6204	101.6
7679.6	878.8	494.4	990.5	20.3	2.1	24812	15475	10876	5432	101.9
7924.2	787.9	542.4	821.0	20.0	1.6	26087	16766	10083	5623	102.0
7104.1	455.7	288.2	658.0	35.4	3.0	28363	17202	11358	7854	100.7
5413.7	730.0	450.8	1016.3	17.5	2.2	21236	13689	9309	5163	101.8
14	12	13	2	6	3	1	3	6	7	1

附录四

中华人民共和国统计法

Statistical Law of The People's Republic of China

（1983年12月8日第六届全国人民代表大会常务委员会第三次会议通过　根据1996年5月15日第八届全国人民代表大会常务委员会第十九次会议《关于修改〈中华人民共和国统计法〉的决定》修正　2009年6月27日第十一届全国人民代表大会常务委员会第九次会议修订）

第一章　总　则

第一条　为了科学、有效地组织统计工作，保障统计资料的真实性、准确性、完整性和及时性，发挥统计在了解国情国力、服务经济社会发展中的重要作用，促进社会主义现代化建设事业发展，制定本法。

第二条　本法适用于各级人民政府、县级以上人民政府统计机构和有关部门组织实施的统计活动。

统计的基本任务是对经济社会发展情况进行统计调查、统计分析，提供统计资料和统计咨询意见，实行统计监督。

第三条　国家建立集中统一的统计系统，实行统一领导、分级负责的统计管理体制。

第四条　国务院和地方各级人民政府、各有关部门应当加强对统计工作的组织领导，为统计工作提供必要的保障。

第五条　国家加强统计科学研究，健全科学的统计指标体系，不断改进统计调查方法，提高统计的科学性。

国家有计划地加强统计信息化建设，推进统计信息搜集、处理、传输、共享、存储技术和统计数据库体系的现代化。

第六条　统计机构和统计人员依照本法规定独立行使统计调查、统计报告、统计监督的职权，不受侵犯。

地方各级人民政府、政府统计机构和有关部门以及各单位的负责人，不得自行修改统计机构和统计人员依法搜集、整理的统计资料，不得以任何方式要求统计机构、统计人员及其他机构、人员伪造、篡改统计资料，不得对依法履行职责或者拒绝、抵制统计违法行为的统计人员打击报复。

第七条　国家机关、企业事业单位和其他组织以及个体工商户和个人等统计调查对象，必须依照本法和国家有关规定，真实、准确、完整、及时地提供统计调查所需的资料，不得提供不真实或者不完整的统计资料，不得迟报、拒报统计资料。

第八条　统计工作应当接受社会公众的监督。任何单位和个人有权检举统计中弄虚作假等违法行为。对检举有功的单位和个人应当给予表彰和奖励。

第九条　统计机构和统计人员对在统计工作中知悉的国家秘密、商业秘密和个人信息，应当予以保密。

第十条　任何单位和个人不得利用虚假统计资料骗取荣誉称号、物质利益或者职务晋升。

第二章　统计调查管理

第十一条　统计调查项目包括国家统计调查项目、部门统计调查项目和地方统计调查项目。

国家统计调查项目是指全国性基本情况的统计调查项目。部门统计调查项目是指国务院有关部门的专业性统计调查项目。地方统计调查项目是指县级以上地方人民政府及其部门的地方性统计调查项目。

国家统计调查项目、部门统计调查项目、地方统计调查项目应当明确分工，互相衔接，不得重复。

第十二条　国家统计调查项目由国家统计局制定，或者由国家统计局和国务院有关部门共同制定，报国务院备案；重大的国家统计调查项目报国务院审批。

部门统计调查项目由国务院有关部门制定。统计调查对象属于本部门管辖系统的，报国家统计局备案；统计调查对象超出本部门管辖系统的，报国家统计局审批。

地方统计调查项目由县级以上地方人民政府统计机构和有关部门分别制定或者共同制定。其中，由省级人民政府统计机构单独制定或者和有关部门共同制定的，报国家统计局审批；由省级以下人民政府统计机构单独制定或者和有关部门共同制定的，报省级人民政府统计机构审批；由县级以上地方人民政府有关部门制定的，报本级人民政府统计机构审批。

第十三条　统计调查项目的审批机关应当对调查项目的必要性、可行性、科学性进行审查，对符合法定条件的，作出予以批准的书面决定，并公布；对不符合法定条件的，作出不予批准的书面决定，并说明理由。

第十四条　制定统计调查项目，应当同时制定该项目的统计调查制度，并依照本法第十二条的规定一并报经审批或者备案。

统计调查制度应当对调查目的、调查内容、调查方法、调查对象、调查组织方式、调查表式、统计资料的报送和公布等作出规定。

统计调查应当按照统计调查制度组织实施。变更统计调查制度的内容，应当报经原审批机关批准或者原备案机关备案。

第十五条　统计调查表应当标明表号、制定机关、批准或者备案文号、有效期限等标志。

对未标明前款规定的标志或者超过有效期限的统计调查表，统计调查对象有权拒绝填报；县级以上人民政府统计机构应当依法责令停止有关统计调查活动。

第十六条　搜集、整理统计资料，应当以周期性普查为基础，以经常性抽样调查为主体，综合运用全面调查、重点调查等方法，并充分利用行政记录等资料。

重大国情国力普查由国务院统一领导，国务院和地方人民政府组织统计机构和有关部门共同实施。

第十七条　国家制定统一的统计标准，保障统计调查采用的指标涵义、计算方法、分类目录、调查表式和统计编码等的标准化。

国家统计标准由国家统计局制定，或者由国家统计局和国务院标准化主管部门共同制定。

国务院有关部门可以制定补充性的部门统计标准，报国家统计局审批。部门统计标准不得与国家统计标准相抵触。

第十八条　县级以上人民政府统计机构根据统计任务的需要，可以在统计调查对象中推广使用计算机网络报送统计资料。

第十九条　县级以上人民政府应当将统计工作所需经费列入财政预算。

重大国情国力普查所需经费，由国务院和地方人民政府共同负担，列入相应年度的财政预算，按时拨付，确保到位。

第三章　统计资料的管理和公布

第二十条　县级以上人民政府统计机构和有关部门以及乡、镇人民政府，应当按照国家有关规定建立统计资料的保存、管理制度，建立健全统计信息共享机制。

第二十一条　国家机关、企业事业单位和其他组织等统计调查对象，应当按照国家有关规定设置原始记录、统计台账，建立健全统计资料的审核、签署、交接、归档等管理制度。

统计资料的审核、签署人员应当对其审核、签署的统计资料的真实性、准确性和完整性负责。

第二十二条　县级以上人民政府有关部门应当及时向本级人民政府统计机构提供统计所需的行政记录资料和国民经济核算所需的财务资料、财政资料及其他资料，并按照统计调查制度的规定及时向本级人民政府统计机构报送其组织实施统计调查取得的有关资料。

县级以上人民政府统计机构应当及时向本级人民政府有关部门提供有关统计资料。

第二十三条　县级以上人民政府统计机构按照国家有关规定，定期公布统计资料。

国家统计数据以国家统计局公布的数据为准。

第二十四条　县级以上人民政府有关部门统计调查取得的统计资料，由本部门按照国家有关规定公布。

第二十五条　统计调查中获得的能够识别或者推断单个统计调查对象身份的资料，任何单位和个人不得对外提供、泄露，不得用于统计以外的目的。

第二十六条　县级以上人民政府统计机构和有关部门统计调查取得的统计资料，除依法应当保密的外，应当及时公开，供社会公众查询。

第四章　统计机构和统计人员

第二十七条　国务院设立国家统计局，依法组织领导和协调全国的统计工作。

国家统计局根据工作需要设立的派出调查机构，承担国家统计局布置的统计调查等任务。

县级以上地方人民政府设立独立的统计机构，乡、镇人民政府设置统计工作岗位，配备专职或者兼职统计人员，依法管理、开展统计工作，实施统计调查。

第二十八条　县级以上人民政府有关部门根据统计任务的需要设立统计机构，或者在有关机构中设置统计人员，并指定统计负责人，依法组织、管理本部门职责范围内的统计工作，实施统计调查，在统计业务上受本级人民政府统计机构的指导。

第二十九条　统计机构、统计人员应当依法履行职责，如实搜集、报送统计资料，不得伪造、篡改统计资料，不得以任何方式要求任何单位和个人提供不真实的统计资料，不得有其他违反本法规定的行为。

统计人员应当坚持实事求是，恪守职业道德，对其负责搜集、审核、录入的统计资料与统计调查对象报送的统计资料的一致性负责。

第三十条　统计人员进行统计调查时，有权就与统计有关的问题询问有关人员，要求其如实提供有关情况、资料并改正不真实、不准确的资料。

统计人员进行统计调查时，应当出示县级以上人民政府统计机构或者有关部门颁发的工作证件；未出示的，统计调查对象有权拒绝调查。

第三十一条　国家实行统计专业技术职务资格考试、评聘制度，提高统计人员的专业素质，保障统计队伍的稳定性。

统计人员应当具备与其从事的统计工作相适应的专业知识和业务能力。

县级以上人民政府统计机构和有关部门应当加强对统计人员的专业培训和职业道德教育。

第五章　监督检查

第三十二条　县级以上人民政府及其监察机关对下级人民政府、本级人民政府统计机构和有关部门执行本法的情况，实施监督。

第三十三条　国家统计局组织管理全国统计工作的监督检查，查处重大统计违法行为。

县级以上地方人民政府统计机构依法查处本行政区域内发生的统计违法行为。但是，国家统计局派出的调查机构组织实施的统计调查活动中发生的统计违法行为，由组织实施该项统计调查的调查机构负责查处。

法律、行政法规对有关部门查处统计违法行为另有规定的，从其规定。

第三十四条　县级以上人民政府有关部门应当积极协助本级人民政府统计机构查处统计违法行为，及时向本级人民政府统计机构移送有关统计违法案件材料。

第三十五条　县级以上人民政府统计机构在调查统计违法行为或者核查统计数据时，有权采取下列措施：

（一）发出统计检查查询书，向检查对象查询有关事项；

（二）要求检查对象提供有关原始记录和凭证、统计台账、统计调查表、会计资料及其他相关证明和资料；

（三）就与检查有关的事项询问有关人员；

（四）进入检查对象的业务场所和统计数据处理信息系统进行检查、核对；

（五）经本机构负责人批准，登记保存检查对象的有关原始记录和凭证、统计台账、统计调查表、会计资料及其他相关证明和资料；

（六）对与检查事项有关的情况和资料进行记录、录音、录像、照相和复制。

县级以上人民政府统计机构进行监督检查时，监督检查人员不得少于二人，并应当出示执法证件；未出示的，有关单位和个人有权拒绝检查。

第三十六条　县级以上人民政府统计机构履行监督检查职责时，有关单位和个人应当如实反映情况，提供相关证明和资料，不得拒绝、阻碍检查，不得转移、隐匿、篡改、毁弃原始记录和凭证、统计台账、统计调查表、会计资料及其他相关证明和资料。

第六章　法律责任

第三十七条　地方人民政府、政府统计机构或者有关部门、单位的负责人有下列行为之一的，由任免机关或者监察机关依法给予处分，并由县级以上人民政府统计机构予以通报：

（一）自行修改统计资料、编造虚假统计数据的；

（二）要求统计机构、统计人员或者其他机构、人员伪造、篡改统计资料的；

（三）对依法履行职责或者拒绝、抵制统计违法行为的统计人员打击报复的；

（四）对本地方、本部门、本单位发生的严重统计违法行为失察的。

第三十八条　县级以上人民政府统计机构或者有关部门在组织实施统计调查活动中有下列行为之一的，由本级人民政府、上级人民政府统计机构或者本级人民政府统计机构责令改正，予以通报；对直接负责的主管人员和其他直接责任人员，由任免机关或者监察机关依法给予处分：

（一）未经批准擅自组织实施统计调查的；

（二）未经批准擅自变更统计调查制度的内容的；

（三）伪造、篡改统计资料的；

（四）要求统计调查对象或者其他机构、人员提供不真实的统计资料的；

（五）未按照统计调查制度的规定报送有关资料的。

统计人员有前款第三项至第五项所列行为之一的，责令改正，依法给予处分。

第三十九条　县级以上人民政府统计机构或者有关部门有下列行为之一的，对直接负责的主管人员和其他直接责任人员由任免机关或者监察机关依法给予处分：

（一）违法公布统计资料的；

（二）泄露统计调查对象的商业秘密、个人信息或者提供、泄露在统计调查中获得的能够识别或者推断单个统计调查对象身份的资料的；

（三）违反国家有关规定，造成统计资料毁损、灭失的。

统计人员有前款所列行为之一的，依法给予处分。

第四十条　统计机构、统计人员泄露国家秘密的，依法追究法律责任。

第四十一条　作为统计调查对象的国家机关、企业事业单位或者其他组织有下列行为之一的，由县级以上人民政府统计机构责令改正，给予警告，可以予以通报；其直接负责的主管人员和其他直接责任人员属于国家工作人员的，由任免机关或者监察机关依法给予处分：

（一）拒绝提供统计资料或者经催报后仍未按时提供统计资料的；

（二）提供不真实或者不完整的统计资料的；

（三）拒绝答复或者不如实答复统计检查查询书的；

（四）拒绝、阻碍统计调查、统计检查的；

（五）转移、隐匿、篡改、毁弃或者拒绝提供原始记录和凭证、统计台账、统计调查表及其他相关证明和资料的。

企业事业单位或者其他组织有前款所列行为之一的，可以并处五万元以下的罚款；情节严重的，并处五万元以上二十万元以下的罚款。

个体工商户有本条第一款所列行为之一的，由县级以上人民政府统计机构责令改正，给予警告，可以并处一万元以下的罚款。

第四十二条 作为统计调查对象的国家机关、企业事业单位或者其他组织迟报统计资料，或者未按照国家有关规定设置原始记录、统计台账的，由县级以上人民政府统计机构责令改正，给予警告。

企业事业单位或者其他组织有前款所列行为之一的，可以并处一万元以下的罚款。

个体工商户迟报统计资料的，由县级以上人民政府统计机构责令改正，给予警告，可以并处一千元以下的罚款。

第四十三条 县级以上人民政府统计机构查处统计违法行为时，认为对有关国家工作人员依法应当给予处分的，应当提出给予处分的建议；该国家工作人员的任免机关或者监察机关应当依法及时作出决定，并将结果书面通知县级以上人民政府统计机构。

第四十四条 作为统计调查对象的个人在重大国情国力普查活动中拒绝、阻碍统计调查，或者提供不真实或者不完整的普查资料的，由县级以上人民政府统计机构责令改正，予以批评教育。

第四十五条 违反本法规定，利用虚假统计资料骗取荣誉称号、物质利益或者职务晋升的，除对其编造虚假统计资料或者要求他人编造虚假统计资料的行为依法追究法律责任外，由作出有关决定的单位或者其上级单位、监察机关取消其荣誉称号，追缴获得的物质利益，撤销晋升的职务。

第四十六条 当事人对县级以上人民政府统计机构作出的行政处罚决定不服的，可以依法申请行政复议或者提起行政诉讼。其中，对国家统计局在省、自治区、直辖市派出的调查机构作出的行政处罚决定不服的，向国家统计局申请行政复议；对国家统计局派出的其他调查机构作出的行政处罚决定不服的，向国家统计局在该派出机构所在的省、自治区、直辖市派出的调查机构申请行政复议。

第四十七条 违反本法规定，构成犯罪的，依法追究刑事责任。

第七章 附 则

第四十八条 本法所称县级以上人民政府统计机构，是指国家统计局及其派出的调查机构、县级以上地方人民政府统计机构。

第四十九条 民间统计调查活动的管理办法，由国务院制定。

中华人民共和国境外的组织、个人需要在中华人民共和国境内进行统计调查活动的，应当按照国务院的规定报请审批。

利用统计调查危害国家安全、损害社会公共利益或者进行欺诈活动的，依法追究法律责任。

第五十条 本法自2010年1月1日起施行。

附录五

统计违法违纪行为处分规定

Statistics Regulation Violations of Law

中华人民共和国监察部
中华人民共和国人力资源和社会保障部　令
国家统计局

第18号

《统计违法违纪行为处分规定》已经监察部2009年2月9日第一次部长办公会议、人力资源社会保障部2008年12月30日第十六次部务会议、国家统计局2008年11月6日第十八次局务会议审议通过。现予公布，自2009年5月1日起施行。

监察部部长　马馼
人力资源社会保障部部长　尹蔚民
国家统计局局长　马建堂
二〇〇九年三月二十五日

统计违法违纪行为处分规定

第一条　为了加强统计工作，提高统计数据的准确性和及时性，惩处和预防统计违法违纪行为，促进统计法律法规的贯彻实施，根据《中华人民共和国统计法》、《中华人民共和国行政监察法》、《中华人民共和国公务员法》、《行政机关公务员处分条例》及其他有关法律、行政法规，制定本规定。

第二条　有统计违法违纪行为的单位中负有责任的领导人员和直接责任人员，以及有统计违法违纪行为的个人，应当承担纪律责任。属于下列人员的（以下统称有关责任人员），由任免机关或者监察机关按照管理权限依法给予处分：

（一）行政机关公务员；

（二）法律、法规授权的具有公共事务管理职能的事业单位中经批准参照《中华人民共和国公务员法》管理的工作人员；

（三）行政机关依法委托的组织中除工勤人员以外的工作人员；

（四）企业、事业单位、社会团体中由行政机关任命的人员。

法律、行政法规、国务院决定和国务院监察机关、国务院人力资源社会保障部门制定的处分规章对统计违法违纪行为的处分另有规定的，从其规定。

第三条　地方、部门以及企业、事业单位、社会团体的领导人员有下列行为之一的，给予记过或者记大过处分；情节较重的，给予降级或者撤职处分；情节严重的，给予开除处分：

（一）自行修改统计资料、编造虚假数据的；

（二）强令、授意本地区、本部门、本单位统计机构、统计人员或者其他有关机构、人员拒报、虚报、瞒报或者篡改统计资料、编造虚假数据的；

（三）对拒绝、抵制篡改统计资料或者对拒绝、抵制编造虚假数据的人员进行打击报复的；

（四）对揭发、检举统计违法违纪行为的人员进行打击报复的。

有前款第（三）项、第（四）项规定行为的，应当从重处分。

第四条　地方、部门以及企业、事业单位、社会团体的领导人员，对本地区、本部门、本单位严重失实的统计数据，应当发现而未发现或者发现后不予纠正，造成不良后果的，给予警告或者记过处分；造成严重后果的，给予记大过或者降级处分；造成特别严重后果的，给予撤职或者开除处分。

第五条　各级人民政府统计机构、有关部门及其工作人员在实施统计调查活动中，有下列行为之一的，对有关责任人员，给予记过或者记大过处分；情节较重的，给予降级或者撤职处分；情节严重的，给予开除处分：

（一）强令、授意统计调查对象虚报、瞒报或者伪造、篡改统计资料的；

（二）参与篡改统计资料、编造虚假数据的。

第六条 各级人民政府统计机构、有关部门及其工作人员在实施统计调查活动中，有下列行为之一的，对有关责任人员，给予警告、记过或者记大过处分；情节较重的，给予降级处分；情节严重的，给予撤职处分：

（一）故意拖延或者拒报统计资料的；

（二）明知统计数据不实，不履行职责调查核实，造成不良后果的。

第七条 统计调查对象中的单位有下列行为之一，情节较重的，对有关责任人员，给予警告、记过或者记大过处分；情节严重的，给予降级或者撤职处分；情节特别严重的，给予开除处分：

（一）虚报、瞒报统计资料的；

（二）伪造、篡改统计资料的；

（三）拒报或者屡次迟报统计资料的；

（四）拒绝提供情况、提供虚假情况或者转移、隐匿、毁弃原始统计记录、统计台账、统计报表以及与统计有关的其他资料的。

第八条 违反国家规定的权限和程序公布统计资料，造成不良后果的，对有关责任人员，给予警告或者记过处分；情节较重的，给予记大过或者降级处分；情节严重的，给予撤职处分。

第九条 有下列行为之一，造成不良后果的，对有关责任人员，给予警告、记过或者记大过处分；情节较重的，给予降级或者撤职处分；情节严重的，给予开除处分：

（一）泄露属于国家秘密的统计资料的；

（二）未经本人同意，泄露统计调查对象个人、家庭资料的；

（三）泄露统计调查中知悉的统计调查对象商业秘密的。

第十条 包庇、纵容统计违法违纪行为的，对有关责任人员，给予记过或者记大过处分；情节较重的，给予降级或者撤职处分；情节严重的，给予开除处分。

第十一条 受到处分的人员对处分决定不服的，依照《中华人民共和国行政监察法》、《中华人民共和国公务员法》、《行政机关公务员处分条例》等有关规定，可以申请复核或者申诉。

第十二条 任免机关、监察机关和人民政府统计机构建立案件移送制度。

任免机关、监察机关查处统计违法违纪案件，认为应当由人民政府统计机构给予行政处罚的，应当将有关案件材料移送人民政府统计机构。人民政府统计机构应当依法及时查处，并将处理结果书面告知任免机关、监察机关。

人民政府统计机构查处统计行政违法案件，认为应当由任免机关或者监察机关给予处分的，应当及时将有关案件材料移送任免机关或者监察机关。任免机关或者监察机关应当依法及时查处，并将处理结果书面告知人民政府统计机构。

第十三条 有统计违法违纪行为，应当给予党纪处分的，移送党的纪律检查机关处理。涉嫌犯罪的，移送司法机关依法追究刑事责任。

第十四条 本规定由监察部、人力资源社会保障部、国家统计局负责解释。

第十五条 本规定自2009年5月1日起施行。

中国统计出版社最新图书简目

（仅供参考，以最后出书为准）

统计资料

综合类：中国统计年鉴	中国统计摘要	中国发展报告
国际资料类：国际统计年鉴	金砖国家联合统计手册	世界能源资源年鉴
区域资料类：中国区域经济统计年鉴	中国县域统计年鉴	中国城市统计年鉴
中国农村统计年鉴	中国地区经济监测报告	
经贸与投资类：中国贸易外经统计年鉴	中国对外直接投资统计公报	中国商品交易市场统计年鉴
大中型批发零售和住宿餐饮企业统计年鉴		中国零售和餐饮连锁企业统计年鉴
住户与物价类：中国住户调查年鉴	中国价格统计年鉴	中国农产品价格调查年鉴
全国农产品成本收益资料汇编		
资源与环境类：中国环境统计年鉴	中国能源统计年鉴	
产业类：中国工业统计年鉴	中国建筑业统计年鉴	中国房地产统计年鉴
中国第三产业统计年鉴	中国证券期货统计年鉴	
科技类：中国科技统计年鉴	中国高技术产业统计年鉴	工业企业科技活动资料
人口与就业类：中国劳动统计年鉴	中国人口和就业统计年鉴	中国人才资源统计报告
社会与文化类：中国社会统计年鉴	中国文化及相关产业统计年鉴	
公共管理类：中国民政统计年鉴	中国民族统计年鉴	中国乡镇街道行政区域简册

省级综合统计年鉴系列

北京 天津 河北 山西 内蒙古 辽宁 吉林 黑龙江 上海 江苏 浙江 安徽 福建 江西 山东
河南 湖北 湖南 广东 广西 海南 重庆 四川 贵州 云南 西藏 陕西 甘肃 青海 宁夏 新疆
新疆生产建设兵团

市（县）级综合统计年鉴系列

天津滨海新区 石家庄 唐山 邯郸 太原 大同 阳泉 长治 晋城 朔州 晋中 运城 忻州 临汾 呼和浩特
鄂尔多斯 包头 沈阳 大连 长春 吉林市 四平 哈尔滨 黑龙江垦区 上海浦东新区 南京 无锡 徐州
常州 苏州 南通 连云港 淮安 盐城 扬州 镇江 泰州 宿迁 江阴 丹阳 杭州 宁波 温州 嘉兴 绍兴 金华
衢州 舟山 台州 丽水 合肥 福州 厦门 宁德 福州经济技术开发区 南昌 济南 青岛 郑州 洛阳 平顶山
三门峡 南阳 武汉 十堰 荆州 宜昌 荆门 咸宁 长沙 广州 深圳 惠州 东莞 南宁 柳州 桂林 来宾 海口
三亚 成都 贵阳 昆明 西安 兰州 庆阳 银川 乌鲁木齐 兵团一师 兵团十师

调查年鉴系列

山西 内蒙古 吉林 辽宁 上海 福建 湖北 广西 重庆 四川 云南 甘肃 宁夏 新疆 南宁 桂林

"十二五"规划教材

统计学（经济管理类专业本科适用，单薇 等） 抽样调查理论与方法（冯士雍 等）
贝叶斯统计（茆诗松 等） 统计学（黄良文 等） 试验设计（茆诗松 等）
统计学：从数据到结论（吴喜之） 医学统计学（于浩） 统计学（经济、管理类专业基础教材，张小斐）
概率论与数理统计三十三讲（魏振军） 概率论与数理统计三十三：学习指导与习题解答（魏振军）
非参数统计（吴喜之 等） 统计学：经济与管理中的数据分析（李慧云 等）
卫生管理统计学（新编医学院校基础课教材，尚磊） 医院统计学（新编医学院校基础课教材，徐天和 等）
社会统计学（蒋萍 等） 现代金融投资统计分析（李腊生 等）
国民经济核算初级教程（经济类、统计类、管理类专业适用，蒋萍 等）

重点图书

新中国65年 新编英汉汉英统计大词典 中华医学统计百科全书
挑大学选专业2014—考研择校指南 挑大学选专业2014—高考志愿填报指南

中国统计出版社发行部电话：（010）63376907,63376908 同榀行书店电话：68783171,68783172
通讯地址：北京市西城区三里河月坛南街57号 邮政编码：100826
网址：http://csp.stats.gov.cn